es 1306

edition suhrkamp

Neue Folge Band 306

Wie haben Hochschullehrer auf die Machtergreifung der Nationalsozialisten reagiert? Welchen Einfluß hat das vorherrschend nationalkonservative politische Bewußtsein der Wissenschaftler auf den Inhalt ihrer Wissenschaften gewonnen? Welche Traditionen und Kontinuitäten wissenschaftlichen Denkens vor und nach 1933 lassen sich ausmachen? Haben sich die Wissenschaften – mit dem Geltungsanspruch von Wahrheit – selbst in den Dienst des Dritten Reiches gestellt, zu ideologischen und praktischen Zwecken?

Diese Fragen, die am Beispiel einzelner Sozial- und Geisteswissenschaften untersucht werden, zielen darauf, zwischen internationaler zeitgenössischer Wissenschaftsentwicklung, einem »deutschen Sonderweg« in der Wissenschaftsgeschichte und schließlich dem nationalsozialistischen Eingriff zu unterscheiden.

Peter Lundgreen ist Professor für Wissenschaftsgeschichte an der Fakultät für Geschichtswissenschaft und Philosophie der Universität Bielefeld.

Wissenschaft im Dritten Reich

Herausgegeben
von Peter Lundgreen

Suhrkamp

edition suhrkamp 1306
Neue Folge Band 306
Erste Auflage 1985

Erstausgabe

Satz: Janß, Pfungstadt
Druck: Nomos Verlagsgesellschaft, Baden-Baden
Umschlagentwurf: Willy Fleckhaus
Printed in Germany

1 2 3 4 5 6 – 90 89 88 87 86 85

Inhalt

Vorwort

Anläßlich der 50jährigen Wiederkehr der nationalsozialistischen Machtergreifung veranstaltete die Universität Bielefeld eine Ringvorlesung zum Thema *Wissenschaft im Dritten Reich*. Damit sollte den vielfältigen öffentlichen Bemühungen um die Auseinandersetzung mit der deutschen Geschichte vor und während des Dritten Reiches ein spezifischer Beitrag der Universität an die Seite gestellt werden. Daß die deutsche Universität Grund hat, sich in diesem Rahmen mit sich selbst zu beschäftigen, ist offensichtlich. Unmittelbar nach Kriegsende, dann wieder in den sechziger Jahren, hat sie dies bereits einmal, wenn vielleicht auch nicht energisch genug, getan. Einen neuen Versuch zu unternehmen, läßt sich mit dem Hinweis auf eine neue, an diesen Fragen interessierte Studentengeneration begründen, aber auch damit, daß die einschlägige Forschung vorwiegend der nationalsozialistischen Hochschul- und Wissenschaftspolitik gilt. Demgegenüber stellen die hier vorgelegten Beiträge, die aus den Vorträgen der Ringvorlesung hervorgegangen sind, die Wissenschaftsgeschichte in den Mittelpunkt. Leitfragestellungen für diese Akzentuierung sind:

– Welche disziplinenspezifischen Traditionen, welche Denkschulen und Kontroversen gab es *vor* 1933?
– Welches Potential an Affinität oder Immunität gegenüber NS-Ideologie und NS-Hochschulpolitik läßt sich *nach* 1933 ausmachen?
– Wie steht es mit den direkten Eingriffen von außen, ihrer »Annahme« und Verarbeitung, ihren kurz- und längerfristigen Folgen?

Fragen dieser Art zielen darauf, zwischen internationaler zeitgenössischer Wissenschaftsentwicklung, einem »deutschen Sonderweg« in der Wissenschaftsgeschichte und schließlich dem nationalsozialistischen Eingriff zu unterscheiden.

Gemessen an diesen analytischen Interessen ist die Literaturlage äußerst unbefriedigend. Für Naturwissenschaft und Technik ist vor einigen Jahren ein ähnlicher Band erschienen [1], wie er hier für die »weicheren« Wissenschaften, die Geistes- und Sozialwissenschaften, vorgelegt wird. Dabei konnte und sollte es nicht darum gehen, einzelne Autoren mit Zitaten aus ihren Werken während des Dritten Reiches moralisch zu disqualifizieren. Derartige Belege fordern auf, das relative Stärkeverhältnis zwischen wissenschaftlicher Eigengesetzlichkeit, äußerem Erwartungsdruck und persönlicher Anpassungsbereitschaft zu bedenken, ohne selbst vorschnell des eigenen »besseren« Handelns gewiß sein zu können.

Bielefeld, 1. Juli 1984 *Peter Lundgreen*

Anmerkung

1 *H. Mehrtens, St. Richter (Hg.):* Naturwissenschaft, Technik und NS-Ideologie. Beiträge zur Wissenschaftsgeschichte des Dritten Reiches, Frankfurt/M. 1980.

Peter Lundgreen
Hochschulpolitik und Wissenschaft im Dritten Reich

»Wissenschaft im Dritten Reich« – das ist ein bemerkenswerter und bedrückender »Fall« für das Verhältnis zwischen Wissenschaft und Macht, zwischen als konkurrierend und abgegrenzt gedachten Geltungsansprüchen. Wissenschaft als kognitives System weiß sich universalistischen Kriterien unter der regulativen Idee von »Wahrheit« verpflichtet; als soziales System ist Wissenschaft indessen immer abhängig von den ihr zugestandenen Freiräumen. Die Okkupation dieses Terrains durch die NS-Hochschul- und Wissenschaftspolitik produzierte auf der *biographischen* Ebene jene Skala, die vom ideologischen Wortführer und makabren Gehilfen über die beflissene Anbiederung, ein opportunistisches Karrieredenken, die gelegentliche Reverenz bis zur inneren und äußeren Emigration, zur unbeirrten Konzessionslosigkeit, zum mutigen Widerspruch reichte.

Das Ausmaß an persönlicher Anpassungsbereitschaft oder Widerstandsfähigkeit unter den Bedingungen massiver ideologischer Vorgaben sowie totalitärer Herrschaft zum Gegenstand einer moralischen Bewertung zu machen, hieße allerdings, es sich zu leicht zu machen. Nicht nur stünde dies dem Nachgeborenen schlecht an, nachdem die Rahmenbedingungen der NS-Zeit mit ihr untergegangen sind. Das persönliche Verhalten des einzelnen Wissenschaftlers verweist auch auf die in der Tradition seiner Wissenschaft liegenden Dispositionen für die Zumutungen und Erwartungen der neuen Machthaber seit 1933. Hier liegen, wenn das Wort erlaubt ist, die wissenschaftsgeschichtlich »interessanten« Aspekte des Themas »Wissenschaft im Dritten Reich«. Zu fragen ist, inwieweit das Jahr 1933 im Lichte der *kognitiven* Entwicklung der einzelnen Wissenschaften als Zäsur gesehen wurde bzw. anzusehen ist; inwieweit Wissenschaft als ausdifferenziertes System eine offene Grenze bot: nicht nur für den »Einfall« des Nationalsozialismus, sondern für die Selbstindienstnahme im Namen der Wissenschaft. Diesen zwei Bewegungsrichtungen, der NS-Politik gegenüber Wissenschaft einerseits, der Wissenschaftsgeschichte vor und nach 1933 andererseits, gilt folgender Überblick, der sich in seinem zweiten Teil ausschließlich auf die Beiträge zu den einzelnen Wissenschaften stützt, die in dem vorliegenden Band veröffentlicht werden.

NS-Hochschulpolitik

Die Hochschulpolitik des NS-Systems läßt sich in ihren Grundzügen unter vier Aspekten kennzeichnen:

- Umgestaltung der Hochschulverfassung nach dem »Führerprinzip«;
- Umgestaltung des Lehrkörpers durch »Säuberungen« und politische Rekrutierungspraxis;
- Politisierung der wissenschaftlichen Disziplinen durch Orientierung an »völkischen« Gesichtspunkten;
- Instrumentalisierung von Forschung und Entwicklung für den »Endsieg«.

Die »Richtlinien zur Vereinheitlichung der Hochschulverwaltung« seitens des Reichs- und Preußischen Ministers für Wissenschaft, Erziehung und Volksbildung (RMWEV) wurden am 1. 4. 1935 erlassen, nachdem einzelne Länderregierungen schon vorher die *Verfassung* der Hochschulen geändert und das »Führerprinzip« an die Stelle der akademischen Selbstverwaltung gesetzt hatten. Dies hatte auch nicht dadurch verhindert werden können, daß der Vorstand des Verbandes der Deutschen Hochschulen in seiner Adresse vom 22. April 1933 den »Aufstieg des neuen Deutschen Reiches« für die Hochschulen als »Erfüllung ihrer Sehnsucht und Bestätigung ihrer stets glühend empfundenen Hoffnungen« begrüßte, zugleich aber betonte: »Wir verteidigen unsere alten ehrwürdigen Formen: die Selbstverwaltung durch Rektor, Senat und Fakultäten, . . . die Selbstergänzung des Lehrkörpers.«[1] Wie so viele andere Illusionen der deutschen Professoren über den Nationalsozialismus sollte auch jene, an der überkommenen Autonomie der Hochschule festhalten zu können, grundlegend erschüttert werden.

Die neue Hochschulverfassung bestimmte den Rektor zum »Führer der Hochschule«, stattete ihn mit den Rechten und Pflichten des bisherigen Senats aus und unterstellte ihn direkt dem Reichswissenschaftsminister. Unter dieser zugleich mächtigen und politisch abhängigen Verwaltungsspitze standen die »Dozentenschaft« und die »Studentenschaft«, deren »Leiter« gleichfalls vom Reichswissenschaftsminister ernannt wurden. Schon auf dieser Ebene kam es allerdings zur Verwischung der Grenzen von Partei und Staat. Die Gauführer des NS-Dozentenbundes sowie des NS-Studentenbundes besaßen bei der Auswahl der »Leiter« ein Mitspracherecht. Und im Jahr 1936 wurde die Personalunion von Dozentenschaftsleiter und Dozentenbundsführer auf Reichsebene vereinbart, so daß bisherige Dozentenschaftsleuter ihrer Ämter enthoben wurden. Die Fakultäten als »Träger der fachwissenschaftlichen Arbeit« blieben erhalten, aber auch hier war der Dekan der »Führer«, der auf Vorschlag des Rektors vom Minister ernannt wurde.

Diese zentralisierte Umstrukturierung der deutschen Hochschule bedeutete in erster Linie eine Entmachtung der Ordinarien, ohne daß die Konsequenzen im einzelnen offen zutage lägen. Man möchte vermuten, daß sich z. B. die äußerliche Orientierung des Hochschullebens am NS-Staat vergleichsweise leicht durchsetzen ließ, etwa die Beachtung der Rituale (»Deutscher Gruß« zu Beginn der Vorlesung) oder die massive Werbung zugunsten der NSDAP und der ihr angeschlossenen Verbände auf dem Dienstwege. Wichtiger und von tiefgreifender Wirkung mußte die Personalpolitik der neuen Reichswissenschaftsverwaltung sein, deren Durchsetzung möglicherweise erleichtert wurde durch die neue Hochschulverfassung.

Die *Personalpolitik* läßt sich als Doppelstrategie beschreiben mit dem Ziel, den Lehrkörper auf Anhänger des Nationalsozialismus zu verengen: negativ durch die Ausschaltung rassisch, politisch oder wissenschaftlich unerwünschter Professoren; positiv durch die Berufung von Professoren, Dozenten und Assistenten nach Kriterien ihrer politischen Zuverlässigkeit oder gar ihrer Verdienste in der Parteiarbeit. Die »Säuberung« der deutschen Hochschulen wurde eingeleitet durch Boykottmaßnahmen der organisierten nationalsozialistischen Studentenschaft. Der NS-Studentenbund, der an vielen deutschen Hochschulen schon vor 1933 die Mehrheit errungen hatte, verkündete im *Völkischen Beobachter*:

»Ab 1. April 1933 stehen vor den Hörsälen und Seminaren der jüdischen Professoren und Dozenten Posten der Studentenschaft, die die Aufgabe haben, die deutschen Studenten vor dem Besuch solcher Vorlesungen und Seminare zu warnen, mit dem Hinweis, daß der betreffende Dozent als Jude von allen anständigen Deutschen berechtigt boykottiert wird.« [2]

Schon wenige Tage später wurde das berüchtigte »Gesetz zur Wiederherstellung des Berufsbeamtentums« verkündet, das einer Säuberungsaktion im großen Stil die »gesetzliche« Grundlage gab. Die §§ 2 bis 6 dieses Gesetzes nannten jene Beamtengruppen, die entlassen oder in den Ruhestand versetzt werden sollten[3]:

– Beamte, die nach dem 9. November 1918 ernannt worden waren und »die vorgeschriebene oder übliche Vorbildung oder sonstige Eignung« nicht besaßen (§ 2); diese dehnbaren Bestimmungen richteten sich gegen sog. Parteibuchbeamte, deren Ernennung angeblich auf ihre kommunistische oder republikanische Gesinnung zurückging;

– Beamte nicht-arischer Abstammung (ausgenommen Frontkämpfer, § 3);

– Beamte, die nach ihrer bisherigen politischen Haltung nicht die Gewißheit dafür boten, daß sie jederzeit rückhaltlos für den nationalen Staat eintreten (§ 4);

– ohne Angabe von Gründen konnte schließlich jeder Beamte in ein anderes Amt oder in den Ruhestand versetzt werden, auch wenn er noch nicht dienstunfähig war (§§ 5 bis 6). Der generelle Vorwand hierfür war die »Vereinfachung der Verwaltung«.

Nach einer Schätzung von Hans Mommsen überwog die verwaltungstechnisch motivierte Entlassung von Beamten zahlenmäßig die politische Säuberung.[4] Für den Bereich der Hochschulen ist jedoch ein gegenteiliges Verhältnis anzunehmen. Ferner ist der Tatbestand bemerkenswert, daß auch nicht-beamtete Professoren, Dozenten und Assistenten nach diesem Gesetz eingestuft und entlassen wurden. Betroffen waren 313 ordentliche und 109 außerordentliche Professoren, 75 Honorarprofessoren, 322 Privatdozenten, 42 Lektoren, 232 Assistenten, 133 Mitarbeiter an wissenschaftlichen Instituten.[5] Diese Zahlen geben nur den quantitativen Verlust (15 % im Reichsdurchschnitt) wieder, hinter dem sich die lange Reihe bedeutender bis weltberühmter Einzelfälle verbirgt, ein Verlust, der einer Katastrophe für die Stellung der deutschen Wissenschaft in der Welt gleichkam.

Von den Ordinarien des Jahres 1939 hatten an einzelnen Hochschulen bis zu 60 % ihre Ernennung 1933 oder später erhalten.[6] Derartige Berufungen verweisen auf den zweiten Aspekt der NS-Personalpolitik im Hochschulbereich, die Rekrutierung politisch zuverlässiger Hochschullehrer. Auf der Ebene der Nachwuchsförderung ist hier die neue Reichshabilitationsordnung zu nennen, die eine Trennung zwischen der akademischen Verleihung der Venia legendi und der staatlichen Verleihung der Lehrberechtigung einführte. Die Lehrberechtigung war zukünftig an folgende Kriterien geknüpft:

- arische Abstammung; nicht mit einem Nichtarier verheiratet;
- Nachweis der Volksverbundenheit durch Teilnahme an Veranstaltungen zur körperlichen Ertüchtigung und politischen Erziehung;
- der Bewerber muß als Persönlichkeit geeignet sein, Vorbild und Führer der deutschen Hochschuljugend zu sein;
- der Bewerber muß rückhaltlos den NS-Staat bejahen.[7]

Zu der Frage, ob diese Voraussetzungen im Einzelfall erfüllt waren, hatte sich auch das SA-Hochschulamt zu äußern. Ein Hauptaufgabengebiet des Leiters der Dozentenschaft bestand darin, bei der Einstellung von Assistenten Sorge »für einen geeigneten Dozentennachwuchs . . . durch eine positive Auslese unter den wissenschaftlich und charakterlich Geeigneten« zu tragen. Demgemäß waren alle Vorschläge seitens der Lehrstuhlinhaber zur Besetzung von Assistentenstellen durch den Leiter der Dozentenschaft zu prüfen.[8] Auf der obersten Ebene unterlagen alle Berufungsvorschläge für die Besetzung von Professuren einer entsprechenden Überprüfung der politischen Zuverlässigkeit, und tatsächlich findet man schon unter den rund 200 Berufungs*vorschlägen* der TH Berlin »nur fünf Kandidaten, die weder Mitglied der NSDAP noch einer ihrer Unterorganisationen waren«.[9]

Auch im Hinblick auf diese Maßnahmen sind die Folgen schwer abzuschätzen, denn sie können von der Abschreckung potentieller guter Bewerber über das Lippenbekenntnis zur NSDAP bis zur *Politisierung von Lehre und Forschung* reichen. Daß die Nationalsozialisten und ihre ideologisch Verbündeten das Ziel einer »politischen« Hochschule verfolgten, steht völlig außer Zweifel. Die Abgrenzung richtete sich dabei negativ gegen Forschung als »Heimatlosigkeit des Geistes und als wertblinden Relativismus«[10]; gegen jene Wissenschaft, »die auf ihre ›Objektivität‹ pochte – was nicht ›Wahrhaftigkeit‹ bedeutete . . ., sondern ›Standortlosigkeit‹«.[11] Positiv galt es, den »Standort der deutschen, wahrhaftigen, nationalsozialistischen Wissenschaftsschau«[12] einzunehmen. Der Theoretiker dieser »Wissenschaftsschau« war Ernst Krieck, der die Monatsschrift *Volk im Werden* als Organ der Reichsstudentenführung und des NS-Dozentenbundes herausgab. Krieck glaubte, der Deutschen Hochschule eine neue »Sinneinheit« aller Wissenschaften stiften zu können, nachdem die Humanitätsidee des frühen 19. Jahrhunderts nicht mehr die »zusammenbindende und tragende weltanschauliche Grundlage für alle Wissenschaften« bereitstellen konnte. Der neue »tragende und zielweisende Sinnmittelpunkt« ist für Krieck »das für alle Einzelmenschen bestimmende Leben der Volksgemeinschaft in seiner Spannung zwischen Naturgrundlagen und geschichtlich-politischen Aufgaben«. Und »*jede* Wissenschaft, *jede* Fakultät stößt notwendig zum weltanschaulichen, völkisch-politischen Sinnmittelpunkt vor und entwickelt damit ihr eigentümliches und eigenständiges Maß an Philosophie oder Anthropologie bis zu dem zentralen Punkt, wo sie sich mit allen anderen Fakultäten und Wissenschaften trifft«.[13]

Die hiermit proklamierte »völkische Wissenschaft« zielte im Kern auf eine alternative kognitive Entwicklung, und so schwer dies eigentlich vorstellbar ist, wenn man die universalistische Orientierung von Wissenschaft bedenkt, so finden sich in der deutschen Wissenschaftsentwicklung nach 1933 Fachgebiete wie »Deutsche Physik«, »Deutsche Mathematik« usw. Inwieweit hier die unterstellte kognitive Resistenz fehlte oder man gar guten Gewissens ältere Traditionen meinte fortsetzen zu können, ist für die einzelnen Wissenschaften jeweils gesondert zu prüfen.[14] Wie immer dabei die »Erklärung« der disziplingeschichtlichen Verirrungen ausfällt, vom Gesichtspunkt der Hochschul- und Wissenschaftspolitik aus gesehen ist es höchst bemerkenswert, daß die Nationalsozialististen selbst die »völkische Wissenschaft« aufgaben, sobald diese den instrumentellen Nutzen nicht stiften konnte, den man für die Zwecke von Staat, Wirtschaft, Rüstung und Krieg erwartete. Die neuen Formeln hießen Wissenschaft und Forschung als »nationale Aufgabe«, als »Dienst am Volk«.[15]

Die *Instrumentalisierung* von Ausbildung, Forschung und Entwicklung zeigte allerdings längst nicht die gewünschten Ergebnisse, sondern enthüllt eher jene Mischung von kurzfristigem Aktionismus, Organisationsfetischismus, Kompetenzwirrwarr und persönlichen Intrigen, wie dies im NS-Staat immer wieder beobachtet werden kann. Als die Nationalsozialisten 1933 auch die Geschicke der Hochschulen bestimmen konnten, standen sie vor einer Situation der Überfüllung und des Überangebots an Akademikern. Die Antwort darauf war eine Überreaktion, eine restriktive Hochschulzulassungspolitik, die den Überschuß sehr bald in Mangel umschlagen ließ. Im einzelnen trafen zusammen: die Entkoppelung von Abitur und Hochschulreife, die Kontingentierung von weiblichen (10 %) und jüdischen (1,5 %) Studierenden, das Nachrücken geburtenschwacher Jahrgänge in die Hochschulen, die Attraktivität von alternativen Berufen, etwa der Offizierslaufbahn. Das rapide Sinken der Studentenzahlen und die zunehmenden Klagen über Nachwuchsmangel führten zu einer schrittweisen Revision der restriktiven Hochschulzulassungspolitik bis hin zu gezielter und massiver Werbung.[16] Gravierende Engpässe, wie sie sich insbesondere während des Zweiten Weltkriegs enthüllten, ließen sich nicht mehr beseitigen.[17]

Nicht nur die Ausbildungspolitik, auch Forschungsplanung und -förderung der Nationalsozialisten müssen unter dem Gesichtspunkt instrumenteller Effizienz skeptisch beurteilt werden.[18] Der Absicht nach läßt sich der denkbar weitgehende Versuch erkennen, gerade die naturwissenschaftlich-technische Forschung an militärisch-staatlich-industriellen Zwecken zu orientieren. In Wirklichkeit muß man von einem Gewirr konkurrierender Personen und Organisationen sprechen. Bei diesen Machtkämpfen konnte einerseits die etablierte Wissenschaft ihre professionelle Autonomie weitgehend wahren, z. T. in Koalition mit der Großindustrie.[19] Andererseits hatte die vordergründige Orientierung an der Produktionsausweitung im Rüstungsbereich eine schwerwiegende Vernachlässigung der technisch-wissenschaftlichen Forschung und Entwicklung zur Folge.[20]

Den Übergang von der »völkischen« Wissenschaft zum Versuch einer instrumentellen Forschungsplanung bezeichnet begreiflicherweise der Vierjahresplan von 1936, der eine enge Verzahnung von Rüstung, industrieller Produktion und Autarkie in den Rohstoffen programmierte. Unter diesem Vorzeichen entwickelten sich separate, auf Zweckforschung ausgerichtete Forschungsorganisationen für die drei Wehrmachtsteile und die Großchemie.[21] Im Bereich der Grundlagenforschung unternahm das Reichswissenschaftsministerium einen eigenen Versuch der Forschungslenkung, indem es 1937 den Reichsforschungsrat ins Leben rief. Er wurde verwaltungsmäßig der DFG angegliedert und sollte eine »Ausrichtung bestimmter Wissenschaftszweige auf das durch den Vierjahresplan gesteckte Ziel ... durch eine planmäßige Stellung der Aufgaben und Verteilung der Mittel« ermöglichen.[22] Fortan war die DFG faktisch auf die Geisteswissenschaften beschränkt, während die Natur- und Technikwissenschaften dem Reichsforschungsrat unterstanden. Es ist aber zweifelhaft, ob auf dieser Basis eine wirksame Forschungsplanung und -lenkung der entsprechenden Forschung im Sinne des NS-Staates und seiner Ziele erfolgte. Dagegen sprechen nicht nur die permanenten Machtkämpfe und die sich überschneidenden Kompetenzen, sondern auch der Versuch, den Reichsforschungsrat 1942 unter Göring neu zu beleben. Diese späte Entdeckung der Wissenschaft als Mittel im Kampf um den »Endsieg« kam freilich zu spät. Weder ließen sich Forschungen, die man in früheren Jahren als nicht mehr kriegsentscheidend abgebrochen oder abgelehnt hatte, nun plötzlich wiederaufnehmen und erfolgreich zu Ende führen, noch erreichten interne Denkschriften über schwerwiegende Mängel und Rückstände der deutschen Forschung und Entwicklung das Ohr der verantwortlichen Politiker.

In seiner zusammenfassenden Beurteilung der NS-Forschungspolitik kommt Ludwig zu dem Schluß, daß es eine Legende wäre, ihr »Scheitern« allein auf den berühmten Befehl Görings vom Februar 1940 zurückzuführen, nach dem nur diejenigen Wehrmachtprojekte zu verfolgen seien, »die im Jahre 1940 bzw. bis zum Frühjahr 1941 zur Auswirkung kommen können«.[23] Immerhin enthüllt es die NS-Wissenschaftsauffassung, wenn selbst ein Mann wie Speer an einer derartigen Strategie bis 1944 festhielt, während umgekehrt Himmler und Bormann in letzter Minute als Anwälte natur- und technikwissenschaftlicher Forschung auftraten.[24] Und so fällt denn auch Ludwigs Beurteilung Speers – abweichend von der sonstigen Literatur, die in ihm den glänzenden Technokraten sieht – eher negativ aus: Er teilte mit seinen NS-Auftraggebern das Unverständnis für langwierige wissenschaftliche Forschungs- und Entwicklungsarbeiten, huldigte wie sie der Hoffnung auf »kurzfristig produktive Einzelerfindungen«.[25] Das unvermeidliche Ende des Zweiten Weltkrieges machte diese wie viele andere Hoffnungen zunichte.

Wissenschaft im Dritten Reich

Ungeachtet aller Eingriffe, Inkompetenzen oder »Erfolge« der NS-Hochschulpolitik bleibt festzuhalten, daß damit noch kaum etwas über die Entwicklung einzelner Wissenschaften unter den

Bedingungen des NS-Staates ausgesagt ist: über die Reaktion von Hochschullehrern als Wissenschaftler und als gebildete Staatsbürger auf die Machtergreifung sowie auf die spätere Politik der Nationalsozialisten; über die Selbsteinschätzung der Hochschullehrer zu den Möglichkeiten ihrer jeweiligen Wissenschaft, mit dem Geltungsanspruch von Wahrheit dem Regime ideologisch oder praktisch zu dienen. Fragen dieser Art stehen im Mittelpunkt der für einzelne Wissenschaften in diesem Band vorgelegten Beiträge, auf die ich mich stütze, wenn ich im folgenden versuche, unter übergreifenden Gesichtspunkten einige Gemeinsamkeiten herauszuarbeiten:

– die Rhetorik der Wende und das Bewußtsein vom »deutschen Weg«;
– Kontinuitäten des wissenschaftlichen Denkens;
– Selbstindienstnahme zu praktischen Zwecken.

»Die Vorstellung, daß Machtwechsel an Ideale einer großen, bislang verdrängten und verschütteten Vergangenheit anknüpft, weckt die Bereitschaft, einer revolutionären Bewegung und ihrer Staatsbildung geschichtliche Rechtmäßigkeit zuzubilligen. Der Gedanke der geschichtlichen Entzweiung, des Bruches, der Zäsur fördert Distanz, Kritik und Widerstand.« (K. Schreiner, S. 164)

Im historisch-politischen Bewußtsein der meisten deutschen Hochschullehrer stellte zweifellos »1918/19« jene Zäsur der Entzweiung dar[26], nicht »1933«. Diese zeitgenössische Sichtweise speiste sich einerseits aus Denktraditionen, die bis ins 19. Jahrhundert zurückreichten, andererseits aus national-konservativer Ablehnung der Weimarer Republik. Die offensichtlichen Schwächen des »Systems« seit 1930 verstärkten nicht nur die Attraktivität der autoritären Konzepte bei den Staatsrechtlern (vgl. den Beitrag von D. Grimm), sondern ganz allgemein die Sehnsucht nach der befreienden Wende.

Der machtstaatliche Aspekt der *1933 eingetretenen Wende* fand Eingang in jenen »Ruf an die Gebildeten der Welt«, mit dem die »Professoren an den deutschen Universitäten und Hochschulen« sich am 11. 11. 1933 »zu Adolf Hitler und dem nationalsozialistischen Staat« bekannten: Die »deutsche Wissenschaft« appellierte »an die Gebildeten der ganzen Welt«, »dem Ringen des durch Adolf Hitler geeinten deutschen Volkes um Freiheit, Ehre, Recht und Frieden das gleiche Verständnis entgegenzubringen, welches sie für ihr eigenes Volk erwarten«. Zugleich reklamierte man die

Gleichberechtigung bei der »unbeschränkten geistigen Entwicklung und kulturellen Freiheit der Völker« als Voraussetzung für eine »volksverbundene Wissenschaftspflege«. Also auch eine kulturelle, eine wissenschaftliche Wende! Professoren gaben Interpretationshilfen, so Eugen Fischer (Berlin):

»Wir Wissenschaftler bauen mit, wir führen das deutsche Geistesleben mit ... Wir bauen die Nation auf altem deutschen Volksboden ... wir spüren ... den wahren Führer, der ... aufbaut auf der völkischen Basis, auf dem Gedanken der Gleichartigkeit, des gleichen Blutes, der gleichen Rasse, des gleichen Geistes, des völkischen Deutschtums, aus dem all die Jahrhunderte lang die deutsche Kultur herausgewachsen ist. ... Wir lehnen es ab, daß man rings um unsere Grenzen hetzt und verleumdet, verleumdet und hetzt, weil wir unser Haus neu einrichten, weil wir abtun und hinaustun, was fremd ist und uns stört; das Fremde, das andere, von dem zugegeben sei, daß es zwar auch geistige Arbeit geleistet hat, das aber in noch größerem Maße alte Quellen deutschen Volkstums hat trüben helfen ... Wir lehnen ab, was fremd ist, weil wir auf rein völkischem Boden und völkischer Grundlage, auf alter Väter Scholle das neue Reich der Zukunft neu aufbauen, das jetzt geboren ist.«[27]

Die rhetorische Emphase der »völkischen« Wiedergeburt, mit der Verheißung neuen Heils, hatte am 10. Mai 1933, dem Tag der keineswegs von »oben« inszenierten Bücherverbrennung, ihre Exzesse gefeiert (vgl. den Beitrag von W. Voßkamp). Germanisten sprachen davon, eine »Besetzung des deutschen Geistes« durch Selbstreinigung zu beenden; der »neue künstlerische Geist der völkischen Aktivität« sollte zum »lebendigen Gewissen« des neuen Deutschen Reiches werden. Die klare Unterscheidung zwischen »deutschem« und »undeutschem Geist«, nun wieder möglich, war dabei nicht nur kulturell gemeint, sondern umspannte ebenso die sozialen, wirtschaftlichen und politischen (staatlichen) Alternativen zwischen dem »Geist des Westens« und dem besonderen *»deutschen Weg«*. Diese Metapher implizierte, daß die Deutschen ihren Weg verfehlt, Irrwege beschritten haben konnten. Jetzt aber war die Zeit einer neuen »kopernikanischen Wende«, war Umkehr angezeigt.

»Wird Deutschland, das 400 Jahre in die Irre ging, wird es die blaue Märchenblume, wird es die Blume des Glückes und des Friedens zu suchen und zu finden vermögen? ... Als Albrecht Dürer sich seinen Weg bahnte ... nach Italien, da wurde die damals schon mächtige Gestalt der deutschen Kunst zum ersten Male vom Fieber geschüttelt; und als dann die Künstler förmlich Deutschland flohen, als wir freien Deutschen Sklaven wurden, Sklaven fremder Völker und fremder Kulturen, da war an Gesundung kaum noch zu denken; ... Als aber am 21. März 1933 die Potsdamer Glocken das 3. Reich einläuteten, als der große Führer und Kanzler Adolf Hitler einem ganzen Volke sein Ehrgefühl und den Glauben an sich selbst wiedergab, da läuteten diese Glocken auch der Auferstehung der deutschen Kunst ...« (zit. in dem Beitrag von H. Wilmsmeyer, S. 83 f.)

Die These vom Gleichklang kultureller und machtstaatlicher Entwicklung auf völkischer Grundlage greift tief zurück in die Geschichte, über die man zu verfügen glaubte, wenn es um Orientierung und Legitimation ging. Für die machtstaatliche Komponente hatte Hitler selbst gemeint: »Wir setzen dort an, wo man vor sechs Jahrhunderten endete.« »Wir stoppen den ewigen Germanenzug nach dem Süden und Westen Europas und weisen den Blick nach dem Land des Ostens.« Die damit indirekt als politischer Irrweg gebrandmarkte Italienpolitik des mittelalterlichen Reiches rief die Mediävisten auf den Plan. Th. Mayer erklärte 1940:

»Das großdeutsche Reich nimmt die geschichtliche Entwicklung dort auf, wo sie vor 700 Jahren unter den Staufern fallengelassen wurde.« »Die Politik der Sicherung des deutschen Lebensraumes ist also die organische Fortsetzung der mittelalterlichen Kaiserpolitik, die vor 700 Jahren abgebrochen worden war.« (zit. in dem Beitrag von K. Schreiner, S. 200)

Jüngeren Datums waren Sonderwege, die man in der deutschen Geschichte behauptete und auf deren Kontinuität man mit Blickrichtung auf die 1933 eingetretene Wende pochte. Die retrospektive Abgrenzung der Deutschen Bewegung – seit Herder und dem deutschen Sturm und Drang – vom Rationalismus der Aufklärung war gutes Erbe der »Geistesgeschichte« in lebensphilosophischer Ausdeutung. Germanisten konnten 1934 formulieren:

»Die Bewegung unserer Tage steht der deutschen Bewegung um 1800 näher, als es den meisten Menschen heute bewußt ist. Man kann geradezu sagen: Der deutschen Bewegung von heute ist durch die um 1800 geistig stark vorgearbeitet worden oder – anders gesehen – wesentliche Ideen des Dritten Reiches sind aus den gleichen Tiefen deutschen Wesens gespeist, die schon die wertvollsten Epochen der deutschen Geistesgeschichte befruchtet haben.« (zit. in dem Beitrag von W. Voßkamp, S. 146)

Für den politisch-sozialen Bereich konkretisierte sich der »Geist des Westens« in Liberalismus, Pluralismus, Parlamentarismus; im atomistischen Denken, im Beliebigkeitsdenken. Die Gegenwelt umfaßte einen Staat, der als eigene Wesenheit der Gesellschaft gegenüberstand und erst einheitsstiftend wirkte; ferner die Lehren von der Gemeinschaft und der natürlichen Ordnung, beide unter dem Gesetz des Ganzen stehend.

»Ganzheit« ist ein Schlüsselbegriff für die Ideengeschichte der Jahrzehnte *vor* 1933, einschlägig nicht nur für das historisch-politische Bewußtsein von Wissenschaftlern, sondern auch für die normativen Vorgaben der von ihnen vertretenen Wissenschaften. Hier lag gleichsam die offene Grenze zwischen Wissenschaft und Weltanschauung, und die mit gutem Gewissen immer wieder vollzogene Überschreitung dieser Grenze ist ebenso bemerkenswert wie die mit gleichfalls gutem Gewissen getroffene Stilisierung einer deutschen Wissenschaft in Abgrenzung zu fremden Traditionen. Als führender Vertreter der Gestaltpsychologie konstatierte W. Metzger 1942 die Parallelen zwischen dem theoretischen Programm seiner Wissenschaft und der nationalsozialistischen Revolution: in der gemeinsamen Bekämpfung des »Geistes des Westens«, in der gemeinsamen Orientierung am Volksganzen. Zwanzig Jahre später charakterisierte Metzger die deutsche Psychologie u. a. durch ihr Mißtrauen gegenüber dem psychologischen Empirismus; durch ihre Skepsis gegenüber jeder Form von Elementarismus, ihre Überzeugung, daß das Seelenleben ganzheitlicher Natur ist; durch ihre Ablehnung des »selbstmörderischen Objektivismus« der behavioristischen amerikanischen Psychologie (vgl. den Beitrag von W. Prinz). Rechtswissenschaftler vertraten vor 1933 eine Demokratietheorie, bei der die Einheitsbildung von einem »Führer« als dem Träger eines eigenständigen, interessenunabhängigen Willens erwartet wurde. Der Führer aber »macht sich selbst, indem er die Geschichte seines Volkes begreift, indem er sich als Führer weiß und will«. Soziologen begriffen »1933« als tiefen Einschnitt in der Geschichte ihres wissenschaftlichen Gegenstandes, als Wechsel von der Gesellschaft zur »Volkswerdung«; demgemäß müsse die Soziologie die vielberufene Wertfreiheit ihres wissenschaftlichen Bemühens aufgeben, müsse sie eine politisch-normative Wissenschaft sein (vgl. den Beitrag von O. Rammstedt).

Bedrückend oder erklärungsbedürftig ist bei derlei Äußerungen weniger die nationalkonservative politische Einstellung, sondern das Etikett der Wissenschaftlichkeit, das man ihr zu geben bereit war. In den Hörsälen der Weimarer Zeit gehörte der solcherart politisierende Professor mit der Verführungskraft scheinbar wissenschaftlicher Argumente zum alltäglichen Erscheinungsbild.[28] Das Potential einer »wissenschaftlichen« Anschauung, das in ihrer legitimierenden Wirkung vor dem Forum menschlicher Vernunft, der Verdrängung alternativer normsetzender Instanzen liegen kann, sollte sich sehr bald nach 1933 enthüllen. Leicht ließen sich wissenschaftliche Angebote instrumentalisieren für Zwecke einer Politik des Lebensraums oder der Rassenhygiene. Soll man hier vom »Mißbrauch der Wissenschaft«, von »Pseudowissenschaft« sprechen? Man muß grundsätzlicher fragen: Wie unterscheidet sich die deutsche Wissenschaft vor und nach 1933? Inwieweit wurde die deutsche Wissenschaft nach 1933 praktisch, nahm sich selbst in Dienst?

Die Rhetorik der Wende, wie sie sich in den »politischen« Stellungnahmen vieler Hochschullehrer findet, aber auch die »Politisierung von Wissenschaft« im Rahmen der NS-Hochschulpolitik könnten die Vermutung nahelegen, das Jahr 1933 sei eine wissenschaftsgeschichtliche Zäsur. Demgegenüber ist der beherrschende Befund der in diesem Band vorgelegten Beiträge zu einzelnen Wissenschaften der einer *Kontinuität*, und die Rede vom »deutschen Weg« spricht auf ihre Weise von Kontinuität, beleuchtet das wissenschaftsgeschichtliche Bewußtsein bei Vertretern der verschiedenen Disziplinen. Zeitgenössische wie retrospektive Einschätzung verweisen zum großen Teil in die gleiche Richtung.

Ein besonders deutliches Beispiel ist die *Germanistik*, die sich nach Hitlers Machtübernahme als »Nationalwissenschaft« stilisieren konnte, aber methodisch und inhaltlich nur eine Fortsetzung der Literaturwissenschaft der zwanziger Jahre darstellte: die geistesgeschichtliche Literaturbetrachtung, die in ihrem antiintellektualistischen Ganzheitsdenken das deutsche Wesen studierte, allerdings ohne der kulturellen eine rassistische Dimension hinzuzugesellen; die formanalytische und die existentialistische Richtung, beide auf ihre Art vom Glauben an eine umfassende Erneuerung aus dem Geist des deutschen Volkstums beseelt; schließlich der stammeskundliche Ansatz, der künstlerische Manifestationen mit biologischen Gesetzmäßigkeiten zu verbinden trachtete und sich ohne Mühe dem Antisemitismus öffnete.

Angesichts der Mischung von Kontinuität, Umakzentuierung und einseitiger Steigerung, wie sie seitens der Germanisten »wissenschaftlich« vorgegeben wurde, konnte die Ausbildung der *Deutschlehrer* kaum unter anderen Vorzeichen stattfinden (vgl.

den Beitrag von N. Hopster). Die Deutschkunde-Bewegung der Weimarer Zeit, schon völkisch-nationalistisch, aber eben noch kulturkundlich ausgelegt, sah sich radikalisiert zur »Deutschwissenschaft«, die »aus der Geisteswissenschaft der Deutschkunde eine Lebenswissenschaft mit bluthaft-volksverbundenen Beziehungen« formen wollte. Man zielte auf die leiblich-geistige Einheit in der Erziehung des deutschen Menschen, begriff den Deutschlehrer als »Turnphilologen«.

In der *Kunstpädagogik* frönte man seit den Tagen Langbehns (1890) einer irrationalen Geisteshaltung, in deren Mittelpunkt die volksverbundene Kunst steht (vgl. den Beitrag von H. Wilmsmeyer). Die Sehnsucht nach der »verlorenen Mitte«, auch in den Verlautbarungen des Bauhauses nachweisbar, verband die Generationen der Kunsterzieher und machte sie nach 1933 meist zu eifrigen Anhängern der nationalsozialistischen Kunstpädagogik. Diese zielte, auch dies kein neuer Gedanke, auf die Wiedergeburt der neuen Volkskunst aus der Pflege der Kinderkunst.

Geschichtswissenschaft, möchte man meinen, hat einen ähnlich direkten Bezug zur völkischen Apotheose des deutschen Wesens wie Germanistik oder Pädagogik. Dies gilt jedoch allenfalls mit Einschränkungen (vgl. den Beitrag von K. Schreiner). Zentrale Leitbegriffe der neuen Herrschaftssprache haben die Wissenschaftssprache vergleichsweise wenig besetzt. Die aus der antirepublikanischen Haltung der Weimarer Zeit gespeiste Diskussion um »Führer« und »Führertum« hat zwar auch Historiker dazu bewogen, zum Thema »Führertum in der Geschichte« zu veröffentlichen. Und während des Dritten Reiches wurde diese Redeweise natürlich fortgesetzt. Aber gerade die ernstzunehmende mittelalterliche Verfassungshistorie vermied die Terminologie zugunsten der quellennäheren Begriffe »Herrschaft« und »Genossenschaft«. Im Namen eines quellenkritischen Wissenschaftsideals wandte sich H. Dannenbauer gegen die rassistische Einfärbung des deutschen Geschichtsbildes und kritisierte die Überbetonung der germanischen Kontinuität. Demgegenüber begab sich O. Westphal mit seinem Band *Das Reich. Aufgang und Vollendung* in eine rassistische Außenseiterposition unter den Historikern, so sehr der Reichsgedanke selbst, vor und nach 1933, die Geschichtswissenschaft beschäftigte. Kontinuitäten dieser Art, die den Staat und die weltgeschichtlichen Personen in das Zentrum rückten, fielen gemäßigt aus, gleichsam schon der Politisierung vorausgehend, wenn die historische Quellentreue, wie in der Regel, obsiegte. Gleichwohl verführte das benachbarte Geschichtsbild der Parteilinie immer wieder zu kleineren oder größeren Anpassungsschritten.

Eher große Schritte sind charakteristisch für die *Osteuropaforschung* (vgl. den Beitrag von Ch. Kleßmann). Schon ihre Entstehung im 19. Jahrhundert kennt jene klare antipolnische Option, wie sie in dieser Zeit, besonders dann aber während der Weimarer Republik, »selbstverständlich« war. Irritierend mußte der deutsch-polnische Vertrag von 1934 wirken, aber 1939 war die Welt gleichsam wieder »in Ordnung«; den traditionellen Thesen vom deutschen Kultur- und Volksboden, so sehr sie sich von rassistischen Vorstellungen unterschieden, folgte die legitime territoriale Expansion.

Eine ähnlich vorbereitende, geistig mobilisierende, weil wissenschaftlich begründende Funktion muß man der gleichfalls bis ins 19. Jahrhundert zurückreichenden *Eugenik,* hier ihrer deutschen Spielart als Rassenhygiene, zuschreiben (vgl. den Beitrag von P. Weingart). Bezeichnend für diese Wissenschaft ist ihr biologisch-sozialer Doppelcharakter: der Rationalisierungsanspruch zielt auf eine Steuerung der genetischen Entwicklung und auf eine bessere Welt, auf eine soziale Verfassung, die eben diese eugenische Steuerung sicherstellt. Leicht ließ sich die anthropologische Höherbewertung der nordischen Rasse in das rassenhygienische Programm einfügen, das sich seit der Jahrhundertwende auf Zeitschriften und wissenschaftliche Gesellschaften sützte. Der immer gesuchte, programmatisch geforderte Einfluß auf die Regierung – nach 1933 war er gegeben, und man konnte aktive »Rassenpflege« erwarten.

Gegenüber solchen »harten« Fällen, die nicht erlauben, vom politischen Mißbrauch einer an sich »richtigen« Wissenschaft zu sprechen (P. Weingart, S. 340), gelten *Soziologie* und *Psychologie* landläufig als »Fälle« für das Gegenteil, für die gewaltsame Unterbrechung einer kritischen (und »jüdischen«) Wissenschaftstradition durch den NS-Staat und seine Hochschulpolitik. Löst man sich von der biographischen Ebene, betrachtet man die wissenschaftliche Produktion, dann entdeckt man unvermutete Kontinuitäten über das Jahr 1933 hinweg und Affinitäten zur NS-Ideologie. Eine »deutsche Soziologie« vergewisserte sich ihrer Grundlegung in den zwanziger Jahren über den ganzheitstheoretischen Ansatz bei H. Freyer und O. Spann, verstand sich als politisch notwendig engagierte Wissenschaft und erlebte nach 1933 eine institutionelle Expansion. Mit dem Bewußtsein, die »Stunde der Soziologie« sei gekommen – Soziologie als »Wissenschaft von der Gemeinschaft«, als »Zentralwissenschaft einer ganzen Zeit« –, stellte man sich vielfältig in den Dienst der endlichen »Volkswerdung«. Es gehe »um unverfälschte Sicherung der völkischen Art, um Verkündung der Wirklichkeit des Volkes gegen seine Leugner und um die Klärung des völkischen Wesens im Zusammentreffen mit anderen Völkern«. Vertreter der in Deutschland herrschenden Tradition der Ganzheits- und der Gestaltpsychologie konnten ähnliche Argumentationen aus ihrer Wissenschaft bereitstellen, wenn es um die Theorie der Gemeinschaft ging, um die rassische Einheitlichkeit, die Geschlossenheit des völkischen Lebensraumes. Diese mangelnde Immunität gegenüber den Verführungen einer affinen herrschenden Weltanschauung mag persönliche Ursachen haben, verweist aber auch auf die Grenzen eines theoretischen Programms: wenn etwa der Vorrang des Ganzen vor den Teilen (Individuen) nicht nur funktional, sondern auch wertend bestimmt und verordnet wird.

Eben dieser Vorrang des Ganzen, verkörpert im Wesen des Staates, war es, der *Rechtswissenschaftler* der Weimarer Republik zu Kritikern ihrer Zeit werden ließ. Die Ablehnung des liberalen Sozialmodells, nicht der Rechtspositivismus, liefert den Erklärungsansatz für Affinitäten zwischen Rechtswissenschaft und Nationalsozialismus vor 1933. Nach der Machtergreifung mußte es daher gelten, die »neue Rechtswissenschaft« auf eine materiale Gerechtigkeit auszurichten, die ihrerseits letztlich im völkischen Bewußtsein gründete: »Es ist ein Irrtum, wenn nicht etwas Schlimmeres, heute noch gegenüber einem konkreten Tatbestand des Rechtslebens die Auseinanderreißung von juristisch und politisch, juristisch und weltanschaulich, juristisch und moralisch vornehmen zu wollen«, postulierte Carl Schmitt. Wissenschaftliche Autorität begründet autoritäre, rein instrumentelle Praxis; Rechtssicherheit wird zur »Gewißheit der Durchsetzung des Rechtes im Sinne des Rechtsdenkens der Volksgesamtheit«.

Wissenschaftliche Kontinuitäten, über 1933 hinausgehend, sowie Affinitäten zu inhaltlichen Zielen des Nationalsozialismus sind nicht alles; daneben finden sich Enttäuschung über die Wirklichkeit, Distanzierung von platten Formeln, Ablehnung der totalitären Praxis, mit all den persönlichen Folgen, von denen auch Hochschullehrer und Wissenschaftler nicht verschont blieben, die 1933 den Machtwechsel begrüßt hatten. Um so mehr sahen sich diejenigen betroffen, die von vornherein, und aus durchaus unterschiedlichen Gründen, kritisch eingestellt oder auch »nur« Juden waren. Für jede einzelne Wissenschaft lassen sich Lebensläufe zusammenstellen, die von Opfern des NS-Regimes erzählen. Vertreibung (oder gar Ermordung), innere Emigration oder Mut zu öffentlichem Widerspruch sagen allerdings mehr über die Personen als über die wissenschaftliche Entwicklung aus, und es kann kaum einem Zweifel unterliegen, daß die Wissenschaften sich dem gleichen Regime zur Verfügung stellten, dem einzelne Mitglieder ihrer Zunft zum Opfer fielen. Hätte man anderes erwarten können? Ist die kollektive Verweigerung eine realistische Vorstellung in einem totalitären Staat? Liegt die Sache für Wissenschaftler anders als für Wirtschaftsführer, Beamte, Offiziere? So wenig man für diese von einer – nur widerwillig befolgten – Instrumentalisierung »von oben« sprechen kann, so gilt auch für die Wissenschaften die *Selbstindienstnahme* zum ideologischen und praktischen Nutzen des Regimes.

Wenn man die NS-Wissenschaftspolitik in ihrer Gesamtheit bedenkt, dann liegt der eindrücklichste Fall einer Begegnung von Instrumentalisierung und Selbstindienstnahme zweifellos im Bereich der Technik- und Naturwissenschaften. Für Ingenieure etwa ist gezeigt worden, wie hingebungsvoll sie sich den großen »Gemeinschaftsaufgaben« im Rahmen von Rüstungsproduktion und Kriegstechnik widmeten, wie stark zugleich die Affinitäten zwischen ihrem Gesellschaftsbild und dem Nationalsozialismus waren.[29] Unter den in diesem Band vertretenen Wissenschaften stellt die *Eugenik* den Extremfall dar. Als angewandte Wissenschaft unterstützte sie die Realisierung der eugenischen Utopie im Dritten Reich sowohl legitimatorisch als auch instrumentell. Rassenhygieniker waren beteiligt als Sachverständige bei der Beratung und Durchführung von Gesetzen zur Zwangssterilisation und zum »Schutz des deutschen Blutes«. Die Exzesse einer »negativen Eugenik«, der »Ausmerze«, lassen sich damit zwar nicht »erklären«, aber sie sind auch nicht vorstellbar ohne die ideengeschichtliche und praktische Hilfestellung einer Wissenschaft, deren szientistischer Rationalisierungsanspruch immer zur Praxis drängte.

Andere Wissenschaften mögen den nationalsozialistischen Machthabern weniger wichtig erschienen sein, ohne daß damit die

Selbstindienstnahme nicht ebenso deutlich zu erkennen wäre. Die *Soziologie*, die nach 1933 ihre Durchsetzung als institutionalisiertes Fach gerade erst erlebte, erreichte dies nicht als zentrale Orientierungswissenschaft; das Interesse an der theoretischen Diskussion um die »deutsche Soziologie« wurde geringer oder zurückgestellt. Es war Soziologie als praktische, als angewandte Wissenschaft, als zweckorientierte Sozialforschung und -technologie, die hier einschlägig wirkte. Beispiele sind die Einrichtung neuer soziologischer Forschungsstätten für bestimmte Gegenstandsbereiche: Bevölkerungswissenschaft, »Rassenkunde, Völkerbiologie und ländliche Soziologie«, Technische Arbeitsforschung, Ständewesen, Grenzlandkunde, Überseedeutschtum. An den Universitäten wurden neue Ordinariate eingerichtet, in Berlin eine Auslandswissenschaftliche Fakultät gegründet; das hier verankerte Auslandswissenschaftliche Reichsinstitut war personell mit dem Reichssicherheitshauptamt und dessen Interessen an »Gegnerforschung« verbunden. Schließlich ist auf die Informationsbeschaffung mit demoskopischen Methoden für den Staatssicherheitsdienst hinzuweisen. Der grotesk anmutende Versuch freilich, damit zwischen ohnmächtiger Öffentlichkeit und politischen Entscheidungsinstanzen als Seismograph gesellschaftlicher Veränderungen zu vermitteln, scheiterte spätestens an der Abschottung des Parteiapparates gegen eine mögliche Observierung.

Osteuropaforschung, insbesondere soweit sie in Spezialinstituten organisiert und 1933 in der »Nord- und Ostdeutschen Forschungsgemeinschaft« gleichgeschaltet worden war, sah sich 1939 herausgefordert, als die NS-Rasse- und Lebensraumideologie auf konkrete Praxis drängte. Hans Frank, Generalgouverneur im besetzten Polen, forderte »eine Ostkunde als Elementarlehre des imperialen Nationalsozialismus«. Beflissene Wissenschaftler bekräftigten in der Selbstcharakterisierung ihrer Aufgaben, den deutschen Führungsanspruch zur leitenden Perspektive zu nehmen. Angesichts des für wissenschaftliche Produktion »kurzen« Zeitraums der NS-Okkupation blieben derartige Vorstellungen eher Absichtserklärungen, deren Einlösung nach dem Endsieg zur Debatte gestanden hätte. Mehr Zeit hatte die *Rechtswissenschaft* und eine eminent praktische Aufgabe dazu. Denn da der nationalsozialistische Staat die großen Kodifikationen des Zivil- und Strafrechts kaum gesetzgeberisch änderte, galt es, vornationalsozialistisches Recht nach neuen Grundsätzen anzuwenden. Die »neue Rechtswissenschaft« widmete sich dieser Aufgabe: als Methodenlehre rekurrierte sie auf Generalklauseln wie »Treu und Glauben«, »gute Sitten«, die einerseits die Richtung der Rechtsauslegung leiten sollten, andererseits rückgebunden waren an die im Führerwillen verkörperte völkische Gemeinschaft. Der Umstand, daß Generalklauseln immer nötig sind, um das jeweilige positive Recht für den Wandel von Situationen und Werten offenzuhalten, stärkte die »wissenschaftliche« Begründung der politischen Option.

Die völkische Gemeinschaft als praktische Aufgabe, als Bildungsprozeß, forderte den Einsatz der *Pädagogen*, und die lehrerbildenden Fächer stellten die Theorie bereit. Die Kunstpädagogik stilisierte sich als Naturheilpädagogik. Bei der Kinderkunst, Ausdruck der noch unverdorbenen, natürlichen Volkskunst, setzte man an, um den Grundstein zu legen für die neue hohe deutsche Kunst als Lebensausdruck der völkischen Art und um zugleich durch die kunstpädagogische Arbeit, zumal in der Gemeinschaft, für die Volksgemeinschaft zu erziehen. »Inszenierung von Gemeinschaft« charakterisierte gleichermaßen die Ausbildung der Deutschlehrer wie den von ihnen zu erteilenden Unterricht. Der neue Lehrer war »pädagogischer Offizier«, durch die Erfahrung der »Lagermannschaft« gegangen. Sein Unterricht zielte auf »Haltung«, im Deutschunterricht auf Sprechhaltung: das gemeinschaftliche »Erlebnis« von inszenierten Texten ritualisierte das sprachlich-ästhetische Verhalten, diente der Eingliederung in die sprachlich-ästhetische »Alltäglichkeit« der nationalsozialistischen Politik.

Wo der unmittelbare Praxisbezug fehlte oder weniger leicht herstellbar war, war die *ideologische Selbstindienstnahme*, gleichsam zur Vergewisserung der eigenen Wichtigkeit, von größerer Bedeutung. Ein Beispiel kann hier für viele stehen. Als »Kriegseinsatz der Germanisten« begriff man das Gemeinschaftsunternehmen »Von deutscher Art in Sprache und Dichtung« (1940):

»Der gegenwärtige Krieg ist in besonderem Maße nicht nur eine militärische, sondern zugleich eine geistig-kulturelle Auseinandersetzung, in der auch über die geistige Ordnung des kommenden Europa entschieden wird. Daher gilt es gerade auch für die *deutsche Geisteswissenschaft*, in dieser entscheidenden geschichtlichen Stunde aktiv zur Stelle zu sein, die geistespolitische Lage mit weiter Sicht zu durchdringen und die Ideen vorzubereiten und zu erklären, auf denen ein neues Europa politisch-kulturell errichtet werden kann.« (zit. in dem Beitrag von W. Voßkamp S. 153)

Das gute Gewissen einer sich ihres deutschen Weges in der Geistesgeschichte bewußten Wissenschaft, politisiert über die nationalkonservative Einstellung der Wissenschaftler, produzierte Selbsttäuschung und Überheblichkeit, machte blind für den Funktionswandel des traditionellen Tuns unter den Rahmenbedingungen des Nationalsozialismus, förderte den übereifrigen Ideologen und willfährigen Handlanger, verlangte ungewöhnliche Charakterstärke für Distanzierung oder Widerspruch. Daß die Wissenschaften so wenig *kognitive* Resistenz gegenüber den Erwartungen und Verlockungen der Macht bewiesen haben, gehört zu den bestürzenden Erfahrungen, die eine »wissenschaftsgläubige« Welt nicht ernst genug nehmen kann. Müssen wir doch nicht nur annehmen, daß wir nach aller Wahrscheinlichkeit vor 1945 ähnlich gehandelt hätten, sondern auch fürchten, daß das wissenschaftsinterne Widerstandspotenial kleiner ist als gemeinhin veranschlagt und kaum in der Lage, moralisches und politisches Unheil zu verhüten.

Anmerkungen

1 Erklärung des Vorstandes des Verbandes der Deutschen Hochschulen, 22.4. 1933 (Nachlaß J. Kühn). – Von Johannes Kühn, seinerzeit Professor für Geschichte an der TH Dresden, existiert ein kleiner privater Nachlaß im Besitz von Prof. R. Koselleck, Bielefeld. Herr Koselleck hat mich dankenswerterweise diesen Nachlaß durcharbeiten lassen.

2 *R. Schottlaender:* Antisemitische Hochschulpolitik: Zur Lage an der Technischen Hochschule Berlin 1933/34. In: *R. Rürup (Hg.):* Wissenschaft und Gesellschaft. Beiträge zur Geschichte der Technischen Universität Berlin 1879–1979, Bd. I, Berlin 1979, S. 447.

3 Vgl. *H. Mommsen:* Beamtentum im Dritten Reich, Stuttgart 1966; *H. Maier:* Nationalsozialistische Hochschulpolitik. In: Die deutsche Universität im Dritten Reich, München 1966, S. 81ff.

4 *Mommsen* (Anm. 3), S. 47ff.

5 *Maier* (Anm. 3), S. 82.

6 *A. F. Kleinberger:* Gab es eine nationalsozialistische Hochschulpolitik? In: *M. Heinemann (Hg.):* Erziehung und Schulung im Dritten Reich. Teil 2: Hochschule, Erwachsenenbildung, Stuttgart 1980, S. 13.

7 Rundschreiben des Sächsischen Ministeriums für Volksbildung, 21. 2. 1934 (Nachlaß J. Kühn).

8 Erlaß des Reichsministers für Wissenschaft, Erziehung und Volksbildung, 13. 6. 1935 (Nachlaß J. Kühn).
9 *H. Ebert:* Die Technische Hochschule Berlin und der Nationalsozialismus: Politische »Gleichschaltung« und rassistische »Säuberungen«. In: *Rürup* (Anm. 2), S. 463.
10 Erklärung des Vorstandes des Verbandes der Deutschen Hochschulen, 22. 4. 1933 (Nachlaß J. Kühn).
11 *Th. Vahlen*: Geleitwort des Herausgebers. In: Die neue Hochschule, hrsg. von Prof. Dr. Theodor Vahlen, Ministerialdirektor im Reichsministerium für Wissenschaft, Erziehung und Volksbildung (Nachlaß J. Kühn).
12 Ebd.
13 *E. Krieck* (1937), nach: Hochschulpolitischer Bericht. In: Hochschulblatt Grenzland Sachsen, Jg. 13 (1937), Nr. 1, S. 31f. (Nachlaß J. Kühn).
14 Neben den einzelnen Beiträgen in dem vorliegenden Band vgl. *H. Mehrtens, St. Richter (Hg.)*: Naturwissenschaft, Technik und NS-Ideologie, Beiträge zur Wissenschaftsgeschichte des Dritten Reiches, Frankfurt/M. 1980; *St. Harbordt (Hg.)*: Wissenschaft und Nationalsozialismus. Zur Stellung der Staatsrechtslehre, Staatsphilosophie, Psychologie, Naturwissenschaft und der Universität zum Nationalsozialimus, Berlin: Technische Universität Berlin, 1983; Frontabschnitt Hochschule. Die Gießener Universität im Nationalsozialismus, Gießen 1982, S. 168ff.
15 *H. Mehrtens*: Die Naturwissenschaften im Nationalsozialismus. In: *Rürup* (Anm. 2), S. 433f.
16 *Kleinberger* (Anm. 6), S. 18ff.; *K.-H. Ludwig*: Technik und Ingenieure im Dritten Reich, Düsseldorf 1974, S. 271ff.
17 *Ludwig* (Anm. 16), S. 288ff.
18 Ebd., S. 210ff.
19 *Mehrtens* (Anm. 15), S. 435ff.
20 *Ludwig* (Anm. 16), S. 248ff.
21 Ebd., S. 216ff., 223ff., 237f.; *H. Ebert, H.-J. Rupieper*: Technische Wissenschaft und nationalsozialistische Rüstungspolitik: Die Wehrtechnische Fakultät der Technischen Hochschule Berlin 1933–1945. In: *Rürup* (Anm. 2), S. 483.
22 *K. Zierold*: Forschungsförderung in drei Epochen. Deutsche Forschungsgemeinschaft: Geschichte, Arbeitsweise, Kommentar, Wiesbaden 1968, S. 215; allgemein vgl. *Ludwig* (Anm. 16), S. 218ff., 231ff., 245, 248.
23 *Ludwig* (Anm. 16), S. 231f.
24 Ebd., S. 256f., 297.
25 Ebd., S. 269f.
26 Vgl. dazu besonders: *F. K. Ringer*: Die Gelehrten. Der Niedergang der deutschen Mandarine 1890–1933, Stuttgart 1983 (amerik. Originalaus-

gabe 1969).

27 Bekenntnis der Professoren an den deutschen Universitäten und Hochschulen zu Adolf Hitler und dem nationalsozialistischen Staat, überreicht vom Nationalsozialistischen Lehrerbund Deutschland/Sachsen, Dresden o. J. (1933), S. 5, 9f.

28 *Th. Eschenburg*: Aus dem Universitätsleben vor 1933. In: *A. Flitner (Hg.)*: Deutsches Geistesleben und Nationalsozialismus, Tübingen 1965, S. 23ff., bes. S. 34.

29 *G. Hortleder*: Das Gesellschaftsbild des Ingenieurs. Zum politischen Verhalten der Technischen Intelligenz in Deutschland, Frankfurt/M. 1970; *Ludwig* (Anm. 16), S. 17–73, S. 360ff.

Dieter Grimm
Die »Neue Rechtswissenschaft«
Über Funktion und Formation nationalsozialistischer Jurisprudenz

Die Mehrzahl der Wissenschaften erfährt einen politischen Umsturz als Veränderung ihrer Rahmenbedingungen. Für die Rechtswissenschaft bedeutet er zugleich eine Veränderung ihres Gegenstandes. Das liegt in dem Verhältnis von Recht und Politik begründet. Während ältere Sozialordnungen die Politik einem unabhängig von ihr geltenden Recht dienstbar machten, ist das neuzeitliche Recht größtenteils ein Produkt politischer Entscheidung. Politische Herrschaft schließt die Befugnis zur Rechtsetzung ein, und mittels Recht werden politische Programme in kollektiv verbindliche Normen umgewandelt. Zwar fungiert das Recht nicht nur als Instrument der Politik, sondern läßt sich auch zur Bindung von Politik einsetzen, wie insbesondere die Verfassung zeigt. Das ändert aber nichts daran, daß die Verfassung ihrerseits auf einer politischen Entscheidung beruht und daher auch politisch wieder abgeschafft werden kann. Jeder politische Umsturz muß sich also über kurz oder lang im Recht niederschlagen und die überkommenen Normen den veränderten Zielvorstellungen anpassen. Sofern die Rechtswissenschaft mit dem geltenden Recht zu tun hat, steht sie unter Folgezwang und muß sich auf den veränderten Gegenstand einstellen.

Daß Gegenstände wissenschaftlicher Erkenntnis politisch determiniert sind, kann freilich auch auf andere Disziplinen zutreffen. Der Rechtswissenschaft tritt die Politik aber mit einem spezifischen Geltungsanspruch entgegen. Ihre Aufgabe besteht nicht in erster Linie darin, die politischen Normsetzungsakte nach Herkunft und Güte zu analysieren und zu bewerten, sondern den Sinn der Normen und ihre Bedeutung für konkrete Streitfälle zu ermitteln. Insofern hat sie dogmatischen Charakter. Sie ist freilich nicht ausnahmslos dogmatische Wissenschaft. Ihre Forschungen erstrecken sich auch auf die historische Entwicklung des Rechts (Rechtsgeschichte), seine Wirkungsbedingungen und Wirkungsweisen (Rechtssoziologie), die Struktur von Normen und die Methoden ihrer Deutung (Rechtstheorie), die Bedingungen der Gerechtigkeit des Rechts (Rechtsphilosophie), die Verbesserung der geltenden Gesetze (Rechtspolitik). In diesen Formen kann sie kritische Distanz zum geltenden Recht beziehen, aber im Kern bleibt sie anwendungsorientiert und deswegen der politischen Vorgabe verpflichtet.

Der politisch bedingte Gegenstand und das dogmatisch bestimmte Erkenntnisziel machen es der Rechtswissenschaft unmöglich, einem Systemwechsel auszuweichen. Er berührt nicht nur die Ausübungsmodalitäten von Wissenschaft, sondern diese selbst. Darin liegt der Grund für die spezifische Nähe von Rechtswissenschaft und politischem System und zugleich für das besondere Interesse, das dem Verhältnis gerade der Rechtswissenschaft zum Nationalsozialismus stets entgegengebracht worden ist. Hierauf beschränkt sich die folgende Untersuchung. Weder werden das Rechtsverständnis der nationalsozialistischen Führung noch das Verhalten anderer juristischer Berufe, namentlich der Justiz, analysiert. Das Interesse gilt weniger den inhaltlichen Positionen der nationalsozialistischen Rechtswissenschaft als den Gründen ihrer Willfährigkeit. Diese Fragestellung macht einen Rückgriff auf die Einstellung der Rechtswissenschaft zur Weimarer Republik nötig. Der Blick wird dadurch zwangsläufig stärker auf Kontinuitäten als auf Zäsuren gelenkt. Zuvor muß freilich geklärt werden, worin der spezifische Beitrag der Rechtswissenschaft zur Etablierung des Nationalsozialismus lag.

Funktion der »Neuen Rechtswissenschaft«

Rechtsordnungen lassen sich nicht so schnell ändern wie Herrschaftsverhältnisse. Alle erfolgreichen Revolutionen stehen vor dem Problem, daß die Rechtsordnung zu umfangreich und zu komplex ist, als daß sie mit einem Schlag gegen eine neue ausgetauscht werden könnte. Es ist zwar alles Recht änderbar, aber nicht alles auf einmal.[1] Die russische Revolution von 1917 wollte das Dilemma lösen, indem sie das zaristische Recht ersatzlos beseitigte und den überkommenen Justizstab auflöste. Mit dem Gerichtsdekret vom 5. 12. 1917 wurden sogenannte revolutionäre Volksgerichte eingerichtet, und als Unklarheiten entstanden, wie diese zu entscheiden hätten, bestimmte das Gerichtsdekret vom 30. 11. 1918:

»Bei der Entscheidung von Gerichtssachen wendet das Volksgericht die Dekrete der Arbeiter- und Bauernregierung an, und im Fall des Fehlens eines entsprechenden Dekrets oder seiner Unvollständigkeit läßt es sich von dem sozialistischen Rechtsbewußtsein leiten. Der Verweis ... auf die Gesetze gestürzter Regierungen ist verboten.«[2]

Die Folge war ein rechtliches Chaos, das alsbald zur Ausarbeitung eines sozialistischen Zivilgesetzbuchs zwang, welches am 1. Januar 1923 in Kraft trat.

Der Nationalsozialismus machte von vornherein keinen Versuch, ohne das alte Recht auszukommen. Er entfaltete zwar sogleich nach seiner Machtübernahme eine rege Gesetzgebungstätigkeit[3], die durch das Ermächtigungsgesetz vom 24. 3. 1933, das die Gesetzgebungsbefugnis des Parlaments auf die Regierung übertrug, erleichtert wurde. Die Gesetze bezogen sich aber vornehmlich auf die politisch-organisatorischen Grundlagen der nationalsozialistischen Herrschaft und die Rechtsstellung der Juden. Im übrigen läßt sich als gewichtiges Reformwerk nur das Arbeitsordnungsgesetz von 1934 nennen, während die großen Kodifikationen wie das Bürgerliche Gesetzbuch (BGB), das Handelsgesetzbuch (HGB), die Zivilprozeßordnung (ZPO), das Strafgesetzbuch (StGB), die Strafprozeßordnung (StPO) etc., von Einzelkorrekturen etwa im Eherecht und im Strafrecht abgesehen, in Kraft blieben, obwohl sie von den Gerechtigkeitsvorstellungen des politischen Feindes geprägt waren. Darin lag freilich kein Anerkenntnis ihres Inhalts, sondern das Eingeständnis der Schwierigkeiten, die sich bei einer sofortigen Änderung großer Rechtskomplexe im nationalsozialistischen Sinn ergeben hätten. Diese blieb daher Fernziel[4], während kurzfristig ein anderer Weg beschritten wurde, der über die *Auslegung* des vornationalsozialistischen Rechts führte.[5] Was der Gesetzgeber nicht sogleich leisten konnte, sollte einstweilen der Rechtsanwender besorgen.

In diesem Zusammenhang übernahm die Rechtswissenschaft eine wichtige Funktion, indem sie die Praxis methodologisch auf ihre Aufgabe vorbereitete. 1933 verkündete Carl Schmitt als Leiter der Reichsfachgruppe Hochschullehrer im Bund Nationalsozialistischer Deutscher Juristen *Neue Leitsätze für die Rechtspraxis.*[6] Darin bekräftigte er zunächst die traditionelle Bindung des Richters an Recht und Gesetz, fügte aber hinzu, daß es sich um die Bindung an Recht und Gesetz eines ganz bestimmten Staatswesens handele. Verkenne der Richter dies, komme er in die Lage, »*gegen* die in jedem Recht und Gesetz enthaltenen politischen Entscheidungen des Staates *andere* politische Auffassungen zur Geltung zu bringen«. Die Rechtsauffassungen dieses Staatswesens sollten vor allem über die sog. Generalklauseln Eingang in die Rechtsprechung finden. Schon Lange hatte sie als »Kuckuckseier im liberalistischen Rechtssystem« bezeichnet[7], weil sie den Einbruch neuer Ideen in alte Gesetze ermöglichten, und auch Schmitt meinte nun: »Sobald Begriffe wie ›Treu und Glauben‹, ›gute Sitten‹ usw. nicht auf die individualistische bürgerliche Verkehrsgesellschaft, sondern auf das Interesse des Volksganzen bezogen werden, ändert sich in der Tat das gesamte Recht, ohne daß ein einziges ›positives‹ Gesetz geändert zu werden brauchte.«[8] Nach seinen Leitsätzen waren daher für ihre Handhabung »die Grundsätze des Nationalsozialismus unmittelbar und ausschließlich maßgebend«.[9]

Generalklauseln hatten schon immer die Funktion, Billigkeitserwägungen in der Rechtsanwendung Raum zu geben und das Gesetzesrecht für Situations- oder Wertewandel offenzuhalten. Das konnte sich nun der Nationalsozialismus zunutze machen. Doch stieß die Anpassung einer ausgedehnten, auf möglichste Präzision bedachten Rechtsordnung mittels einiger Generalklauseln an Grenzen. Deswegen beschränkte sich Schmitt nicht auf diese, sondern erstreckte in einer 1934 gehaltenen Rede über *Nationalsozialismus und Rechtsstaat*[10] seine Auslegungsmaximen auf alle Vorschriften. Danach kam zwar den Grundsätzen des nationalsozialistischen Parteiprogramms keine unmittelbare rechtsnormative Kraft zu. Sie seien vielmehr auf »Umschaltung durch ein positives staatliches Gesetz« angewiesen. Auch die nicht ausdrücklich aufgehobenen Gesetze des alten Staates behielten ihre Gültigkeit. Das beziehe sich allerdings nicht auf den Geist und die Grundsätze, aus denen sie erwachsen seien.

»Das gesamte heutige deutsche Recht, einschließlich der weitergeltenden, positiv nicht aufgehobenen Bestimmungen, muß ausschließlich und allein vom Geist des Nationalsozialismus beherrscht sein. Das ist das *erste Auslegungsprinzip,* das wir auch gegenüber dem ungeheuren Komplex positiv weitergeltender Normen im Auge behalten müssen. Jede Auslegung muß eine *Auslegung im nationalsozialistischen Sinne* sein.«

Den Grund für diese Regel sah Larenz darin, daß die Quelle des Rechts nicht eigentlich im Gesetz, sondern in »der sittlichen und rechtlichen Grundanschauung unseres Volkes« liege.[11] Diese stifte Einheit in der ihrem Ursprung nach heterogenen Rechtsordnung. Aus der einenden Idee müßten daher sämtliche Gesetze interpretiert werden. Es ließ sich allerdings nicht ausschließen, daß es Gesetze gab, die wegen ihres eindeutigen Wortlauts einer solchen Interpretation unzugänglich waren. Daher wollte Larenz die Bindung des Richters an das Gesetz dort aufheben, »wo seine Anwendung zu einem vom Standpunkt der völkischen Gesamtordnung aus *schlechthin unerträglichen* Ergebnis führen würde«; in solchen Fällen dürfe und solle der Richter »als Sachwalter der höchsten Grundsätze unseres Gemeinschaftslebens das Gesetz nicht nur ergänzen, sondern *korrigieren*«.[12] Ähnlich lauteten die *Leitsätze über Stellung und Aufgaben des Richters*[13], die eine Gruppe Kieler Professoren unter Mitwirkung von Larenz im Auftrag des Reichsministers Frank ausgearbeitet hatte, um die Kontroverse über das Maß der richterlichen Bindung an vornationalsozialistische Gesetze zu bereinigen. Nach Leitsatz 4 durften solche Gesetze nicht angewandt werden, »wenn ihre Anwendung dem heutigen gesunden Volksempfinden ins Gesicht schlagen würde«.

Die Aufgabe interpretatorischer Anpassung älteren Rechts an gewandelte Verhältnisse stellte sich der Rechtswissenschaft freilich nicht erst seit 1933. Die Industrielle Revolution und die wirtschaftlichen und sozialen Folgen des Ersten Weltkriegs wie auch der Übergang vom monarchischen zum demokratischen Staat hatten lange vorher einen Anpassungsdruck erzeugt, der sich dort, wo ihn der Gesetzgeber nicht befriedigte, auf die Rechtsanwendung fortsetzte. An der positivistischen Grundhaltung der Rechtswissenschaft war daher schon zu Beginn des 20. Jahrhunderts Kritik geübt worden, und insbesondere in Gestalt der von Philipp Heck entwickelten Interessenjurisprudenz lag mittlerweile ein ausgearbeitetes Instrumentarium zur Lösung des Problems vor. Heck begriff alle Rechtsnormen als Ausgleich widerstreitender Interessen und gab dem Richter auf, das Gesetz aus dieser Interessenwertung zu interpretieren, zu komplettieren und notfalls auch zu korrigieren.[14] Sogleich nach der Machtergreifung war es Stoll, der für die Anpassung des bürgerlichen Rechts an die nationalsozialistischen Ziele eben die Hecksche Interessenjurisprudenz empfahl, weil sie »in glücklicher Weise Gehorsam gegenüber dem Gesetzesbefehl mit der notwendigen richterlichen Rechtsschöpfung« vereinige.[15]

Stolls Empfehlung erntete jedoch starken Widerspruch, unter anderen von Schmitt, Binder, Larenz, Forsthoff, Dahm.[16] Zwar wollten sie der Interessenjurisprudenz Verdienste bei der Überwindung des Positivismus nicht absprechen, bestritten ihr aber die Eignung im Rahmen der nationalsozialistischen Rechtsordnung. Die Interessenjurisprudenz erschien ihnen vielmehr als typische Methodenlehre des bürgerlichen Rechtsstaats. Das zeige sich vor allem an dem Verständnis des Gesetzes als Produkt von Interessenkonflikten.

»Das Leben wird hier unter dem spezifisch bürgerlichen Gesichtspunkt der Konkurrenz, des Wettbewerbs der Interessen angesehen, wobei diese ursprünglich ökonomische Denkweise totalisiert und auf die nationalen, religiösen und ethischen Belange ausgedehnt wird. Die Eroberung des ganzen sozialen Lebens durch das wirtschaftliche Denken ist in Heck vollendet.«[17]

Ebensowenig trage er dem wertbestimmten Rechtsdenken des Nationalsozialismus Rechnung, weil ihm die materiale Rangordnung der auszugleichenden Interessen fehle. »Hecks Rechtstheorie ist *philosophischer Positivismus.«*[18] In ihrem Bezug auf das Gesetz bleibe sie schließlich dem normativistischen Rechtsverständnis des Liberalismus verhaftet, während es in Wahrheit um eine ganz »Neue Rechtswissenschaft«[19] gehe.

Diese Kritik veranlaßte Heck zu einer Erwiderung, in der er jeden Zusammenhang seiner Auslegungslehre mit einer bestimmten Staatsauffassung oder Weltanschauung bestritt.[20] Im Gegenteil eigne sie sich gerade für den Nationalsozialismus, der die Rechtsordnung mit einem neuen Gemeinschaftsideal erfülle. Von den methodologischen Forderungen Schmitts und Larenz' unterscheide sie sich im Grunde nur terminologisch. Hecks Irrtum bestand in der Annahme, die »Neue Rechtswissenschaft« ziele auf eine Methode der Gesetzesauslegung. In Wirklichkeit beabsichtigte sie eine völlige Abkehr vom Gesetzesdenken, wie Carl Schmitt deutlich zu erkennen gab.[21] Die historische Funktion des Gesetzesdenkens bestand darin, daß Recht und Politik auseinandergezogen wurden. Das Gesetz beruhte zwar auf einer politischen Entscheidung, doch erschöpfte sich diese in der Aufstellung abstrakter und genereller Regeln für eine unbestimmte Vielzahl künftiger Fälle. Danach verselbständigte sich das Gesetz von der Politik und ging in die Obhut der politisch unabhängigen Justiz über. Die Gesetzesanwendung war auf diese Weise nur noch rechtlich determiniert. Politischer Einfluß galt als illegitim. Insofern garantierte das Gesetzesdenken

Berechenbarkeit staatlichen Handelns und Gleichbehandlung gleichgelagerter Fälle. Diese politikbegrenzende Eigenschaft wohnte ihm ungeachtet des mehr oder weniger gerecht erscheinenden Inhalts der Regelung inne.

Indessen waren es gerade diese formalen Qualitäten des Gesetzesdenkens, die die »Neue Rechtswissenschaft« störten. Vom Standpunkt des unbedingten Vorrangs der Weltanschauung, den sie einnahm, konnten sie nur als potentielles Hindernis wahrer Gerechtigkeit erscheinen. Daher wurden dem Gesetzesdenken andere Denkmuster vorgezogen, die bei Schmitt als »konkretes Ordnungs- und Gestaltungsdenken«, bei Larenz als Denken »in konkret-allgemeinen Begriffen« auftraten.[22] Beiden Varianten lag die Vorstellung zugrunde, daß das Recht seinen Ort nicht im Gesetz, sondern in der vorfindlichen Ordnung sozialer Lebenszusammenhänge habe, die ihrerseits im völkischen Bewußtsein gründete. Recht und Realität sollten dadurch aber nicht zusammenfallen. Larenz unterschied deswegen zwischen »echter Wirklichkeit« und »bloßer Faktizität« und bestimmte es als Funktion des Rechts, die der Wirklichkeit »schon innewohnende eigentümliche Ordnung aus ihr herauszuholen und das, was nur faktisch geschieht, nach diesem der Wirklichkeit selbst entnommenen Maßstab zu beurteilen und auszurichten«.[23] Wie immer das zu verstehen sein mochte, bewirkte es jedenfalls eine Relativierung des Gesetzes, das seine Normativität nicht mehr in sich selbst trug, sondern aus der Übereinstimmung mit den konkreten Lebensordnungen bezog.

Der Inhalt des Rechts ließ sich unter diesen Umständen freilich kaum noch vorausbestimmen. Das war jedoch der Preis, den die »Neue Rechtswissenschaft« für die materiale Gerechtigkeit gern entrichtete. Gerade in der »Einbeziehung des ›ungeformten‹ Rechtes« erblickte Larenz »ein wesentliches Kennzeichen unserer völkischen Rechtsauffassung gegenüber dem Positivismus«.[24] Was als weltanschaulich richtig erkannt war, mußte auch rechtlich gelten. Deswegen bestand ein zentrales Anliegen der »Neuen Rechtswissenschaft« darin, die »normativistische« Differenz von Recht und Politik wieder einzuebnen. »Es ist ein Irrtum, wenn nicht etwas Schlimmeres, heute noch gegenüber einem konkreten Tatbestand des Rechtslebens die Auseinanderreißung von juristisch und politisch, juristisch und weltanschaulich, juristisch und moralisch vornehmen zu wollen.«[25] Rechtssicherheit im gewohnten Verständnis war damit obsolet. Für den Nationalsozialismus bedeutete sie nicht Einhaltung der Gesetze, sondern »Gewißheit der Durchsetzung des Rechtes im Sinne des Rechtsdenkens der Volksgesamtheit«.[26] Generalklauseln mußten dem Nationalsozialismus daher, wo er sich der Gesetzesform bediente, durchaus willkommen sein, und Hedemann, der aus Gründen der Rechtssicherheit vor ihnen gewarnt hatte, sah sich sogleich belehrt, daß der Nationalsozialismus »bei Schaffung des neuen Rechtes die Generalklauseln in ihrer artgebundenen Bestimmtheit nicht entbehren« könne.[27]

Keineswegs nur Methodenlehre, sondern, wie Maunz richtig erkannte, in erster Linie Rechtsquellenlehre[28], sicherte die »Neue Rechtswissenschaft« auf der Ebene des Rechtsbegriffs den Vorrang der nationalsozialistischen Weltanschauung, der in Gesetzesform weder schnell genug zur Geltung zu bringen war, noch wegen der politikbegrenzenden Wirkung des Gesetzes ernstlich gewollt wurde. Für die Methode ergaben sich freilich erhebliche Konsequenzen. Das konkrete Ordnungsdenken bedeutete »eine starke Auflockerung des bisherigen Gesetzessystems«.[29] Die Richter wurden aufgefordert, die ihnen eingeräumte Stellung als »weitgehende Vollmacht zur Verwirklichung des nationalsozialistischen Gedankenguts« zu begreifen; es wäre eine »völlige Verkennung der Lage«, wenn sie »in gelassener Ruhe« die Verkündung neuer Gesetze abwarteten, um erst dann mit dem Umlernen zu beginnen.[30] Die Rechtsfindung konnte dann allerdings nicht mehr primär an gesetzliche Tatbestandsmerkmale anknüpfen, sondern mußte aus dem gesunden Volksempfinden schöpfen. Damit verlor die von allen traditionellen Methodenlehren einschließlich der Heckschen angestrebte Rationalität der Vermittlung zwischen abstrakt-genereller Norm und konkretem Einzelfall ihren Wert. Das Recht »ist mit dem Verstand allein nicht zu errechnen, ist vielmehr vom Volksgenossen aus der Volksverbundenheit heraus zu erfühlen und zu erleben«.[31]

Die praktischen Folgen dieser Lehre lassen sich am besten am Strafrecht ablesen, das als schärfster staatlicher Zugriff auf den einzelnen auch den Rechtssicherheitsgedanken am konsequentesten ausgebildet hatte. Er fand namentlich in dem Grundsatz »nullum crimen, nulla poena sine lege« Ausdruck und verlangte eine möglichst präzise Formulierung der gesetzlichen Straftatbestände. Ihre interpretatorische Ausweitung durch Analogieschluß war verboten. Für die »Neue Rechtswissenschaft«, die von der Interessenidentität zwischen Staat und Individuen ausging, hatte dieser

Grundsatz nur noch den Sinn, daß er dem Verbrecher »die Freiheit seines verbrecherischen Willens in allen durch das Gesetz nicht ausdrücklich verworfenen Beziehungen garantierte«.[32] Daher stellte Carl Schmitt »diesem rechtsstaatlichen ›nulla poena sine lege‹ den Gerechtigkeitssatz ›nullum crimen sine poena‹ entgegen«[33], und Henkel führte den Nachweis, daß der Grundsatz ein Produkt des bürgerlichen Rechtsstaats sei und im nationalsozialistischen Staat, dessen Zweck »nicht in der größtmöglichen Wahrung individueller Freiheit, sondern in der Zusammenfassung und Förderung der Volkskräfte liegt«, keine Geltung mehr beanspruchen könne.[34]

Damit bestimmte sich die Strafbarkeit eines Verhaltens nicht mehr nach dem Strafgesetzbuch, sondern nach einer im Volk vor aller Normierung ausgebildeten Anschauung, die im Gesetz nur einen mehr oder weniger authentischen Ausdruck fand. »Was Diebstahl ist, sagt ja im Grunde nicht das Gesetz, sondern das ergibt sich aus dem Wesen der Sache selbst.«[35] Dieses war aber für den Rechtsanwender nicht wie ein gesetzlicher Tatbestand rational nachvollziehbar, es konnte nur »emotional-wertfühlend« erfaßt werden.[36] Gesinnung wurde für die juristische Tätigkeit wichtiger als Verstand. Infolgedessen kam es auch im Strafrecht zu einer »Auflockerung« durch Freistellung des Richters.[37] Das Gesetz verlor seine begrenzende Funktion für die staatliche Strafgewalt. Stellte es ein Verhalten nicht unter Strafe, so konnte dieses in Analogie zu vorhandenen Tatbeständen gleichwohl bestraft werden, wenn es nach dem Volksempfinden Strafe verdiente.[38] Neu geschaffene Straftatbestände durften auch rückwirkend angewandt werden. Die Bindung des Richters bestand nur noch »in der formgelösten, substantiell betonten Garantie ..., daß jedes nach seinem materiellen Unrechts- und Schuldgehalt strafwürdige Verhalten die angemessene Strafe nach sich zieht«.[39]

Das Rechts- und Methodenverständnis der »Neuen Rechtswissenschaft« muß in Verbindung mit dem Führerprinzip als oberster Organisationsmaxime des Nationalsozialismus betrachtet werden. Dann tritt zutage, daß es die Identifizierung von Führerwillen und Recht beinhaltete. Zwischen Führer und Recht bestand für die nationalsozialistische Jurisprudenz keine Spannung, weil der Führer die völkische Gemeinschaft als Rechtsquelle »verkörperte«, wie es immer wieder hieß. »Er gehorcht nicht einer an ihn gerichteten Norm, sondern dem Lebensgesetz der Gemeinschaft, das *in ihm*

Fleisch und Blut gewonnen hat.«[40] Es gab dann freilich keine Möglichkeit mehr, die Übereinstimmung des Führerwillens mit dem völkischen Recht zu überprüfen. Da er dem wahren Volkswillen Gestalt gab, bedurfte es ihm gegenüber »keiner Garantie für die Wahrung der Gerechtigkeit«.[41] Formerfordernisse entfielen unter diesen Umständen. Eine Norm mußte nicht einmal als Rechtsbefehl bezeichnet werden. Der Satz einer Führerrede konnte nach Huber rechtsverbindlichen Charakter annehmen: »Politisches Gebot und Rechtsgebot sind hier identisch.«[42] Sogar die reine Tat vermochte Recht zu schaffen, wie nach der ungesetzlichen Tötung Röhms und seiner Gefolgschaft gelehrt wurde. Carl Schmitt nannte sie »echte Gerichtsbarkeit. Sie unterstand nicht der Justiz, sondern war selbst höchste Justiz.«[43]

Formation der »Neuen Rechtswissenschaft«

Der Umstand, daß der Nationalsozialismus weitgehend darauf verzichtete, seine politischen Ziele im Wege der Gesetzgebung juristisch verbindlich zu machen, und statt dessen auf die Umdeutung des überkommenen Rechts setzte, mußte der Rechtswissenschaft eine Schlüsselrolle verschaffen. Für die Interpretation der vor 1933 erlassenen Gesetze im Sinn der nationalsozialistischen Weltanschauung hatte sie eine methodische und inhaltliche Grundlage zu schaffen, auf der dann Verwaltung und Justiz operieren konnten. Überblickt man heute die juristische Literatur aus der Zeit nach 1933, so zeigt sich, daß diese Aufgabe von der Rechtswissenschaft unverzüglich und auf relativ breiter Basis in Angriff genommen wurde, ohne daß es dazu durchgreifender Personalveränderungen an den Universitäten bedurft hätte.[44] Die Frage, woher diese Bereitschaft rührte, läßt sich nicht vollständig aufklären. Persönliche Beweggründe bleiben hier von vornherein außer Betracht. Die Untersuchung beschränkt sich vielmehr auf diejenigen Faktoren, welche in der damaligen Situation der Rechtswissenschaft selbst liegen und deswegen einer rechtsgeschichtlichen Aussage zugänglich sind.

Dabei kann die verbreitete Annahme, daß der Positivismus für das Verhalten zahlreicher Juristen ursächlich gewesen sei[45], schon nach dem bisher Gesagten ausgeschlossen werden. Zwar eignete er sich in seiner Eigenschaft als Geltungslehre, die das Recht mit dem staatlichen Gesetz identifizierte und deswegen die Frage nach der Gerechtigkeit des Rechts nicht mehr stellen konnte, dazu, die Rechtswissenschaft für Unrecht in Gesetzesform blind zu machen. Doch war die Zahl solcher Gesetze, gemessen an dem Gesamtumfang des Rechts, vergleichsweise klein. Die heute als größtes Unrecht erachteten Maßnahmen des Nationalsozialismus erfolgten gerade ohne rechtliche Grundlage und ohne rechtliches Verfahren. Die überwiegende Zahl der geltenden Normen stammte hingegen aus der Zeit vor 1933. Insoweit hätte der Positivismus in seiner Eigenschaft als Anwendungslehre, die den Juristen streng an den Gesetzestext band und keine außerrechtlichen Interpretationsfaktoren zuließ, die Rechtswissenschaft gegen den Nationalsozialismus gerade immunisieren müssen. Die Vertreter der »Neuen Rechtswissenschaft« waren daher auch durchweg Gegner des Positivismus in seinen beiden Erscheinungsformen, während umgekehrt bedeutende Positivisten wie Anschütz, Thoma, Kelsen den Nationalsozialismus entschieden ablehnten.

Unter diesen Umständen wird allerdings die Inhaltsfrage unabweisbar und verlangt Klärung, ob in der Rechtswissenschaft schon vor 1933 eine Affinität zum Nationalsozialismus feststellbar ist. Es fällt auf, daß unter den Gegnern der Weimarer Republik[46] von rechts frühzeitig Rechtswissenschaftler erscheinen, die nach 1933 auf der nationalsozialistischen Seite wiederzufinden sind. Ihr gemeinsamer Angriffspunkt war der in der Weimarer Ordnung verkörperte Liberalismus, der die Individualfreiheit zur Grundlage der Sozialordnung machte und deswegen das Volk nur als Ansammlung von einzelnen, nicht als eigene Wesenheit begreifen konnte. Das Volk mußte unter diesen Umständen in eine zur subjektiven Interessenverfolgung freigesetzte pluralistische Gesellschaft zerfallen, statt eine unter einem objektiven Prinzip geeinte Gemeinschaft zu bilden. Der Staat, der seine Funktion von der Gesellschaft ableitete und auf den Schutz ihrer Freiheit beschränkt war, blieb notwendig den partikularen Interessen ausgeliefert und konnte sich nicht zu jener Autorität erheben, die erst einheitsstiftend gewirkt hätte. Demgegenüber schlug Gerber schon 1919 ein Grundmotiv der Weimar-Kritik an: Es obliege dem Staat nicht, der Individualfreiheit zu dienen. Vielmehr habe er die »Vorherrschaft der Sittlichkeit über den Egoismus« zu sichern. Darin erweise er sich als »die Durchgöttlichung der äußeren Welt«.[47]

Insofern sich Staatszwecke in Staatsorganisation niederschlagen, mußte die Kritik am liberalen Sozialmodell auf die verfassungsrechtlichen Institutionen der Weimarer Republik übergreifen. Sie traf in erster Linie das Parlament, aber ebenso die politischen Parteien sowie die parlamentsabhängige Parteienregierung. Schon bald nach der Entscheidung gegen das Rätesystem und für die parlamentarische Demokratie versuchte Herrfahrdt den Nachweis zu erbringen, daß die sozialen Voraussetzungen des Parlamentarismus nicht mehr bestünden.[48] Dieser setze einen einheitlichen Volkswillen voraus, der dann in einer Volksversammlung repräsentiert werden könne. Das sei aber nur in der kurzen Phase des bürgerlichen Kampfes gegen den Absolutismus der Fall gewesen. Heute zerfalle das Volk dagegen in Berufs- und Interessengruppen, die sich weiter in Parteien organisierten. Die parlamentarische Entscheidung führe daher nicht zur Einheit, sondern nur zur Durchsetzung eines Interesses auf Kosten anderer. Das waren Überlegungen, die später in Schmitts Parlamentarismus-Kritik von 1923 – mit größerem Einfluß – wiederkehrten, in der er dem Parlament die Legitimation, verbindliche Entscheidungen zu fällen, bestritt, weil diese nicht mehr aus einer freien öffentlichen Diskussion der Besten hervorgingen und deswegen die Vermutung der Vernünftigkeit verloren hätten.[49]

Wenn das Parlament nicht mehr die Einheit des Volkes, sondern im Gegenteil seine pluralistische Zerrissenheit repräsentierte, war freilich auch dem Mehrheitsprinzip als Entscheidungsregel der parlamentarischen Demokratie die Grundlage entzogen. Das hatte Herrfahrdt bereits 1919 vertreten und später ausdauernd wiederholt. Wie er richtig erkannte, konnte das Mehrheitsprinzip nur dann legitimierende Kraft entfalten, wenn zwischen den Abstimmenden ein Mindestmaß an Konsens bestand, das auch dem Unterlegenen die Annahme der Entscheidung erlaubte. Dies habe sich in England erhalten, wo die Parteien in dem Ziel der Größe und Macht Englands übereinstimmten und nur über den besten Weg wetteiferten, während bei den fundamentalen Interessengegensätzen zwischen den deutschen Parteien jede Mehrheitsentscheidung die »Vergewaltigung eines Volksteils durch den anderen« bedeute.[50] Erst recht könne die sittliche Aufgabe des Staates niemals durch das mechanische Mittel der Abstimmung gelöst werden. Dieser Vorwurf verbreitete sich schnell. Tatarin-Tarnheyden sprach seit 1926 nur noch verächtlich von der »Kopfzahldemokratie«.[51] Parlament und Parteien erschienen nachgerade als »Rivale der Nation«[52], deren wahrer Wille sich nur außerhalb dieser Institutionen bilden konnte.

Die Weimar-Kritiker verbanden damit jedoch keine Ablehnung der Demokratie überhaupt, sondern nur der unorganisch-mechanischen Form, die ihr der Liberalismus gegeben hatte. Schmitt trennte deswegen zwischen Parlament und Demokratie und ließ erkennen, daß wahre Demokratie nicht auf dem Boden einer pluralistischen, sondern nur einer homogenen Gesellschaft möglich sei.[53] Demokratie war dann freilich kein Verfahren zur Einheitsbildung unter der Voraussetzung tatsächlich anzutreffender Meinungs- und Interessenvielfalt mehr. Vielmehr konnte erst, nachdem die Einheit gebildet war, Demokratie verwirklicht werden. Alles hing damit von der Art der Einheitsbildung ab. Durchweg wurde sie von der »staatsmännischen Persönlichkeit«, dem »Führer« als Träger eines eigenständigen, interessenunabhängigen Willens erwartet. Dessen Legitimation konnte allerdings nicht mehr aus der Wahl durch das pluralistisch gespaltene Volk hervorgehen. Schmitt wollte daher den »Kern jeder volkhaften Äußerung, das demokratische Urphänomen, das, was auch Rousseau als eigentliche Demokratie vorgeschwebt hat«, in der Akklamation sehen.[54] Anders als der Wahl kam dieser aber keine konstitutive Bedeutung zu, weil sich der Führer gerade in der Übereinstimmung mit dem wahren Volkswillen bewies. Darin unterschied er sich vom Diktator. Ein solcher Führer könne nicht gemacht oder ausgelesen werden, stellte Binder fest. »Der Führer macht sich selbst, indem er die Geschichte seines Volkes begreift, indem er sich als Führer weiß und will.«[55]

Wesentliche Elemente der nationalsozialistischen Lehre waren also schon in der Weimarer Rechtswissenschaft ausgebildet[56], wenn auch noch nicht mehrheitlich akzeptiert. Es kam der konservativen Kritik aber zugute, daß die politische Entwicklung der Weimarer Republik ihren Analysen zunehmend recht gab. Die Weimarer Verfassung hatte das Volk nicht zu integrieren vermocht, sondern war selbst Gegenstand politischen Streits geblieben. Mit jedem Anwachsen der radikalen Parteien auf der Rechten und der Linken wurde die Konsensbasis schmäler. Dessenungeachtet fanden sich die demokratischen Parteien nicht bereit, ihre vergleichsweise kleinen Meinungsverschiedenheiten zurückzustellen und zur Verteidigung ihrer Existenzgrundlage, der parlamentarischen Demokratie, zusammenzuwirken. Die Hoffnung auf eine

Überwindung der Krise mußte sich dadurch zwangsläufig auf die nicht parteipolitisch rekrutierten Gewalten, den Reichspräsidenten, die Bürokratie und das Militär, richten. Als im März 1930 die letzte Koalition über den Streit um 0,5 Prozent Rentenbeitragserhöhung zerbrach, war Regieren nur noch im Namen des Reichspräsidenten und gestützt auf sein Notverordnungsrecht aus Art. 48 der Weimarer Reichsverfassung möglich. Der Ausnahmezustand bildete nun die Regel, die Verfassungsordnung war sinnentleert. Es ist diese Situation, in der auch viele Anhänger der parlamentarischen Demokratie an deren Realisierbarkeit in Deutschland verzweifelten und in der die »Reichsreform« zum Hauptthema der Staatsrechtslehre wurde.

Für die Erklärung rechtswissenschaftlicher Affinitäten zum Nationalsozialismus ist es nicht ohne Bedeutung, daß die um die Jahrhundertwende geborene jüngere Generation von Rechtswissenschaftlern ihre wissenschaftlichen Positionen angesichts der Verfassungskrise formierte und dabei die autoritären Konzepte vorfand, während es den zeitgenössischen Demokratie-Apologien etwa von Thoma und Kelsen in ihrer Formalität an Überzeugungskraft weitgehend fehlte. Durch das Auftreten dieser Wissenschaftlergeneration ab 1929/30, die in Carl Schmitt einen älteren und unerreichten Lehrmeister und »Argumentelieferanten« fand, gewann die Kritik der Weimarer Rechtsordnung an Schärfe und dehnte sich auf Bereiche und Institutionen aus, die bis dahin relativ unangefochten geblieben waren. Vor allem sprach aber aus ihren Schriften die Überzeugung, daß die alte Ordnung weder reformfähig noch reformwürdig sei. Nicht mehr die Erneuerung, sondern der Umsturz war das Thema. Der bürgerliche Rechtsstaat habe seinen ursprünglichen Sinn verloren und könne mit einem neuen nicht erfüllt werden, schrieb der 25jährige Höhn 1929. »Es kommt nur darauf an, daß ein Stärkerer an die Stelle tritt und zeigt, daß es auch anders geht.«[57]

Mit zunehmender Zerrissenheit des Volkes wuchs das Bedürfnis nach Einheit. Dabei blieb relativ undeutlich, worin die Einheit begründet sein sollte. Keineswegs herrschten Rassengesichtspunkte vor. Wo sie auftauchten, standen sie meist neben der Gemeinsamkeit des Schicksals, der Geschichte, der Sprache, der Kultur. Koellreutter wandte sich noch 1930 ausdrücklich gegen den nur rassisch verstandenen Volksbegriff des Nationalsozialismus. Ob es der nationalen Einheit diene, »daß man die historische Entwicklung der europäischen Kultur dadurch rückwärts drehen will, daß man auch jüdische Volksgenossen, die seit Jahrhunderten in der deutschen Volksgemeinschaft leben und sich ihr zugehörig fühlen, entrechten und gleichsam wieder in das Ghetto zurückführen will, erscheint mir mehr als zweifelhaft«.[58] Nicht die Grundlage der Einheit, sondern ihre Herstellung war das eigentliche Thema. Auf Parteien und Parlamente wurde dabei keinerlei Hoffnung mehr gesetzt. An ihre Stelle trat »die Bewegung und die bündische Organisation«, als deren typische Erscheinungsform gelegentlich die NSDAP erwähnt wurde.[59] Hier galten die Prinzipien von Führung und Gefolgschaft, Mythos und Glaube, die auch auf den Staat übertragen werden mußten. »Das Zeitalter der ›diskutierenden Klasse‹ und damit das der Diskussion selbst ist zu Ende, das Zeitalter der Führung beginnt.«[30]

Dieses Zeitalter nahm nun deutlichere Konturen an. Es trennte sich von dem Staat, der seine Aufgabe von der Individualfreiheit her definierte und seine Macht in ihrem Interesse beschränkte. Davon war auch die ältere Generation schon ausgegangen, doch wurden nun Konsequenzen aus dieser Prämisse gezogen, die sich früher höchstens angedeutet hatten. Die Autonomie sozialer Lebensbereiche wie der Wirtschaft, Kultur, Wissenschaft etc., die der Liberalismus im Interesse individueller Entfaltung und sozialer Leistungssteigerung gegen den Staat abgeschirmt hatte, mußte fallen.

»Im Gesamtzuge der Liquidierung des 19. Jahrhunderts wird ein Staat erstehen, dessen auszeichnendes Merkmal nicht mehr die *Neutralität* gegenüber den sozialen Lebensbereichen, sondern die *Autorität* ist. Der Staat wird wahrhaft politisch sein und seine umfassende politische Substanz wird sich ausdehnen auf alle die Sachgebiete, die der Liberalismus autonomisierte, das heißt gegen den Staat abschloß.«[61]

Die Einheit bedeutete durchgängige Politisierung. Alle Einheitshindernisse wie die Differenz von Recht und Moral mußten weichen. »Der *neutrale Staat* des 19. Jahrhunderts bildet sich in den alle Bereiche des Gemeinschaftslebens umschließenden *totalen Staat* um.«[62]

Mit dem totalen Staat entfiel nicht nur die Unterscheidung von privater und öffentlicher Sphäre, privatem und öffentlichem Recht, für die das »organische Einordnungsverhältnis« keinen Raum ließ.[63] Es entfiel vor allem auch die Möglichkeit staatsbegrenzender Grundrechte. Der neue Staat durfte sich bei der Verfolgung seiner Gemeinschaftsziele nicht vom individuellen Willen Schranken setzen lassen. »Menschenrechte, die vom Einzelnen her gedacht sind, gibt es hier nicht.«[64] Sie erfuhren daher noch vor der nationalsozialistischen Machtergreifung eine staatsbezogene Umdeutung. Nachdem Smend und Schmitt schon 1928 das einseitig individualistische Grundrechtsverständnis des Liberalismus durch die Hinzufügung objektivrechtlicher Elemente korrigiert hatten[65], mußten sie nun ihres subjektiven Gehalts ganz entkleidet werden. In einem »gesunden demokratischen Staatssystem« durften sie überhaupt keinen »negativen, abwehrenden«, sondern nur »positiven, aufbauenden Charakter tragen«.[66] Der einzelne, hieß das, mußte mit all seinen Kräften und Fähigkeiten in den Dienst des Ganzen treten. »Der status negativus wird dann durch den status activus relativiert und in seinen entscheidenden Beziehungen verdrängt.«[67] Die Grundrechte des Individuums verwandelten sich dadurch unbemerkt in Ansprüche des Staates, denen auf seiten des einzelnen Pflichten entsprachen.

Was für die Grundrechte galt, mußte freilich auch auf jedes andere subjektive Recht zutreffen, das ja als rechtlich geschützte Willensmacht oder zumindest rechtlich geschütztes Interesse des einzelnen definiert wurde. Insofern waren mit dem hier vorgenommenen Bruch umwälzende Konsequenzen für das Privatrecht und das Zivilprozeßrecht verbunden, denn diese verstanden sich geradezu als System der Zuordnung und Abgrenzung bzw. Durchsetzung subjektiver Rechte, und grundrechtlich garantierte subjektive Rechte wie die Eigentums-, die Vertrags- und die Vererbungsfreiheit bildeten die Eckpfeiler des Bürgerlichen Gesetzbuchs. Die Privatrechtswissenschaft blieb jedoch von der autoritären Wendung zunächst unberührt, während sogleich nach 1933 eine intensive Diskussion über die Zukunft des subjektiven Rechts einsetzte.[68] Dagegen machten sich die Wirkungen des gewandelten Verständnisses im Strafrecht schon vor der nationalsozialistischen Machtergreifung bemerkbar. Ansatzpunkt waren hier die seit längerem diskutierten Reformpläne, an denen jüngere Strafrechtler wie Erik Wolf, Dahm, Schaffstein rügten, daß sie sich mehr um den Schutz des Individuums vor dem Staat als um den Schutz des Staates und der Gemeinschaft vor dem Verbrecher sorgten. Das Strafrecht sei »zunächst und in erster Linie als Mittel zur Erhaltung und Bewährung der Staatsgewalt schlechthin« gedacht.[69]

Die rechtliche Begrenzung der Staatsgewalt im Interesse des einzelnen gehörte zum Kernbestand des Rechtsstaats. Seit dem ausgehenden 18. Jahrhundert bildete er den zwar nicht unveränderten, aber doch unbestrittenen Fluchtpunkt der deutschen Rechtswissenschaft. Die ältere Juristengeneration, die sich nach 1933 dem Nationalsozialismus anschloß, konnte sich den neuen Staat noch in der Endphase der Weimarer Republik nur als Rechtsstaat mit unabhängiger Justiz vorstellen.[70] Die jüngeren Befürworter eines totalen Staates hatten diese Position schon vorher aufgegeben. Die Begründung verdankten sie Carl Schmitt. Für ihn war das Legalitätssystem »in einen auffälligen und unabweisbaren Gegensatz zu der Legitimität eines wirklich vorhandenen, rechtmäßigen Willens« geraten.[71] Dieser wurde aber nicht mehr auf den Weg verfassungsmäßiger Legalisierung verwiesen. Schmitt behauptete vielmehr, daß die Legalität als Denkform historisch an den parlamentarischen Gesetzgebungsstaat gebunden und daher mit dessen Zusammenbruch 1930 obsolet geworden sei. Der Staat war damit seiner rechtsstaatlichen Fesseln ledig und konnte rechtlich ungehindert die legitime Ordnung durchsetzen. In diesem gegen alle bisherige Tradition völlig entformalisierten Verständnis wollte Huber den Begriff beibehalten, den Schmitt ausdrücklich vermieden hatte. »Der Staat wird zum Rechtsstaat, indem er die Verwirklichung des Rechtswerts zu einem seiner wesentlichen Ziele macht.«[72]

In den beiden letzten Jahren der Republik kreisten die Überlegungen um die Frage, wie man sich ohne Verfassungsbruch der Verfassung entledigen könne. Dabei leistete Carl Schmitts Verfassungstheorie von 1928 den entscheidenden Dienst. Schmitt hatte dort zwischen Verfassung und Verfassungsgesetz getrennt und in der Verfassung die »Gesamt-Entscheidung über Art und Form der politischen Einheit« erblickt, während das Verfassungsgesetz nur aufgrund dieser vorgängigen Entscheidung galt und ihr die konkrete Form verlieh.[73] Im Konfliktfall hatte also stets die materiale Verfassung Vorrang. Auf diese Weise wurde es möglich, das Legalitätsbewußtsein von der normativen Verfassung auf einen informellen Verfassungskern umzulenken. Gerade das Beharren auf den verfassungsmäßigen Formen der Veränderung ließ sich so als Scheinlegalismus hinstellen, der in Wahrheit Verfassungszerstörung beinhaltete.[74] Es kam dann nur noch darauf an, die Ziele der rechten Weimar-Gegner als verfassungskonform, die der linken als verfassungswidrig zu begründen. Zu diesem Zweck unterschied Koellreutter zwischen relativen und revolutionären Verfassungsänderungen. Relativ nannte er solche, die die politische Existenz und Einheit des Volkes unberührt ließen. Das galt für den Nationalsozialismus. »Dagegen würde die politische Durchführung des kommunistischen Systems die gesamten Grundlagen der bisherigen volklichen Ordnung (Privateigentum, Ehe, Verbindung mit der Religion) zerstören« und deshalb nur revolutionär möglich sein. Eine Partei, die gerade die Einheit des Volkes wiederherstellen wolle und dazu die erforderlichen Schritte ergreife, könne hingegen niemals revolutionär sein.[75]

Als die Rechtswissenschaft nach der Machtergreifung mit der Forderung konfrontiert wurde, die gesamte Rechtsordnung im Geiste des Nationalsozialismus zu interpretieren, gab es also genügend Juristen, für die darin keine wissenschaftlich unvollziehbare Zumutung, sondern die Gelegenheit zur Verwirklichung bereits zuvor vertretener Positionen lag. Insofern trifft der nach 1945 oft erweckte Eindruck, als habe der Nationalsozialismus für die Rechtswissenschaft einen plötzlichen und schicksalhaften Bruch mit der Weimarer Rechtsordnung bedeutet, dem man sich nicht entziehen konnte, für eine beträchtliche Anzahl der nationalsozialistischen Juristen nicht zu. Vielmehr lag seit den Anfängen der Weimarer Republik eine juristische, überwiegend im öffentlichen Recht beheimatete Denktradition vor, die zwar nicht zwangsläufig zum Nationalsozialismus führte oder schon vor 1933 als ausdrückliches Bekenntnis zur NSDAP sichtbar gewesen wäre, aber doch mühelos in den Nationalsozialismus einmünden konnte, nachdem dieser 1933 die Macht ergriffen hatte.

Es ist also nicht der Eindruck einer Zäsur, der bei einem Vergleich der Schriften nationalsozialistischer Juristen nach 1933 mit ihren Äußerungen während der Weimarer Republik vorherrscht. Am stärksten gilt das noch für die Privatrechtswissenschaft, die gewohnt war, sich unpolitisch-technisch zu verstehen, und ihre im Dritten Reich vertretenen Auffassungen zuvor nicht in großem Ausmaß entwickelt hatte. Bei einer Reihe jüngerer Wissenschaftler, die vor der Machtergreifung nur ihre mehr oder weniger schulmäßige Habilitationsschrift veröffentlicht hatten, stellt sich die Kontinuitätsfrage nicht. Im übrigen verhält es sich eher so, daß die bis dahin diffus und uneinheitlich vorhandenen Strömungen nun einen realen Kristallisationspunkt fanden. Die Mehrzahl der Weimar-Kritiker war bereit, den Nationalsozialismus als Erfüllung ihrer Ordnungsvorstellungen zu akzeptieren. Beide mochten in dem einen oder anderen Punkt auseinanderfallen, doch war das kein Grund, sich zu distanzieren. Ohne daß ein prinzipielles Umdenken erforderlich gewesen wäre, verengte sich das Spektrum lediglich auf die vom Nationalsozialismus vorgegebenen Verwirklichungsformen, die nunmehr von der Rechtswissenschaft gerechtfertigt wurden, wenn dabei auch wissenschaftliche Differenzen im Detail möglich blieben.

Zahlreiche Anhänger der »Neuen Rechtswissenschaft«, die die nationalsozialistische Machtergreifung begeistert begrüßt hatten, bemerkten erst spät, daß der Nationalsozialismus nicht eine von ihnen mißbilligte Rechtsordnung durch eine gerechtere ersetzte, sondern das Recht als soziales Steuerungsmittel überhaupt auflöste und sich als jene Willkürherrschaft entpuppte, gegen die die vor 1933 entstandenen Theorien vom Führerstaat noch Grenzen zu ziehen versucht hatten. Man kann daher im weiteren Verlauf des Dritten Reichs bei einigen Autoren Ansätze beobachten, den Führer wenigstens an elementare Formerfordernisse des Rechtsstaats wie die Publikation rechtlicher Anordnungen zu binden. Es gab auch nationalsozialistische Rechtswissenschaftler, die im Lauf der Zeit ihre Publikationstätigkeit weitgehend einstellten. Manche waren in innere Distanz zum nationalsozialistischen Regime getreten, bevor dieses 1945 sein förmliches Ende fand. Darin mag auch eine Erklärung für das immer wieder auf Verwunderung stoßende Phänomen liegen, daß viele führende Vertreter der »Neuen Rechtswissenschaft« ohne erkennbare Übergangsschwierigkeiten zu prominenten Rechtslehrern der Bundesrepublik werden konnten.

Anmerkungen

1 *N. Luhmann*: Legitimation durch Verfahren, Neuwied 1969, S. 149.

2 Zitiert nach *N. Reich*: Sozialismus und Zivilrecht, Frankfurt/M. 1972, S. 103; dort S. 79ff. auch eine ausführliche Schilderung der Entwicklung.

3 Überblick bei *E. Volkmar*, *A. Elster*, *G. Küchenhoff* (Hg.): Die Rechtsentwicklung der Jahre 1933 bis 1935/36. In: Handwörterbuch der Rechtswissenschaft VIII: Der Umbruch 1933/36, Berlin 1937; *H. Schorn*: Die Gesetzgebung des Nationalsozialismus als Mittel der

Machtpolitik, Frankfurt/M. 1963; und *M. Stolleis*: Nationalsozialistisches Recht. In: Handwörterbuch zur deutschen Rechtsgeschichte III, Berlin 1981, S. 873.

4 Vgl. *F. Schlegelberger*: Abschied vom BGB, Berlin 1937, und die Arbeiten an einem neuen Volksgesetzbuch, s. *J. W. Hedemann* (Hg.): Zur Erneuerung des bürgerlichen Rechts, München 1938; *J. W. Hedemann*: Das Volksgesetzbuch der Deutschen, München 1941; *J. W. Hedemann, H. Lehmann, W. Siebert*: Volksgesetzbuch. Grundregeln und Buch I. Entwurf und Erläuterungen, München 1942. Dazu jetzt *H. Hattenhauer*: Das NS-Volksgesetzbuch. Festschrift für R. Gmür, Bielefeld 1983, S. 255.

5 Vgl. dazu *B. Rüthers*: Die unbegrenzte Auslegung, Tübingen 1968. Neuestens *I. Maus*: Juristische Methodik und Justizfunktion im Nationalsozialismus. In: Archiv für Rechts- und Sozialphilosophie, Beiheft 18 (1983), S. 176.

6 Juristische Wochenschrift 1933, S. 2793 f.

7 *H. Lange*: Liberalismus, Nationalsozialismus und bürgerliches Recht, Tübingen 1933, S. 5.

8 *C. Schmitt*: Über die drei Arten des rechtswissenschaftlichen Denkens, Hamburg 1934, S. 59.

9 Juristische Wochenschrift 1933, S. 2794.

10 Juristische Wochenschrift 1934, S. 713.

11 *K. Larenz*: Über Gegenstand und Methode des völkischen Rechtsdenkens, Berlin 1938, S. 11, auch 26.

12 Ebd., S. 25.

13 Deutsche Rechtswissenschaft 1 (1936), S. 123.

14 Vgl. *Ph. Heck*: Das Problem der Rechtsgewinnung, Tübingen 1912; *ders.*: Gesetzesauslegung und Interessenjurisprudenz, Tübingen 1914; *ders.*: Begriffsbildung und Interessenjurisprudenz, Tübingen 1932.

15 *H. Stoll*: Die nationale Revolution und das bürgerliche Recht. In: Deutsche Juristen-Zeitung 1933, Sp. 1231; *ders.*: Juristische Methode (Praktische Grundforderungen der Interessenjurisprudenz und ihre Bedeutung in unserer Zeit). In: *H. Richter (Hg.)*: Leben in der Justiz, Berlin 1934, S. 83.

16 Vgl. *C. Schmitt*: Nationalsozialistisches Rechtsdenken. In: Deutsches Recht 1934, S. 228; *J. Binder*: Bemerkungen zum Methodenstreit in der Privatrechtswissenschaft. In: Zeitschrift für das gesamte Handelsrecht 100 (1934), S. 4; *K. Larenz*: Rechts- und Staatsphilosophie der Gegenwart, Berlin 1935², S. 22f.; *ders.*: Rechtswissenschaft und Rechtsphilosophie. In: Archiv für die civilistische Praxis 143 (1937), S. 257; *ders.*: (Anm. 11), S. 33ff.; *E. Forsthoff*: Zur Rechtsfindungslehre im 19. Jahrhundert. In: Zeitschrift für die gesamte Staatswissenschaft 96 (1935), S. 491; *G. Dahm*: Der Methodenstreit in der heutigen Strafrechtswissenschaft. In: Zeitschrift für die gesamte Strafrechtswis-

senschaft 57 (1938), S. 225. Weitere Angaben bei *Ph. Heck*: Rechtserneuerung und juristische Methodenlehre, Tübingen 1936, bes. Anm. 2.

17 *Forsthoff* (Anm. 16), S. 67.

18 *Larenz*, 1937 (Anm. 16), S. 274.

19 Diese Selbstcharakterisierung, die dem Vortrag den Titel gegeben hat, ist häufig zu finden, beispielsweise auch in der Programmschrift der Kieler Schule »Grundfragen der Neuen Rechtswissenschaft« von *G. Dahm, E. R. Huber, K. Larenz, K. Michaelis, F. Schaffstein, W. Siebert*, Berlin 1935.

20 Rechtserneuerung und juristische Methodenlehre, Tübingen 1936.

21 Vgl. *Schmitt* (Anm. 8).

22 Vgl. ebd.; *K. Larenz*: Rechtsperson und subjektives Recht. In: Grundfragen der Neuen Rechtswissenschaft, Berlin 1935, S. 225; *ders.* (Anm. 11). Dazu *K. Anderbrügge*: Völkisches Rechtsdenken, Berlin 1978, S. 92 ff.

23 *Larenz* (Anm. 11), S. 28.

24 Ebd., S. 13.

25 *Schmitt* (Anm. 16), S. 225.

26 *H. Henkel*: Strafrichter und Gesetz im neuen Staat, Hamburg 1934, S. 66.

27 *J. W. Hedemann*: Die Flucht in die Generalklauseln, Tübingen 1933. Die Schrift war noch 1932 geschrieben, im Vorwort deutet sich angesichts der neuen Verhältnisse bereits ein vorsichtiger Rückzug an. Das Zitat bei *H. Lange*: Generalklauseln und neues Recht. In: Juristische Wochenschrift 1933, S. 2859. Ähnlich *Schmitt* (Anm. 8), S. 59. Zur Verwendung vgl. *M. Stolleis*: Gemeinwohlformeln im nationalsozialistischen Recht, Berlin 1974.

28 *Th. Maunz*: Das Verwaltungsrecht des nationalsozialistischen Staates. In: H. Frank (Hg.): Deutsches Verwaltungsrecht, München 1937, S. 44 ff.

29 So *Larenz* (Anm. 11), S. 33.

30 *Henkel* (Anm. 26), S. 37 f. und 7.

31 *Lange* (Anm. 27), S. 2859.

32 *E. R. Huber*: Verfassungsrecht des Großdeutschen Reiches, Hamburg 1939^2, S. 280.

33 Nationalsozialismus und Rechtsstaat. In: Juristische Wochenschrift 1934, S. 714.

34 *Henkel* (Anm. 26), S. 47.

35 *G. Dahm*: Verbrechen und Tatbestand. In: Grundfragen der Neuen Rechtswissenschaft, Berlin 1935, S. 103.

36 So *H. Welzel*: Naturalismus und Wertphilosophie im Strafrecht, Mannheim 1935, S. 75. Daß dagegen auch während des Dritten Reiches noch entschieden protestiert werden konnte, zeigt das Buch von

E. Schwinge, L. Zimmerl: Wesensschau und konkretes Ordnungsdenken im Strafrecht, Bonn 1937.

37 *Henkel* (Anm. 26), S. 52.

38 Dieser Grundsatz ging mit dem Strafrechtsänderungsgesetz vom 28. 6. 1935, RGBl I, S. 839, in § 2 StGB ein.

39 *Henkel* (Anm. 26), S. 69. Zum ganzen Bereich *K. Marxen*: Der Kampf gegen das liberale Strafrecht, Berlin 1975, S. 167ff.

40 *K. Larenz*: Deutsche Rechtserneuerung und Rechtsphilosophie, Tübingen 1934, S. 44.

41 Ebd., S. 34.

42 *E. R. Huber*: Die Einheit der Staatsgewalt. In: Deutsche Juristen-Zeitung 1934, Sp. 959; *ders.* (Anm. 32), S. 242 und generell S. 194ff., 235ff. Dazu *D. Kirschenmann*: ›Gesetz‹ im Staatsrecht und in der Staatsrechtslehre des Nationalsozialismus, Berlin 1970.

43 Der Führer schützt das Recht. In: Deutsche Juristen-Zeitung 1934, Sp. 947.

44 Damit ist nicht gemeint, daß es keine Personalveränderungen gegeben hätte. Vielmehr wurden die jüdischen Professoren entlassen, politisch unzuverlässige vielfach vorzeitig emeritiert oder zwangsversetzt. Andere verzichteten auf ihren Lehrstuhl (s. etwa die Verzichtserklärung von Anschütz, abgedruckt bei *I. Staff*: Justiz im Dritten Reich, Frankfurt/M. 1978², S. 147). Aber: von den ungefähr 200 Rechtsprofessoren in Deutschland lassen sich bei gut 50 dezidiert nationalsozialistische Äußerungen finden. Von diesen bekleidete fast die Hälfte schon vor 1933 Lehrstühle, während die restlichen nach 1933 berufen, aber wohlgemerkt zum überwiegenden Teil noch vor der Machtergreifung habilitiert wurden.

45 Vgl. etwa *H. Weinkauff*: Die deutsche Justiz und der Nationalsozialismus, Stuttgart 1968.

46 Dazu nach wie vor *K. Sontheimer*: Antidemokratisches Denken in der Weimarer Republik, München 1962; ferner *A. Mohler*: Die Konservative Revolution in Deutschland 1818–1932, Darmstadt 1972².

47 *H. Gerber*: Nationale Pflichten (1919). In: *Ders.*, Auf dem Wege zum neuen Reiche. Eine Sammlung politischer Vorträge aus deutscher Notzeit, 1919–1931, Stuttgart 1934, S. 5, 8.

48 *H. Herrfardt*: Die Einigung der Berufsstände als Grundlage des neuen Staates, Bonn 1919; *ders.*: Das Problem der berufsständischen Vertretung, Stuttgart 1921.

49 *C. Schmitt*: Die geistesgeschichtliche Lage des heutigen Parlamentarismus, München/Leipzig 1923.

50 *Herrfardt* (Anm. 48), S. 5; *ders.*: Die Kabinettsbildung, Berlin 1927, S. 43ff.

51 *E. Tatarin-Tarnheyden*: Kopfzahldemokratie, organische Demokratie und Oberhausproblem. In: Zeitschrift für Politik 15 (1926), S. 97.

52 So *A. Köttgen*: Das deutsche Berufsbeamtentum und die parlamentarische Demokratie, Berlin/Leipzig 1928, S. 69.
53 *Schmitt* (Anm. 49), S. 30ff.
54 *C. Schmitt*: Volksentscheid und Volksbegehren, Berlin/Leipzig 1927, S. 34.
55 *J. Binder*: Führerauslese in der Demokratie, Langensalza 1929, S. 51.
56 Dazu im einzelnen *J. Meinck*: Weimarer Staatslehre und Nationalsozialismus, Frankfurt/M. 1978; ferner der Vortrag von *M. Stolleis*: Staatsrechtslehre zwischen Monarchie und Führerstaat. In: *St. Harbordt* (Hg.), Wissenschaft und Nationalsozialismus, Berlin 1983, S. 12.
57 *R. Höhn*: Der bürgerliche Rechtsstaat und die neue Front, Berlin 1929, S. 69.
58 *O. Koellreutter*: Der Sinn der Reichstagswahlen vom 14. September 1930 und die Aufgaben der deutschen Staatslehre, Tübingen 1930, S. 19. Ein ausgeprägter, aber noch »nicht gegen den einzelnen Juden als Menschen oder gegen das jüdische Volkstum«, sondern gegen den »Geltungsanspruch des jüdischen Volkstums im deutschen Staate« gerichteter Antisemitismus nur bei *H. Gerber*: Völkerkampf (1921). In: *Ders.* (Anm. 47), S. 44.
59 *E. Forsthoff* (unter dem Pseudonym Georg Holthausen): Totale Mobilmachung. In: Der Ring 4 (1931), S. 5. Vgl. ferner *H. Liermann*: Partei und Bund. In: Blätter für Deutsche Philosophie 5 (1931/32), S. 235.
60 *Höhn* (Anm. 57), S. 114.
61 *E. Forsthoff* (unter dem Pseudonym Friedrich Grüter): Die Gliederung des Reiches. In: *A. E. Günther* (Hg.): Was wir vom Nationalsozialismus erwarten, Heilbronn 1932, S. 82f.
62 *E. Forsthoff* (unter dem Pseudonym Friedrich Grüter): Der Rechtsstaat in der Krise. In: Deutsches Volkstum 1932, S. 264.
63 *G. A. Walz*: Vom Wesen des öffentlichen Rechts, Stuttgart 1928, S. 54.
64 *Höhn* (Anm. 57), S. 44.
65 *C. Schmitt*: Verfassungslehre, München/Leipzig 1928, S. 170; *R. Smend*: Verfassung und Verfassungsrecht, München 1928, bes. S. 158ff.; *ders.*: Das Recht der freien Meinungsäußerung. In: Veröffentlichungen der Vereinigung der Deutschen Staatsrechtslehrer 4 (1928), S. 44. Smend ist gleichzeitig ein Beispiel dafür, daß eine konservative Kritik am Liberalismus nicht notwendig in den Nationalsozialismus münden mußte.
66 *E. R. Huber*: Bedeutungswandel der Grundrechte. In: Archiv des öffentlichen Rechts N. F. 23 (1933), S. 7, geschrieben vor der Machtergreifung als Beitrag zur Auslegung der Weimarer Verfassung.
67 Ebd., S. 8.
68 Vgl. *P. Thoss*: Das subjektive Recht in der gliedschaftlichen Bindung, Frankfurt/M. 1968; *Rüthers* (Anm. 5), S. 339ff.
69 *G. Dahm, F. Schaffstein*: Liberales oder autoritäres Strafrecht? Ham-

burg 1933, S. 40. Vgl. ferner *G. Dahm*: Autoritäres Strafrecht. In: Monatsschrift für Kriminalpsychologie und Strafrechtsreform 1933, S. 162; *F. Schaffstein* sowie *E. Wolf*: Die Fortführung der Strafrechtsreform. In: Mitteilungen der Internationalen Kriminalistischen Vereinigung N. F. 6 (1932), S. 181 und 190. Dazu *Marxen* (Anm. 39), S. 76 ff.

70 Vgl. etwa *Koellreutter* (Anm. 58), S. 11, und, wenn auch abgeschwächt, *ders.*: Der nationale Rechtsstaat, Tübingen 1932, S. 27; *H. Herrfahrdt*: Der Staat des 20. Jahrhunderts. In: Blätter für Deutsche Philosophie 5 (1931/32), S. 222.

71 *C. Schmitt*: Legalität und Legitimität, München/Leipzig 1932, wieder abgedruckt in: Verfassungsrechtliche Aufsätze aus den Jahren 1924–1954, Berlin 1973², S. 263, das Zitat auf S. 266.

72 *Huber* (Anm. 66), S. 91. Schmitts Begründung für die Vermeidung des Rechtsstaatsbegriffs in: *Schmitt* (Anm. 71), S. 274.

73 *Ders.* (Anm. 65), S. 20. Schmitt selbst aktualisierte diese Überlegungen für die Krisensituation ab März 1930 in: Der Hüter der Verfassung, Tübingen 1931, und: Legalität und Legitimität, München/Leipzig 1932.

74 So etwa *E. Forsthoff* (unter dem Pseudonym Friedrich Grüter): Krisis des Staatsdenkens. In: Deutsches Volkstum 1931, S. 169; *E. R. Huber* (unter dem Pseudonym Friedrich Landeck): Verfassung und Legalität. In: Deutsches Volkstum 1932, S. 733.

75 *O. Koellreutter*: Parteien und Verfassung im heutigen Deutschland, Leipzig 1932, S. 11, 30, in Fortentwicklung seiner Überlegungen aus: Reichstagswahlen (Anm. 58), S. 32 ff.

Wolfgang Prinz
Ganzheits- und Gestaltpsychologie und Nationalsozialismus

These und Gegenthese

Wenn man die Lage der deutschen Psychologie vor Beginn und nach Ende des Dritten Reiches betrachtet, kann man sich dem Eindruck nicht entziehen, daß ein Niedergang ohnegleichen zu verzeichnen war. Vor 1933, so scheint es, haben wir es mit einer wachsenden wissenschaftlichen Disziplin zu tun – mit einem Zentrum vor allem in Berlin, das Wirkungen bis in die internationale Fachöffentlichkeit zeigt, und einem Nebenzentrum in Leipzig, das eher für das nationale Fachpublikum von Bedeutung ist. Nach 1945 finden wir demgegenüber eine recht verödete Disziplin, in der über viele Jahre hinweg nichts Interessantes, nichts Neues mehr produziert wird. Bis weit in die fünfziger, ja sechziger Jahre beschränkt sich die deutsche Psychologie darauf, die Ideen und Methoden von gestern und vorgestern zu reproduzieren, und sie hält sich weitgehend abseits von der internationalen Fachdiskussion.

Für die Erklärung dieses Niedergangs gibt es eine gängige und zunächst wohl auch naheliegende Interpretation, die inzwischen längst in das Selbstverständnis der deutschen Nachkriegspsychologie Eingang gefunden hat. Sie lautet: Das Regime des Dritten Reiches hat die Psychologie systematisch unterdrückt und dadurch in die Bedeutungslosigkeit getrieben – und zwar deshalb, weil ihm dieses Fach suspekt war. Denn die damals herrschenden psychologischen Lehrmeinungen und die Ideologie der Nationalsozialisten standen einander feindlich gegenüber oder waren sogar miteinander grundsätzlich unvereinbar.

Diese Auffassung ist sowohl von Albert Wellek, dem führenden Nachkriegsvertreter der ehemaligen Leipziger Schule, als auch von Wolfgang Metzger, dem führenden Nachkriegsvertreter der ehemaligen Berliner Schule, geäußert worden. Wellek formulierte sie mehr implizit in einer wütenden Replik auf eine Attacke von Ferdinand Merz, der in einem Anfang 1960 erschienenen Aufsatz auf die geistige Nähe einiger Repräsentanten gerade dieser Schule zum Nationalsozialismus hingewiesen hatte.[1] Wellek konterte mit dem

Hinweis auf die politische Beeinträchtigung, der sich besonders Felix Krueger, der führende Theoretiker der Leipziger Schule der Ganzheitspsychologie, seit Mitte der dreißiger Jahre ausgesetzt sah – ein Faktum, das nach seiner Auffassung die Unverträglichkeit von Leipziger Psychologie und Nationalsozialismus belegt.[2] Sehr viel expliziter ist die Unvereinbarkeitsthese von Wolfgang Metzger bereits 1963, dann vor allem 1979 für die Berliner Schule der Gestaltpsychologie reklamiert worden.[3] Diese Schule, so schrieb er in einer der letzten Publikationen vor seinem Tode, »befand sich ... in unauflösbarem Widerspruch zu allen totalitären Systemen, jeder Art und Richtung. Man hätte sich daher auch dann im Widerstand zum Nationalsozialismus befunden, wenn dieser nicht antisemitisch gewesen wäre.«[4]

Aufgrund neuerer Untersuchungen zur Entwicklung der institutionellen Rahmenbedingungen der Psychologie als Wissenschaft und als Beruf während des Dritten Reiches, die in den letzten Jahren vor allem von Ash und Geuter durchgeführt worden sind, ist diese Interpretation aber zunehmend fragwürdig geworden. Diese Untersuchungen haben keineswegs Anhaltspunkte für eine gezielte Unterdrückung oder für eine besondere Benachteiligung dieses Faches ergeben. Sofern Vertreter des Faches verfolgt wurden, geschah dies deshalb, weil sie Juden waren oder weil sie dem Regime kritisch oder ablehnend gegenüberstanden – keineswegs aber deshalb, weil sie Psychologen oder etwa speziell Gestalt- oder Ganzheitspsychologen waren.[5] Diese Beobachtungen wecken Zweifel an der These, daß der Niedergang der Psychologie eine Folge ihrer Unvereinbarkeit mit dem Nationalsozialismus war. War diese vielleicht gar nicht so groß, und gab es vielleicht auch andere – fachimmanente – Ursachen für den Niedergang der Psychologie?

Mit mindestens dem gleichen Recht läßt sich auch eine andere Interpretation vertreten, die zu diesen Fragen eine völlig andere Auffassung vertritt als die Unvereinbarkeitstheoretiker. Nach dieser Gegenthese bestand überhaupt keine grundsätzliche Unvereinbarkeit zwischen den Prinzipien der herrschenden psychologischen Theorien und den Grundsätzen der nationalsozialistischen Ideologie, und der offenkundige Niedergang der deutschen Psychologie wird aus anderen Ursachen erklärt:

– Die beiden führenden Schulen der deutschen Psychologie hatten schon vor 1933 ihren Höhepunkt überschritten und sich auf me-

thodische und theoretische Positionen festgelegt, die sich als nur begrenzt entwicklungsfähig erwiesen. Der *Niedergang* der deutschen Psychologie nach 1933 wäre demnach nicht – jedenfalls nicht nur – auf einen von außen verursachten Abbruch einer gedeihenden wissenschaftlichen Entwicklung zurückzuführen, sondern in mindestens gleichem Maße auf eine durch innere Ursachen bedingte Stagnation dieser Entwicklung.
– Die Lehrmeinungen dieser beiden Schulen waren in verschiedener Hinsicht durchaus so beschaffen, daß ihre *Unvereinbarkeit* mit Grundsätzen der nationalsozialistischen Ideologie nicht behauptet werden kann. In einigen Aspekten ist vielmehr eine ausgesprochene Affinität zu konstatieren. Diese These von der Unvereinbarkeit müßte demnach zurückgenommen oder zumindest deutlich eingeschränkt werden.

Abbruch oder Stagnation?

Im Jahre 1963 charakterisierte Metzger auf einem Symposium während des Internationalen Kongresses für Psychologie in Washington die deutsche Psychologie durch einen Steckbrief, der die folgenden fünf Merkmale enthielt. Erstens hat sie seit jeher eine besondere Neigung zur Typologie und Charakterkunde, d. h. zur systematischen Beschreibung der psychologischen Dimensionen, auf denen Menschen sich unterscheiden. Zweitens tendiert sie zu phänomenologischen Methoden, d. h. zu solchen, die die sachgerechte Beschreibung von Bewußtseinserscheinungen ermöglichen sollten. Drittens hegt sie ein tief verwurzeltes Mißtrauen gegenüber dem psychologischen Empirismus; statt dessen bevorzugt sie die nativistische Auffassung, derzufolge die Strukturen, in denen sich unser Seelenleben vollzieht, zu erheblichen Teilen genetisch vorgegeben sind. Viertens ist sie skeptisch gegenüber jeder Form von Elementarismus und favorisiert die Überzeugung, daß das Seelenleben in jeder Hinsicht ganzheitlicher Natur ist. Fünftens lehnt sie schließlich den »selbstmörderischen Objektivismus« der amerikanischen Psychologie ab, welcher aus methodologischen Gründen für eine Psychologie plädiert, die sich nicht als Lehre von den Bewußtseinserscheinungen versteht, sondern als Lehre vom menschlichen und tierischen Verhalten.[6]

Metzgers fünf Gesichtspunkte wurden zwar 1963 formuliert – zu einem Zeitpunkt, zu dem sie nur noch bedingt galten –, treffen dagegen recht genau die Situation der deutschen Psychologie um 1930. Auf dem 12. Kongreß der Deutschen Gesellschaft für Psychologie, der 1931 in Hamburg stattfand, hielt Felix Krueger eine Ansprache an die versammelte Psychologenschaft über *Die Aufgaben der Psychologie an den Deutschen Hochschulen.* In diesem Vortrag faßte er die Quintessenz dessen, was Metzgers fünf Aspekte meinen, in einem einzigen Satz zusammen, der ein bezeichnendes Licht auf das Selbstverständnis der damaligen deutschen Psychologie wirft: »Wir Deutschen sind eigentümlich dafür begabt, die Innenseite der Welt als solche mit dem Gemüt zu erfassen und zugleich gründlich darüber nachzudenken, sie wissenschaftlich zu erforschen und zugleich lehrhaft darzustellen.«[7]

Als Krueger zwei Jahre später – acht Monate nach der Machtergreifung – in seiner Eigenschaft als Präsident der Deutschen Gesellschaft für Psychologie den 13. Kongreß in Leipzig, der Wirkungsstätte seiner Schule, eröffnete, konnte er sich davon überzeugen, daß den neuen Machthabern eine Psychologie, die mit dem Gemüt die Innenseite der Welt erfaßt, durchaus willkommen war. Denn die Grußadresse der sächsischen Regierung, die der Minister für Volksbildung, Dr. Hartnacke, überbrachte, endete mit den Worten: »Möge diese erste Tagung der deutschen Psychologen im neuen Reich unseres Führers Adolf Hitler, dieses großen Psychologen aus innerer Schau heraus, einen Grundstein und Ausgangspunkt bilden zum segensvollen Wirken im neuen Staate und für das Deutsche Volk.«[8]

Welches ist der Hintergrund für die Entstehung einer derartigen Psychologie der Innenseite oder der inneren Schau? Theoriegeschichtlich kann man die Situation um 1930 verstehen als die Blütezeit einer Erneuerungsbewegung innerhalb der Tradition der deutschen Bewußtseinspsychologie. Diese Tradition war im 19. Jahrhundert durch Johann Friedrich Herbart begründet und durch Wilhelm Wundt ausgebaut worden. Sie war stark beeinflußt von den Ideen der englischen Empiristen des 18. Jahrhunderts, die gelehrt hatten, die menschliche Erkenntnis- und Verstandestätigkeit als ein Geschehen zu verstehen, in dem Ideen, welche aus Sinneserfahrungen abgeleitet sind, miteinander verschiedene Verbindungen oder Assoziationen eingehen.

So sehr diese Vorstellungen die deutsche Psychologie des 19. Jahrhunderts beherrscht hatten, so war doch um die Wende zum 20. Jahrhundert eine gewisse scholastische Erstarrung dieser Lehre eingetreten. Wundt propagierte die Idee, daß Bewußtseinserscheinungen, wo immer möglich, experimentell zu untersuchen sind. Da aber in der naiven, unvoreingenommenen Selbstbeobachtung diejenigen Bewußtseinselemente, welche die Assoziationstheorie fordert, nicht ohne weiteres vorzufinden sind, können nach Wundt entsprechende Experimente nur mit besonders geschulten Beobachtern durchgeführt werden. Nur diese sind in der Lage, ihre Bewußtseinserscheinungen so aufzufassen, wie sie eigentlich oder wirklich sind. Denn nur sie vermögen aufgrund ihrer präzisen Kenntnis der herrschenden Theorie diejenigen Aspekte ihrer Bewußtseinserscheinungen zu beachten, die dem naiven Beobachter entgehen. Da aufgrund dieser Vorschrift die Beobachtungen, an denen die Theorie geprüft werden soll, bereits von der Theorie abhängen – nämlich eben aufgrund der theoretischen Voreingenommenheit des Beobachters – geriet die experimentelle Assoziationstheorie zu einer Doktrin, die gegen Kritik von außen weitgehend immun war.

Die doktrinäre Erstarrung, in die diese Lehre trieb, löste nach der Jahrhundertwende zwei radikale Revolutionen und einige wenige radikale Erneuerungsbewegungen aus. Die eine Revolution war die Psychoanalyse Sigmund Freuds, der vorschlug, die Psychologie möge das Thema wechseln und von den Inhalten und Mechanismen des Unbewußten handeln. Nach dieser Lehre bilden die Bewußtseinserscheinungen nur die Spitze eines Eisbergs, dessen weitaus größter Teil den bewußtseinsdeskriptiven Methoden verborgen bleiben muß. Die andere Revolution war die der amerikanischen Behavioristen. Auch sie befanden, die Psychologie habe das Thema zu wechseln und ausschließlich von öffentlich zugänglichem Verhalten von Organismen zu reden. Nach dieser Lehre sind Bewußtseinserscheinungen prinzipiell privater Natur und können aus eben diesem Grunde nicht zum Gegenstand intersubjektiv verbindlichen wissenschaftlichen Redens gemacht werden.

So radikal mochte die deutsche akademische Psychologie nicht sein. Sie schrieb nicht Revolution, sondern Erneuerung auf ihre Fahnen. Im ersten Drittel des 20. Jahrhunderts lassen sich drei derartige Erneuerungsbewegungen identifizieren, die sämtlich an der Vorstellung von der Psychologie als Lehre von den Bewußtseinserscheinungen festhalten und eine methodische und theoretische Erneuerung innerhalb dieses Rahmens anstreben: Die *Würzburger Schule der Denkpsychologie,* vertreten u. a. von dem Wundt-Schüler Oswald Külpe, die sich bereits vor dem Ersten Weltkrieg mit einer möglichst genauen Bestimmung der Bewußtseinserscheinungen bei Denkvorgängen beschäftigte; die *Berliner Schule der Gestaltpsychologie,* angeführt von Max Wertheimer und Wolfgang Köhler, die sich vor allem im Bereich der Wahrnehmungspsychologie betätigte, und die *Leipziger Schule der Ganzheitspsychologie,* u. a. unter der Führung des Wundt-Schülers Felix Krueger, die vor allem auf den Gebieten der Gefühlspsychologie und der Entwicklungspsychologie tätig war. Die beiden letzteren Schulen entfalteten sich während der zwanziger Jahre. Jede von ihnen gründete eine eigene Zeitschrift, und es entstand eine nicht unerhebliche Rivalität zwischen Berlin und Leipzig.

Was lehrten diese beiden Schulen, die um 1930 die Auseinandersetzung beherrschten? Für den gegenwärtigen Zusammenhang sind nicht so sehr die Unterschiede zwischen Leipzig und Berlin von Bedeutung (die beträchtlich waren), sondern die Gemeinsamkeiten – die ebenfalls nicht unerheblich waren. Wenn man diese betont, ist es sicher nicht unangebracht, die beiden Schulen der Gestalt- und der Ganzheitspsychologie als die hauptsächlichen Träger einer Art Jugendbewegung der deutschen Psychologie zu charakterisieren, die auszog, um die verkrusteten Strukturen aufzubrechen, die die Wilhelminische Ära der Psychologie hinterlassen hatte (Wilhelminisch nicht nur mit Rücksicht auf den Kaiser in Berlin, sondern in mindestens gleichem Maße mit Rücksicht auf den Geheimrat in Leipzig – die beide übrigens ungefähr gleichzeitig in ihren jeweiligen Reichen geherrscht und abgedankt hatten).

Beide Schulen lehrten als gemeinsames *methodisches Prinzip,* daß die Grundlage aller Psychologie die unvoreingenommene Beobachtung des seelisch Wirklichen im natürlichen, lebendigen Geschehen zu sein hat. Und sie lehrten als Ergebnis der Anwendung dieser methodischen Devise das gemeinsame *inhaltliche Prinzip,* daß die seelischen Erscheinungen in allen Bereichen ganzheitlichen Charakter tragen: sie sind Ganze bzw. Gestalten. Damit wenden sich beide Schulen ausdrücklich gegen die elementaristischen Anschauungen, die zuvor in der Psychologie vorgeherrscht hatten. In einem programmatischen Text Max Wertheimers über die Grundlagen der Gestaltpsychologie liest sich dies wie folgt:

»Lange Zeit schien es selbstverständlich . . ., daß Wissenschaft überhaupt bloß auf folgendem Wege gemacht werden könne: Habe ich etwas, was ich wissenschaftlich zu durchforschen, zu begreifen vorhabe, dann muß ich es zunächst einmal als Komplex begreifen, als etwas, das ich zerlegen muß, in seine Stück-Elemente zerlegen muß, die Gesetzlichkeit zwischen solchen Elementen studieren muß, und dann komme ich zur Lösung meines Problems, indem ich durch Zusammensetzung des so elementar Vorhandenen und durch die Ansetzung der Gesetzlichkeiten zwischen den einzelnen Stücken die Komplexion herstelle . . .

Die Gestalttheorie glaubt nun, einen entscheidenden sachlichen Punkt für das Problem darin gefunden zu haben, daß sie erkennt: es gibt Zusammenhänge, Gegebenheiten anderer – formal anderer – Art . . . Man könnte das Grundproblem der Gestalttheorie etwa so zu formulieren suchen: Es gibt Zusammenhänge, bei denen nicht, was im Ganzen geschieht, sich daraus herleitet, wie die einzelnen Stücke sind und sich zusammensetzen, sondern umgekehrt, wo – im prägnanten Fall – sich das, was an einem Teil dieses Ganzen geschieht, bestimmt von inneren Strukturgesetzen dieses seines Ganzen.« [9]

Ähnliches formuliert Krueger in einem programmatischen Artikel über Ganzheitspsychologie:

»Bei psychischen Gegebenheiten jeder Art überwiegt regelmäßig, qualitativ sowie funktional, das psychische Ganze. Erlebnisse, das sind auf jeden Fall vorgefundene Ganze, gehen im normalen Verlauf des seelischen Geschehens mit Stetigkeit aus erlebten Ganzheiten hervor. Die gegliederten unter ihnen setzen minder gegliederte als früher dagewesene voraus. Ein Teilbestand des gegenwärtig Erlebten nähert sich in seiner Qualität umso mehr dem Charakter der Gefühle, je mehr er von dem jetzt insgesamt Vorgefundenen umfaßt, andererseits, je weniger er in sich durchgegliedert und von dem übrigen abgehoben ist. Die Gefühle sind die Qualitäten des totalen, jeweils unmittelbar gegebenen Ganzen. Was sonst noch in oder an Erlebnissen vorfindbar, was für sich betrachtet nicht oder nicht rein gefühlsmäßig ist, steht keinesfalls unverbunden neben dem gleichzeitigen Gefühl, es ist vielmehr in dessen dominierende Ganzheit mehr oder weniger innig verwoben.« [10]

Welchen Sinn hat nun die erste der beiden genannten Gegenthesen, daß die wissenschaftliche Entwicklung dieser beiden Schulen, die um 1930 auf dem Höhepunkt ihres Ruhmes standen, zu diesem Zeitpunkt ihren Zenit bereits erreicht, wenn nicht gar überschritten hatte? Zunächst soll diese Frage für Leipzig und Berlin getrennt untersucht werden.

In *Leipzig* hatte man ein besonderes Interesse an der Untersuchung diffuser, ungegliederter und gefühlsartiger Erlebnisbestände, über die man sich mit Personen außerhalb des Leipziger Instituts oft kaum verständigen konnte. In deskriptiver Hinsicht sind die Leipziger Publikationen aus diesen Jahren dadurch gekennzeichnet, daß ihre Autoren anhand von Beispielen aus verschiedenen Teilbereichen der Psychologie aufzuweisen versuchen, daß sämtliche Erlebnisse ganzheitlichen Charakter tragen und mit einem diffusen, gefühlsartigen Grund verwoben sind. Mit Ausnahme der Aktualgenese werden besondere Methoden, die den subtilen phänomenalanalytischen Beschreibungen ein höheres Maß an Verbindlichkeit verleihen könnten, nicht entwickelt. In explikativer Hinsicht ist der Ertrag gleichfalls unbefriedigend. Er beschränkt sich im wesentlichen auf das von Krueger immer wieder vorgetragene Postulat, daß hinter dem ganzheitlichen Erleben gewisse überdauernde psychische Dispositionen oder Strukturen als Bedingungen der Möglichkeit eben dieses ganzheitlichen Erlebens stehen, ohne daß aber der Status und die Seinsart dieser sogenannten Strukturen näher geklärt würden.[11]

In bezug auf die Leipziger Schule spricht vieles für die von Geuter vorgetragene Ansicht, daß sie nicht nur als Träger eines neuen Denkansatzes innerhalb der Fachtradition der Psychologie zu verstehen ist, sondern in mindestens gleichem Maße als eine der damals an deutschen Universitäten nicht seltenen Zufluchtsstätten für politisch, sozial und wohl auch ästhetisch enttäuschte und entwurzelte konservative Intellektuelle. Auf die »Kulturkrise« nach dem Zusammenbruch der alten Ordnungen reagierte man hier mit einem rückwärtsgewandten weltanschaulichen Irrationalismus, in dem sich die Grenzen zwischen Wissenschaft und Weltanschauung weitgehend verwischten.[12] Auf dem 14. Kongreß der Deutschen Gesellschaft für Psychologie, der im Mai 1934 in Tübingen stattfand und der sich aufgrund eines Vorstandsbeschlusses besonders mit der Psychologie des Gemeinschaftslebens beschäftigte, hielt Krueger eine programmatische Rede mit dem Titel *Zur Psychologie der Gemeinschaft*, in der er die Zerrissenheit der zivilisierten Welt des 20. Jahrhunderts mit folgenden Worten vorführte:

»Die Nöte, die gegenwärtig der Menschheit zu schaffen machen, sind im Kerne seelischer Art. Sie entspringen aus Erschütterungen vornehmlich des Zusammenlebens . . . Alle Völker, die am geistigen Geschehen schaffend teilhaben, sind jetzt in ihren Daseinsgrundlagen bedroht. Ihr Fortschreiten, erkennen sie nach und nach, war überhastet und einseitig zweckrational. Organisation, absichtsvolles Sichformieren, Verträge schnüren das organische Wachstum ein und lähmen, was von innen her Gestalt werden will. Die Technik im Bunde mit dem Privatkapital hat die Menschen aus ihrer artgemäßen und damit aus ihrer persönlichen Form gebracht. Ausgewurzelt aus dem Boden der Sippe und jeder urtümlichen Gemeinschaft suchen sie Halt in Solidaritäten, das sind gedachte Gemeinsamkeiten des Interesses. ...

Freilich, auf dem flachen Land behaupten sich noch am längsten gewachsene Formen, durchdrungen von dem Geist selbstverständlicher Gemeinschaft. Z. B. in unseren Dörfern, auf vielen Gutshöfen, anders wiederum in der Kleinstadt, gibt es bis heute einen gemeinsamen Feierabend, der seelisch erfüllt und rhythmisch dem übrigen Leben eingegliedert ist. Er läßt das Tagewerk ruhig ausklingen. Das spürt regelmäßig das ganze Haus mit seiner Freundschaft und Nachbarschaft, im Freien um eine Bank versammelt oder, inniger noch, zur Winterszeit bei dem Lichte und Ofen der Wohnstube. Hier werden die Menschen miteinander auf die kommende Arbeit eingestimmt. Dahinein verweben sich Volkslieder, Schwänke und vieles Besinnliche, Vorfreude der Feste, das Glockenläuten, das Gebet, – was immer den Zusammengehörigen verbindend ist.« [13]

In *Berlin* war die Situation anders. Dort hatte man ein besonderes Interesse an gegliederten Gestalten und an der Frage nach den Prinzipien, denen diese Gliederungen folgen. In deskriptiver Hinsicht entdeckte man eine Reihe von bis dahin nicht gewürdigten Phänomenen, vor allem im Bereich der Wahrnehmungs- und Denkpsychologie. Die wahrnehmungspsychologischen Arbeiten dieser Schule fanden schnell internationale Beachtung. In theoretischer Hinsicht bot aber auch die Gestaltpsychologie vergleichsweise wenig. Einzig Wolfgang Köhler versuchte mit seiner gewagten Theorie von der Isomorphie physischer und psychischer Gestalten [14] einen Ausweg aus der theoretischen Sackgasse zu finden, den allerdings die damalige Fachwelt kaum oder zumindest nicht ernsthaft zur Kenntnis nahm und der gerade heute – im Zeichen der Renaissance der Idee der Selbstorganisation – wieder an Interesse gewinnt. Generell gilt, daß zwar das außerdeutsche Fachpublikum sehr starkes Interesse an der Forschung der Berliner Schule zeigte, daß aber umgekehrt diese Schule sich deutlich weniger für das Geschehen außerhalb Berlins oder gar außerhalb Deutschlands interessierte. Konsequent hielt man an einem Verständnis von Psychologie fest, das sich ausschließlich auf Bewußtseinserscheinungen und ihre Analyse beschränkte und Fragen der Steuerung von Verhalten und seiner Beschreibung durch objektive Methoden weitgehend unberücksichtigt ließ.

Der konservative Irrationalismus der Leipziger war den Berlinern allerdings völlig fremd; im Gegenteil verschrieb man sich hier – vor allem unter der Federführung Wolfgang Köhlers – einem theoretischen Ansatz, der ausgesprochen liberale und rationalistische Züge trug: liberal, weil er das freie Spiel der psychophysischen Kräfte in den Mittelpunkt des theoretischen Interesses stellte; rationalistisch, weil er die Methodik und Methodologie naturwissenschaftlicher Theoriebildung für die Psychologie fruchtbar zu machen versuchte. Gerade diese naturwissenschaftliche Prägung ist der Gestalttheorie vielfach aus der Perspektive geisteswissenschaftlich orientierter Psychologien zum Vorwurf gemacht worden – so auch aus der Perspektive Leipzigs.

Wie sollen wir die Lage dieser beiden Schulen vor 1933 zusammenfassend beurteilen, wie ihre Entwicklung nach 1933 erklären? Fragen wie diese sprengen den Rahmen der bloßen historiographischen Bestandsaufnahme. Denn mit ihnen geht historische Analyse, die sich jeglichem Präsentismus versagen muß, in systematische Bewertung über, die nur aus der Perspektive unseres gegenwärtigen Wissens erfolgen kann. Dieser Perspektivenwechsel ist aber unvermeidlich, wenn wir auf die These eingehen wollen, daß 1933 eine vielversprechende wissenschaftliche Entwicklung jäh abgebrochen wurde. Wenn wir die Bewertung, die diese These enthält, diskutieren wollen, kommen wir nicht umhin, der historischen Untersuchung eine systematische Beurteilung hinzufügen.

Noch einmal also in diesem – systematischen – Sinne: Wie ist die Lage dieser beiden Schulen um 1933 zu beurteilen? Wenn man diese Frage nicht auf ihre äußere Situation bezieht – die um diese Zeit zweifellos glänzend war: sie standen auf der Höhe ihres nationalen und internationalen Ruhms –, sondern auf die innere Verfassung der von ihnen vertretenen Lehren, so sind durchaus erhebliche Zweifel an der weiteren Entwicklungsfähigkeit dieser Positionen angebracht – und damit auch Zweifel an der These, daß die deutsche Psychologie damals am Anfang einer vielversprechenden Entwicklung stand, die dann durch die Konfrontation mit dem Nationalsozialismus abgebrochen wurde. Diese ergeben sich vor allem daraus, daß in beiden Schulen ein deutliches theoretisches Vakuum entstanden war. Die Assoziations- und Apperzeptionsmechanik der älteren Bewußtseinspsychologie hatten sie über Bord geworfen, ohne sie jedoch durch vergleichbar konkrete theoretische Vorstellungen zu ersetzen. Theoretische Aussagen traten entweder in der Form abstrakter Beschreibungen auf (z. B. Wertheimers Prägnanz-Prinzip) oder in der Form abstrakter Postulate von Dispositionen des psychischen bzw. psychophysischen Systems, die die Grundlage der zu erklärenden Phänomene bilden sollen (z. B. Krügers Lehre von den Strukturen oder Köhlers Lehre von den psychophysischen Gestalten). Solange derart abstrakte Begriffe und Ideen nicht konkreter ausgearbeitet werden, ist ihr Erklärungswert begrenzt; ihre Leistung besteht dann nicht so sehr darin, daß sie gewisse Sachverhalte erklären, sondern darin, daß sie auf deren Erklärungsbedürftigkeit hinweisen.

Von besonderer Bedeutung ist in diesem Zusammenhang auch, daß Lernprozesse in den theoretischen Systemen beider Schulen keine nennenswerte Rolle spielten. Eine systematisch ausgearbeitete Theorie des Erfahrungserwerbs durch Lernen, die es etwa erlaubt hätte, die Beschaffenheit der Bewußtseinstatsachen auf dem Hintergrund der individuellen oder kollektiven Lerngeschichte zu relativieren, fehlte völlig. Die theoretische Attitüde ist durchweg nativistisch, niemals empiristisch: die Beschaffenheit der phänomenalen Welt beruht auf angeborenen Grundlagen. Dementsprechend wird den natürlichen Bewußtseinstatsachen und ihrer unvoreingenommenen Beschreibung der Status einer absoluten Erkenntnisquelle für die Psychologie eingeräumt. In ähnlicher Weise wie zuvor Wundt sein theoretisches System für sakrosankt erklärt hatte, werden hier – umgekehrt – die Phänomene für sakrosankt erklärt. An die Stelle der absoluten Herrschaft der Theorie über die Phänomene tritt die absolute Herrschaft der Phänomene über die Theorie. Ein dialektischer Korrekturprozeß, in dem einerseits die Phänomene die Theorie modifizieren, andererseits aber auch die Phänomene auf dem Hintergrund der Theorie relativiert oder in Frage gestellt werden können, kann nicht herbeigeführt werden.

Ob dies möglich gewesen wäre, wenn sich Ganzheits- und Gestaltpsychologie weiter in Deutschland hätten entfalten können, kann nicht schlüssig beantwortet werden. Von den führenden Vertretern der beiden Schulen war Wolfgang Köhler der einzige, der den Zusammenhang zwischen der Beobachtungsgrundlage und dem theoretischen Rahmen seiner Psychologie als unbefriedigend empfand. Er war und blieb auch später in der Emigration stets bemüht, die abstrakten theoretischen Prinzipien durch konkretere theoretische Mechanismen zu ersetzen. Den absoluten Status der

Bewußtseinserscheinungen hat aber auch Köhler zu keiner Zeit in Frage gestellt.

Felix Krueger entwickelte aus seinem absoluten Vertrauen in die Wahrheit der Phänomene die Position eines subjektivistischen Irrationalismus, die erklärtermaßen Theorie- und Wissenschaftsfeindlichkeit einschloß. In seiner Eröffnungsrede zum 13. Kongreß 1933 finden sich zahlreiche Hinweise darauf, daß man, was psychologische Fragen anbelangt, der »gesunden Denkart tätiger, gereifter Menschen« oder der »im Leben Reifgewordenen, also umsichtig Handelnden« sehr viel mehr vertrauen könne als der »Wissenschaft mit ihren Abstraktionen und quer hindurch schneidenden Zergliederungen«, die die urtümlichen Gewißheiten des gesunden Sinns in Zweifel ziehen.[15] Von einer populären oder gar populistischen Psychologie des gesunden Volksempfindens scheinen diese Äußerungen nicht mehr weit entfernt zu sein.

Dieser weitgehend ungeklärte und labile Zustand der theoretischen Stagnation kennzeichnete die innere Verfassung der beiden führenden Schulen der deutschen Psychologie zum Zeitpunkt der Machtergreifung. Die äußeren Ereignisse im Gefolge der Machtergreifung schwächten vor allem die Berliner Schule, indem sie den Abbruch der wissenschaftlichen Tätigkeit ihrer führenden Vertreter erzwangen. Max Wertheimer, damals Ordinarius in Frankfurt, und Kurt Lewin, Dozent in Berlin, waren als Juden zur sofortigen Emigration gezwungen. Daneben wurden eine Reihe von jüdischen Wissenschaftlern an verschiedenen anderen Instituten, die mit der Gestaltpsychologie sympathisierten, aus ihren Ämtern entfernt. Wolfgang Köhler, Direktor des Berliner Psychologischen Instituts, legte 1935 sein Amt nieder und emigrierte. Er hatte sich bereits 1933 öffentlich gegen den Antisemitismus des Regimes gewandt und war von da an schwerwiegenden Schikanen gegen seine Arbeit, sein Institut und vor allem gegen seine Mitarbeiter ausgesetzt.[16] Wertheimer, Lewin und vor allem Köhler waren sicher die wichtigsten und originellsten Köpfe, die die deutsche Psychologie damals hatte. Als sie – neben vielen anderen – gehen mußten, war dies für das Fach ein schmerzlicher Verlust.

Unvereinbarkeit oder Affinität?

Wie hat sich die Leipziger Ganzheitspsychologie und wie haben sich die versprengten Reste der Gestaltpsychologie in den neuen Verhältnissen eingerichtet?[17] Wir können hier nicht versuchen, diese Frage allgemein zu beantworten, sondern beschränken uns auf zwei führende Vertreter der beiden Schulen: Felix Krueger und Wolfgang Metzger. Wieweit ihre Äußerungen für die jeweiligen Schulen repräsentativ sind, muß offen bleiben. Sicher spricht Krueger in höherem Maße für die Schule der Ganzheitspsychologie als Metzger, der der zweiten Generation der Berliner Schule angehörte, für die Schule der Gestaltpsychologie. Trotzdem müssen wir uns in beiden Fällen vor Generalisierung hüten: Rückschlüsse auf die Auffassungen anderer Angehöriger der gleichen Schulen sind nur bedingt (im Falle Krueger) bzw. überhaupt nicht (im Falle Metzger) möglich.

Aus einigen der zuvor zitierten Äußerungen Kruegers mag schon deutlich geworden sein, daß eine zumindest latente Affinität zwischen seiner im strengsten Sinne des Wortes konservativen Weltsicht und gewissen Prinzipien der nationalsozialistischen Ideologie zu bestehen scheint. Wie sind diese und ähnliche Äußerungen zu verstehen? Als politische Äußerungen eines Privatmannes, der zufällig von Beruf Psychologe ist, oder als wissenschaftliche Aussagen eines Psychologen, für die er die Autorität dieser Wissenschaft in Anspruch nimmt? Ohne Zweifel ist letzteres der Fall. Denn wenn Krueger oder andere Vertreter der Ganzheits- und Gestaltpsychologie sich zu Fragen von Gemeinschaft, Volk und Staat äußern, begeben sie sich nach ihrem eigenen wissenschaftlichen Selbstverständnis keineswegs dilettierend auf ein Gebiet, für das sie als Psychologen nicht zuständig sind, sondern sie befinden sich auf ureigenstem Terrain. Die Legitimationsgrundlage für die Zuständigkeit der Psychologie liefert das *Prinzip der Universalität der Ganzheit* in Verbindung mit dem *Prinzip vom Vorrang des Ganzen vor seinen Teilen*. Beide Prinzipien sind – mit einigen Unterschieden, die wir hier wieder außer Betracht lassen – in beiden Schulen gleichermaßen ausgebildet.

Das Universalitätsprinzip besagt, daß ganzheitlicher bzw. gestalthafter Charakter nicht nur die Erscheinungen des individuellen Seelenlebens auszeichnet (Wahrnehmungsinhalte, Gedanken, Gefühle etc.), sondern ebenso alle Erscheinungen des Überpersönlich-Seelischen, d.h. des sozialen Lebens. Auch soziale Gebilde sind stets Ganze, d.h. sie sind als eine bloße Summe von Individuen nur unzulänglich beschrieben. So heißt es etwa bei Wertheimer:

»Wenn Menschen zusammen sind, etwa in einer bestimmten Arbeit zusammen, dann ist das unnatürlichste Verhalten, das erst in späten Fällen oder in krankhaften Fällen vorhandene Verhalten, daß da mehrere Ich zusammen da sind, sondern die Verschiedenen arbeiten gemeinsam zusammen, jeder als sinnvoll funktionierender Teil des Ganzen, unter normalen Umständen.« [18]

Krüger unterscheidet zwischen echten Gemeinschaften und zweckhaften Organisationen und erkennt den Status der sinnerfüllten Ganzheit nur den echten Gemeinschaften zu:

»Je mehr eine Sozialform echte Gemeinschaft ist, je nachhaltiger sie ihre Glieder bindet, je tiefer überhaupt sie in deren Tun und Lassen eingreift – ... im Gegensatz zu der Starrheit des bloß Herkömmlichen und zu den zweckhaften Organisationen – umso mehr ist eine solche Form durchwirkt von organisch erwachsenem und wieder Ganzheit zeugendem Leben. Daher ist sie umso voller durchblutet von Seelentum. Das bedeutet erscheinungsmäßig, sie ist von Erlebnissen gesättigt, ist reich und ergiebig, zumal an innigen Gefühlen.« [19]

Wie die Ideengeschichte des Ganzheitsdenkens zeigt, ist ein derart universell interpretiertes Ganzheitsprinzip keineswegs auf eine besondere theoretische Entwicklung innerhalb der Psychologie zurückzuführen, sondern vielmehr als der in der Psychologie sichtbare Widerschein einer sehr viel umfassenderen organisch-ganzheitlichen Ideentradition zu verstehen, die im ersten Drittel des 20. Jahrhunderts auf den verschiedensten Wissenschaftsgebieten Fuß gefaßt hatte.[20] Die Psychologie ist nur eine der Disziplinen, die von dieser Grundwelle universalistisch-ganzheitlichen Denkens erfaßt wurden.

Ähnliches gilt auch für das von beiden Schulen gelehrte Prinzip vom Vorrang des Ganzen vor seinen Teilen. Der Vorrang, der dem Ganzen gegenüber den Teilen zukommt, ist ein Vorrang der Entstehung nach, der Anschauung nach, der Wirkung nach und schließlich – mehr implizit – dem Wert nach. Der genetische Vorrang kommt in der Lehre zum Ausdruck, daß das soziale Wir früher ist als das individuierte Ich. Der anschauliche Vorrang des sozialen Ganzen wird darin sichtbar, daß das Ich sich in einer echten sozialen Ganzheit kaum noch als getrennten, ausgesonderten Bestandteil erlebt, der sich anderen Individuen gegenübersieht. Das Ich wird vielmehr von der Gemeinschaft getragen, geht im gemeinschaftlichen Wir mehr oder weniger vollständig auf. Der funktionale Vorrang besteht darin, daß die Individuen sich die Belange des jeweiligen sozialen Ganzen selbst zu eigen machen. Der Schritt aus der Welt der Tatsachen in die Welt der Werte ist von dort nicht mehr weit: Faßt man den funktionalen Vorrang des Ganzen vor seinen Teilen nicht nur deskriptiv – als Tatsache, die gegeben ist –, sondern auch präskriptiv – als Zustand, der anzustreben ist –, so hat man, ohne es gewahr zu werden, die Grenze zwischen Wissenschaft und Weltanschauung überschritten.

Aufgrund dieser Prinzipien ist klar, daß alle Formen der Gesellschaft oder sozialen Verbindung, in denen sich das Ich gegenüber dem gemeinschaftlichen Wir vereinzelt, als Fehlformen sozialen Lebens betrachtet werden müssen. Überall, wo organisierte Zweckverbände an die Stelle blutvoller Gemeinschaften treten, sind die im Überpersönlich-Seelischen waltenden Prinzipien natürlicher Ganzheit verletzt. Idealformen des sozialen Lebens sind demgegenüber solche Gebilde, die auf Blutsverwandtschaft beruhen: Einheit von Mutter und Kind, Familie, Großfamilie, Sippe, Stamm und Volk. Das Volk als das größte natürliche Ganze, das durch Blutsbande zusammengehalten wird, bedarf dann allerdings des Panzers der staatlichen Macht (der allerdings nur dann legitim und wirksam ist, wenn Staat und Volk einander korrespondieren: Staaten, in denen viele Völker zusammenleben, können auf Dauer keinen Bestand haben).[21]

Ist nun für Krueger der nationalsozialistische Staat eine Verkörperung dieses Ideals? Als er im Oktober 1933 den 13. Kongreß für Psychologie eröffnet, scheint er dies noch zu hoffen. Seinen Eröffnungsvortrag über *Die Lage der Seelenwissenschaft in der deutschen Gegenwart* beendet er mit einer Reverenz an »Adolf Hitler, den weitschauenden, kühnen und gemütstiefen Kanzler«, dem es zu verdanken ist, daß dem bisherigen Verfall Einhalt geboten und daß nunmehr Neuland in Sicht ist.[22] Aber nur wenige Monate später, beim 14. Kongreß, der bereits im Mai 1934 in Tübingen stattfindet, ist Krueger wesentlich weniger emphatisch. Zwar meldet er mit Nachdruck den Anspruch an, daß die von ihm begründete Ganzheitslehre auch auf die Psychologie der Gemeinschaft angewendet werden muß. Aber seine Rede ist bereits durchzogen von dem abwehrenden Mißtrauen, vielleicht auch der Angst des konservativen Geistesaristokraten gegenüber der unkontrollierbaren Wucht einer kollektivistischen Massenbewegung, die ebenso leichtfertig wie hohlköpfig mit den Begriffen wie »Volksganzes« oder »totaler Staat« umgeht und sich dabei am Ende auf die psychologische Ganzheitslehre berufen möchte. Für *diese* Ganzheitsbegriffe will Krueger auf keinen Fall in Anspruch genommen werden, und für die Rechtfertigung *dieser* proletarischen Massenbewegung will er seine subtile Ganzheitslehre doch nicht usurpieren lassen:

»Seit Kurzem erschallt auf beinahe der ganzen Linie der geistigen Bewegungen . . . der Ruf nach Ganzheit. Jetzt breitet er sich gleichlautend sogar in den Zeitungen aus, und Massenversammlungen lassen sich davon erregen. An diesen Orten soll gewöhnlich bei dem uralten deutschen Wort lehrreicherweise eine überpersönliche Verbundenheit zwischen leibhaftigen, aber möglichst wenig individuierten Menschen vorgestellt werden. Das Schwergewicht verlegt man dann in die ›Volksgemeinschaft‹, und zu ihr wird neuerdings der ›totale Staat‹ umrißweise hinzugenommen. Der Stand, die Familie und der Bund treten hinter diesen bevorzugten Gegenstand des öffentlichen Meinens zurück, mehr noch die überzeitlichen Gebilde des Geistes, am meisten die schöpferische Persönlichkeit . . . Wohlgesinnte mit ungeschultem Kopf sehen die komplexen Allgemeinheiten, die sie verehren, gern teilweise verhüllt von nebuloser Mystik oder verstellt von handgreiflicher Mythologie. So ist es hoch an der Zeit, daß die Erfahrungswissenschaft ihre Scheinwerfer auf die gemeinten Sachverhalte richte.«[23]

Bereits in dieser Rede geht Krueger unmißverständlich auf Distanz. Kollektivistisch war seine ganzheitliche Gemeinschaftslehre niemals gemeint. Ihm schwebte die Erneuerung des Volkes aus denjenigen überpersönlichen Ganzen, welche alles übrige tragen, vor: aus den natürlichen Gemeinschaften der Familie, der Sippe und des Standes. Gemeinschaft konstituiert sich für Krueger aber nicht aus der Aufhebung der Individualität ihrer Mitglieder, sondern sie existiert neben den Einzelpersönlichkeiten als eine überpersönliche Ganzheit höherer Ordnung und setzt die Integrität der Einzelpersönlichkeiten sogar voraus: »Persönlichkeit und Gemeinschaft sind die beiden gegensätzlich aufeinander angewiesenen Pole, um die das wirkliche Menschsein gelagert ist und sich bewegt. Eines ist ohne das andere nicht zu begreifen.«[24] In den Jahren danach wächst Kruegers Distanz zum Regime immer mehr. 1935, als er Rektor der Leipziger Universität ist, würdigt er in offener Rede die Verdienste jüdischer Wissenschaftler und wird daraufhin seines

Rektoramtes enthoben. 1937 wird er vorzeitig emeritiert.

Was die Berliner Tradition der Gestaltpsychologie betrifft, so ist sie in den Jahren nach der Machtergreifung an den deutschen Universitäten nicht mehr durch prominente Wissenschaftler vertreten. Einzig Wolfgang Metzger, der 1931 mit Max Wertheimer nach Frankfurt gegangen war und dort während der dreißiger Jahre als Assistent am verwaisten Lehrstuhl blieb, setzte seine Arbeit in der Tradition dieser Schule fort. Nach Metzgers eigenem Zeugnis hielt er sich zunächst mit Publikationen und Kongreßvorträgen zurück, weil er das Verdikt zu fürchten hatte, das über die Gestaltpsychologie als einer »jüdischen Wissenschaft« lag. 1941 legte er dann jedoch unter dem Titel *Psychologie* eine Monographie vor, die eine systematische Beschreibung der Position der Gestaltpsychologie enthält. Dieser Band erscheint merkwürdig, weil er ohne Quellenangaben und ohne Literaturhinweise erschien; da Metzger sich fast nur auf Juden und Regimegegner hätte berufen können, konnte er wohl nur in dieser Form veröffentlicht werden.

In diesem Band finden sich verstreut auch einzelne Bemerkungen darüber, wie aus gestalttheoretischer Sicht soziale und politische Verbände zu verstehen sind und wie insbesondere das Verhältnis des Individuums zu den Gruppen und Gemeinschaften, in denen es lebt, zu bestimmen ist. Eine durchgängige Grundidee ist dabei die Ablehnung des Individualismus, d. h. der Auffassung, »daß die Menschen auch in der Gruppe als unveränderte, in sich verkapselte Einzelwesen gedacht werden«. Diese Fehlauffassung hängt nach Metzger zusammen mit der »sophistisch-epikuräischen Erklärung alles Tuns aus dem Streben nach eigener Lust (Hedonismus), in welcher der Mitmensch – nach dem bezeichnenden Sprachgebrauch der Psychoanalyse – nur als Trieb-›Objekt‹ auftritt«.[25] Hier deutet sich an, daß es auch nach gestalttheoretischer Auffassung richtige und falsche Meinungen über die sachgerechte Gestaltung des sozialen und politischen Lebens gibt und daß diese Wertungen sich fachwissenschaftlich begründen lassen. Vom Ansatz her falsch sind solche Auffassungen, die das soziale Leben als Zusammenschluß von Individuen verstehen. Richtig und sachgerecht erscheinen demgegenüber solche Meinungen, die soziale Gebilde als reale Ganze verstehen, in die die einzelnen Menschen gliedhaft eingebettet sind.

1942 veröffentlicht Metzger einen Aufsatz, in dem er – gleichfalls mit systematischer Gründlichkeit – die Parallelen zwischen dem

Anliegen der gestalttheoretischen Umwälzung auf der einen und der nationalen/nationalsozialistischen Revolution auf der anderen Seite analysiert.[26] Diese Untersuchung führt zu dem Ergebnis, daß beide Bewegungen nicht nur den gleichen Feind bekämpfen, sondern auch auf das gleiche Ziel hin orientiert sind. Der Aufsatz ist offensichtlich in der Intention geschrieben, deutlich zu machen, daß die vom Autor vertretene Psychologie (die er übrigens nicht unter der Bezeichnung »Gestaltpsychologie« vorstellt) keineswegs – wie man aufgrund der politischen »Unbelehrbarkeit« ihrer früheren Vertreter zunächst hätte vermuten können – der nationalen Revolution feindlich gegenübersteht, sondern daß sie im Gegenteil mehr als alle anderen psychologischen Schulen, die ihre Aufgabe nicht zu Ende geführt haben, als verbindliche, eigentlich deutsche Form der Psychologie gelten kann.

Der Feind, den Psychologie und Nationalsozialismus gleichermaßen bekämpfen, trägt die Bezeichnung »Geist des Westens«. Im politisch-sozialen Bereich kennzeichnen ihn drei Merkmale:

– das atomistische Denken, welches vom Element zum Ganzen fortschreitet; so werden z. B. in der parlamentarischen Demokratie die Individuen als vereinzelte, autonome Elemente gedacht, und der Wille des Ganzen bestimmt sich als die Summe der Einzelwillen;

– das Beliebigkeitsdenken; das ist im politisch-sozialen Bereich die Überzeugung, daß jeder beliebige Mensch sich mit beliebigen anderen zu irgendwelchen Gruppen, Verbänden oder dergleichen zusammenschließen kann, ohne Rücksicht auf etwa vorgegebene sachliche Zusammenhänge;

– das Mißtrauen gegenüber natürlicher Ordnung, welches darin zum Ausdruck kommt, daß die westlichen Staatswesen sich in der einen oder anderen Form eine äußere Ordnung geben – sei es die Zwangsordnung des rationalistischen Staates in Frankreich, sei es die liberalistische Zufallsordnung der Präzedenzfälle, die die englischen Rechtsverhältnisse regiert.

Gegen diese Prinzipien lebt das politische Deutschland im Kampf – und es kann kein Zufall sein, daß es die gleichen Prinzipien sind, die in der älteren, westlich beeinflußten Psychologie so verheerende Konsequenzen gezeitigt haben und die erst jetzt durch die neue Psychologie überwunden sind. Aber die Übereinstimmung beschränkt sich nicht nur auf den gemeinsamen Feind, sondern erstreckt sich auch auf das, was beide Bewegungen an die Stelle dieser falschen Überzeugungen setzen wollen. Im politisch-sozialen Bereich soll der »Geist des Westens« ersetzt werden durch:

– die Lehre von der Gemeinschaft und dem einzelnen als ihrem dienenden Glied, verbunden mit der »Überzeugung, daß der Gliedhaftigkeit im Dienste am Ganzen eine höhere Würde zukommt als der ›Autonomie‹«[27];

– die Lehre von den natürlichen, sachlichen Grundlagen dauerhafter Gemeinschaften: »Wo das Gemeinwesen als wirkliches und echtes Ganzes und nicht mehr bloß als die Summe seiner Teile verstanden wird, da ist kein Platz mehr für die Annahme von der Beliebigkeit der Angehörigen.«[28] Die wichtigsten dieser natürlichen sachlichen Grundlagen sind auf der Ebene des Volkes die Prinzipien der rassischen Kohärenz und des geschlossenen Siedlungsraumes;

– die Lehre von der natürlichen Ordnung, welche dadurch entsteht, daß alle Glieder des Gemeinwesens sich freiwillig das Gesetz des Ganzen zu eigen machen, ohne daß irgendein Zwang ausgeübt werden müßte. Die Leidenschaft für das Ganze ist treibende und zugleich steuernde Kraft.

Diese drei Prinzipien, die sich in der neuen Psychologie bereits auf das beste bewährt haben, sind nach Metzgers Darlegung wesentliche Grundlagen der nationalen Revolution und des neuen Staatsverständnisses. Für die beiden ersten Grundsätze – Indienstnahme des einzelnen durch die Gemeinschaft und natürliche Grundlagen der Bildung von Gemeinwesen – ist dies für jedermann ganz offenkundig. Weniger offenkundig ist dagegen die Verbindung zwischen dem nationalsozialistischen Staat und dem Prinzip der sich frei entfaltenden Ordnung. Metzger, der diesen Widerspruch zwischen Ideal und Wirklichkeit durchaus sieht, gibt hierzu zwei ergänzende Erläuterungen. Die erste ist eine Antwort auf die bange Frage, wie man sicher sein könne, daß in einem Volksganzen, welches ganz auf die Selbstorganisation seiner von der Leidenschaft zum Ganzen geleiteten Glieder gestellt ist, in jedem Fall Ordnung entstehe. Die Antwort auf diese Frage ist eine psychologische Begründung des Führerprinzips:

»Wie kann in solcher Freiheit überhaupt Ordnung entstehen und erhalten bleiben? . . . Durch Hinhorchen auf das Wesen und auf die natürlichen Erfordernisse des hier und jetzt gegebenen Ganzen. Hieraus ergibt sich unmittelbar die Antwort auf die Frage nach dem ›Willen des Ganzen‹ und seinen Trägern. Nicht jeder ist in gleichem Maße imstande, das Wesen und die

Bedürfnisse des Ganzen zu vernehmen. Der Wille des Ganzen wird darum sinngemäß verkörpert durch diejenigen einzelnen (vielleicht u. U. durch denjenigen einzigen) Menschen, in welchem das Bild des Ganzen in seiner Weite und Fülle am lebendigsten und klarsten lebt, und der darum am besten sehen kann, was ihm Not tut. Indem er diese Fähigkeit besitzt, ist er auch der Führer, ja in ganz besonderem Maß, ›Diener‹ des Ganzen.« [29]

Die zweite Erläuterung dient der Begründung dafür, daß auch ein Staatswesen, das nach dem Grundsatz der natürlichen Ordnung aufgebaut und geleitet ist, auf Zwangsorgane und Zwangsmittel, d. h. auf Gewalt im Innern, nicht verzichten kann. Zum einen muß der Staat der natürlichen Ordnung sich vor denjenigen in acht nehmen, die von ihrer Berufung zu seinem Führer überzeugt sind, ohne daß sie aber in Wirklichkeit in reiner Form oder auch nur in wesentlichem Umfang von dem echten Bild des Ganzen geleitet sind. Zum anderen wird er, wenn er nicht seinen eigenen Bestand gefährden will, nicht vollständig darauf verzichten können, »unbelehrbare Widerspenstige zu zwingen, Störenfriede abzukapseln und zu beseitigen«.[30] Menschliche Unzulänglichkeiten sind es also, die es erforderlich machen, daß die Wirklichkeit hinter dem schönen Ideal gegenwärtig noch zurückbleibt: Die Blindheit der Vielen für die wahren Belange des Ganzen macht es erforderlich, daß die Wenigen, die über den rechten Blick verfügen, sich zu Führern aufschwingen; die falschen Propheten und die Widerspenstigen, die den berufenen Führern nicht folgen wollen, lassen schließlich gewisse Zwangsmaßnahmen unvermeidlich erscheinen.

Allerdings muß um jeden Preis verhindert werden, daß die Ausübung von Zwang und Gewalt, die gegenwärtig als vorübergehender Notbehelf unvermeidlich sein mag, auf Dauer zu einem tragenden Kennzeichen des Staates wird. Der Staat der freien, natürlichen Ordnung würde sich selbst verleugnen, wenn er dies zuließe:

»Aber solange er sich selbst treu bleibt, werden alle Zwangsorgane lediglich die Rolle eines leider unvermeidlichen Notbehelfs spielen, die nur insoweit zu einem Kernbestandteil des Ganzen werden können, als sie bereit und fähig sind, die Ausübung des Zwanges mit belehrender, aufklärender und Anteilnahme am Ganzen erweckender Tätigkeit zu verbinden und sie schließlich mehr und mehr durch diese zu ersetzen.« [31]

Sehr verhalten mag hierin die Möglichkeit einer Distanzierung von diesem Staat für den Fall angedeutet sein, daß er dauerhaft nicht in der Lage oder sogar prinzipiell nicht gewillt ist, auf die Ausübung von Zwang gegen seine Bürger zu verzichten. Dann wäre er – so kann man herauslesen – eben doch nicht der Staat der freien Ordnung, der im politischen Bereich das gleiche Ziel hat wie die neue Psychologie im seelischen Bereich.

Gewalt nach außen ist allerdings nach Metzgers Auffassung in der historischen Situation nach dem Ersten Weltkrieg nicht nur aus nationaler Sicht legitim, sondern auch aus universaler – nämlich weltgeschichtlicher – Perspektive notwendig und unvermeidbar. Der Krieg, in dem Deutschland sich zu Anfang der vierziger Jahre befindet, ist nur der politisch-militärische Bestandteil der sehr viel umfassenderen geistigen Auseinandersetzung mit dem »Geist des Westens«. Die siegreiche Beendigung des Krieges ist die Voraussetzung dafür, daß endlich die vom westlichen Geist beherrschte sogenannte Neuzeit zu Ende gehen und Platz machen kann für ein neues Weltalter, dessen Anfänge in dem neuen Deutschen Reich jetzt schon sichtbar sind.

Wie konnte jemand, der dies schrieb, später erklären, Gestaltpsychologie und Nationalsozialismus seien prinzipiell unvereinbar? Wenn wir nicht unterstellen wollen, daß Metzger etwas schrieb, was er nicht wirklich dachte – weder 1942 noch 1979 –, bleibt nur die Annahme, daß er 1942 den nationalsozialistischen Staat so *sah*, wie er ihn schilderte: als eine näherungsweise Verkörperung des Ideals eines Gemeinwesens, das im Grundsatz von der Leidenschaft seiner Glieder zum Ganzen lebt und sich auf eine natürliche, nicht erzwungene Gesamtordnung hinbewegt. Einen derartigen Idealstaat, den er wie viele andere sehnlich herbeiwünschte und den er – vermutlich eben deshalb – in geradezu grotesker Verkennung der Wirklichkeit im NS-Staat auch ansatzweise realisiert, zumindest aber intendiert sah, muß er 1942 gemeint haben, als er von einer grundsätzlichen Übereinstimmung zwischen den Prinzipien des Nationalsozialismus und der Gestaltpsychologie sprach. 1979 dagegen, als er eine prinzipielle Unvereinbarkeit postulierte, meinte er die längst nicht mehr verkannte, unverstellte Wirklichkeit dieses Staates.

Affinität oder Unvereinbarkeit – welches Fazit soll gezogen werden? Es ist offensichtlich, daß wir an der hergebrachten globalen These von der prinzipiellen Unvereinbarkeit zwischen nationalsozialistischer Ideologie und den Lehren der Gestalt- und Ganzheitspsychologie auf keinen Fall festhalten können. Wie wir gesehen haben, läßt sich insbesondere die Blut- und Boden-Mystik des Nationalsozialismus ohne besondere Schwierigkeiten mit den sozialpsychologischen Grundüberzeugungen Kruegers und Metzgers zur Deckung bringen. Das gilt nicht nur für die Theorie der Gemeinschaft, die bei beiden Autoren in ähnlicher Form ausgebildet war, sondern erstreckt sich bis hin zum Ansatz einer wissenschaftlichen Begründung des Prinzips der rassischen Einheitlichkeit des Staatsvolkes und der Geschlossenheit des völkischen Lebensraumes. Ansätze dieser Art finden wir sowohl bei Krueger um 1930 als auch bei Metzger nach 1940.

Wie kommen diese Affinitäten zustande? Wenn wir die theoretisch mögliche Erklärung, daß die Psychologie der zwanziger Jahre die nationalsozialistische Ideologie beeinflußt haben könnte, als abwegige Denkmöglichkeit außer acht lassen, bleiben noch zwei weitere Erklärungen: daß die nationalsozialistische Ideologie die Psychologie beeinflußt hat oder daß beide sich – zumindest teilweise – aus verwandten Quellen speisen. Für den konservativen Irrationalismus der Leipziger und für Krueger, der die nationalsozialistische Bewegung gleich zu Beginn freudig begrüßte und sich erst später enttäuscht zurückzog, hat die zweite Erklärung größere Plausibilität als die erste. Für den liberalen Rationalismus der Berliner und für Metzger, der sich nach der Machtergreifung zunächst zurückhielt und erst Anfang der vierziger Jahre die Nähe seiner Psychologie zur nationalsozialistischen Ideologie betonte, ist die Annahme verwandter Quellen weniger einleuchtend als die einer Annäherung der wissenschaftlichen Theorie an die herrschende Ideologie. Wie weit diese durch intellektuelle Verführung und/oder durch politische Nötigung zustande kam, muß an dieser Stelle offen bleiben.

Die Affinität zwischen psychologischer Theorie und politischer Ideologie ist deutlich, was die *inhaltlichen Ziele* des Nationalsozialismus betrifft. Anders verhält es sich jedoch mit denjenigen Bestandteilen der Ideologie, die die *politische Praxis* zur Durchsetzung dieser Ziele betreffen, also die politische Praxis des totalitären Staates. Soweit die Lehren der beiden Schulen auch hierfür in Anspruch genommen werden, beruht diese Inanspruchnahme auf einem Mißverständnis – entweder einem Mißverständnis dieser Lehren durch Außenstehende oder einem der politischen Realität durch Vertreter dieser Lehren. Krueger setzt sich dagegen zur Wehr, daß der platte Kollektivismus der völkischen Bewegung, der Individualität und Persönlichkeit zugunsten des totalen Volksganzen unterdrückt, sich auf die Leipziger Ganzheitsschule beruft:

ein grobes Mißverständnis dieser Theorie, eine groteske Entstellung seiner Lehre durch unberufene Interpreten. Metzger hält die Gewalt, die der Staat im Innern ausübt, nur für einen vorübergehenden Notbehelf, keinesfalls für ein Wesensmerkmal des nationalsozialistischen Staates: auch dies ein grobes Mißverständnis, in diesem Fall allerdings eine groteske Verkennung der politischen Realität durch den Autor.

Kollektivismus und Gewaltausübung waren zentrale Elemente der politischen Praxis des nationalsozialistischen Staates. Diese beiden Elemente, die gerade den totalitären Charakter des Regimes begründen, sind somit durch die psychologische Theorie der beiden Schulen nicht ohne weiteres abgedeckt. Wer in dieser Hinsicht Übereinstimmungen sieht, täuscht sich – entweder über die Natur der Theorie oder über den Charakter des Regimes. Auf diesem Hintergrund lohnt es sich, noch einmal den genauen Wortlaut von Metzgers Unvereinbarkeitserklärung von 1979 zu lesen: »Man befand sich ... in unauflösbarem Widerspruch zu allen totalitären Systemen, jeder Art und Richtung.«[32] Somit wird deutlich, daß sich die Behauptung der prinzipiellen Unvereinbarkeit mit dem Nationalsozialismus nur auf die totalitäre politische Praxis des Regimes erstreckt und keineswegs zugleich auch für die inhaltlichen Ziele reklamiert wird, die mit dieser totalitären Praxis realisiert werden sollten.

Gibt es Gründe für die Annahme, daß die Systeme der Ganzheits- und Gestaltpsychologie für die Vereinnahmung durch nationalsozialistische Ideologie besonders prädestiniert waren? Gibt es Eigenschaften dieser beiden Wissenschaftskonzeptionen, die sie in dieser Hinsicht besonders anfällig machten? Oder sollen wir die Affinitäten, die wir sehen, eher als Ergebnisse persönlicher Annäherungsversuche einzelner Wissenschaftler an die herrschende Ideologie verstehen? Kurz: Zu welchen Anteilen sollen die Gemeinsamkeiten zwischen Theorie und Ideologie den theoretischen Systemen selbst beziehungsweise ihren einzelnen Vertretern zugeschrieben werden? Diese Frage können wir hier nicht schlüssig beantworten, weil sie Untersuchungen nicht nur der theoretischen Systeme selbst, sondern auch der Biographien ihrer Vertreter voraussetzt. Immerhin mögen die vorstehenden Darlegungen gezeigt haben, daß der Anteil, der auf die theoretischen Systeme selbst entfällt, auf keinen Fall völlig vernachlässigt werden kann. Für eine erste Bilanz können wir vor allem zwei problematische Eigenschaften festhalten, die ihre besondere Anfälligkeit gegenüber der faschistischen Ideologie begründen. Die eine betrifft die Methode, die andere den Inhalt.

Die kritische methodische Eigenschaft ist die ausschließliche Verankerung der Psychologie auf der Innenseite der Welt, d. h. an den sogenannten natürlichen Bewußtseinserscheinungen. »Natürlich« sind die Bewußtseinserscheinungen in zweierlei Sinn: Zum einen gehen sie auf angeborene (und insofern natürliche) Bedingungen der psychophysischen Organisation zurück. Zum anderen sind sie natürlich im Sinne von »normal«, d. h. im Sinne einer normsetzenden Instanz oder normsetzenden Mehrheit. Wenn ferner in der psychologischen Theorie keine Mechanismen vorgesehen sind, die die Bewußtseinstatsachen mit der Lerngeschichte des Individuums in Zusammenhang bringen, ist der wissenschaftliche Ansatz ideologisch verankerten Festlegungen darüber, wie die Welt, in der man lebt, verständigerweise aufzufassen und zu beurteilen ist, relativ hilflos ausgeliefert. Psychologien, die sich programmatisch auf die »Innenwelt« beschränken und die phänomenale Wirklichkeit als die einzige und eigentliche Grundlage der Psychologie akzeptieren, die selbst nicht mehr analytisch hinterfragt werden kann, laufen stets Gefahr, populistischen Ideologien des »rechten Blicks«, des »gesunden Sinns« oder des »natürlichen Volksempfindens« wissenschaftliche Unterstützung zu liefern.

Die kritische inhaltliche Eigenschaft ergibt sich aus der Verallgemeinerung des Prinzips des Vorrangs des Ganzen vor seinen Teilen. Wenn dieser Vorrang nicht nur funktional, sondern auch wertend verstanden wird und wenn diese wertende Interpretation für das Feld des sozialen Handelns geltend gemacht wird, entwickelt sich leicht ein theoretischer Ansatz, der Gefahr läuft, eines der zentralen politischen Erbstücke der europäischen Aufklärung zu verspielen: das Postulat der politischen Autonomie des Individuums. Natürlich besteht in Wahrheit kein Widerspruch zwischen dem psychologischen Axiom der sozialen Determination jeglichen Handelns und dem politischen Postulat der Autonomie des individuellen Wollens. Theorien, die diese Trennung nicht streng aufrechterhalten, werden jedoch leicht zur Beute von Ideologien, denen die Autonomie der Individuen wenig bedeutet.

Selbstverständlich soll hiermit nicht gesagt sein, daß die Lehren der Ganzheits- oder Gestaltpsychologie aufgrund dieser beiden Eigenschaften von vornherein dazu prädestiniert sind, faschistische Ideologien mit populistischem Einschlag wissenschaftlich zu legitimieren. Das Problem besteht nicht so sehr darin, daß diese theoretischen Ansätze besonders geeignet sind, faschistische Ideologien zu unterstützen, sondern eher darin, daß sie bestimmten Erscheinungsformen totalitärer Ideologien nichts entgegenzusetzen vermögen. Dies wäre nur im Rahmen von Ansätzen möglich, die, was die Methode betrifft, neben den natürlichen Bewußtseinserscheinungen weitere Instanzen und Prozesse postulieren, die diese »natürlichen« Bewußtseinserscheinungen in den Rahmen der jeweiligen Lerngeschichte und des jeweiligen Tätigkeitszusammenhangs stellen, und die ferner, was den Inhalt betrifft, zwischen funktionalen Analysen und politischen Bewertungen sozialer Systeme auf das strengste trennen. Je expliziter beides geschieht, desto größer ist zum einen der wissenschaftliche Erklärungswert der betreffenden Ansätze und zum anderen ihre Immunität gegen Verführungen durch populistische Ideologien.

Anmerkungen

1 *F. Merz*: Amerikanische und deutsche Psychologie. In: Psychologie und Praxis 4 (1960), S. 78–91. Merz' Angriffe auf die politische Haltung einiger Vertreter der Leipziger Ganzheitspsychologie, besonders Friedrich Sanders, erhielten besonderes politisches Gewicht dadurch, daß sie kurz vor der Eröffnung des ersten Internationalen Kongresses für Psychologie erschienen, der nach dem Zweiten Weltkrieg auf deutschem Boden stattfand (Bonn 1960).

2 *A. Wellek*: Deutsche Psychologie und Nationalsozialismus. In: Psychologie und Praxis 4 (1960), S. 177–182; darin die direkte Antwort Welleks auf Merz. Vgl. auch *ders.*: Der Einfluß der deutschen Emigration auf die Entwicklung der amerikanischen Psychologie. In: Psychologische Rundschau 15 (1964), S. 239–262, sowie Welleks autobiographische Angaben in: *L. J. Pongratz, W. Traxel, E. G. Wehner (Hg.)*: Psychologie in Selbstdarstellungen. Bern 1972, S. 357ff. Zur Kontroverse Merz-Wellek vgl. *U. Geuter*: Institutionelle und professionelle Schranken der Nachkriegs-Auseinandersetzung über die Psychologie im Nationalsozialismus. In: Psychologie und Gesellschaftskritik 4 (1980), S. 5–39.

3 *W. Metzger*: The historical background for national trends in Psychology: German Psychology. Paper presented at the XVIIth International

Congress of Psychology, Washington 1963; abgedruckt in: Journal of the History of the Behavioral Sciences 1 (1965), S. 109–115; *ders.*: Gestaltpsychologie – ein Ärgernis für die Nazis. In: Psychologie Heute 6 (1979), Heft 3, S. 84–85.

4 *Metzger*, 1979 (Anm. 3), S. 84.

5 *Geuter* (Anm. 2); *ders.*: Der Nationalsozialismus und die Entwicklung der deutschen Psychologie. In: Bericht über den 33. Kongreß der Deutschen Gesellschaft für Psychologie, Mainz (1982), Göttingen 1983; *M. G. Ash*: Die deutschsprachige Psychologie im Exil. Forschungsansätze und -ergebnisse zum Problem des Wissenstransfers. In: Bericht über den 33. Kongreß der Deutschen Gesellschaft für Psychologie, Mainz (1982), Göttingen 1983.

6 Vgl. *Metzger*, 1965 (Anm. 3).

7 *F. Krueger*: Die Aufgaben der Psychologie an den deutschen Hochschulen. In: Bericht über den 12. Kongreß der Deutschen Gesellschaft für Psychologie, Hamburg (1931), Jena 1932, S. 47.

8 Grußadresse des Sächsischen Ministers für Volksbildung, Dr. Hartnacke. In: Bericht über den 13. Kongreß der Deutschen Gesellschaft für Psychologie, Leipzig (1933), Jena 1934, S. 5.

9 *M. Wertheimer*: Über Gestalttheorie. In: Symposion 1 (1925), S. 42.

10 *F. Krueger*: Zur Einführung. Über psychische Ganzheit. In: Neue Psychologische Studien 1 (1926), S. 118.

11 Zur Aktualgenese vgl. *F. Sander*: Experimentelle Ergebnisse der Gestaltpsychologie. In: Bericht über den 10. Kongreß für Experimentelle Psychologie (1927), Jena 1928, S. 23–87; ferner *C. F. Graumann*: Aktualgenese. Die deskriptiven Grundlagen und theoretischen Wandlungen des aktualgenetischen Forschungsansatzes. In: Zeitschrift für Experimentelle und Angewandte Psychologie 6 (1959), S. 410–448. Über Strukturen vgl. *F. Krueger*: Der Strukturbegriff in der Psychologie. In: Bericht über den 13. Kongreß für Experimentelle Psychologie, Leipzig (1923), Jena 1924, S. 1–26.

12 *U. Geuter*: Die Zerstörung wissenschaftlicher Vernunft. In: Psychologie Heute 7 (1980), Heft 4, S. 35–43. Vgl. auch *ders.* (Anm. 2).

13 *F. Krueger*: Zur Psychologie der Gemeinschaft. In: Bericht über den 14. Kongreß der Deutschen Gesellschaft für Psychologie, Tübingen (1934), Jena 1935, S. 4–6.

14 *W. Köhler*: Die physischen Gestalten in Ruhe und in stationärem Zustand, Erlangen 1924.

15 *F. Krueger*: Die Lage der Seellenwissenschaft in der deutschen Gegenwart. In: Bericht über den 13. Kongreß der Deutschen Gesellschaft für Psychologie, Leipzig (1933), Jena 1934, S. 21/22.

16 *M. Henle*: Einer kuschte nicht. Wolfgang Köhlers Kampf gegen die Nazis. In: Psychologie Heute 6 (1979), Heft 3, S. 80–86.

17 Die Frage der Affinität zwischen Psychologie und Nationalsozialismus behandeln wir hier nicht anhand der wissenschaftlichen Entgleisungen solcher Psychologen, die von Anfang an »stramme« Nationalsozialisten waren und mit deren Beiträgen die Literatur ab 1930 überfüllt ist. Bereits im Bericht über den 13. Kongreß vom Herbst 1933 kann man z. B. nachlesen, wie sich Erich Jaensch mit dem Gegentypus der völkischen Bewegung auseinandersetzt, wie Ludwig Ferdinand Clauss anhand von 21 Fotografien das Wesen der germanischen Seele illustriert oder wie Walter Poppelreuter das gesunde Rechtsempfinden des einfachen Volkes am Beispiel des Problems des Zinsfußes diskutiert.

18 *Wertheimer* (Anm. 9), S. 51.

19 *Krueger* (Anm. 13), S. 51.

20 Vgl. *E. Scheerer*: Organische Weltanschauung und Ganzheitspsychologie. In: C. F. Graumann (Hg.): Psychologie im Nationalsozialismus, Berlin, Heidelberg 1984.

21 *Krueger* (Anm. 13), S. 19.

22 *Krueger* (Anm. 15), S. 36. – Über das Ende der Kongreßeröffnung heißt es im Kongreßbericht: »Die Feier schloß mit dem Liede aus der Reformationszeit: ›Wach auf, wach auf, du deutsches Land‹, gesungen vom Madrigalkreis Leipziger Studenten, dem gemeinsamen Gesang des Deutschlandliedes und des Horst-Wessel-Liedes.« – Der Name Felix Kruegers findet sich auch in der Liste der Zustimmungserklärungen zu dem im November 1933 veröffentlichten »Bekenntnis der Professoren an den deutschen Universitäten und Hochschulen zu Adolf Hitler und dem nationalsozialistischen Staat – ein Ruf an die Gebildeten der Welt«.

23 *Krueger* (Anm. 13), S. 25/26.

24 Ebd., S. 18.

25 *W. Metzger*: Psychologie, Dresden, Leipzig 1941, S. 49.

26 *W. Metzger*: Der Auftrag der Psychologie in der Auseinandersetzung mit dem Geist des Westens. In: Volk im Werden. Zeitschrift für Erneuerung der Wissenschaften 10 (1942), S. 133–144.

27 Ebd., S. 134.

28 Ebd., S. 136.

29 Ebd., S. 139.

30 Ebd., S. 140.

31 Ebd., S. 140.

32 *Metzger*, 1979 (Anm. 3), S. 84.

Herbert Wilmsmeyer
»Volk, Blut, Boden, Künstler, Gott«[1] – Zur Kunstpädagogik im Dritten Reich

Im folgenden sollen in einem ersten (dokumentarischen) Teil drei repräsentative Fachbücher[2] vorgestellt werden, die in den ersten Jahren nationalsozialistischer Herrschaft veröffentlicht worden sind. Damit soll ganz bewußt ein in der fachhistorischen Literatur bisweilen vorkommender Irrtum vermieden werden: Es ist zu unterscheiden zwischen publizierten Absichtserklärungen und der kunstpädagogischen Praxis selbst, wie sie sich in der Schule ereignete. Hierüber gibt es wenig gesichertes Material aus der Zeit zwischen 1933 und 1945, so daß man bei der Beschreibung der Wirkungsgeschichte der nationalsozialistischen Kunstpädagogik über vage Vermutungen kaum hinauskäme; ein Hakenkreuz in einer Schülerzeichnung dokumentiert noch nicht notwendigerweise faschistisches Bewußtsein.

Im zweiten (analytischen) Teil sollen, von der Fachsituation um 1933 ausgehend, rückblickend die Jahrzehnte *vor* 1933 bis ins 19. Jahrhundert hinein analysiert werden. In dem vorgegebenen Rahmen ist es jedoch nicht möglich, das vielfältige Beziehungsgeflecht der Einflüsse, die der Fachsituation um 1933 vorausgingen, vollständig aufzuarbeiten. Ich beschränke mich darauf, anhand zweier Fragen den Gegenstand »Nationalsozialistische Kunstpädagogik im Dritten Reich« zu untersuchen:

Erstens: Welche Zielvorstellungen beherrschten das kultur- und kunstpädagogische Denken der Lehrer; auf welche »wünschenswerte menschliche Zuständlichkeit«[3] ihrer Schüler versuchten sie hinzuwirken?

Zweitens: Was verstand man unter der »Sache des Faches«; welcher Kunstbegriff lag dem Fach vorherrschend zugrunde?

Es soll gezeigt werden, daß die durch diese Frageperspektiven sichtbar werdenden fachlichen Positionen, die ursprünglich durchaus interessant und fundiert sind, von den nationalsozialistischen Kunstpädagogen pervertiert wurden, um im Sinne ihrer politischen Ideologie verwertet werden zu können. Meine These lautet: Eine genuin nationalsozialistische Kunstpädagogik hat es nicht gegeben. Man kann allenfalls von einer Kunsterziehung *im* Nationalsozialismus sprechen. Die nationalsozialistischen Kunstpädagogen haben nichts erfunden; alles, was sie 1933 als neu propagierten, war vorher in der fachinternen Diskussion angelegt und mehr oder weniger deutlich ausgeprägt. Sie statteten lediglich eine temporäre Fachsituation, die allerdings von sich aus dem Gedankengut des Nationalsozialismus sehr entgegenkam, mit ihrem ideologischen Kontext aus und sanktionierten sie in dieser Form als grundsätzliche Wahrheit.

Man sollte, um die These im aktuellen Sinne zu modifizieren, die nationalsozialistische Zeit unseres Faches nicht als ein in sich abgeschlossenes Phänomen betrachten, das 1933 begann und 1945 endete. Was da 1933, überbewertet und bis zur Unkenntlichkeit pervertiert, zur alleinigen Herrschaft gelangte, ist die mißratene Ausgeburt einer irrationalen Geisteshaltung, die in unserem Fach permanent lebendig ist. Diese Komponente kunstpädagogischen Bewußtseins ist in ihrem Kern nicht notwendigerweise faschistisch! Sie wirkt auch heute noch, von all den Mißverständnissen und Schwierigkeiten begleitet, die irrationale Position stets leicht mit sich bringen.

Kunstpädagogische Programmatik 1933

»Wird Deutschland, das 400 Jahre in die Irre ging, wird es die blaue Märchenblume, wird es die Blume des Glückes und des Friedens zu suchen und zu finden vermögen? Wie sieht sie aus, diese Blume? Wann ging sie verloren? Verloren ging sie, da wir unseres Schöpfers nicht mehr achteten, ... durch den der Mensch ward ›eine lebendige Seele‹. Wann durfte sie, die Göttliche, je noch wagen, sich zu erheben, seit in der Renaissance auch in Deutschland das Selbstbewußtsein des Verstandes entdeckt worden war? ... ›Knechtet die Seele! Knechtet den göttlichen Funken im Menschen!‹, so heißt der Schlachtruf des Herrschers Verstand nun schon seit Jahrhunderten. ... Knechtung der Seele aber ist Gottesverleugnung. ... Gott aber war großmütig und sandte den verwirrten Menschen seine Kündiger. Doch das Volk erkannte die nicht, die in Wahrheit seine Propheten waren: die großen Künstler. ... Doch da der deutsche Mensch auch der Sprache seiner Propheten nicht achtete, wurden sie, die Künstler, irre an sich selbst, rissen ihre Seele gewaltsam los von Blut und Boden und wurden so erst recht unfähig zur Erfüllung ihrer Mission.

Und so kam es, daß unser Volk nicht mehr die Sprache Gottes verstand in der Natur und nicht mehr die Sprache seiner Propheten im Kunstwerk. ...

Da warf Gott den furchtbarsten der Kriege herunter mitten unter die Völker, und es begann das Dröhnen und Stampfen, das Klirren von Eisen und Stahl, das das All erschütterte. ... Und unser Weg, der Weg der Deutschen, der 400 Jahre bergab geführt hatte, brach plötzlich jäh ab und ging steil in die Tiefe. Warum tat Deutschland zuerst den Fall in die Tiefe? Weil es das Volk war, das dem Verstand den höchsten Thron gebaut hatte und den prunkvollsten. Deshalb mußte es sein! ... Heute nun ist der Klang der dröhnend gewaltigen Stimme unseres Gottes in die Seele des ganzen Volkes gedrungen, hat ihre Fesseln zersprengt, hat ihre geheimsten Gründe wieder klargelegt. Und so ist der Frühling zu uns Deutschen gekommen wie alljährlich. ... Doch dieser Frühling sei tausendmal gesegnet! ... Findet er doch einen Führer, dessen Seele die erste war, die sich der Fesseln entledigte und sich Gott darbot. Und so ist er, der Führer, allein auch berufen, zu einen alles, was deutschen Blutes ist, zu gründen das dritte Reich. ... Wenn man erkennen will, was unserm Volke heute frommt, da genügt es nicht, zurückzugehen bis 1918 oder auch bis 1871, nein, da heißt es, die unversiegbaren Quellen aufdecken, aus denen die Urkräfte aufspringen, deren Pflege allein wieder eine deutsche Zukunft garantiert. Und wo treten die Seelenkräfte eines Volkes klarer zu Tage als in seiner Kunst. ... Als Albrecht Dürer sich seinen Weg bahnte über alle Hindernisse der Alpen hinweg nach Italien, da wurde die damals schon mächtige Gestalt der deutschen Kunst zum ersten Male vom Fieber geschüttelt; und als dann die Künstler förmlich Deutschland flohen, als wir freien Deutschen Sklaven wurden, Sklaven fremder Völker und fremder Kulturen, da war an Gesundung kaum noch zu denken; ... Als aber am 21. März 1933 die Postdamer Glocken das 3. Reich einläuteten, als der große Führer und Kanzler Adolf Hitler einem ganzen Volke sein Ehrgefühl und den Glauben an sich selbst wiedergab, da läuteten diese Glocken auch der Auferstehung der deutschen Kunst. ...«[4]

Der Text wurde im Sommer 1933 von R. Böttcher geschrieben, dem späteren Reichssachbearbeiter für Kunsterziehung im nationalsozialistischen Lehrerbund. Angesichts solcher Sätze wird das Urteil Adornos verständlich: »Der Faschismus war nicht bloß eine Verschwörung, die er auch war, sondern entsprang einer mächtigen gesellschaftlichen Entwicklungstendenz. Die Sprache gewährte ihm Asyl; in ihr äußert das fortschwelende Unheil sich so, als wäre es das Heil.«[5] Liest man heute die zeitgenössische Fachliteratur, so fällt es schwer, die naive Euphorie in den Reihen der damaligen Fachkollegen nachzuvollziehen. Die freiheitlich-pluralistische, bisweilen sicher auch chaotisch erscheinende Kulturszene der Weimarer Republik hatte offensichtlich zahlreiche unsichere Kunstlehrer so irritiert, daß sie in der Ideologie der neuen

Machthaber das Heil zur Lösung nicht nur der politisch-gesellschaftlichen, sondern auch ihrer fachlichen Schwierigkeiten zu erkennen glaubten. Es scheint offensichtlich auch für Menschen, die sich beruflich mit Kunst zu beschäftigen hatten, schwer gewesen zu sein, 15 Jahre demokratische, d. h. freie Kultur zu ertragen. Ein weiterer Beleg dafür aus dem Jahre 1934:

»Wir haben . . . einen Untergang überwunden. . . . Wir haben wieder ein werdendes, ein jugendliches Volk. . . . Was liegt nicht alles hinter uns an Zielen, Thesen, Programmen . . . an Einsamkeit, Enttäuschung und Qual. . . . Vielleicht hat es dieser Krankheit gerade bedurft, um zu genesen. . . . Die fremden Irrlehren haben uns nie im Innersten erfüllt. . . . Es war noch immer etwas in uns, das Fragezeichen setzte. Dieses Etwas war das deutsche Gewissen, . . . der Lebenswille des Volkes, der alle Krankheiten übersteht. . . . Wir erkennen den Weg und Willen des Volkes. . . . Wir fühlen die alte Schöpferkraft. . . . Sie will ans Licht. Sie sucht . . . Aufgaben, die sie erheben in die schicksalhafte Größe der neuen Zeit.«[6]

Im Gegensatz zu R. Böttcher stellt H. F. Geist ein klares Konzept kunstpädagogischer Volksarbeit vor: Jedem gesunden Menschen ist die formschöpferische Kraft vererbt. Dieses Aktiv-Schöpferische bringt ein höheres Menschentum gegen den Industrialismus und das Profitsystem hervor, gegen Utilitarismus und Vernunftgesinnung, die den Menschen losgelöst haben aus seinen echten Bindungen an Gott, Natur, Heimat, Eigentum und Erbe. Geist schreibt, ebenso wie Böttcher, in einer manierierten, mit biblischen Bildern durchsetzten pathetischen Sprache, in der sich national-völkische Gedanken, die Feindschaft gegen den »Verstand« (konkret: gegen die moderne Entwicklung von Wissenschaft, Technik und Zivilisation) und das Vertrauen auf eine Erlösung aus der Krise, von dem gesunden Heimatboden aus, artikulieren.

Durch die Wiedervereinigung der aus der Art geschlagenen Kunst mit dem Volk, das das schöpferische Potential naturgegeben besitzt, ist die Krankheit zu heilen. Bei Kindern liegt das Schöpferische noch elementar und offen zutage, weil sie noch nicht von der vermittelten Kulturwirklichkeit, die einen so unnatürlichen Verlauf genommen hat, schlecht beeinflußt sind. Kinder sind der Beweis, daß die formschöpferischen Kräfte im Volke noch leben. Als pädagogische Strategie schlägt Geist demnach vor, von unten her aufsteigend ein schaffendes Volk heranzuziehen, indem aus der Pflege der Kinderkunst ein formbewußtes Handwerk erwachse und schließlich auch die hohe Kunst ihre gewachsenen Bindungen aus dem Volke heraus wiederfinde. Man muß das Künstlerische im Kinde also nur pflegen, hegen und wachsen lassen, dann wird die Welt wieder heil. Die Volkskunst ist die Basis, sie »bleibt bescheiden, aber echt und rein, im Tal des allgemeinen Empfindens und Könnens« [7], die Hochkunst ragt darüber hinaus, ohne allerdings aufzuhören, der Volksgemeinschaft zu dienen.

Welchen naiv-neoromantischen Kunstbegriff Geist dabei verfolgt, soll ein Beispiel belegen. Er interpretiert an einer Stelle seines Buches die Arbeit eines Laienkünstlers, der »schon« aus dem Laienschaffen hinausgewachsen ist und in den Bereich der hohen Kunst hineinragt (Abb. S. 87):

»Die Kuh im Stall ist ein schlichtes Bekenntnis, eine feine seelische Selbstdarstellung. Dieses Bild ist wie die Natur, ohne jedoch die Natur wiederzugeben. Man fühlt den Blick des beschaulichen Menschen auf dem Tiere ruhen. Er möchte in den großen, geheimnisvollen Augen lesen, möchte die innere Welt verstehen, von der der Mensch ausgeschlossen ist. Er ahnt das tief beharrungsvolle Dasein des Tieres, gelenkt von triebhafter Notwendigkeit im ewig gleichförmigen Ablauf der Tage. Er steht vor diesem verschlossenen Dasein mit hingebungsvoller Bewunderung. . . . so sind die Augen dieser fremden Wesen: Es liegt darin ein irgendwie Unerlöstes. . . . Wenn die Menschenhand das warme Fell fühlt, dann atmet das Herz auf an der Ruhe des Tieres. . . . Neben dem möchte man jetzt ruhen, dumpf und still wie im Leib der Mutter. Weltvergessen stirbt so ein Tier. Vielleicht wird der Mensch in seiner letzten Stunde dieser unendlichen Einsamkeit nahe kommen.« [8]

Es fällt uns heute schwer, diesen irrationalistischen Exzeß nachzuvollziehen, diese Sehnsucht nach Unmündigkeit, Selbstentäußerung, Aufgabe des eigenen Willens und Verstandes, Aufgabe der Identität: Kunst als Versenkung des Ichs in den Strom der Zeit; der Künstler als Medium der Natur; eine übersteigerte neoromantische Naturmystik. Das Werk des Künstlers wächst »ohne sein Zutun. Es trägt ihn über sich hinaus und hebt ihn in den großen Rhythmus, der im Aufschlag der Wellen und im Rauschen der Wälder verklingt.« [9]

Eine Zwischenbemerkung sei erlaubt: Die politischen Implikationen einer solchen unkritischen Geisteshaltung sind furchterregend, wenn man sich vorstellt, daß solch ein Bewußtsein dann auch von der göttlichen Sendung des Führers des neuen Reiches fraglos überzeugt und beseelt ist.

Nach H. F. Geist sind Reichtum und Vielfalt eines Volkes in sei-

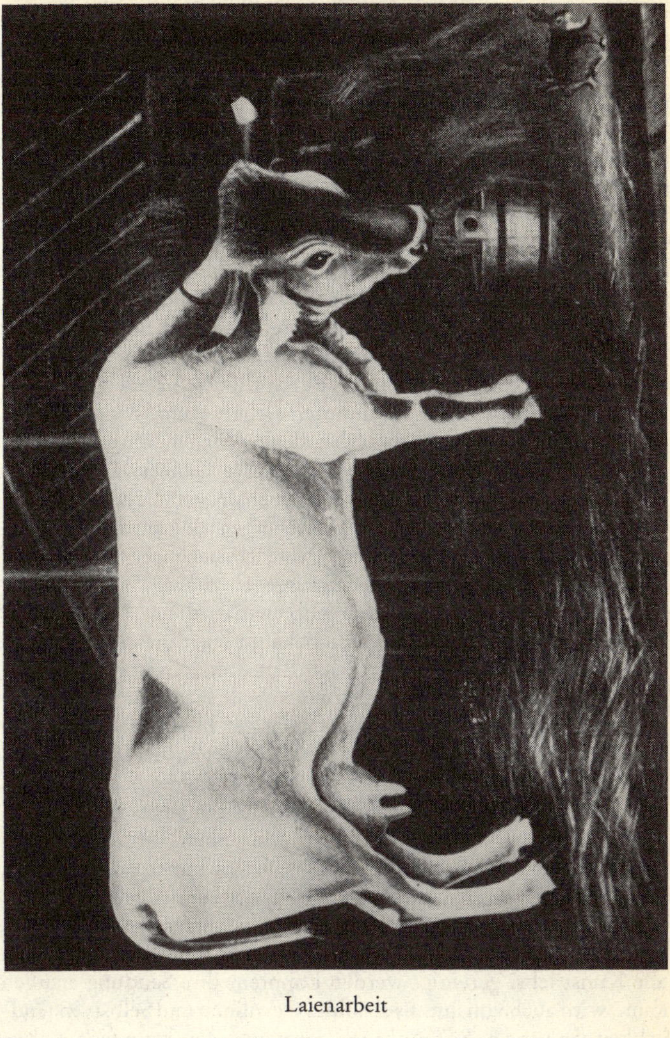

Laienarbeit

ner Rückbindung (Religio) an die Natur beschlossen; daß diese Formen der Kunst sich noch nicht allgemein durchgesetzt haben, liegt nur am fehlenden Glauben. Die Gebildeten des liberalistischen Zeitalters hatten diesen Glauben eben nicht, den kulturellen Bereich aber hatten sie usurpiert. Zwangsläufig ging so dem Volke seine künstlerische Sprachfähigkeit verloren. Den Kindern, die diese Sprachfähigkeit noch in elementarer Form haben (Abb. S. 89), sollte als ersten der Glaube wiedergegeben werden; die Zeichen der Kinder sollen »geheiligt und so zu einer allen verständlichen Sprache werden«.[10] Bei rechter Pflege entwickeln sich die dem Kinde »erbbiologisch« gegebenen Schöpferkräfte zur Volkskunst. Sie ist die ganz normale, instinktive, nicht reflektierte Kunstbetätigung eines Volkes auf der Stufe einer einfachen Geisteshaltung: Symbol eines seelisch, geistig und religiös durch Blut und Boden gebundenen Volkstums in einem bestimmten Lebensraum. Kultur ist anonymer Ausdruck eines naturgebundenen, man möchte fast sagen, biologischen Volkskörpers als einheitliches Ganzes, Zeichen natürlicher Harmonie in einer widerspruchsfreien Welt.

Gleiche volkspädagogische Vorstellungen dokumentieren sich auch in dem oft zitierten Sammelband *Unsterbliche Volkskunst*, den Hanns Egerland 1935/36 herausgegeben hat. An dem Band haben zahlreiche Kunsterzieher mitgewirkt, deren Namen auch Fachleuten aus der Nachkriegszeit bekannt sein dürften, u. a. Egon Kornmann, Hans Hermann, Erich Parnitzke, Gerhard Gollwitzer. In ihm wird das Konzept der neuen Volkskunsterziehung vielfältig auf Praxis hin konkretisiert; neben Zeichnen und Malen werden das sogenannte Nadelarbeiten, plastisches Arbeiten (künstlerisches Werken) und auch außerschulische Erziehungsbereiche wie gestaltende Lehrlingsarbeit und Laienschaffen angesprochen.

Als Herausgeber verknüpft Egerland in seinem Einführungsbeitrag die Blut- und Bodenideologie mit dem kunstpädagogischen Denken, wie wir es schon bei H. F. Geist kennengelernt haben. Daß die deutsche Kunst erst jetzt, wo die zerspaltenden Außenkräfte besiegt und die geheimnisvollen Kräfte des Blutes, aus denen alle Kunst lebt, gereinigt werden konnten, ihre Sendung erfüllen kann, wird auch von ihm als absolute Gewißheit und Selbstverständlichkeit verkündet. Seit Anbruch der neuen Zeit kann eine Kultur vom Volk her entstehen, aus der sich eine neue gesunde Hochkultur entwickeln wird. Und dann folgt die schon bekannte Wendung zur Kinderzeichnung: Nur aus ihr heraus kann der kulturelle Wachs-

Kinderbild

tumsprozeß erwartet werden. Kinderbilder bilden sich auf organischem Wege; sie kommen unmittelbar von innen aus der eigenen Art; sie sind da, ohne daß das Kind irgend etwas »angelernt bekam«.[11] Diese ursprünglichen und reinen Gebilde des Sinnes zu prägen, hatten wir alle einmal, als wir noch unschuldig waren, das Vermögen.

Die Kinderzeichnung als Naturereignis! Auch heute gestehen wir dieser Theorie einen gewissen Wahrheitsanteil zu; dennoch muß die Frage gestattet sein, was bei diesem Vorverständnis für den Lehrer noch zu tun bleibt. Egerlands Antwort: Der Kunsterzieher muß seinen Blick für die organischen Bildekräfte des Kindes, »für das Wesen des Wachstums schärfen«.[12] Es ist seine Aufgabe, dieses Wachsen zu fördern, artfremde Einflüsse abzuwehren. Behutsam hat er die natürlich vorgegebenen Anlagen zu pflegen – das Bild des liebevollen Gärtners, der die guten Pflanzen umsorgt, das artfremde überwuchernde Unkraut aber vernichtet. Eine Naturheilpädagogik! Endziel bleibt eine neue hohe deutsche Kunst als Lebensausdruck des ganzen Volkes.

Es leuchtet ein, daß das Arbeiten in der Gemeinschaft für die Kunstpädagogik der Nationalsozialisten besonders wichtig ist. Durch sie wird »die Gefahrzone eines zerflatternden Individualkultes«[13] überwunden, der einzelne einer überpersönlichen Aufgabe unterstellt, das höhere Ganze anschaulich entfaltet. Indem die Kunsterziehung den jungen Deutschen die Notwendigkeit solchen gemeinsamen Strebens anerzieht, leistet sie nationalsozialistische Erziehungsarbeit. Das unbestreitbare Faktum einer – übrigens global einheitlichen – kindlichen Bildsprache wird ideologisch umgedeutet und als Symbol der gemeinsamen völkischen Art interpretiert.

Zum Schluß des dokumentarischen Teils noch einmal zurück zu Böttcher: Auch bei ihm hat die Gemeinschaft eine wesentliche Funktion für die kunstpädagogische Arbeit im neuen Reich. Am Ende seines Buches erweitert er den Begriff bis zur Volksgemeinschaft und appelliert mit dem schon bekannten Pathos an die Gemeinschaft aller Gestalter des neuen Reiches: Alle sollen sich die Hände reichen, um die tausend Bäche und Bächlein, in denen die deutsche Kunst rann, zusammenzuführen zu einem einzigen Strom von urgewaltiger Kraft, damit ein neues »Volksheiligtum«, ein neuer »deutscher Dom« wachse aus heimatlicher Erde. Durch die Bauarbeiten an diesem Dom werden alle vereint, die der deutschen Kunst dienen wollen, der schlichte Handwerker, der himmelstürmende Ingenieur, der einfühlende Architekt, der seelenbeschwingte Maler und Bildhauer. Ein Geist echten deutschen Kunstempfindens und Kunstwollens beseelt alle und begründet die Baugemeinschaft. In diesem Dom wird das Volk »von heiligem Schaudern durchglüht« eintreten in einem tiefen Gefühl der Verbundenheit zu »seinem Blute und seinem Gott«.[14]

Kunst- und kulturpädagogische Tendenzen vor 1933

»Bilden wir also eine neue Zunft der Handwerker ohne die klassentrennende Anmaßung, die eine hochmütige Mauer zwischen Handwerkern und Künstlern errichten wollte! Wollen, erdenken, erschaffen wir gemeinsam den neuen Bau der Zukunft, der alles in einer Gestalt sein wird: Architektur und Plastik und Malerei, der aus Millionen Händen der Handwerker einst gen Himmel steigen wird als kristallenes Sinnbild eines neuen kommenden Glaubens.«[15]

Die Ähnlichkeiten in Diktion und Gedankengang sind verblüffend. Auch hier werden religiöse Vorstellungsbilder bemüht; auch hier wird ein neuer Glaube prophezeit. Es sind die letzten Sätze des Gründungsmanifestes des Bauhauses, von Walter Gropius formuliert und 1919 als Flugblatt veröffentlicht.

»... schaffen wir gemeinsam den neuen *Bau* der Zukunft ...«, schreibt Gropius. Wir brauchen nur das Wort »Bau« durch das Wort »Dom« oder »Kathedrale« zu ersetzen, so haben wir das gleiche utopische Bild wie bei Böttcher. Der Hinweis ist nicht abwegig: Der bekannte Kathedral-Holzschnitt von Lyonel Feininger (Abb. S. 92) war 1919 auf die Titelseite des besagten Gründungsflugblattes gedruckt. Werner Hofmann meint von ihm, er stehe in der Nachfolge des Gemeinschaftsbedürfnisses der Romantik.[16] Aus solchen und ähnlichen Beweggründen ist der mittelalterliche Dombau in der Tat schon seit Anfang des 19. Jahrhunderts bei den Künstlern als Thema, zu dem zahlreiche Bilder existieren, lebendig. Als herrlich-strahlende Bauten sind sie Visionen auf eine neue, bessere Welt: Die Kirche als integrierendes, auch die Gesellschaft einendes Symbol. Eine romantisch-historisierende Geisteshaltung im 19. Jahrhundert neigte dazu, das Mittelalter als eine solche heile Zeit zu verklären (Abb. S. 94). Deswegen begann man auch, die mittelalterlichen Kirchen-Ruinen zu restaurieren und halbfertige Bauten dieser Epoche zu vollenden. Diesen auch mit hohen materiellen

Lyonel Feininger, Kathedrale, Holzschnitt 1919

Aufwendungen verbundenen Tendenzen lagen neben den historischen vielleicht stärker noch politisch-propagandistische Interessen zugrunde; die endgültige Fertigstellung des Kölner Doms wurde 1880 als mächtige Demonstration nationaler Einheit gefeiert. Für die Künstler fungierte die Kathedrale eher als Symbol einer neuen kulturellen Einheit; Oskar Schlemmer liefert einen weiteren Beleg, daß dieser romantische Topos noch im Bauhaus als Leitbild gebraucht wird. Für die erste öffentliche Bauhausausstellung 1922 verfaßt er einen Katalogtext, in dem er das Institut von 1919 als den Sammelpunkt derer bezeichnet, die »zukunftsgläubig-himmelstürmend die Kathedrale des Sozialismus errichten wollten«.[17] Auch das frühe Bauhaus sieht in der Baugemeinschaft das Mittel, sowohl die kulturelle als auch die gesellschaftliche Zerrissenheit zu überwinden, »die große Beziehung auf das Ganze«, wie Schlemmer sagt, wiederherzustellen. Der gemeinsame Bau wird in diesem höchsten Sinne als Gesamtkunstwerk definiert. Alle gesellschaftlichen Gruppen sind dabei gleichrangig beteiligt. In der konkreten Praxis am Bau gibt es keinen »Wesensunterschied zwischen Handwerk und Kunst«.[18] Dadurch, daß sich die Kunst vom Handwerk getrennt hat, sich angemaßt hat, allein zu existieren, ist – so Walter Gropius – der desolate Zustand der Kultur überhaupt erst verursacht worden. Deswegen muß die Kunst auch wieder zurück zum Handwerk; das Handwerk läßt sich planen. Kunst ist keine Frage des bewußten Planens, sie erwächst »in seltenen Lichtmomenten, die jenseits des Wollens stehen, unbewußt aus dem Werk der Hand«.[19]

Metaphysisch-romantische Vorstellungen von Kunst und Künstler treffen sich auch im Bauhauskonzept mit gesellschaftlichen Idealbildern; sie steigern und begründen sich gegenseitig. Die eine große Aufgabe vereint alle; der Künstler tritt als individuelle Person zurück ins Kollektiv, er wird auch hier wieder *anonym* wie im Mittelalter. Der *Handwerker* ist der potentielle Künstler; seine Arbeit wirkt als Medium der gemeinsamen höheren Idee. Die Ähnlichkeit der Gedanken der Bauhäusler in den frühen Jahren mit gewissen Vorstellungen der Kunsterzieher beim Aufbau des »1000jährigen Reiches« sind unübersehbar: Abwehr von Pluralismus, Forderung nach Unterordnung der individuellen künstlerischen Formsprache unter den *einen* großen Gedanken.

Als Elemente der neuen gemeinsamen künstlerischen Sprache entwickelt das Bauhaus den bekannten Kanon von Urformen. Man

Karl Friedrich Schinkel, Mittelalterliche Stadt an einem Fluß, 1815

glaubt an ihre überzeitlich wirksame und universelle Kraft; aus ihnen soll die neue Kultur und Gesellschaft gebaut werden. Diesen elementaren Formenkanon rein formal-ästhetisch zu betrachten, hieße die Absichten des Bauhauses, zumindest in der Anfangsphase, verkennen. Man hatte durchaus die gesamtgesellschaftliche Situation im Sinn und hoffte auf diesem Wege auf deren positive Veränderung – eine Hoffnung, die 50 Jahre zuvor in der Kunstgewerbebewegung in England bei Ruskin und Morris schon lebendig war. Es mutet heute seltsam an, daß die intelligenten und weltoffenen Gründer des Bauhauses an den Erfolg dieses künstlichen Weges von unten glaubten; das Maß an Irrationalität muß auch dort erheblich gewesen sein.

Die nationalsozialistischen Kunstpädagogen und Kunstideologen haben sich selbstverständlich nicht auf das Bauhaus berufen. Schon die Tatsache, daß dort Lehrer von »orientalisch-semitischer Geisteshaltung« lehrten (Klee wurde z. B. als ein solcher bezeichnet), reichte aus, das Institut und seine Meister schon vor 1933 massiven Angriffen und Haßtiraden von völkischer Seite auszusetzen. Es sollte hier nur gezeigt werden, wie stark in der kulturbewußten Gesellschaft vor 1933 der Gedanke der »verlorenen Mitte« [20] war. Die Gemeinschaft, die für die Bauhäusler die Einheit wiederbringen sollte, ist selbstverständlich nicht mit den Vorstellungen von Gemeinschaft, wie sie bei den nationalsozialistischen Kunstpädagogen herrschten, zu verwechseln. Gemeinsam ist beiden Tendenzen jedoch die irrationale Sehnsucht nach Leitbildern, ein Unbehagen an der Zerrissenheit der Kultur, in deren Pluralismus man gerade die Ursachen ihres Verfalls zu erkennen meinte. Insofern signalisiert auch das Bauhaus-Manifest für die Zeit vor 1933 eine stark romantisch geprägte Geisteshaltung:

An dem Bestehenden selbst kann man kein Genügen finden. Wo wir nicht sind, da ist das Glück! – ein uralter Gedanke, der seit eh und je die Einbildungskraft der Menschen freisetzt. Der Mensch neigt dazu, die Welt des Faktischen in eine Welt des Fiktiven zu projizieren, um diese Wunschbilder dann wieder auf die konkreten Lebensumstände zurückzuspiegeln. Mythos und Kunst hatten immer schon diese Funktion. Inventar und Requisiten einer verklärten Vergangenheit waren immer schon willkommen bei der Vergegenständlichung solcher Wunschwelten (Abb. S. 96).[21] Dieses Verhalten ist als solches – man verzeihe das banale Wort! – allgemein menschlich. Wirklich gefährlich, lebensgefährlich, wird es

H. Lanziger, Hitler als Bannerträger

erst dann, wenn solche Wunschbilder der Harmonie als unumstößliche Heilsbotschaften verkündet und mit menschenverachtender Macht in die konkrete Erfahrung aller überführt werden sollen. Nur insofern würde ich Heino Möller zustimmen können, der diese romantisierende Geisteshaltung als potentiell faschistisch bezeichnet hat.[22]

Während das Bauhaus-Konzept, trotz des romantisch rückwärts gerichteten Appells im Manifest von 1919, durch eine positive, rationale und realistisch-weltoffene Einstellung zur Gegenwart, zur modernen Wissenschaft und Technik bestimmt ist, begrenzt die kunstpädagogische Ideologie der Nationalsozialisten die Gemeinschaft der Kulturschaffenden auf den völkischen Bereich; darüber hinaus ist sie wissenschafts- und technikfeindlich; Rationalität wird abgewehrt. Die *bäuerliche* Volksgemeinschaft, geprägt durch Bodenständigkeit, Heimatliebe, Naturnähe und das Bewußtsein der eigenen Art, ist der gesunde Nährboden der neuen kommenden Kultur.

»Eine rechte Kunst kann nur aus dem in sich einheitlich verbundenen Volkscharakter erstehen. Die Mängel gewisser moderner Kunstentwicklungen beweisen dies.«[23] –

»Die irrende Seele der Deutschen muß sich wieder an den heimatlichen Boden binden, der holsteinische Maler soll holsteinisch, der thüringische thüringisch, der bayerische bayerisch malen, durch und durch, innerlich und äußerlich, gegenständlich wie geistig.«[24] –

»Denn das Individuelle wird erst dann nützlich, wenn es der rein persönlichen Willkür entrückt ist; wenn es sich dem großen Bau eines Volkslebens einfügt, wenn es dient. Der Deutsche soll dem Deutschtum dienen.«[25]

Die drei Zitate stammen nicht – auch wenn dies so sein könnte – aus der nationalsozialistischen Zeit, sondern wurden 43 Jahre vorher publiziert. Sie sind der Schrift von Julius Langbehn *Rembrandt als Erzieher*, 1890 in Leipzig erschienen, entnommen. In unserem Zusammenhang muß die programmatische Schrift Langbehns Erwähnung finden, da sie nachhaltigen Einfluß – bis in die fünfziger Jahre – auf die Problemgeschichte unseres Faches gehabt hat. Man kann den Text, wie Gunter Otto[26] das tut, als den Beginn einer volkspädagogischen Diskussion in Sachen Kunst bezeichnen. Von ihr gingen starke Impulse für die allgemeinen Gedanken der Kulturkritik und für die Wiederbesinnung auf das Schöpferische im Menschen aus. Langbehn traf die latente irrationale Grundströmung seiner Zeit und verlieh ihr volkstümlichen Ausdruck. Er befestigte damit Voraussetzungen, auf denen das »kleinbürgerliche Enthemmungsphänomen«[27] der nationalsozialistischen Kunstpolitik und Kunstpädagogik gedeihen konnte. Langbehn stellt dem Intellektualismus und »Spezialismus« der positiven Wissenschaften, die das Leben entseelen, den künstlerischen Geist gegenüber, der Vernunft *und* Gefühl ansprechen und versöhnen kann. Die wissenschaftlich-technische Zivilisation hat diese lebensnotwendigen Gefühlskräfte im Menschen verschüttet. Die Wissenschaft hat die Welt immer nur partiell in den Blick genommen, sie hat das *Ganze* vergessen. Nur die Kunst vermag das Bild des Ganzen zu schildern; deswegen soll der »Professor« durch den »Künstler« abgelöst werden. In der Figur Rembrandts sieht Langbehn den großen Erzieher zu schöpferischem Menschentum, weil seine Kunst »wurzelecht« ist und aus den Kräften der Heimat schöpft. Mit emphatisch formulierten Thesen appelliert Langbehn an alle Deutschen, »im Kampf zwischen Bild und Buchstabe« [28] (also zwischen Kunst und Wissenschaft) für das Bild Partei zu ergreifen.

Der Transfer ist leicht: Der »Herrscher Verstand« wird schon bei Langbehn für die Krise verantwortlich gemacht. Überhaupt sind Vokabular und Gedanken der nationalsozialistischen Fachideologie hier bereits zu finden: Wissenschaftsfeindschaft, Haß auf Technik und Zivilisation, emphatische Naturliebe, völkische und rassische Vorurteile. »Wer ein rechter Deutscher ist, der ist auch ein rechter Mensch; keineswegs umgekehrt; eben hierauf beruht der Vorzug des Deutschtums.« [29] Neben der deutschnational-völkischen wird von Langbehn darüber hinaus eine rassische Komponente in Form eines diffusen Antisemitismus in die Kunsterziehung getragen. Dem jüdischen »Materialismus, Skeptizismus und Demokratismus« werden der deutsche Idealismus, der deutsche Glaube, der deutsche »Aristokratismus« entgegengesetzt. Die Ursache liegt für Langbehn im »eigennützigen semitischen Geist«, den er als Wurzel allen Übels bezeichnet. Das einzige Mittel gegen den »orientalischen Einfluß« ist für ihn die »deutsche Erde«. [30]

Der Reichssachbearbeiter für Kunsterziehung Böttcher verkündet 1933, es sei wesentliche Aufgabe des Kunsterziehers, den Zusammenhang aufzuzeigen zwischen *Kunst* als Abbild der Volksseele und *Rasse* [31], auf deren Reinhaltung und deren Verbundenheit mit dem Mutterboden hinzuwirken sei. Für Böttcher beginnen die undeutschen Verirrungen schon bei der Italienreise Dürers und enden mit den welschen Bildern Böcklins; bis auf wenige Ausnahmen (Grünewald, Schlüter, Ludwig Thoma) werden 400 Jahre deutscher Kunstgeschichte der Verdammnis anheimgegeben und zur Un-Zeit erklärt. Die Borniertheit eines Böttcher auf Langbehn zurückzuführen hieße trotz allem, ihm nicht gerecht werden. Langbehns Buch ist in seiner Gesamtheit zu verworren und widersprüchlich, um ein einheitliches Urteil zu gewinnen. Ein durchgängiges Merkmal seiner Ideen und Vorschläge ist allerdings die konservative, rückwärts gewandte Blickrichtung. Angesichts der Kunst seiner Zeit verweist er auf elementare, archaisierende Kunstformen. »Das Volk muß nicht von der Natur weg, sondern zu ihr zurück erzogen werden, ... indem es auf seine eigenen Urkräfte zurückgreift.«[32] Internationale Offenheit wird verworfen, heimatbewußter Provinzialismus befürwortet. 1934 beschwört der Volksschullehrer Hans Friedrich Geist die Wiedergeburt des Künstlerischen aus dem Volk; er konkretisiert die kunstpädagogische Volkstumsarbeit als Grundlage der Volkwerdung und gibt den Langbehnschen Gedanken das nationalsozialistische Gesicht.

Wollte man versuchen, das Phänomen Langbehns in seiner heutigen Bedeutung zu bewerten, so ist festzuhalten, daß Langbehn eine mächtige Grundströmung kulturkritischer Weltverbesserungsideen artikulierte, die auch in anderen Stimmen um die Jahrhundertwende hörbar ist. Er selbst verstand sich nur als Medium des Volkes; sein Buch enthält als Verfasserangabe »von einem Deutschen«; er wollte bewußt anonym bleiben, was allerdings wiederum zur Mythologisierung seiner Person führte. Die beispiellose Resonanz seiner Schrift – sie erlebte in den ersten beiden Jahren nach ihrem Erscheinen 40 Auflagen, bis 1945 wurden 150000 Exemplare verkauft – verweist auf ein starkes allgemeines Interesse an den Fakten und Zuständen, mit denen Langbehn sich beschäftigte. In einer Rezension von 1892 wurde das Buch als »erlösendes Wort«[33] empfunden, auf das die Deutschen mit Sehnsucht gewartet hätten.

Wir dürfen nicht vergessen, daß aus der Kulturkritik um die Jahrhundertwende, der Langbehn seine Stimme gab und damit sicherlich auch weiteren Auftrieb, auch jenes Phänomen erwuchs, das wir heute die deutsche Kunsterziehungsbewegung nennen. Wir wissen, daß in der Kunsterziehungsbewegung das Bild unseres Faches, wie wir es heute verstehen und vertreten, in wesentlichen Teilen bereits angelegt ist; erinnert sei nur an den Durchbruch zur freien Kinderzeichnung. Langbehns Thesen zur Kunst enthalten Momente, denen wir unsere Zustimmung nicht versagen können. Seine Forderung nach originaler, »wurzelechter« Kunst, die wir schnell als Provinzialismus abzutun geneigt sind, kann auch als Forderung nach Identität verstanden werden. Liest man sein Werk abgelöst von dem völkisch-nationalen, bisweilen chauvinistischen Impetus, so wird eine Relativierung seiner Position möglich. Es wird dann deutlich, daß die Rolle, die Langbehn zu seiner Zeit spielte, grundsätzlich wichtig ist; er vertritt die irrationale Position in einem für unser Fach unvermeidlichen Konflikt. Die sachlichere, rationale Position zu Langbehns Zeit könnte man z. B. an der

Person Alfred Lichtwarks festmachen. Darauf kann in unserem Rahmen nicht näher eingegangen werden. Weil es sich um eine in der Sache unseres Faches selbst liegende Spannung handelt, ist dieser Konflikt unausweichlich. In der formelhaften Frage, ob wir Erziehung durch Kunst oder Erziehung zur Kunst betreiben wollen, erkennen wir dieses Problem wieder; immer, wenn der Mensch mit Kunst konfrontiert wird, stellt sich dieser Widerspruch. Wir dürfen ihn nicht auflösen, bevor wir kunstdidaktisch handeln; er muß in der Theorie und Praxis unseres Faches thematisiert werden. Genau dieses aber haben die nationalsozialistischen Kunstpädagogen zweifellos versäumt; sie haben den Langbehnschen Irrationalismus verabsolutiert. Darin liegt die Gefahr solcher Positionen.

Kunsttheoretische Positionen vor 1933

Die Kunst ist nach ihrer Befreiung aus den Abhängigkeiten der vorrevolutionären feudalen Ordnung auf sich selbst verwiesen. Sie wird sich, wie Werner Hofmann es ausdrückt, selbst zum Problem.[34] Dabei gerät sie zwangsläufig auch unter die Perspektive wissenschaftlichen Denkens; so entstehen im 19. Jahrhundert eine Reihe kunsttheoretischer Entwürfe. Von diesen ist für unseren Zusammenhang einer interessant. Er wurde in seinen Grundzügen von Konrad Fiedler 1876 publiziert. Der Fiedlersche Theorieentwurf hat nachhaltig und bis in unsere Zeit auf die Kunstpädagogik eingewirkt. Es soll gezeigt werden, wie dieser Ansatz, nachdem er in den zwanziger Jahren von den Schulmeistern »mundgerecht« gemacht worden war und Einzug in die kunstunterrichtliche Praxis genommen hatte, von den nationalsozialistischen Kunstpädagogen ohne große Schwierigkeiten vereinnahmt und unter die schwärmerischen, pathetischen Gedanken der Blut- und Bodenpädagogik subsumiert werden konnte.

Um die 1933 vollzogenen Perversionen verstehen zu können, sei der Fiedlersche Denkansatz grob skizziert: Auch der Künstler bringt, wenn er malt, zeichnet, plastiziert, wenn er sich also mit Wirklichkeit künstlerisch auseinandersetzt, diese Welt auf den Begriff, d. h. er macht Welt verständlich oder verstehbar. Nur sollten wir nicht »Begriff« sagen zu dem, was der Künstler ausbildet, wir sollten das besser *Gestalt* nennen; denn so vermeiden wir das Mißverständnis, der künstlerische Begriff (besser: Gestalt) habe etwas mit dem Begriff zu tun, der wissenschaftlichem Denken entspringt. Gerade gegenüber den wissenschaftlichen, in begrifflichen Strukturen verlaufenden Denkmethoden behauptet Fiedler eine prinzipielle Andersartigkeit künstlerischer Tätigkeit und damit künstlerischer Erkenntnis. Für Fiedler artikuliert sich im künstlerischen Akt eine »wortunfähige Vernunft«, eine »inneroptische Intelligenz«, eine »innere Bildrationalität« [35], die durch die fortdauernde Reflexion auf das Sichtbare hin erreicht werden kann und sich selbst vollständig genügt. Man hat in dieser Tätigkeit nicht das Bedürfnis, Begriffe zu finden und in ihnen weiterzudenken. Diese Art, sich über die Welt Klarheit zu verschaffen, ist der *künstlerische* Weg der Erkenntnis. Neben der wissenschaftlichen Erkenntnis ist er als gleichrangiger Zugriff auf Wirklichkeit anzusehen: »Die Kunst ist so gut Forschung wie die Wissenschaft, und die Wissenschaft ist so gut Gestaltung wie die Kunst.« [36] Der Mensch, sagt Fiedler, hat dieses spezifische Weltbewußtsein a priori in sich. »Jedes Kind befindet sich in diesem Zustande. Ihm ist die Welt die sichtbare Erscheinung, so weit sie durch seinen Geist zum Dasein gelangt; es gelangt zu einem Bewußtsein der Welt, noch ehe es von derselben irgend etwas weiß; es hat die Welt, noch ehe es das, was es hat, mit dem Ausdruck Welt bezeichnen kann.« [37]

Verdeutlichen wir uns die Aussagen Fiedlers an einer Kinderzeichnung (Abb. S. 102). Da hat ein sechsjähriger Junge vermutlich sein erstes Erlebnis mit einem Trompeter gezeichnet. (Für den Jungen vielleicht eine erregende Erfahrung: So laute blecherne Töne kommen aus diesem mit vielen Windungen versehenen blanken Rohr, wenn man hineinbläst.) Wir modifizieren das Zitat von Fiedler, indem wir seine Gedanken auf diese Zeichnung konkret anwenden: Der Trompeter ist für das Kind durch geistige Tätigkeit, die sich in der Zeichnung materialisiert, zum Dasein gelangt. Das Kind besitzt ihn in seiner Totalität, obwohl es ihn nicht mit Ausdrücken bezeichnen kann, also mit angemessenen verbalen Begriffen.

Angesichts vieler faszinierender Kinderzeichnungen kann man sich dem Fiedlerschen Gedankengang kaum entziehen. Arnold Gehlen ist der Ansicht, daß Fiedlers Lehre in diesem Punkt bis heute unerreicht ist: Künstlerisches Verhalten ist eine Aktivität eigener Art, die sich vom Auge her unmittelbar in die Hand fortsetzt; es ist die Kraft des Bewußtseins, die sich auf den Gesichts-

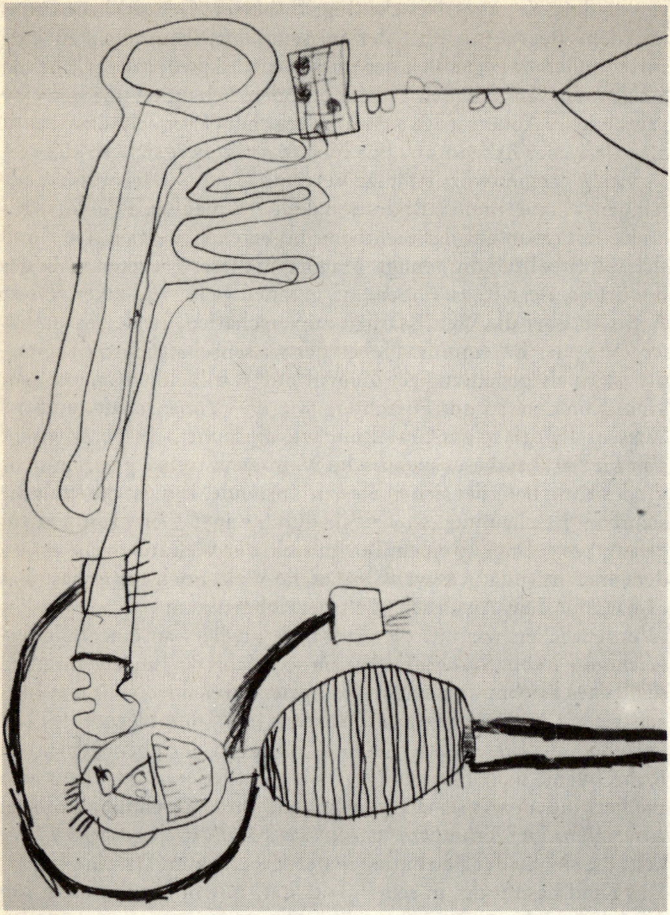

Trompeter, Bleistiftzeichnung eines sechsjährigen Jungen

sinn allein konzentriert und das Gesehene gar nicht erst benennt, sondern direkt in künstlerisches Handeln überführt und diese Sichtbarkeit ganz auszuschöpfen bestrebt ist. Fiedler würde weiter sagen: Die Menschen – vor allem wir zivilisierten Mitteleuropäer – betreiben das Geschäft der Wahrnehmung in ganz nachlässiger

Weise. Wir neigen eher dazu, unser begriffliches Wissen als unsere anschauliche Kenntnis zu erweitern. Wir eignen uns zwar oberflächlich ein paar Bilder an, sie werden aber im Normalfall nur als Anregung, nur als Absprung in abstrakt begriffliche Denkvorgänge benutzt. Die Menschen verlassen die Welt des Sichtbaren stets schnell wieder und setzen ihre geistigen Aktivitäten in Begriffen fort. Eine höhere (sprich künstlerische) Aneignung des Wahrgenommenen wird verhindert, weil die Begriffe das sinnlich Gegebene verdrängen. Nur dann, wenn dies nicht geschieht, wenn die Sichtbarkeit des sich Darbietenden nicht durch die Begriffe von ihm verstellt wird, sondern das Sehen in sich selbst durchgeführt und entfaltet wird, ist künstlerische Aneignung möglich. Das Instrument dabei ist – ganz einfach – die Hand.

Künstler haben dieses spezifische Weltbewußtsein in sich entwikkelt. Kinder haben es auch – am Anfang. Nur führen unsere Kultur und unsere Erziehung meist schnell dazu, daß die Welt der sichtbaren und greifbaren Gestalten der Verkümmerung anheimfällt, sobald der Mensch die Welt als Begriff in seine Gewalt bringen will. Das Kind verliert mit dem Hineinwachsen in eine weitgehend durch begrifflich-diskursive Strukturen vermittelte Erwachsenenwelt seine erste anschauliche Bilderwelt. Der Begriff verdrängt die Wahrnehmung. Der heranwachsende Mensch, sagt Fiedler, opfert für die Entwicklung des begrifflichen Bewußtseins das andere auf; »er verliert die Welt, indem er sie erwirbt«.[38] Diese Gedanken lassen sich sicher auch als Kulturkritik lesen; urteilt man jedoch aus dem Gesamtzusammenhang der Fiedlerschen Schriften, so wird deutlich, daß ihre zentrale Intention eine andere ist: die Behauptung und Begründung künstlerischer Tätigkeit als eine selbständige, der Wissenschaft gleichrangige Möglichkeit, Erkenntnis zu formulieren.

Der Fiedlersche Denkansatz wird in den zwanziger Jahren von Gustav Britsch aufgegriffen.[39] Britschs Grundsatz, daß die spezifische Leistung des Künstlers darin bestehe, daß er die Erlebnisse seines Gesichtssinnes unmittelbar geistig verarbeite, könnte auch von Fiedler selbst stammen. Britsch verfolgt aber weitergehende Absichten: Ihn interessieren die Prozesse, die zu diesen geistigen Leistungen anderer Art führen, und die Kategorien, die diesen inneroptischen Denkvorgang des Künstlers begründen und strukturieren könnten, diesen wortunfähigen vorbegrifflichen Prozeß, von dem Fiedler gesagt hatte, daß er wegen seiner Andersartigkeit begrifflich nicht erschließbar sei. Der Widerspruch zu Fiedler ist deutlich. Britsch versucht, mit einer neueren Vokabel gesprochen, den künstlerischen Denkprozeß zu operationalisieren. Die genetische Dimension in seiner Fragestellung führt zwangsläufig zu elementaren Kunstformen, zu den frühen Denkstufen, wie Britsch sagt. Dabei greift er auf Kinderzeichnungen zurück, weil ihm genügend Beispiele aus der archaischen Kunst nicht zur Verfügung stehen. Ähnlichkeiten der Kinderzeichnung mit Bildäußerungen primitiver Völker waren schon früher aufgefallen. Dies hatte zu der Annahme geführt, daß das Kind in seiner psychisch-geistigen Entwicklung die Kulturphasen der Menschheitsgeschichte durchlaufe. (Der Gedanke ist als biogenetisches Grundgesetz von Häkkel formuliert worden.) Britsch entwickelt die Theorie einer Stufenfolge sich steigernder Urteilsmöglichkeiten, das Modell eines Weges von frühen zu reiferen Denkstufen der Beurteilung von Augenerlebnissen. Am Anfang steht ein Denken in Einzelzusammenhängen, am Ende, als Zeugnis der Reife, die übersichtliche Einheit eines Gesamtzusammenhanges: eine geschlossene bildstrukturelle Hierarchie.

In der Problemgeschichte unseres Faches ist leider des öfteren die fatale Schlußfolgerung zu konstatieren, daß begrifflich-analytisch gewonnene Elemente eines Theoriesystems durch einfachen Umkehrschluß für den Unterricht synthetisch verwertet werden, d. h. als didaktische Elemente funktionieren sollen[40]: Wenn es richtig ist, daß bildnerisch so gedacht wird, dann kann ich als Kunstlehrer diese Art des Denkens durch entsprechende Maßgaben auch befördern, indem ich zum Beispiel auf die Reinheit der jeweiligen Denkstufe acht gebe: die »Methode Britsch«! – Das Resultat: Starke dekorative Tendenzen in den Schülerarbeiten; die Ähnlichkeit mit Werken der Volkskunst wird unübersehbar (Abb. S. 105).

Der Einfluß der Theorie von Gustav Britsch auf die Kunstpädagogik war schon vor 1933 gegeben. Er führte dazu, daß viele Lehrer, von der Wissenschaftlichkeit der Theorie überzeugt, sich durch sie aus ihrer fachtheoretischen Unsicherheit befreit glaubten. Und so entstand ein Kunstunterricht, der dazu neigte, Sinne und Erkenntnisfähigkeiten der Schüler auf die Produktion angeblich allein entwicklungsgerechter Gestaltungsschemata zu fixieren. Bei aller zugestandenen Schönheit vieler Unterrichtsergebnisse dieser Fachkonzeption ist doch eine gewisse Tendenz zu dekorativer Sterilität nicht zu verleugnen. Wir stellen fest: Unabhängig von

Kinderbild, Scherenschnitt

der Frage ihrer Richtigkeit an sich hat die Theorie von Britsch, weil sie eben eher »auf elementare als auf komplizierte Formen, eher auf frühe als auf späte Stile« verwies, den allgemeinen Volkskunst- und Volkstumsinteressen der Zeit entsprochen; ebenso beförderte sie die »Hoffnungen auf eine Erneuerung der Kunst aus der Kraft der Kinder und der Erde« [41], von der wir eingangs hörten.

Wenn wir bei Egerland lesen, daß die ursprünglichen Bildekräfte, wie sie sich im Kinderbild zeigen, wieder im ganzen Volke zu wekken und zu pflegen seien, daß diese Bilder von erfreulicher Ursprünglichkeit auf unberührtem Wege Gestalt gewonnen haben, so hören wir aus den pathetischen Formulierungen zwar noch von ferne den Fiedlerschen Gedanken heraus, der Begründungskontext ist indessen ein total anderer: Ursprünglichkeit, Unmittelbarkeit wird bei Fiedler, und auch bei Britsch, ganz unpathetisch verstanden. Als Unmittelbarkeit des Sehens ist es die Bedingung der Möglichkeit für künstlerisches Handeln überhaupt. Fiedler und Britsch geht es um die unmittelbare, d. h. direkte Entfaltung des Sichtbaren, ohne daß sich der intellektuell-verbale Begriff vom Sichtbaren gewissermaßen zwischen das Auge und die Hand stellt: eine rein erkenntnistheoretische Position! Künstlerische Leistungen sollen denen der Wissenschaft als gleichrangige, aber gleichwohl andersartige gegenübergestellt werden.

Bei den nationalsozialistischen Kunsterziehern wird dieses »Unmittelbare« im Kinderbild zum »Ursprünglichen«, zum »Unberührten« im Sinne einer Wertbezeichnung. Man deutet es als Zeichen für die »geheimnisvolle Kraft des Blutes«[42], aus der alle Kunst letztlich nur leben kann, als Zeichen für das organische Offenbarwerden einer gesunden Volksseele, die noch von Fremdeinflüssen verschont ist. Diese Kräfte zu entfalten ist das »wirksamste Mittel gegen Zersetzungsabsichten, die von fremder Seite kommen«.[43] »Das *artgemäße* Weltbild zur Wirklichkeit werden (zu) lassen«[44] ist die neue Aufgabe des Kunsterziehers. Aus der Gefahr für die Kunst, die Fiedler im begrifflichen Denken konstatierte – aber wohlgemerkt nur deswegen, weil begriffliches Denken künstlerische Erkenntnis verdrängen und verhindern kann –, ist nun die Gefahr artfremden Einflusses überhaupt geworden. Die Pervertierung des erkenntnistheoretischen Ansatzes in die völkisch-rassische Blut- und Bodenideologie der nationalsozialistischen Kunstpädagogen ist vollzogen. Die auf einen durchaus rationalen, wenn auch wortunfähigen, inneroptisch-rationalen Prozeß abgestellte Theorie Fiedlers ist zum irrationalen »Begründungswust« verkommen.

An zwei Gedankensträngen wurde exemplarisch darzustellen versucht, daß die Kunstpädagogik im Nationalsozialismus nicht voraussetzungslos beginnen mußte: Am Beispiel des seit Langbehn vorgezeichneten, stark von Irrationalismen geprägten Selbstverständnisses der Lehrer und anhand einer damals im Fach weit verbreiteten Kunsttheorie sollte aufgezeigt werden, daß der Nationalsozialismus ohne größere Argumentationsschwierigkeiten Fachtendenzen, die 1933 ohnehin schon gegeben waren, für sich vereinnahmen konnte. Auf eine kritisch-rationale Haltung ist er, soweit die Fachliteratur das erkennen läßt, nicht gestoßen: Ohne Widerspruch ließ sich die Kunsterziehung im nationalsozialistischen Sinne umorientieren. Durch entsprechende Publikationen beteiligten sich unsere damaligen Kollegen, auch schon vor 1933, an der ideologischen Überfrachtung des Faches. Nach 1933 waren fachimmanente Bewegungen und Veränderungstendenzen stillgestellt: Die reine Lehre schien gefunden.

Nach dem politischen Zusammenbruch des Faschismus in Deutschland ist ein merkwürdiges Phänomen zu konstatieren: Die Situation von vor 1933 scheint wiedergekehrt zu sein; wie ein unbrauchbar gewordener Mantel ist die Rasse-, Blut- und Bodenideologie abgelegt; das irrationalistische Fachverständnis der späten Weimarer Zeit jedoch scheint ungebrochen. Die nationalsozialistische Kunstpädagogik ist 1945 zu Ende. Die ideologischen Wurzeln, aus denen sie erwuchs, sind seit dem 19. Jahrhundert in unserer Fachgeschichte begründet, und ihr Einfluß ist auch nach 1945 nicht zu verkennen. Zum Schluß kann nur noch in einigen wenigen Marginalien belegt werden, daß wir uns auch heute mit dieser Geschichte auseinanderzusetzen haben.

1953 postuliert Kurt Schwerdtfeger mit Pathos die alte zivilisationsfeindliche Natur- und Abschirmpädagogik: »Das kindliche Schaffen ist ein unablässiges Strömen aus dem Quell des Musischen. Sorgen wir dafür, daß die junge Pflanze Freiheit, Licht und Wärme behält. Beschneiden wir nicht das Wachstum durch voreilige Zucht. Engen wir nicht durch Voreingenommenheiten die Erlebnisfülle und die Kraft des Ausdrucks ein!«[45] – Da west noch der Geist von Julius Langbehn.

1955 beklagt der Kunsthistoriker Hans Sedlmayr in seinem Buch *Verlust der Mitte* in einer Art Mischung aus Kulturkritik und Heilsverheißung das Chaos der »entfesselten Malerei«; die neue Malerei erscheint ihm »wild und irrsinnig«; sie ist ihm »Anzeichen für das Außermenschliche, das Unmenschliche« und wird für Sedlmayr von den Gruppen propagiert, »die den Geist von 1789 weitertragen wollen«.[46] Sedlmayr beschreibt die Geschichte der Moderne als Krankheitsverlauf. Es gibt für ihn gegenwärtig zwar keinen Ausweg aus der Krise, er fordert aber, daß wenigstens das Bewußtsein davon lebendig bleiben solle, »daß in der verlorenen Mitte der leergelassene Thron für den vollkommenen Menschen, den Gottmenschen steht«.[47] Denjenigen, die dieses Bewußtsein bewahren, verheißt er, daß sie die »neue Zeit« sehen werden. – Wer glaubt, wird selig!

In der Zeitschrift *Die Gestalt* publizieren die Vertreter der sogenannten Süddeutschen Schule, die sich der Theorie von Britsch verpflichtet fühlen. Ihre rückwärts gewandte ideologische Bindung wird in ihrer fortdauernden Abwehr der Gegenwartskunst evident: 1968 trauert ihr Schriftleiter Hans Herrmann dem hohen Niveau nach, das die Kunsterziehung einmal hatte, bevor – man beachte die biblische Metapher – der »Aschenregen der Moderne in die Schulen hineinzufallen begann«. Gute Arbeiten entstünden zwar auch heute noch, sie müßten aber »unter bedecktem Himmel wachsen«.[48] 1972 bemerkt er zu einem schönen Scherenschnitt eines Münchner Sonderschülers, daß das Bildungsdefizit eben auch etwas Gutes habe: Die urtümliche Kraft habe das Blatt wohl davon, daß sein Autor sich »um die Finessen der Rechtschreibregeln nicht viel kümmen mochte«.[49] Das alte Vorurteil: Der Intellekt verdrängt das Seelische, der Kopf als Widersacher der Natur! Brauchen wir solche bildungsideologischen Residuen, um schöne Kinderbilder zu begründen?

1965 wird in den Empfehlungen des Deutschen Ausschusses für das Erziehungs- und Bildungswesen festgestellt, daß der Heranwachsende beginnen soll, »das unauflösliche Geheimnis der Individualität des Künstlers zu erfahren, der das Kunstwerk schuf, die Notwendigkeit und die Freiheit, die sein Schaffen bestimmen, nicht minder auch des Werkes, in dem sich gleichfalls auch Notwendigkeit und Freiheit bekunden«. Er soll so »die Tiefe der Kunst erfahren«. Er soll lernen, »ahnend zu verehren oder doch bescheiden zu respektieren, was sich seinem Verständnis und Urteil noch verschließt«.[50] – Die Unmündigen sollen wenigstens glauben.

Die Ideologisierungstendenzen im Kunstbetrieb und in der Kunstpädagogik dauern an. Es scheint nicht ganz unangemessen festzustellen, daß die von Julius Langbehn so emphatisch ausgerufene Heilserwartung an die Kunst auch heute noch tief in unserem Denken verwurzelt ist; nicht nur die Lehrer, die aus einem merkwürdigen Legitimationszwang der Gesellschaft gegenüber dazu neigen, ihre pädagogischen Ziele zu hoch und zu erhaben anzusetzen, das allgemeine Kulturbewußtsein im ganzen scheint noch in hohem Maße von Langbehns Glauben an die heilenden und versöhnenden Kräfte der Kunst besetzt. Der Kunstbetrieb unserer heutigen Mittelstandsgesellschaft belegt dies bisweilen auf groteske

Weise. Die wissenschaftlichen Erkenntnisse überlassen wir den Fachleuten. Kunst dagegen wird als unverzichtbarer Bestandteil der sogenannten Allgemeinbildung angesehen. Selbst künstlerische Durchschnittsware erklärt der Provinzredakteur vollmundig zu Gleichnissen über Natur und menschliche Existenz. Mit unreflektierter Selbstverständlichkeit wird der Kunst ein höchstes Maß an allgemeiner Gültigkeit zugebilligt, obwohl wir doch gerade heute zahlreichen Äußerungsformen der zeitgenössischen Kunst gegenüber nur mit hilfloser Verständnislosigkeit reagieren können. Für diese Situation haben uns natürlich die »hohen und niederen Priester der Kunst« schon längst eine plausible Erklärung gegeben, die wir bereitwillig gelernt haben: Kunst ist wesenhaft antizipatorisch, d. h. sie muß ihrer Zeit voraus sein, sonst ist sie keine Kunst! Wenn wir sie nicht verstehen, ist das ganz normal! Diese letztlich autoritäre und antiaufklärerische Argumentation indessen weckt in uns das schlechte Gewissen, nährt unsere Deutungsgier um so mehr. Der Glaube an die Verbindlichkeit von Kunst ist unerschütterlich. Kunst ist repräsentativer Ausdruck der Zeit. Kunst ist sinnfällige Auseinandersetzung des seismographischen Bewußtseins des Künstler-Genies mit den Fragen der Zeit. Kunst geht uns deswegen alle an! Eine Kunstausstellung ist eine moralisch-ethische Veranstaltung, ein volkspädagogischer Appell. Es scheint nicht seriös zu sein, wenn man Kunst ganz schlicht »gut« oder »miserabel« findet. –

Wir überfordern die Kunst und damit auch die kunstpädagogischen Möglichkeiten, wenn wir ihr ständig solch hohe Werte zuweisen. Die Kunst selbst wird damit oft überhaupt nicht getroffen. Der Kunstbenutzer in seiner irrationalen Erwartungshaltung und der Kunstvermittler in seiner Neigung, auf einer metaphysischen Ebene spekulative Deutungstheorien zu entwickeln, sie sollten ein ganz einfaches Faktum nicht vergessen: Die Kunst selbst, die Kunst in ihrer sichtbaren Objekthaftigkeit!

Ein Bild ist ein Bild ist ein Bild ist ein Bild . . . Wie man es versteht, ist eine andere Sache. Ein Bild läßt sich so und so verstehen; es selbst bleibt sich treu, es bleibt identisch. Die Benutzungsfunktionen eines Bildes, seine Verstehenskontexte können sich ändern, das Bild selbst ändert sich dabei nicht. Die Polyfunktionalität des Bildes erwächst zwangsläufig aus der prinzipiellen Distanz zwischen seiner objektiven, d. h. sinnlich-materiell gegebenen Form und seinem Gegenstand.

Gerade diese Spannung begründet die Freiheit des Kunstbetrachters, seine Freiheit im Umgang mit Kunst. Wer unbedingt wissen und feststellen will, was Bilder bedeuten, wer ihren gesellschaftlichen, ethisch-moralischen, allgemein-menschlichen Sinn definieren möchte, der kann diese Freiheit offenbar schlecht ertragen. Er verweigert sich im Grunde dem Bilde, dessen Verständnis sich nur in direkter sinnlicher Konfrontation mit seiner materiellen Form selbst entwickeln kann – das kann bisweilen sehr langwierig und mühsam sein – und nicht dadurch, daß die Form-Inhalt-Distanz vorher aufgehoben und Eindeutigkeit hergestellt wird. Wer das anstrebt, wer die Antwort vorher schon wissen will oder gar weiß, der versteht und gebraucht Kunst nur noch als Instrument, begrifflich schon Gefaßtes nachträglich zu visualisieren. Er steht insofern immer in der Gefahr, Ideologien zu unterliegen. Die sinnlich-sichtbare, materielle Gegenständlichkeit von Kunst wird damit nicht berührt; im Gegenteil: die ästhetische Erfahrung wird abgewehrt. Es ist bei »uns Deutschen« offenbar immer noch unseriös, ein Bild nur genießen zu wollen.

Anmerkungen

1 Der Titel wurde entlehnt von *H. G. Richter*: Geschichte der Kunstdidaktik, Düsseldorf 1981, S. 85.
2 *R. Böttcher*: Kunst und Kunsterziehung im neuen Reich, Breslau 1933; *H. F. Geist*: Die Wiedergeburt des Künstlerischen aus dem Volk, Leipzig 1934; *H. Egerland (Hg.)*: Unsterbliche Volkskunst, München 1936.
3 Vgl. *W. Schulz*: Unterricht – Analyse und Planung. In: *Heimann, Otto, Schulz*: Unterricht, Hannover 1965, S. 17.
4 *Böttcher* (Anm. 2), S. 9–14 (gekürzt).
5 *Th. W. Adorno*: Jargon der Eigentlichkeit, Frankfurt/M. 1964, S. 8f.
6 *Geist* (Anm. 2), S. 12f.
7 Ebd., S. 49.
8 Ebd., S. 46f.
9 Ebd., S. 47.
10 Ebd., S. 73.
11 *Egerland* (Anm. 2), S. 8.
12 Ebd., S. 9.
13 Ebd., S. 19.

14 *Böttcher* (Anm. 2), S. 159f.
15 *W. Gropius*: Manifest des Staatlichen Bauhauses in Weimar, Weimar 1919, zitiert nach *Wingler*: Das Bauhaus, Bramsche 1962, S. 39.
16 Vgl. *W. Hofmann*: Die Landschaft seit Friedrichs Tod. In: Katalog C. D. Friedrich, Hamburger Kunsthalle 1974, S. 66f.
17 *O. Schlemmer*, zitiert nach *Wingler* (Anm. 15), S. 79.
18 *Gropius* (Anm. 15).
19 Ebd.
20 *H. Sedlmayr*: Verlust der Mitte – Die bildende Kunst des 19. und 20. Jahrhunderts als Symptom und Symbol der Zeit, Frankfurt/M. 1955.
21 Vgl. *W. Hofmann*: Wunschzeiten und Wunschträume. In: Katalog W. Turner und die Landschaft seiner Zeit, Kunsthalle Hamburg 1976, S. 234f.
22 Vgl. *H. Möller*: Musische Erziehung – ein Beitrag zur Bildungsideologie des braven Deutschen. In: *H. K. Ehmer (Hg.)*: Kunstunterricht und Gegenwart, Frankfurt/M. 1967.
23 *J. Langbehn*: Rembrandt als Erzieher, Leipzig 1922 (72.-76. Auflage), S. 68.
24 Ebd., S. 89.
25 Ebd., S. 50f.
26 *G. Otto*: Kunst und Erziehung im industriellen Zeitalter. In: *Th. Ellwein (Hg.)*: Erziehungswissenschaftliches Handbuch 1, Bd. I, Berlin 1969. – Wesentliche Gedanken zu diesem Teil der Ausführungen sind dem Aufsatz von G. Otto entlehnt.
27 *P. Sloterdijk*: Kritik der zynischen Vernunft, Frankfurt/M. 1983, S. 703.
28 *Langbehn* (Anm. 23), S. 55.
29 Ebd., S. 50.
30 *Langbehn*, zit. nach *Diehl*: Kunsterziehung im Dritten Reich, München 1969, S. 136. In der Ausgabe Langbehns von 1922 (Anm. 23) sind diese Stellen nicht enthalten.
31 In diesem Zusammenhang muß auch auf die in der Weimarer Zeit einflußreichen Schriften von P. Schultze-Naumburg hingewiesen werden, der in pseudo-wissenschaftlicher Beweisführung die vermeintlichen Krisensymptome der zeitgenössischen Kunst mit psycho-physischen Krankheitsbildern vergleicht: Der deformierende Stil in Kubismus und Expressionismus wird als Störung des Nervenapparates der »bedauernswerten« Künstler erklärt. – Es liegt nahe, daß dadurch die ohnehin bestehenden Vorbehalte gegenüber der modernen Kunst verstärkt wurden. Vgl. *P. Schultze-Naumburg*: Kunst und Rasse, München 1928.
32 *Lahngbehn* (Anm. 23), S. 48.
33 In: Der Kunstwart, zitiert nach *Otto* (Anm. 26), S. 233.

34 Vgl. *W. Hofmann*: Das irdische Paradies – Kunst im 19. Jahrhundert, München 1960, S. 83 ff.
35 Vgl. *A. Gehlen*: Zeitbilder, Frankfurt/M. 1960, S. 61 f.
36 *C. Fiedler*: Über die Beurteilung von Werken der bildenden Kunst. In: Schriften über Kunst, Neuausgabe Köln 1977, S. 54.
37 Ebd., S. 56.
38 Ebd.
39 *G. Britsch*: Theorie der Bildenden Kunst, Neuausgabe Ratingen 1952.
40 Vgl. *R. Pfennig*: Gegenwart der Bildenden Kunst – Erziehung zum bildnerischen Denken, Oldenburg 1964. – Das Buch stellt ein klassisches Beispiel für die beschriebenen Denkschlüsse dar. Vgl. dazu auch die Kritik *K. Bobeks* an dieser Methode, in: Krefelder Kreis: Tonbandprotokolle und Konzepte – Initiativen zur Veränderung der Kunsterziehung, Krefelder Kunstverein 1971, S. 47.
41 *Otto* (Anm. 26), S. 244.
42 *Egerland* (Anm. 2), S. 7.
43 Ebd., S. 9.
44 *E. Krieck,* zitiert nach *Egerland* (Anm. 2), S. 9.
45 *K. Schwerdtfeger*: Bildende Kunst und Schule, Hannover 1953, S. 82.
46 *H. Sedlmayr* (Anm. 20), S. 101.
47 Ebd., S. 191.
48 *H. Herrmann* in: Die Gestalt 5 (1968), S. 202.
49 *H. Herrmann* in: Die Gestalt 6 (1972), S. 93.
50 Empfehlungen und Gutachten des Deutschen Ausschusses für das Erziehungs- und Bildungswesen, Gesamtausgabe Stuttgart 1966, S. 633.

Norbert Hopster

Ausbildung und politische Funktion der Deutschlehrer im Nationalsozialismus

Vorbemerkungen zum Forschungsstand[1]

Geht man von der Tatsache aus, daß dem Deutschunterricht eine ganz besondere Funktion im Rahmen der nationalsozialistischen Erziehung zugekommen ist – die Flut der Publikationen zum Deutschunterricht zeigt dies deutlich –, und nimmt man weiter als gegeben an, daß in jener Zeit über keinen Lehrer irgendeines anderen Faches so viel und mit so hohem politischen Anspruch geschrieben wurde wie über den Deutschlehrer, dann muß die Feststellung irritieren: Der Deutschlehrer wurde in den bisherigen Ansätzen zur Erforschung des nationalsozialistischen Schul- und Erziehungswesens nahezu vergessen. Es scheint, als habe es ihn nicht oder nur am Rande gegeben.

Verständlich oder zumindest erklärlich ist, daß sich die *Germanistik* nach 1945 in ihren unterschiedlichen Versuchen zur »Bewältigung« ihrer NS-Vergangenheit nicht oder nur sehr beiläufig dem Thema »Deutschlehrer und Deutschunterricht« gewidmet hat. Daß sie dies aber hätte leisten müssen, kann nicht bestritten werden, weil gerade die Germanistik im Dritten Reich – die sich selbst als »Deutschwissenschaft« definierte – ihre besondere Affinität zur NS-Ideologie durch die stete Betonung ihrer *völkischen Erziehungsfunktion* hervorhob. Darauf haben Autoren wie Lämmert und Conrady in dem 1967 erschienenen Band *Germanistik – eine deutsche Wissenschaft* hingewiesen.[2] Die Tatsache aber, daß in vielen germanistischen Publikationen aus der Zeit des Nationalsozialismus gewissermaßen selbstverständlich auch der Deutschunterricht sowie der Deutschlehrer angesprochen werden, ist von der heutigen Fachgeschichte der Germanistik, soweit ich sehe, nicht beachtet worden. Lediglich Nospers weist in seiner Dissertation, in der er den Deutschunterricht »zwischen« Fachwissenschaft und Fachdidaktik ansiedelt, auf den »Praxis«-Anspruch von Hochschulgermanisten hin.[3] Dabei ist gerade die Verschränkung von Philologie und deutschem Unterricht wie deutscher Bildung schon für die in der Weimarer Zeit herrschende *Deutschkunde* konstitutiv gewesen[4]; die Umbenennung des Germanistenverbandes in »Gesellschaft für deutsche Bildung« im Jahre 1920 ist eines der Indizien hierfür. Die nationalsozialistische »Deutschwissenschaft« trat auf dieselbe Weise das »Erbe« der Deutschkunde an wie die nationalsozialistische Erziehungs-»Theorie« das Erbe der geisteswissenschaftlichen Bildungstheorie: indem nämlich das Prinzip der *Bildung* durch das der *Erziehung*, näherhin das der deutschen Bildung durch das der Erziehung zum deutschen Menschen ersetzt wurde.

Wenn auch die »Zurückhaltung« der germanistischen Fachgeschichte gegenüber der Mitverantwortung des Faches für den Deutschunterricht und den Deutschlehrer in der NS-Zeit mit der bis heute nicht unüblichen Verdrängung des Wissens erklärt werden mag, Lehrer ausbilden zu müssen, so ist ein anderer Befund kaum noch erklärbar: Auch in den von seiten der Fachdidaktik veröffentlichten Untersuchungen zum Deutschunterricht im Nationalsozialismus ist der Lehrer »kein Thema«! Entweder werden nur die Lehrpläne des Deutschunterrichts untersucht[5]; oder es wird auf das Prinzip der »Volkstümlichkeit« abgehoben[6]; oder die nationalsozialistischen Lesebücher werden analysiert[7]; oder es wird – sogar mit riesigem empirischen Aufwand – der gymnasiale Deutschunterricht lediglich unter dem Gesichtspunkt des Verhältnisses von Lektürekanon und Aufsatzunterricht zu beschreiben versucht.[8] Untersuchungen zur Frage der politischen *Funktion* von Deutschunterricht und Deutschlehrern sind bisher Mangelware. Selbst Frank widmet in seiner anspruchsvollen *Geschichte des Deutschunterrichts* dem Deutschlehrer nur wenige Seiten und versteht dessen *politische* Funktion vornehmlich als Funktion der ideologischen *Indoktrination*.[9] Daß die politische Funktion des Deutschlehrers weit über die der Indoktrination hinausging und sich auf die gesamte, die »ganzheitliche« Inszenierung einer unterrichtlichen »Gemeinschaft« bezog, die allein die Durchsetzung der Ideologie gewährleisten konnte, soll noch ausgeführt werden.

Auf eines ist bereits an dieser Stelle hinzuweisen: Der Grund dafür, daß bisher das »Phänomen« Deutschlehrer im Nationalsozialismus so wenig erforscht wurde, ist nicht allein in fachgeschichtlicher Verdrängung einerseits und methodischer Kurzgriffigkeit andererseits zu sehen; er liegt auch darin, daß eine fachdidaktische Disziplin, eine Deutschdidaktik, wie sie sich seit den späten sechziger Jahren abzuzeichnen beginnt, damals noch nicht bestand. Zum Deutschunterricht und Deutschlehrer der unterschiedlichen Schulformen sich zu äußern durften sich daher nicht nur unterschiedliche Disziplinen – Erziehungswissenschaft, Psychologie usw. – berufen fühlen, sondern vor allem auch die Vertreter der staatlichen Institutionen und der »Bewegung«. Soweit ich sehe, hat sich kein Lehrer eines anderen Faches einer so geballten Aufmerksamkeit von vielen fachfremden Seiten erfreuen dürfen und erwehren müssen wie der Deutschlehrer – wenn man überhaupt von *dem* Deutschlehrer sprechen will, den es eigentlich nur als »Philologen« gab.

Zu konstatieren ist also, daß nicht nur keine deutschdidaktische Disziplin existierte – sieht man einmal von der im Dritten Reich sich anpassenden traditionellen Jugendbuch- und Lesepädagogik ab[10] –, die eine spezifische *fachgeschichtliche* Forschung erst ermöglicht hätte; auch gab es den Deutschlehrer nicht als Fachlehrer im heutigen Sinne, zumindest was den Lehrer an den Volksschulen betraf. Die Ausbildung an den nationalsozialistischen Hochschulen für Lehrerbildung – sie lösten 1933 in Preußen die pädagogischen Akademien ab und wurden ab 1937 bis zu ihrer Schließung im Jahre 1940 im ganzen Reich eingerichtet[11] – orientierte sich bewußt *nicht* am Fachlehrersystem, sondern vollzog sich nach Maßgabe einer dominierenden völkisch-»ganzheitlichen« Erziehungslehre, hinter deren Anspruch die Bedeutung der Fächer wie das Prinzip der Wissenschaftlichkeit insgesamt deutlich zurücktraten.[12] Auch unter diesem Aspekt sind also der Erforschung des »Gegenstandes« Deutschlehrer aus nur *fachdidaktischer* Perspektive im engeren Sinne Grenzen gesetzt. Gefordert ist demnach eine Untersuchungsmethode, die den Deutschlehrer im Hinblick auf seine Ausbildung wie seine politische Funktion vom politischen, institutionellen und allgemein wissenschafts-ideologischen Kontext her zu beschreiben erlaubt; dies soll im folgenden versucht werden.

»Neue Wissenschaft« und »neue Lehrerbildung«[13]

Entscheidend für den Wandel in den unterschiedlichen Theorien zur Lehrerbildung in der Zeit des Nationalsozialismus war die um 1933 – z. T. schon vorher – einsetzende *politische* Umdefinierung von »Wissenschaft« im allgemeinen und »Geisteswissenschaft« im besonderen.[14] Ihr Tenor war die Umprägung der Einzelwissenschaften zu bloßen Formen einer einzigen großen völkisch-»organischen« *Lebenswissenschaft,* wobei mit »Leben« nicht mehr wie in der Lebensphilosophie die Befindlichkeit des Erkennenden als *Voraussetzung* der Erkenntnis gemeint war, sondern das völkische »Leben« *an sich,* das sich gewissermaßen in seinen organischen Prinzipien durch das Denken der einzelnen quasi-selbsttätig artikuliert. Als Voraussetzung für das wissenschaftliche Denken galt demnach nicht mehr die theoretische Begründung einer *Methode*, sondern das Verwurzeltsein des Denkenden im völkisch-politischen »Urgrund«. An die Stelle der lebensphilosophischen *Intuition* als Aggregat der Erkenntnis trat der *Instinkt.* Als Wahrheitskriterium des instinktgeleiteten »wissenschaftlichen« Denkens galt nicht mehr das Offenbarwerden des »Geistes« in der Geschichte, von der nach der Lehre der Geisteswissenschaft auch jede Gegenwart ihre Form erhält, sondern der Grad der direkten Übereinstimmung mit der platten völkisch-politischen Wirklichkeit selbst. Wissenschaft also als bloße Funktion dessen, was ist – gewissermaßen als Variante eines undialektischen »organologischen« Materialismus!

Alfred Baeumler, neben Krieck der bedeutendste nationalsozialistische Erziehungs-»Theoretiker«, bringt dies auf die nationalsozialistisch-»erkenntnistheoretische« Formel:

»Unser wirkliches Erkennen ist aber nicht das Erkennen eines reinen Bewußtseins, . . . das Erkennen besteht von seinem Ursprung an in etwas anderem als in einer bloßen Bewußtseinsrelation zu den Dingen. Es ist ein durch nichts zu begründendes Vorurteil, daß das Bewußtsein in einem ausgezeichneten Verhältnis zur Wahrheit stehe. Der lebendige Mensch trübt das Erkennen nicht, sondern macht das Erkennen allererst möglich. . . . Auch der wissenschaftlich Erkennende steht nicht in einem Jenseits, sondern im Diesseits.«[15]

Wissenschaft in der vom Nationalsozialismus bekämpften Form bedeutet nach Baeumler, »daß nicht der Mensch als ganzer sich zur Wahrheit« verhält, »sondern lediglich der Intellekt«.[16] Antiintellektualität verbindet sich hier mit einem für Wissenschaft überhaupt postulierten »Ganzheits«-Prinzip, in dem der besonders auch für die Lehrerbildung folgenschwere Versuch zu sehen ist, in der *Ideologie* jenen Gegensatz zwischen »Geist« – d. h. bürgerlicher Wissenschaft – und »Leben« bzw. »Praxis« als aufgehoben erscheinen zu lassen, der realiter auch für das nationalsozialsitische System konstitutiv war.

Der dieser »ganzheitlichen« Wissenschaft entsprechende Wissenschaftler ist nach Baeumler nicht mehr der »theoretische Mensch«, sondern der »politische Mensch« als ein *»ursprünglich* handelndes Wesen«[17], der dem »Typus des kriegerischen Menschen« entspreche, wie ihn die Griechen, die »Germanen des Mittelmeeres«, hervorgebracht hätten.[18] Der Kampf gegen die Wissenschaften des »liberalistischen« Zeitalters, womit neben den Geisteswissenschaften vor allem auch der Positivismus gemeint war, war vor allem ein Kampf gegen die von ihnen reklamierte »Voraussetzungslosigkeit und Wertfreiheit«, die nach Rust – dem Minister für Wissenschaft, Erziehung und Volksbildung – »nicht die Merkmale einer freien Wissenschaft« seien, »sondern einer Entfernung des Geistes von den ewigen Kräften der Natur und der Geschichte und damit ein Anzeichen krankhafter Entartung«.[19] Also auch hier der *Geist als Widersacher der Seele* – so der Titel des 1929 erschienenen Hauptwerkes von Ludwig Klages, dessen Auswirkung auf die Formulierung der NS-Ideologie nicht hoch genug eingeschätzt werden kann. Wissenschaft wurde also zur organisch-ganzheitlichen Schau, zur *Weltanschauung*, die auf ihre Weise eine neue Gesellschaft verhieß, die nicht mehr nach dem Prinzip des Spezialistentums, der Trennung von Hand- und Kopfarbeit organisiert sein sollte.

Auf einer im Jahre 1937 mit dem Thema *Nationalsozialismus und Wissenschaft* stattfindenden Hochschultagung hieß es programmatisch in einer Rede: »Der Nationalsozialismus ist die Lehre der Ganzheit! Und so werden wir auch die Kluft zwischen der reinen Wissenschaft und der Wirklichkeit des Alltags überwinden und die Einheit des Lebens wiedergewinnen. Die Wissenschaft kann nicht mehr Selbstzweck bleiben.«[20] Die Wissenschaft war damit – zumindest in der Darstellung ihrer nationalsozialistischen Verwalter – zum »gefügige(n) Diener des Augenblicks«[21] geworden, was nach Theodor Litt gerade die Geisteswissenschaften daran hindern werde, auch für den neuen Staat eine Funktion zu haben, nämlich die, die »großen Ideen« der Zeit »vor den Trübungen, Vergröberungen und Mißverständnissen zu schützen«.[22] Wie sehr Litts naiver Glaube an eine Funktion der Geisteswissenschaften selbst noch im nationalsozialistischen Staat trog, macht die Schrift *Die deutschen Geisteswissenschaften im Kriege* von Frank deutlich, in der das »weltgeschichtliche(n) Genie(s)« Hitler als Prototyp einer neuen Geisteswissenschaft gefeiert wird, an dessen »Einmaligkeit und Unberechenbarkeit« alle »Bildungsschemen« zerbrochen seien; gerade weil er nicht geistiger »Besitzbürger«, sondern »Proletarier des Geistes« sei, werde durch ihn alle »fachlich-technische Gebildetheit« zurückgebunden in die »Totalität der neuen politischen Idee, aus der das Reich« emporwachse.[23]

Welche unmittelbaren Auswirkungen hatte nun aber die nationalsozialistische Umdefinierung von »Wissenschaft« für die Lehrerbildung allgemein? In den vielfältigen Publikationen zur Lehrerbildung werden, ganz gleich ob sie von pädagogischer, psychologischer, »schulpraktischer« oder politisch-administrativer Seite stammen, die gleichen Ideologeme sichtbar, die deutliche Züge der neuen »Wissenschaft« aufweisen. Es dominiert der Aspekt der völkischen »Verwurzelung« und Rückbindung der wissenschaftlichen Ausbildung ins »Leben«, der in dem immer wieder beschworenen Postulat der Einheit von »Theorie« und beruflicher »Praxis« deutlich wird.[24] Das »Ganzheits«-Ideologem wird aber auf spezifische, lehrerbildungsgemäße Weise »weiterentwickelt«; es soll nicht nur methodisches Prinzip wissenschaftlichen Denkens sein, sondern soll konkret auch die Organisationsformen einer »neuen«, nicht mehr nur am »Intellekt« und nicht mehr nur an der Wissensvermittlung orientierten Lehrerbildung bestimmen. Das »wissenschaftliche« Ganzheitsideologem wird in der Erziehungswirklichkeit der Lehrerausbildung gewissermaßen *verleiblicht.* Die Überwindung des Gegensatzes von »Geist« und »Leben« soll über die Inszenierung von »Gemeinschaft« in der Lehrerausbildung als geist-*leibliche* Erziehung verwirklicht werden. Diese Tendenz zur geist-leiblichen Erziehung ist auch für die spezielle Ausbildung der Deutschlehrer von entscheidender Bedeutung gewesen – jedenfalls auf der Ebene der Proklamationen![25] Gerade für die neugegründeten Hochschulen für Lehrerbildung sollte die »Überwindung des Zwiespaltes von Körper und Seele«[26] konstitutiv sein. In einer der penetrantesten Schriften zur »neuen« Lehrerbildung heißt es:

»Wir ›erziehen‹ nicht das ›Seelenwesen‹ Mensch und lassen den Leib um der Seele willen sterben und verderben – wie das Mittelalter befahl; wir ›bilden‹ daneben nicht – wie die Neuzeit empfahl – das ›Geistwesen‹ Mensch und lassen dem Leib nur das Maß von ›Übung‹ zukommen, das um des Geistes willen erforderlich ist, sondern wir ›erziehen und bilden‹ oder ›führen und formen‹ oder ›richten und rüsten‹ den Menschen als Lebensträger in seiner Lebensganzheit und -einheit«.[27]

Ziel der nationalsozialistischen Erziehungs- und Wissenschaftspolitik ist, wie Rust in einer Rede betont, nicht nur eine neue Schule, sondern

»auch *ein neuer Lehrer* . . ., der nicht nur aus Büchern schöpft, sondern aus der völkischen Wirklichkeit, der nicht nur das Vergangene neu lehrt, sondern in der Gegenwart mitlebt, der nicht nur geistig überlegen, sondern mindestens auch im mutigen körperlichen Einsatz der Jugend gewachsen ist. Der nicht nur unterrichtet, sondern führt, der selbst ebenso das Sichselbstleben wie das Vereinsmeiertum überwindet in der Erkenntnis, daß nur ein Führerkorps der jungen deutschen Lehrerschaft einer Jugend nah bleiben und an ihr die Aufgabe der deutschen Schule erfüllen kann, einer Jugend, die selbst als nationalsozialistische Jungenmannschaft aufwächst.« [28]

»Ganzheitliche« Lehrerbildung also als Vorbereitung auf den geistigen *und* körperlichen »Einsatz«, als Modellierung zum »Führer« in der schulischen »Gemeinschaft«, die sich als »Mannschaft« konkretisiert. Die neuen Hochschulen für Lehrerbildung – mit ihnen wurde auf nationalsozialistische Weise die schon lange vor 1933 erhobene Forderung nach Einheitlichkeit der Lehrerbildung scheinbar erfüllt – trugen diesem Anspruch nicht nur durch die *Entfachlichung* der Ausbildung und die dominierende Bedeutung der Leibeserziehung für alle Studenten Rechnung, sondern durch die gesamte Organisation des Studiums im Sinne einer auf dem Führer-Gefolgschaftsverhältnis beruhenden »Lagermannschaft«.[29] Daß vor allem auf diese Weise und *nicht durch* wissenschaftliche Qualifizierung der neue Lehrertypus geformt werden sollte, macht die Tatsache deutlich, daß vom Jahre 1937 an auch für die Studenten des höheren Lehramtes ein einjähriges Eingangsstudium an einer Hochschule für Lehrerbildung verpflichtend gemacht wurde.[30] Dieser »ganzheitlich« optimierte Lehrer, der also – wie es in einer einschlägigen Publikation heißt – »erlebt« hat, »daß zu Härte, Einsatzbereitschaft, Einordnung und Verantwortung wirksamer erzogen wird in Lager und Kolonne als in dem bestorganisierten Schulleben« [31], dieser »neue« Lehrer, der also für den »Frontdienst des Lebens« [32] einsatzfähig gemacht wurde, ist der »soldatische« [33], wie Peters bereits im Jahre 1933 betont.

Gerade an dieser von Peters geforderten »Wendung zum Soldatischen in der Erziehung des Volksschullehrers« [34] wie auch an Kriecks Beschreibung einer neuen, spezifisch lehrerbildenden Disziplin als einer »an Lebensordnungen und Menschentum aufbauende(n) Wissenschaft aus der glaubensmäßigen und weltanschaulichen Grundhaltung . . ., die eine soldatische, eine kämpferische, eine zu neuen Zielen hinstrebende, darum handlungsbereite und schöpferische Wissenschaft«[35] sei, gerade an diesen Tendenzen zur Militarisierung der Lehrerbildung wird zum einen deutlich, daß die u. a. anhand von Baeumler dargestellte »wissenschaftliche Wende« – man denke an seine Definition des Wissenschaftlers als »Typus des kriegerischen Menschen«[36] – sich in verstärktem Maße in der »Theorie« der Lehrerbildung fortsetzte; zum anderen zeichnet sich aber auch an diesen Tendenzen ab, daß die Zielvorstellungen, die der Ausbildung der Lehrer zugrunde lagen, weit über die schulisch – unterrichtliche Funktion der Lehrer hinausgingen und auf das politische »Leben« im Nationalsozialismus, die »organische Funktion am Volksganzen«[37], gerichtet waren. Und so nimmt es denn nicht wunder, wenn an einer Stelle die »Volksschullehrerschaft« als »geistige(n) SA des deutschen Volkes«[38] und an einer anderen Stelle der »deutsche Lehrer und Erzieher« als »pädagogischer Offizier«[39] bezeichnet wird, der nicht auf dem Wege der »wissenschaftliche[n] Verbildung« der Vergangenheit, sondern nur auf dem »einer gesunden kämpfenden Wissenschaft« zu erreichen sei.[40]

Der Deutschlehrer als Prototyp des »neuen« Lehrers

In den Publikationen, die in der Zeit des Nationalsozialismus speziell zur Frage der Ausbildung und Funktion von Deutschlehrern verfaßt wurden, zeigen sich zum einen auch deutliche Spuren der »wissenschaftlichen Wende«; zum anderen weisen sie vielfache Parallelen zu den in der allgemeinen Diskussion über die Lehrerbildung üblichen Stereotypen auf: Die Ausbildung soll nicht auf den Intellekt, nicht nur auf die Vermittlung von Wissen ausgerichtet sein, sie soll auf »ganzheitliche« Weise nicht nur »Theorie« und »Praxis« als unauflösbare Einheit zum *Gegenstand* haben, sondern soll sie auch in dieser Einheit in den Erziehungs- und Kameradschaftsverhältnissen an der Universität dem Studenten im wahrsten Sinne des Wortes *einverleiben.* Auf merkwürdige Weise erscheinen diese stereotypen Forderungen aber gerade im Bereich der Deutschlehrer-Ausbildung, besonders der universitären, radikalisiert und zugespitzt. Dies mag sich nicht zuletzt dadurch erklären, daß bereits die für die Weimarer Zeit symptomatische, vorgeblich aus der »politischen Not« geborene Deutschkunde-Bewegung, aus der viele der NS-Philologen und vor allem viele Deutschlehrer an höheren Schulen hervorgingen, deutlich völkisch-nationalistische, z. T. sogar schon rassistische Züge aufwies. Ihrem Charakter nach blieb die Deutschkunde aber geisteswissenschaftlich orientiert, eben »Kunde« von »deutscher« Größe und von »deutschem« Geist. Sie war keine Bewegung, die die Errichtung neuer *politischer* Verhältnisse, die Begründung eines neuen deutschvölkischen Gemeinwesens intendierte; gerade deshalb wurde sie von den nationalsozialistischen »Deutschwissenschaftlern« als eine von den realpolitischen Verhältnissen überholte Bewegung einerseits abgelehnt und andererseits im nationalsozialistischen Sinne uminterpretiert.

Das Neue an der »Deutschwissenschaft« war die *Radikalisierung* des deutschkundlichen Konzepts einer »deutschen Bildung« zu einem realpolitisch verstandenen Konzept der Erziehung zum deutschen, d. h. nationalsozialistischen Menschen, die tatsächliche, nicht nur »geistige« »Volkwerdung« bezweckte; dies geht z. B. aus einem Aufsatz von Linden aus dem Jahre 1933 hervor, der den bezeichnenden Titel *Das neue Antlitz der Deutschkunde* trägt und in dem bereits die Forderung erhoben wird, »aus der Geisteswissenschaft der Deutschkunde eine *Lebenswissenschaft* mit bluthaft-volksverbundenen Beziehungen«, also eine »bluthaft lebendige Lebenswissenschaft« zu formen.[41] Neu war auch – im Vergleich zur Deutschkunde – die gerade im Bereich der Deutschlehrer-Ausbildung so außerordentliche Betonung des Ideologems von der leiblich-geistigen Einheit als Fundament der Erziehung. Der Literaturwissenschaftler Fricke sagt z. B., das »*Bildungsziel* der Universität« bestehe nicht mehr »wesentlich in der Übermittlung von theoretischem Wissen«, ihre Aufgabe sei »vielmehr die Gesamterziehung aus der erlebten Wirklichkeit der Volksgemeinschaft zum künftigen verantwortlichen Dienst an der Volksgemeinschaft«, wobei sich nach Fricke in dieser Aufgabe »die auf den konkreten Dienst am Ganzen ausgerichtete Bildung des Geistes mit der des Leibes und des Willens« vereine.[42] Die Konsequenz für den Hochschullehrer lautet nach Fricke, daß der »Nichts-als-Gelehrte, der theoretische Mensch« nicht mehr als »Führer, Bildner und Erzieher des politisch-soldatisch-kameradschaftlichen Studenten zur Form des deutschen Menschen« geeignet sei.[43] Also auch hier die Vorstellung vom Studium als eines Kameradschaftsverhältnisses auf der Grundlage des Führer-Gefolgschafts-Prinzips! Von dieser Position ist nur ein kurzer Weg bis zu der Forderung, der Ausbildung insgesamt müsse der »Geist des Lagers«[44] zugrunde liegen! Gleichsam auf die Spitze getrieben wird das Ideologem vom geistleiblich, soldatisch-kameradschaftlich »erzogenen« Deutschstudenten und Deutschlehrer im Begriff des »Turnphilologen«, dessen »symbolische Bedeutung«, wie der Urheber dieses Begriffs in seinem Beitrag sagt, darin liege, »daß er in sich die beiden großen nebeneinander laufenden Aufgaben« der höheren Schule verbinde, nämlich »die Pflege der Physis als des Kraftstroms des Lebens und die Pflege des schaffenden und urteilenden Geistes«.[45]

Deutlich geworden ist, daß die vom Deutschstudenten erwartete Qualifikation nicht eine im traditionellen Sinne *wissenschaftlich* sein sollte. Ziel war vielmehr die »Erziehung« zu einer ganz bestimmten *»Haltung«* – deshalb auch die dauernden Hinweise auf die Ausbildung des »Charakters« und des »Willens«, deshalb auch der Versuch, über die Bildung kleinerer *Gruppen* von Studenten mit einem Dozenten als »Führer« ein *individuelles Studium* zu verhindern. In *49 Thesen zur Neugestaltung deutscher Hochschulen* haben der Literaturwissenschaftler von Wiese und der Pädagoge Scheid – bereits im Jahre 1933! – die »konkrete und berufsständische Bedeutung des Lehrens und Lernens« hervorgehoben und daraus die Folgerung abgeleitet, das »rechtverstandene Lehrer-Führertum und Gefolgschaftsverhältnis der im Lernen Verbundenen, für die die gemeinsame Arbeit ein gemeinsames Ethos« bedeute, lasse sich »nicht im abstrakten Hörsaalbetrieb durchführen, sondern nur in konkreter Gemeinschaft, in kleinen, beweglich gehaltenen Gruppen«.[46] Die Konsequenz aus dieser Form des Studiums als Gemeinschafts-Erziehung ist für von Wiese und Scheid, daß in den Staatsexamina auch das »Charakterologische«[47] berücksichtigt werden müsse, sie seien eben »nicht nur Prüfungen für überfüllte Gehirne«, sondern sollten »den Nachweis erbringen, wieweit die Erziehung vollzogen« und der »Student reif geworden« sei, »in seinen Berufsstand handelnd einzutreten«.[48] Die Erzeugung einer »Haltung« auf seiten des Studenten wie dessen Vorbereitung zum späteren »Handeln« in der Schule, zur »Tat«, sind also entscheidende Gesichtspunkte der Ausbildung[49], womit zugleich ausgedrückt wird, daß die spezifische Funktion des Lehrers *nicht* mehr in der Vermittlung von Wissen, von »Stoff« gesehen wird. Deshalb wird auch in den *Richtlinien für das Lehramt an hö-*

heren Schulen aus dem Jahre 1937 in der Prüfung ein »Colloquium über die grundlegenden politisch-weltanschaulichen Fragen«[50] verlangt. Das Axiom der *Berufsvorbildung der Philologen* lautet gemäß der Formulierung von Erxleben: »Der künftige Lehrer an den höheren Schulen wird *zuerst* Erzieher und *dann erst*, im Rahmen dieser Aufgabe, Fachlehrer sein«.[51]

Wir müssen also nicht nur von einer »wissenschaftlichen Wende« im Rahmen der Deutschlehrer-Ausbildung ausgehen, sondern auch von einer damit unmittelbar verbundenen »Wende« in der Funktionszuschreibung für den Lehrer selbst. Nach Linden sei der »Erzieher neuer Art ... älterer und gereifter Führer in einer jüngeren, werdenden Gemeinschaft«, er sei »Anfeuernder, Wegweisender, Mitreißender, ein Werber und Trommler für die großen Gemeinschaftsziele, ein ›Propagandaminister‹ im Kleinen«.[52] In seiner Schrift *An den Deutschlehrer der neuen Deutschen Schule* ruft Meineke emphatisch aus: »Wir wollen als Mensch, als blut- und lebensvoller Mensch vor unsern Jungen stehen und nicht als Spezialtechniker.«[53] Daß – wie ein gewisser SS-Hauptsturmführer Prof. Pein von der Hansischen Hochschule für Lehrerbildung es ausdrückt – für diesen Typus des »neuen« Deutschlehrers weniger Wissen und noch weniger *methodische* Fertigkeiten als »Tatbereitschaft« und »männliche(n) Haltung« vonnöten sind[54], erscheint als nahezu selbstverständlich. Ebenso selbstverständlich ist, daß auch für den Deutschlehrer das »Lager« die gleiche entscheidende Bedeutung gewinnt wie für den Studenten, denn im Lager vollziehe sich für den Deutschlehrer der notwendige »Schritt vom (sic!) Erkenntnisraum zum Erlebnisraum«, der ein »Schritt aus der Literatur in die Unmittelbarkeit der Lebensempfängnis« sei.[55]

Festzuhalten bleibt demnach: Ausbildung und Funktionszuschreibung für den »neuen« Deutschlehrer orientieren sich tendenziell an jenem Konzept der »Gesamterziehung«, das für die Hochschulen für Lehrerbildung konstitutiv war. Die »revolutionäre Mission«[56], die Alfred Rosenberg dem Lehrer allgemein zuspricht, materialisiert sich auch für den Deutschlehrer nicht in der Veränderung oder im Austausch von Wissensbeständen und auch nicht in der direkten ideologischen Indoktrination. Aus zahlreichen Publikationen ist zu entnehmen, daß es nicht um die Effektivierung oder den Austausch von unterrichtlichen *Methoden* ging. Nicht selten wird sogar darauf verwiesen, daß die *Vergegenständlichung*, die inhaltliche *Behandlung* des Nationalsozialismus durchaus unerwünscht sei. Das Ziel der »neuen« Lehrerbildung war vielmehr, den Lehrer auf Funktionen im Rahmen der Schule hin zu *formieren,* nicht nur zu *informieren,* für deren Erfüllung Wissen und Wissenschaft allein nicht mehr hinreichten oder aber sogar hinderlich waren. Um die ihm von der nationalsozialistischen Erziehungsideologie zugedachten Funktionen tatsächlich wahrnehmen zu können, bedurfte der Lehrer vielmehr einer veränderten Qualifikation, die als *psychophysische* Befähigung zur Initiierung vergemeinschafteter Tätigkeiten bezeichnet werden kann. Im Hinblick auf den Deutschlehrer heißt das: Er soll nicht in die Lage versetzt werden, anders, besser mit Sprache und Literatur – oder gar mit einer *anderen,* nationalsozialistischen Literatur – umgehen zu können. Er soll vielmehr »ganzheitlich« für die Aufgabe modelliert werden, unterrichtliche Situationen *als Formen des »Lebens« selbst* inszenieren zu können, innerhalb derer die Literatur, der Text zum bloßen Material degradiert wurde, das die Inszenierung zwar *stützen* sollte, deren *Ziel* sie aber nicht war. Deshalb auch die vielen Warnungen vor einer analytischen »Behandlung«, vor dem »Zerpflücken« und »Zerreden« von Texten, deswegen auch die stetig wiederholte Forderung nach einem unmittelbaren »Erlebnis« des Textes, das aber eben nie das »Erlebnis« des einzelnen, sondern immer nur das über eine inszenierte Gemeinschaftsform *vermittelte* und damit kontrollierbar gewordene »Erlebnis« sein sollte.[57]

Warum gerade im Bereich der Ausbildung von Deutschlehrern diese besondere Betonung der geistig-leiblichen Einheit der Erziehung? Es kann nicht nur beabsichtigt gewesen sein, die traditionell hohe Bedeutung der Literatur, die ihr im »alten«, geisteswissenschaftlich orientierten Deutschunterricht zukam, zu mindern, indem sie zum bloßen Material unterrichtlich inszenierter »Gemeinschaft« umfunktioniert wurde, etwa im Rahmen der vielen Feiern und Gedenktage, aber auch innerhalb des unterrichtlichen »Normalfalls«, für den allerdings in auffälliger Weise immer und immer wieder die Forderung erhoben wurde, Literatur – oder »Dichtung«, wie man zu sagen pflegte – müsse *gesprochen,* müsse *akustisch* vergegenwärtigt werden. Hier deutet sich vielleicht eine Antwort auf unsere Frage an.

Der Pädagoge Blättner stellt im Jahre 1938 an den Deutschlehrer die Forderung, die sich in ähnlicher Formulierung in zahlreichen Publikationen zum Deutschunterricht und besonders zur *Sprecherziehung* findet, der Deutschlehrer müsse »selbst richtig und gut, in rechter Gesinnung und Haltung sprechen, vortragen, spielen, lesen und sprachlich gestalten können«, denn der Deutschunterricht solle »nur zum kleinsten Teil Wissen vermitteln«, seine Hauptaufgabe sei »Pflege des Sprechens, der Dichtung, die durch Klang und Bild Gemeinschaft gestalten« solle.[58] Es kommt für den Deutschlehrer also auf die in »rechter Haltung« inszenierte Sprech-Gestaltung an! So wird auch erklärlich, weshalb in den Hochschulen für Lehrerbildung das Fach Deutsch nur unter den Wahlfächern rangiert, die *Sprecherziehung* aber – was ihrer in der NS-Zeit auch »theoretisch« begründeten ungeheuren Aufwertung entspricht – im Kanon der großen Pflichtgebiete erscheint, etwa neben Leibeserziehung, Volkskunde und Erziehungswissenschaft.[59] Die Bedeutung des Deutschlehrers, so läßt sich jetzt schlußfolgern, besteht darin, daß sich an ihm wie an keinem anderen Lehrer »Haltung« als *Sprach-* oder besser gesagt: als *Sprechhaltung* manifestiert. Diese *Sprechhaltung* zu erzeugen ist das Ziel der leiblich-geistigen »Erziehung« von Deutschstudenten und Deutschlehrern.

Die politische Implikation der *Sprechhaltung* offenbart sich auf zwei Ebenen: Auf der Ebene der Ausbildung des Deutschlehrers soll der Student gewissermaßen eine *Interferenz* seiner literarisch-ästhetischen und seiner »leiblichen« Einstellungen und Urteilsnormen erfahren; bloß literarisch-ästhetische wie bloß »sportliche« Einstellungen – »Sport« bedeutete für die Nationalsozialisten eine »entartete« Form der Leibeserziehung – sollten in ihrer »Einseitigkeit« verhindert werden. Es handelt sich dabei um etwas anderes als die bloße Wiederbelebung des Satzes, nach dem in einem gesunden Körper auch ein gesunder Geist wohne. Vielmehr ging es darum, die nur literarisch-ästhetischen wie überhaupt die nur durch sprachliche Kommunikation vermittelten Einstellungen gewissermaßen einem neuen »Körpergefühl« unterzuordnen. Das ist es, was letztendlich »ganzheitliche« Erziehung für den Deutschstudenten bedeutet. Indem aber dieser Prozeß der Interferenz und Subsumtion von Einstellungen, der bis in das Unbewußte hineinreichen sollte, sich in auch *sprachlich vergemeinschafteter* Form, innerhalb eines Führer-Gefolgschafts-Verhältnisses vollzog, nahmen die erzeugten neuen Einstellungen die Charakteristika eben dieses «sprecherischen« Führer-Gefolgschafts-Verhältnisses an, wurden zur erwünschten »Sprechhaltung«. Daß diese Schlußfolgerungen nicht von den nationalsozialistischen Erziehern selbst formuliert wurden, sondern gewissermaßen die »Wahrheit« der Ideologie darstellen, die nur über deren Analyse zu gewinnen ist, muß wohl nicht eigens betont werden.

Wie gibt sich die politische Implikation der *Sprechhaltung* auf der Ebene des Unterrichts zu erkennen? Die tendenzielle Festlegung des Deutschlehrers auf die Rolle eines sprechsprachlichen *Inszenators* von Texten, von »Dichtung«, und die in den deutschunterrichtlichen »Theorien« immer wieder geforderte Realisierung des Deutschunterrichts als gemeinschaftliches »Erlebnis« von »Dichtung«, als »Feier«, zwingt – sofern man nicht bei der bloßen Oberflächenbeschreibung haltmachen will – zu folgender Schlußfolgerung: Durch die vom Deutschlehrer inszenierte sprechsprachliche Gemeinschafts-Veranstaltung sollen die verbalisierten »privaten« Lesehaltungen der Schüler durch ritualisierte und situativ gesteuerte Rezeptionsweisen überformt werden. Die objektive – natürlich dem einzelnen nicht bewußte – Funktion des Lehrers besteht darin, in der »sprachleiblich« organisierten »Gemeinschaft« als Katalysator zu wirken, ihr die Charakteristika *seiner Sprechhaltung* zu übertragen. *Deshalb* wird auch in vielen Publikationen zum Deutschunterricht und zur Sprecherziehung so vehement die Forderung nach der »richtigen« sprecherischen Haltung erhoben, *deshalb* auch kann Freudenthal – dies nur ein Beispiel für viele – sagen, alle »sprachliche Schulung« sei »stets zu betreiben in und mit der Situation, wie sie die Klassengemeinschaft« darstelle, »und in der Funktion, die dem Sprecher in einer Hörergemeinde« zukomme.[60] Was soll der Deutschunterricht also bezwecken? Man könnte darauf antworten: Er soll bezwecken, über die vergemeinschaftete Form ritualisierter Sprechsprache die literarisch-ästhetischen »Erlebnisse« der Schüler zu überformen. Das bedeutet, daß ihr sprachlich-ästhetisches Verhalten *nach Maßgabe der Sprache der »Gemeinschaft«, der »Kameradschaft«, der »Mannschaft«* modelliert wird. Deutschunterricht also gleichsam als Propädeutikum für die Eingliederung in die sprachlich-ästhetische »Alltäglichkeit« der nationalsozialistischen Politik!

Was hat das alles aber mit dem »soldatischen« Typus des Lehrers zu tun, der so oft – in Analogie zum »kämpferischen« Wissenschaftler – beschworen wurde? Ich möchte eine Hypothese wagen, mit deren Verifizierung sich die Frage nach der Bedeutung des »Soldatischen« für Lehrerbildung und Deutschunterricht beantworten ließe. Diese lautet: Ausbildung und Funktion des Deutschlehrers sind nach den Prinzipien einer aggressiven *männerbündischen* Vergesellschaftung geformt; der Grad ihrer allgemeinen Akzeptanz bestimmt sich nach dem Grad der *Exkommunikation des Weiblichen,* der für die nationalsozialistische Ideologie überhaupt kennzeichnend ist. Meine Absicht ist also zu zeigen, daß die deutschunterrichtlichen Inszenierungen *inhaltlich* von jenen Prinzipien männerbündischer Vergesellschaftung geprägt sind. Alfred Baeumler hatte in seinem Band *Männerbund und Wissenschaft* im Hinblick auf die *personale* Seite der Wissenschaft bereits behauptet: »Ohne den Zusammenschluß freier, in Freundschaft untereinander verbundener Männer ist der Staat nur ein mechanischer Körper.«[61] Baeumler ordnet im Rahmen des staatlichen »Ganzen« dem »Weib« – so sagt er – nur die Seite der »materiellen Kultur« zu, die Ausdruck der »Seelenstimmung des *urbanen* Lebenszustandes« sei, jenes »Lebenszustandes, der in den Zentren städtischer Geselligkeit sich« entfalte[62]; er polemisiert deshalb auch gegen die »Feminisierung« der überholten »demokratischen Gesellschaft« und ihrer »verstädterten«, d. h. »kranken« Kultur, die der neuen, durch die »nordisch-*heroische* Männertradition« bestimmten Gesellschaft nicht entsprächen.[63]

Die bei Baeumler sichtbar werdene Ausgrenzung des Weiblichen aus der Staats- und Wissenschaftsideologie ist durchaus kein Sonderfall; sie zeigt sich auch an der Lehrerbildungs-Ideologie. Entscheidend dabei ist, daß die Frauen, das Mädchen, die Studentin in den Erziehungsideologemen *nicht* nur *nicht mitgemeint* sind, sondern daß sie sogar in expliziter Form ausgegrenzt werden. Pein antwortet z. B. auf die Frage, ob auch der »Erzieherin und Lehrerin« jene vom Lehrer verlangte soldatische »Haltung« zukomme, einen »weiblichen Offizier im Sinne des Mannes« gebe es »von Natur« nicht, die Frau wirke auch in der Schule »am nachhaltigsten, wenn sie ihr Frauentum unverfälscht zum Ausdruck« bringe.[64] Der tatfreudige, »heroische« Mensch, der der Lehrer sein soll und den er erziehen soll, wird offenbar nur dem »Mann« vorbehalten.[65] Die »völkischen Pflichten der Frau im nationalsozialistischen Deutschland« sind nach Peters »so wesentlich andere als die des Mannes, daß sie sich kaum in einer gemeinsamen Erziehung vereinigen« ließen.[66] Nach Bargheer dient das »Kameradschaftshaus« der Hochschulen für Lehrerbildung vor allem dazu, dem künftigen Lehrer das Bewußtsein zu vermitteln, zu einem »Orden« [67] zu gehören. Immer ist nur von *Lehrern* und der *männlichen* Form der »Gemeinschaft« die Rede; auch dem »Lager«, in dem der »deutsche Erzieher« die »Volksgemeinschaft artgleicher Brüder« erlebe,[68] wird eine spezifisch »männliche« Erziehungsfunktion zugemessen. Nimmt eine Frau überhaupt einmal Stellung zur Lehrerbildung oder sogar – was äußerst selten ist – zur Lehrerinnenbildung, so bestätigt sie im Grunde nur die von Männern formulierten »männlichen« Leitbilder für den nationalsozialistischen Lehrer. Eine Dozentin der Hochschule für Lehrerinnenbildung in Hannover geht z. B. von der für sie »natürlichen« Voraussetzung aus, die »politische Haltung für die Frau« bedeute etwas ganz anderes als die »politische Haltung des Mannes«; ihre Konsequenz lautet, daß in der Ausbildung von Lehrerinnen auch die »typische(n) Formen weiblichen Gemeinschaftslebens herausgestellt werden« müßten.[69] Daß die Frauen, zumindest an den Hochschulen für Lehrerbildung, auch auf spezifisch »weibliche« Fächer – vor allem »Handarbeit« und »Hauswerk« – festgelegt wurden, kann nicht überraschen. Dies entspricht der geschlechtsspezifischen Differenzierung auch des Schulsystems im »neuen Reich«.

In einer soziologischen Studie über *Das Wesen des Jugend- und Männerbundes* wird versucht, den Nachweis zu erbringen, daß die alten, für die Jugendbewegung charakteristischen Formen des »Bundes« im Nationalsozialismus die Vergesellschaftungsform der »Mannschaft« angenommen hätten, die nach dem Prinzip »Gefolgschaft« organisiert sei.[70] »Naturhaft« – wie der Verfasser sagt – gebe es für die Frau *keine* Vergemeinschaftung im »Bund«; wo solche Versuche gemacht worden seien, handele es sich bloß um »Nachahmungen und Nachbildungen der männlichen Organisation«; die »natürliche Gesellungseinheit« für die Frau sei die »Familie«.[71] Aufgrund des »natürlichen Machtvorsprungs im Verhältnis der Geschlechter«[72] kommt nach Auffassung des Verfassers allein dem Mann die Aufgabe zu, »im Verband« – wie es heißt – politische Macht auszuüben. Die NS-Gesellschaft also als eine auf der Basis von »männlich« strukturierten »Bünden« organisierte Gesellschaft.

Welche Auswirkungen hat dies nun für die Ausbildung und für die Funktion des Deutschlehrers? Zunächst eine Auswirkung auf die Ideologieformulierung: Der sich in der nationalsozialistischen Erziehungsideologie abzeichnende Typus des »soldatischen« Deutschlehrers, an dem sich Ausbildung und unterrichtliche »Praxis« orientierten, nimmt die Züge jenes *männlich-heroischen* Menschen an, wie er gleichermaßen für den »Kampf« in der Schule, in der Wehrmacht und auch in der Produktion postuliert wird. Es ist jener – nach einer Formulierung des NS-Kultursoziologen Lüddecke – »durch und durch sportsmännisch harte(r) Menschentyp«, der als »Frontsoldat(en) in der großen Produktionsschlacht« zu kämpfen vermag und in dem sich *»Heroismus paart mit kältester Sachlichkeit«*.[73] Dieser »Menschentyp« verdankt seine »Härte« der Verdrängung jenes »Weiblichen«, das in projektiver Form im Bild der Frau als deren naturhafte »Schwäche« oder »Sentimentalität« erscheint. Indem diese »Schwäche« als ein von der »Natur« selbst gegebenes Negativum, nämlich als Fehlen des Heroisch-Soldatischen, interpretiert wird, kann der »Mann« die ihm *sozialgesellschaftlich anerzogene* Aggressivität als *naturgegeben* männliche vor seinem Bewußtsein legitimieren. Deutschlehrer-Ausbildung wie Deutschunterricht wirken an diesem Prozeß der »Naturierung« und scheinbaren Legitimierung der »männlichen« Aggressivität mit; indem sie den Studenten oder Schüler über sprachleibliche Inszenierungen auf ein *abstraktes* Führer-Gefolgschafts-Verhältnis und auf ein abstraktes Wir-»Erlebnis« konditionieren, entlasten sie das Bewußtsein des einzelnen von der *individuellen* Leiderfahrung, die ihm die Verdrängung des vermeintlich »unnatürlichen« Weiblichen einträgt. Der geistig-leiblichen bzw. »sprachlichen« Inszenierung in der »Kameradschaft« des Studiums und des Unterrichts kommt damit die Funktion eines bedingten Reflexes zu: Sie zwingt den einzelnen dazu, *seine* Sprache nur noch als *vergemeinschaftete Sprechhaltung* identifizieren zu können. Damit ist auf seiten des einzelnen jener Zustand erreicht, der ihn willfährig macht gegenüber jenen Formen *autoritären* Sprechens, die allein die Durchsetzung der »männlichen« Herrschaft im »Gefolgschafts«-System des NS-Staates garantieren: Der Anruf, das Kommando und der Appell!

Im Sinne meiner Hypothese läßt sich zusammenfassen: Die Ideologeme, die im Nationalsozialismus in bezug auf Ausbildung und Funktion der Deutschlehrer für verbindlich und allgemein akzeptiert galten, sind geprägt von einer Männlichkeits-»Phantasie«, die der gesamten politischen NS-Ideologie inhärent ist und die auch in die »Wissenschafts«-Ideologie hineinreicht. Gerade weil diese Ideologeme einen so hohen Grad an geschlechtsspezifischer Funktionsbestimmung für den *Lehrer* – nicht die Lehrerin – aufweisen, sind sie für das »neue Reich« *funktional*, d. h., sie betreiben aktiv die Formierung des »nationalsozialistischen Menschen« mit, jenes Menschen, dessen Konditionierung auf die totale, den Körper *und* das Sprachbewußtsein ergreifende »Gliedschaft« allererst seine »Einsetzbarkeit« an den unterschiedslos gewordenen »Fronten« garantiert: der »Front« der Erziehung, der »Front« der Arbeit und der »Front« des Krieges, deren abstrakte Einheit das »Lager« vermittelt. An diesem Ergebnis zeigt sich auch, wie falsch es ist, die nationalsozialistischen Ideologeme, gerade auch die im Bereich »nur« eines Faches, vom heutigen Bewußtseinsstand her zu belächeln, sie für bloß dumm oder abstrus zu halten oder ihnen lediglich »vollendete(r) Unwissenschaftlichkeit« [74] zu attestieren – so noch der Germanist Ziegler im Jahre 1965.

Man darf nicht verkennen, daß Ideologien – es sei denn, man leugnet überhaupt die gesellschaftlich notwendige Existenz von Ideologien – immer für das je herrschende Gesellschaftssystem *funktional* sind. Ideologien *legitimieren* aber nicht nur »falsche«, d. h. auf bloßer Machtdurchsetzung beruhende Verhältnisse, sondern sie *bedingen* auch Herrschaft und Gewalt, mit eben der Notwendigkeit, mit der auf die Verbrennung von Büchern die Verbrennung von Menschen folgte. Deshalb ist es auch falsch, der nationalsozialistischen Ideologie Überholtheit oder bloße Rückwärtsgewandtheit zu bescheinigen; und es führt auch nicht weiter, wie Elke Nyssen in ihrem Band *Schule im Nationalsozialismus* [75] Unterricht und Schule nur unter dem Gesichtspunkt des Zwiespalts zwischen Ideologisierungs- und Qualifizierungsfunktion zu sehen. Denn: Ideologisierung intendiert *auch* eine ganz bestimmte, nur eben über den Rahmen von Schule und Unterricht *hinausgehende* Qualifizierung.

Als Aggregat für die *Durchsetzung* der Ideologie vollziehen Deutschlehrer und Deutschunterricht im Nationalsozialismus die *Qualifizierung* eines Menschen, dessen »Ganzheitlichkeit« nur noch darin besteht, daß er sich »ganz«, mit Leib *und* Geist, dem zur Maschinerie verkommenen faschistischen Alltag anheimgibt. Damit ist – kulturhistorisch gesehen – dann endgültig der »Traum ausgeträumt«, der Mensch könne sich im Medium der *Kunst* noch eine mit der »Mechanik« des »äußeren Lebens« versöhnende *Gegenwelt* schaffen – so noch der Traum der Kunsterziehungsbewegung, der Körperkulturbewegung – ich erinnere nur an den Ausdruckstanz! –; und so auch noch jener der »Ganzheitlichkeit« bezweckenden »Deutschen Gymnastik«, die auch von den Nationalsozialisten vereinnahmt wurde[76]. Der nationalsozialistische Deutschunterricht hat seinen Anteil an der Beendigung dieses Traums: Indem er den »Umgang mit Texten« einer nach den Gesetzen politischer Vergemeinschaftung organisierten Situation unterstellt, schließt er den ästhetischen Traum von einer anderen Welt aus und verpflichtet auf das pure Hier und Jetzt. Dies ist die nationalsozialistische Variante der so oft beschworenen Versöhnung von »Kunst« und »Leben«.

Anmerkungen

1 Zum Verhältnis von Literatur und Erziehung im Nationalsozialismus, für das der Deutschunterricht als eine spezifische Form nationalsozialistischer »Körperkultur« repräsentativ ist, vgl. *N. Hopster, U. Nassen*: Literatur und Erziehung im Nationalsozialismus. Deutschunterricht als Körperkultur, Paderborn usw. 1983; vgl. auch *R. Dithmar*: Der Deutschunterricht in der Weimarer Republik als Wegbereiter des Faschismus. In: *R. Dithmar, J. Willer (Hg.)*: Schule zwischen Kaiserreich und Faschismus, Darmstadt 1981, S. 3–32.

2 *E. Lämmert*: Germanistik – eine deutsche Wissenschaft. In: Germanistik – eine deutsche Wissenschaft. Beiträge von E. Lämmert, W. Killy, K. O. Conrady, P. v. Polenz, Frankfurt/M. 1968[3], S. 7–41.

3 *F. J. Nospers*: Deutschunterricht zwischen Fachwissenschaft und Fachdidaktik. Zur Entwicklung seiner Zielsetzungen vom ausgehenden 19. Jahrhundert bis zum 2. Weltkrieg., Diss. Phil., Trier 1977.

4 Vgl. dazu den Beitrag von Sprengel zum 70. Geburtstag des Germanisten Friedrich Panzer, einem der einflußreichsten Verfechter der Deutschkunde. An Sprengel wie an Panzer wird die spezifisch nationalsozialistische Adaption der Deutschkunde erkennbar. *J. G. Sprengel*: Deutsche Philologie und Deutsche Bildung. Friedrich Panzer zum 70. Geburtstag. In: Zeitschrift für Deutsche Bildung 16 (1940), S. 195–200.

5 Vgl. *J. Eckhardt*: Der Lehrplan des Deutschunterrichts. Lernbereichs-

konstruktion und Lernzielbestimmung unter gesellschaftlich-historischem Aspekt, Weinheim, Basel 1979.

6 Vgl. *H.-U. Molzahn*: »Volkstümliche Bildung« und Deutschunterricht, Köln 1981.

7 Vgl. *P. Hasubek*: Das deutsche Lesebuch in der Zeit des Nationalsozialismus. Ein Beitrag zur Literaturpädagogik zwischen 1933 und 1945, Hannover 1972.

8 Vgl. *K. Behr*: Gymnasialer Deutschunterricht in der Weimarer Republik und im Dritten Reich. Eine empirische Untersuchung unter ideologiekritischem Aspekt, Weinheim, Basel 1980.

9 *H. J. Frank*: Dichtung, Sprache, Menschenbildung. Geschichte des Deutschunterrichts von den Anfängen bis 1945, 2 Bde., München 1976.

10 Vgl. *N. Hopster, U. Nassen*: »Jugend und Buch im neuen Reich.« Die nationalsozialistische Literaturpädagogik im »Kampf« um das »gute Jugendschrifttum«. In: Diskussion Deutsch 14 (1983), H. 73, S. 551–568.

11 Zur Auflösung der Hochschulen für Lehrerbildung (HfLs) und den damit verbundenen Schwierigkeiten für die Vertreter der nationalsozialistischen Lehrerbildung, Auflösung wie Einrichtung der nicht mehr auf wissenschaftlicher Ausbildung basierenden Lehrerbildungsanstalten zu legitimieren, vgl. *R. Michel*: Gedanken zur neuen Lehrerbildung. In: Württembergische Schulwarte 17 (1941), S. 137–144; *F. Uplegger*: Die Form der künftigen Lehrerbildung. In: Weltanschauung und Schule, 1941, S. 25–30; *H. Müller*: Berufserziehung und -ausbildung der Volksschullehrer. In: Weltanschauung und Schule, 1943, S. 38–43.

12 Zu Struktur und Funktion der HfLs aus nationalsozialistischer Sicht vgl. *A. Hohlfeld*: Hochschule für Lehrerbildung und Reichsgesinnung. Bemerkungen zu einer politischen und kulturellen Aufgabe. In: Volk im Werden 4 (1936), S. 479–485; *W. Voigtländer*: Studium und Berufsausbildung an den Hochschulen für Lehrerbildung. In: Weltanschauung und Schule 1 (1936/37), S. 261–269; *A. v. Fragstein*: Die Wissenschaft in der Arbeit der Hochschule für Lehrerbildung, Leipzig 1938.

13 Zum Problem der Lehrerbildung im NS, zur Gleichschaltung der Lehrer und ihrer Organisationen vgl. u. a. *U. Sandfuchs*: Universitäre Lehrerausbildung in der Weimarer Republik und im Dritten Reich. Eine historisch-systematische Untersuchung am Beispiel der Technischen Hochschule Braunschweig, Bad Heilbrunn/Obb. 1978; *J. Erger*: Lehrer und Nationalsozialismus. Von den traditionellen Lehrerverbänden zum Nationalsozialistischen Lehrerbund (NSLB). In: *M. Heinemann (Hg.)*: Erziehung und Schulung im Dritten Reich. Teil 2: Hochschule, Erwachsenenbildung, Stuttgart 1980, S. 206–231; *H. Scholtz, E. Stranz*: Nationalsozialistische Einflußnahme auf die Lehrerbildung. In: *Heinemann* (Anm. 13), S. 110–124.

14 Gegen den »von außen« erhobenen Vorwurf, die Nationalsozialisten hätten die Freiheit der Wissenschaft aufgehoben (die Entfernung vieler jüdischer Wissenschaftler aus dem Hochschuldienst aufgrund des 1933 erlassenen Gesetzes zur Wiederherstellung des Berufsbeamtentums war nur ein Indiz dafür!), wendet sich die apologetische Schrift von *H. Huber*: Der Aufbau des deutschen Hochschulwesens. Vortrag gehalten auf der dritten fachwissenschaftlichen Woche für Universitätsbeamte der Verwaltungsakademie Berlin am 30. Januar 1939. Hg. v. d. Deutschen Forschungsgemeinschaft, (Ms.) Gräfenhainichen (1939). – Ähnlich wehrt sich der Präsident der Physikalisch-Technischen Reichsanstalt Stark gegen die sogenannten »Unwahrheiten über die Einstellung der nationalsozialistischen Regierung gegenüber der Wissenschaft«, die vom Ausland her, besonders von Juden, verbreitet würden. Indem Stark selbst den Juden die »Vergewaltigung des germanischen Geistes in der deutschen Wissenschaft« vorwirft und diese allein als eine Beeinträchtigung der Wissenschaftsfreiheit deklariert, erscheint die »Arisierung« der Wissenschaft bei ihm als eine Notwendigkeit der Wissenschaft selbst (S. 9). Wissenschaft ist – wie Kunst – nach Stark prinzipiell national. Es sei erwiesen, daß z. B. »die Naturwissenschaft überwiegend eine Schöpfung des nordisch-germanischen Blutanteils der arischen Völker« sei (S. 11). Starks Behauptung, eine der schlimmen Folgen der »Zurückdrängung des germanischen Geistes durch den jüdischen Geist in der deutschen Wissenschaft« sei vor allem »ein auffallender Rückgang der großen schöpferischen Leistungen in der deutschen Wissenschaft« sowie »ein erschreckender Mangel an schöpferischen originellen Köpfen im akademischen Nachwuchs« (S. 14), korreliert mit dem Blut-und-Boden-Dogma Darrés (1938 und 1942), nur den bodenständigen, nicht »verstädterten« Völkern und Rassen komme schöpferische Genialität zu. *J. Stark*: Nationalsozialismus und Wissenschaft, München 1934.

15 *A. Baeumler*: Männerbund und Wissenschaft. Berlin 1943^2, S. 98.

16 Ebd., S. 97.

17 Ebd., S. 94.

18 Ebd., S. 112. Krieck sagte 1933 in einer Rede anläßlich seiner Einführung als Rektor der Universität Frankfurt: »Dringend nötig ist dann vor allem, daß eine Wissenschaft entsteht, die nicht in reiner Beschauung den Gegebenheiten und Wirklichkeiten gegenüber verharrt, sondern zur Bahnbereitung der Zukunft, zum Aufbauwillen und zur kämpferischen Haltung vordringt. Es ist uns jetzt die gestaltende und aufbauende, die soldatische und militante Wissenschaft aufgegeben . . .« (S. 9). Der Universität insgesamt komme vor allem eine »nationalpolitische Erziehungsaufgabe« zu; die »Lehrer der Hochschulen« würden »die Erfahrung machen, daß sie mit einer kämpferischen Wissenschaft, die sich selbst« durchsetze, »mit einer Erkenntnis, die aus innerstem Müs-

sen heraus den Kampf mit den Widerständen« aufnehme, »die Studenten weit gründlicher an die wissenschaftliche Arbeit heranzubringen« vermöchten, »als es in den letzten Jahren mit der angeblich objektiven Wissenschaft der Fall gewesen« sei (S. 11). – *E. Krieck*: Die Erneuerung der Universität. Rede zur Übergabe des Rektorats am 23. Mai 1933. Frankfurt/M. 1933 (Frankfurter Akademische Reden 5).

19 *B. Rust*: Die Aufgabe der Wissenschaft. In: Weltanschauung und Schule 1 (1936/37), S. 450.

20 Nationalsozialismus und Wissenschaft. Hg. v. NSD-Dozentenbund Gau Berlin, Berlin 1937, S. 16.

21 *T. Litt*: Die Stellung der Geisteswissenschaften im nationalsozialistischen Staate, Leipzig 1934[2], S. 11.

22 *Litt* (Anm. 21), S. 19.

23 *W. Frank*: Die deutschen Geisteswissenschaften im Kriege. Hamburg 1940/41, S. 17f. In einem ähnlichen Beitrag – bezeichnenderweise erschien er im Deutschen Hochschulführer (1941) – sagte Frank (Präsident des Reichsinstituts für die Geschichte des neuen Deutschlands), daß zwar die »Macht der *technischen Wissenschaften*« klar zutage trete, daß es aber schwerfalle, auch den Geisteswissenschaften eine praktische Bedeutung zuzuerkennen; sie hätten eine »geschichtliche Schuld« zu büßen, die »durch ihre eigene Lebensschwäche« auf sie gekommen sei (S. 9). – Einmal mehr wird hier deutlich, daß es den Nationalsozialisten bei allem »organischen« Pathos in der Beschwörung einer neuen »völkischen« Wissenschaft keineswegs darum ging, den technischen Fortschritt zu bremsen. Im Gegenteil! Man muß sehen, daß der Nationalsozialismus als ein hochentwickeltes industriekapitalistisches System vielmehr die antimechanistischen Ressentiments und das Quasi-Utopische der Organologien zum Zwecke seiner Potenzierung benötigte. – *W. Frank*: Wesen und Aufgabe der Geisteswissenschaften im deutschen Leben. In: Der Deutsche Hochschulführer. Lebens- und Studienverhältnisse an den deutschen Hochschulen. Studienjahr 1941. Ausg. 23. Hg. v. Reichsstudentenwerk gemeinsam mit der Reichsstudentenführung, Berlin 1941, S. 7–11. – Einen beredten Ausdruck des Zusammenhangs von Ökonomie und Organologie gibt das im Sinne der NS-Ideologie fundamentale Werk von *P. Krannhals*: Das organische Weltbild. Grundlagen einer neuentstehenden Deutschen Kultur. (1928) Ungek. Volksausgabe, 2 Bde., München 1936.

24 Daß mit dieser »beruflichen Praxis« auch die Einbindung der Studenten – vor allem der Studenten der HfLs – in die völkisch-politischen Organisationen und konkreten Planungen der »Bewegung« gemeint war, läßt u. a. die Regionalisierung der Lehrerausbildung, die Verlagerung der Hochschulen in die sogenannten »Grenzland«-Bereiche, erkennen. Ein Beispiel hierfür ist u. a. die Verlegung der pädagogischen Akademie Halle (a. S.) nach Hirschberg im Riesengebirge, wo sie als »HfL« (in

Preußen erhielten im Jahre 1933 alle Akademien diesen Status) ihre Arbeit fortsetzte. Vgl. Hochschule für Lehrerbildung Hirschberg. Jahresbericht 1934/35. Langensalza, Berlin, Leipzig o. J. (1935).

25 In den Deutschen Hochschulführern – z. B. dem aus dem Jahre 1941 (S. 67) –, die aus einer Mischung von politischen Traktaten und Informationen über den Bereich der Hochschulen bestanden, wird eigens auf die »körperliche Erziehung« an den Hochschulen – nicht auf »Sport«! – hingewiesen. Diese war in den ersten drei Semestern für alle Studenten verpflichtend. Diese »körperliche Erziehung« entsprach jenen antiintellektualistischen Ressentiments, wie sie Hitler bereits in »Mein Kampf« geäußert hatte:
»Die deutsche Erziehung vor dem Kriege war mit außerordentlich viel Schwächen behaftet. Sie war in sehr einseitiger Weise auf die Anzüchtung von reinem ›Wissen‹ zugeschnitten und weniger auf das ›Können‹ eingestellt. Noch weniger Wert wurde auf die Ausbildung des Charakters des einzelnen gelegt – soweit diese überhaupt möglich –, ganz wenig auf die Förderung der Verantwortungsfreudigkeit und gar nicht auf die Erziehung des Willens und der Entschlußkraft. Ihre Ergebnisse waren wirklich nicht die starken Menschen, sondern vielmehr die gefügigen ›Vielwisser‹...« (S. 258) »Der völkische Staat hat in dieser Erkenntnis seine gesamte Erziehungsarbeit in erster Linie nicht auf das Einpumpen bloßen Wissens einzustellen, sondern auf das Heranzüchten kerngesunder Körper. Erst in zweiter Linie kommt dann die Ausbildung der geistigen Fähigkeiten. Hier aber wieder an der Spitze die Entwicklung des Charakters, besonders die Förderung der Willens- und Entschlußkraft, verbunden mit der Erziehung zur Verantwortungsfreudigkeit, und erst als letztes die wissenschaftliche Schulung.« (S. 452) – *Adolf Hitler*: Mein Kampf (1925 und 1927). München 1940.
Wie direkt die politisch-körperliche »Ganzheits«-Erziehung im Nationalsozialismus auf eine »lebendige« Verschränkung von Hochschule und NS-Organisationen zielte, lassen z. B. die Bestimmungen der HfL Hamburg erkennen, in denen es unverblümt heißt: »In die *politische und körperliche Erziehung* teilen sich Hochschule für Lehrerbildung, die zuständigen Gliederungen der NSDAP und die Studentenschaft.« Vgl. Hochschule für Lehrerbildung in Hamburg: Vorlesungsverzeichnis Sommersemester 1937, S. 45 f.

26 *P. Michel*: Der neue deutsche Erzieher. Esslingen 1939 (Schriftenreihe der Hochschule für Lehrerbildung Esslingen a. N., H. 1), S. 18.

27 *W. Sawusch*: Der deutsche Erzieher in der Entscheidung. Frankfurt/M. 1938, S. 13.

28 *B. Rust*: Die Einheit der Lehrerbildung. In: Weltanschauung und Schule 1 (1936/37), S. 72.

29 Zu den inhaltlichen wie »praktischen« Problemen und Konsequenzen, die mit der Übertragung des »Führerprinzips« auf die Hochschulen

verbunden waren, vgl. *E. Krieck*: Führertum und Hochschulreform. In: Volk im Werden 5 (1937), S. 57–63.

30 Zur Ausbildung, politisch-rechtlichen Stellung wie auch zum »Alltag« der Lehrer an höheren Schulen vgl. die Schrift »Der Lehrer an höheren Schulen« (1938), die vom Akademischen Auskunftsamt Berlin in Verbindung mit dem Amt für Berufserziehung und Betriebsführung in der Deutschen Arbeitsfront herausgegeben wurde.

31 *U. Peters, K. Witt*: Volksschule und Lehrerbildung im Dritten Reich. Heft 1: Erziehungs- und Unterrichtsplan der Kieler Ausbildungsschulen. Frankfut/M. 1937, S. 2.

32 *Sawusch* (Anm. 27), S. 53.

33 *U. Peters*: Nationalsozialismus und Lehrerbildung. In: Die neue deutsche Schule 7 (1933), S. 658.

34 *Peters* (Anm. 33), S. 658.

35 *E. Krieck*: Die Wissenschaft in der Lehrerbildung. In: Volk im Werden 5 (1937), S. 225f.

36 *Baeumler* (Anm. 15), S. 112.

37 *W. Stuckart*: Nationalsozialistische Lehrerbildung. In: Volk im Werden 2 (1934), S. 265.

38 *Peters* (Anm. 33), S. 659.

39 *Pein*: Der deutsche Lehrer und Erzieher als pädagogischer Offizier. In: Nationalsozialistisches Bildungswesen 5 (1940), S. 145.

40 *W. Kircher*: Gedanken zur Lehrerbildung. In: Nationalsozialistisches Bildungswesen 6 (1941), S. 137.

41 *W. Linden*: Das neue Antlitz der Deutschkunde. In: Deutsches Bildungswesen 1 (1933), S. 404 und 405.

42 *G. Fricke*: Zur inneren Reform des philologischen Hochschulstudiums. In: Volk im Werden 1 (1933), H. 4, S. 29.

43 *Fricke* (Anm. 42), S. 29; vgl. auch *ders.*: Über die Aufgabe und die Aufgaben der Deutschwissenschaft. In: Zeitschrift für Deutsche Bildung 9 (1933), S. 494–501.

44 *W. Erxleben*: Zur Berufsvorbildung der Philologen. In: Die Deutsche Höhere Schule 2 (1935), S. 844.

45 *J. Schmidt*: Der Turnphilologe. In: Die Deutsche Höhere Schule 5 (1938), S. 711.

46 *B. v. Wiese, F. K. Scheid*: 49 Thesen zur Neugestaltung deutscher Hochschulen. In: Volk im Werden 1 (1933), S. 15.

47 *v. Wiese, Scheid* (Anm. 46), S. 19.

48 *v. Wiese, Scheid* (Anm. 46), S. 15.

49 *Krieck* (Anm. 18) sagte bereits in seiner Rede bei der Übernahme des Rektorats im Hinblick auf die gesamte Studentenschaft, das neue Studentenrecht fordere »die akademische Jugend« heraus, »ein hohes Vorbild junger Mannheit, der körperschaftlichen Selbstzucht und Wehrhaftigkeit, der Gefolgschaftstreue und der Ehre aufzustellen«; so werde

»aus der Universität das geistige Soldatentum des Dritten Reiches hervorgehen«, so werde das »junge Akademikertum ... die geistige Flanke einer neu heraufwachsenden, den Staat tragenden Ausleseschicht darstellen, eine geistige S.-A., der die Wissenschaft zur Wehr und Waffe, wie auch als Werkzeug am völkisch-politischen Aufbau in die Hand gegeben« sei (S. 6). Daß diese von Krieck verkündeten politischen Postulate im Hinblick auf die »Erziehung« der Studenten praktisch bereits vor 1933, und zwar durch den Nationalsozialistischen Deutschen Studentenbund (NSDStB), zu realisieren versucht wurden, belegt Faust in seiner Untersuchung (vgl. dort die abgedruckten Satzungen des NSDStB). Faust stellt u.a. dar, in welchem Maße der NSDStB – der an vielen Hochschulen schon vor 1933 zur stärksten studentischen Organisation aufstieg – an die reaktionären Vorstellungen der in der Weimarer Republik und früher dominierenden Studentenverbände mit ihrem Antirationalismus und Antisemitismus, ihrer antidemokratischen und nationalsozialistischen Grundhaltung anschloß – bis hin zur Übernahme »burschenschaftlicher« Ehrvorstellungen (einschließlich Mensurwesen!); vgl. bei Faust (Anhang) auch die »Ehrenordnung des Nationalsozialistischen Deutschen Studentenbundes«. *A. Faust*: Der nationalsozialistische Deutsche Studentenbund. Studenten und Nationalsozialismus in der Weimarer Republik, 2 Bde., Düsseldorf 1973.

50 Richtlinien für das höhere Lehramt. 1937. In: *Michel* (Anm. 26), S. 110.

51 *Erxleben* (Anm. 44), S. 842.

52 *Linden* (Anm. 41), S. 405.

53 *F. Meineke*: An den Deutschlehrer der neuen »Deutschen Schule«. In: Volk im Werden 1 (1933), H. 3, S. 59.

54 *Pein* (Anm. 39), S. 147.

55 *F. L. Müller*: Der Deutschlehrer im nationalpolitischen Lager. (Grundsatz und Versuch.) In: Zeitschrift für Deutschkunde 50 (1936), S. 71.

56 *A. Rosenberg*: Aufgaben des Lehrers und Erziehers. In: Weltanschauung und Schule 2 (1938), S. 514. Vgl. dazu auch Rosenbergs Rede: »Wir müssen alle einsehen, daß das nackte Wissen immer überheblich sein wird, wenn es sich nicht mit einem starken, innerlich reichen Menschentum zu verbinden vermag. Das reine Wissen ist deshalb, tiefer gesehen, *unklug*, weil es niemals die gesamte Persönlichkeit eines Menschen zu formen und deshalb auch kein inneres Verständnis für ein heranwachsendes Geschlecht aufzubringen vermag. Der Lehrer hat heute genau so eine revolutionäre Mission wie der nationalsozialistische Staatsmann und Soldat. Von dem Lehrer wird es zum großen Teil auch abhängen, wie vorgebildet in Zukunft unser junges Geschlecht in die politischen Formationen der Bewegung eintritt ...« (S. 10) – Abgesehen davon, daß hier, wie in vielen Beiträgen anderer Autoren, die Ste-

reotypisierung der nationalsozialistischen Polit-Rede augenfällig wird, zeigt sich auch die deutliche Parallele zu den »Erziehungs«-Vorstellungen Hitlers in »Mein Kampf«. – *A. Rosenberg*: Die neue Mission des Erziehers. Reden des Reichsleiters Alfred Rosenberg und des Reichswalters des NSLB Gauleiter Fritz Wächtler anläßlich der Einweihung d. Reichsschule des NSLB in Donndorf b. Bayreuth am 27. 10. 1938. Hg. v. d. Reichswaltung des NSLB. München (1938).

57 Zur ideologischen Begründung des Erlebnis-Begriffs vgl. die kritische Studie von *K. Sauerland*: Diltheys Erlebnisbegriff. Entstehung, Glanzzeit und Verkümmerung eines literaturhistorischen Begriffs. Berlin, New York 1972.

58 *F. Blättner*: Die Wissenschaft als Aufgabe der Hochschule für Lehrerbildung. In: Die Deutsche Schule 42 (1938), S. 449.

59 Vgl. den Studienplan für Lehrer an Volksschulen. In: *Michel* (Anm. 26), S. 91. – Eine außerordentliche Rolle spielte im Rahmen der »ganzheitlichen« Erziehung und speziell des Deutschunterrichts die »musische« Erziehung. In ihr sollte, wie in der »sprachleiblichen« Modellierung, das kontemplativ-individualistische Moment auch zugunsten vergemeinschafteter »Tätigkeiten« beseitigt werden. Zum Stellenwert des »Musischen« in der Ausbildung an den HfLs vgl. die Verzeichnisse der HfLs Hirschberg (Hochschule für Lehrerbildung Hirschberg, Anm. 24) und Esslingen (*Michel*, Anm. 26).
In der Begründung des »Musischen« klingen oft archaische Momente an, Hinweise auf eine ehemalige »organische« Einheit von Kunst und Leben/Arbeit, die es zu restituieren gelte. Bargheer forderte z. B. – was auf den ersten Blick gar nicht zu der »soldatischen« Projektion des »neuen« Lehrers zu passen scheint –, es müsse »auf dem Boden der trümmerhaften Reste eines Instinkts für deutsche Volkskunst eine Kunsterziehung« erstrebt werden, »die im Handwerklichen« fuße »und mit den volkskünstlerischen Prinzipien« versuche, »zu neuer schöpferischer Arbeit anzuregen« (S. 49). Hinter diesem archaischen Motiv einer noch ins »Leben« gebundenen, nicht zum »Spezialistentum« entfremdeten »Kunst« ist der Versuch zu sehen, die letzten Reste einer noch nicht verlorengegangenen, allgemeinmenschlichen ästhetischen Produktivkraft politisch zu instrumentalisieren. Vgl. *E. Bargheer:* Lehrerbildung und Nationalsozialismus. In: Volk im Werden (1933), H. 5, S. 45–50.

60 *H. Freudenthal:* Deutschkunde als politische Volkskunde in Schule und Lehrerbildung. In: Zeitschrift für Deutschkunde 49 (1935), S. 13.

61 *Baeumler* (Anm. 15), S. 59.

62 Ebd., S. 8.

63 Ebd., S. 40.

64 *Pein* (Anm. 39), S. 147f.

65 Vgl. *Peters* (Anm. 33), S. 653f.

66 Ebd., S. 658.

67 *E. Bargheer:* Deutsche Lehrerbildung als Ausgangspunkt der Schulreform. Rechenschaft und Ausblick, Osterwieck/Berlin 1936, S. 33.

68 *C. Wolf:* Die Schulung der Lehrer als Grundlage für die Jugenderziehung im Dritten Reich. In: Reichszeitung der deutschen Erzieher. H. 11 (1934), S. 6f.

69 *K. Scheffer*: Aus der Arbeit der Hochschule für Lehrerinnenbildung in Hannover. In: Deutsche Mädchenbildung 11 (1933), S. 364f. – In einer bereits im Jahre 1933 verfaßten Schrift zur Ausbildung von Lehrerinnen heißt es, schon sehr direkt auf die spätere geschlechtsspezifische Differenzierung der Lehrerbildung verweisend: »Die Ausbildung der Lehrerinnen als Führerinnen und Volkserzieherinnen muß von Grund auf neu gestaltet werden von den Forderungen aus, die Volk und Staat an den einzelnen stellen ... Unser Volk braucht Frauen, die sich ihrer großen Aufgabe als Trägerinnen gesunden Volks- und Familienlebens und als Hüterinnen des Volkserbes und der Volkszukunft bewußt sind. Die ganze Lehrerinnenausbildung muß so gestaltet werden, daß die Lehrerinnen wirklich befähigt sind, den Mädchen alles Wissen und Können zu vermitteln, was zur Erreichung dieser Aufgabe notwendig ist, und sie zu einer Haltung (!) zu verwurzeln, die sie ihre Verantwortung dem Volksganzen gegenüber begreifen und leben lehrt« (S. 351). Die Verfasser beklagen, daß bei der ehemaligen »Angliederung der Lehrerinnenausbildung an die der Lehrer ... die Lehrerinnenausbildung zu sehr der Lehrerbildung angeglichen« worden sei; die »volkserzieherische Aufgabe« der Lehrerin sei – »vor allem für die Erziehung der künftigen Mütter« – nicht genügend erkannt worden; dabei betonen die Verfasser, daß die »kommende Ausbildung der Lehrer ... durch Einbeziehung des Wehrsportes und der männlichen Jugendführung noch stärker männlich betont« sein werde (S. 353). Vgl. *W. Stölten, D. M. v. Tiling*: Über die Neugestaltung der Lehrerinnenbildung. In: Deutsche Mädchenbildung 9 (1933), S. 351–357.

70 *H. Franz*: Das Wesen des Jugend- und Männerbundes. In: Nationalsozialistisches Bildungswesen 6 (1941), S. 238ff.

71 Ebd., S. 231.

72 Ebd., S. 230.

73 *Th. Lüddecke*: Meisterung der Maschinenwelt. Menschentum und Möglichkeit. Leipzig 1931 (2. Aufl. Leipzig 1934 u.d. Titel: Meisterung der Lebenskrise), S. 248, 263.

74 *K. Ziegler*: Deutsche Sprach- und Literaturwissenschaft im Dritten Reich. In: *A. Flitner (Hg.)*: Deutsches Geistesleben und Nationalsozialismus, Tübingen 1965, S. 150.

75 *E. Nyssen*: Schule im Nationalsozialismus, Heidelberg 1979.

76 Vgl. *Hopster, Nassen* (Anm. 1).

Wilhelm Voßkamp
Kontinuität und Diskontinuität
Zur deutschen Literaturwissenschaft im Dritten Reich

Karl Otto Conrady zum 60. Geburtstag

Die Machtergreifung als »kopernikanische Wende«?

»Goethe nicht, aber deutsche Professoren haben Neigung, vor der Macht in die Knie zu gehen. 1933 sahen sie den Weltgeist in braunen Hosen«, formuliert Wolfgang Koeppen in einem Gespräch zum 50. Jahrestag der Bücherverbrennung.[1] Koeppens Kommentar scheint insbesondere für Vertreter jener Disziplin zu gelten, die am 10. Mai 1933 Redner zum Autodafé stellte. Die Germanisten Hans Naumann in Bonn und Gerhard Fricke in Göttingen übernahmen es, anläßlich der Kundgebungen der NS-Studentenschaft unter dem Motto *Wider den undeutschen Geist* zur Bücherverbrennung zu sprechen. Ich zitiere aus der Bonner Rede Hans Naumanns:

»So verbrenne denn, akademische Jugend deutscher Nation, heute zur mitternächtigen Stunde an allen Universitäten des Reichs, – verbrenne, was Du gewiß bisher nicht angebetet hast, aber was doch auch Dich wie uns alle verführen konnte und bedrohte.

Wo Not an den Mann geht und Gefahr im Verzug ist, muß gehandelt werden ohn allzu großes Bedenken. Fliegt ein Buch heute nacht zu viel ins Feuer, so schadet das nicht so sehr, wie wenn eines zu wenig in die Flammen flöge. Was gesund ist, steht schon von allein wieder auf. ...

Wir schütteln eine Fremdherrschaft ab, wir heben eine Besetzung auf. Von einer Besetzung des deutschen Geistes wollen wir uns befreien. ...

Aber wir wollen die Vorgänge dieser Nacht noch tiefer fassen. Wir kämen zu billig davon, glaubten wir mit dieser Verbrennung sei schon alles getan. Wir gehen noch einen Schritt weiter, wir wollen noch tiefer, wir gehen noch zu uns selbst, *in* uns selbst. Dies Feuer ist ein Symbol und soll auch eine Aufforderung sein an uns selbst, unsere eigenen Herzen zu läutern. Wir haben das allzumal nötig, alle ohne Ausnahme; richten wir alle auch über uns selbst! ...

Wir wollen den Literaten nicht mehr, wir wollen den Verantwortlichen, den Dichter . . ., der uns Gesetze gibt, dem Dichten ein Amt ist, der sich zum Boten des Herrn aufwirft, und der das lebendige Gewissen unseres Staates, unserer Nation, unseres Volkes, des Deutschen Reiches, unseres neuen Heiligen Reiches . . . ist.

Es war gerade die Kunst des uns artfremden Zivilisationsliteraten, mit kaltem Verstand erklügelt und gewollt zu sein. Deutsche Kunst kommt aus irrationaleren Gründen. Kommt aus den Tiefen des Parzival und des Faust. Und gerade dem, was aus diesen Abgründen und Tiefen sich naht, sollen die Tore aufs Neue geöffnet sein. . . .

Wir rufen nach dem neuen künstlerischen Geist der völkischen Aktivität. Heil denn also dem neuen deutschen Schrifttum! Heil dem obersten Führer! Heil Deutschland!«[2]

Diese Rede – im Stil und Ton einer kultisch-religiösen Weihehandlung – enthält bereits die wichtigsten Stichworte, auf die zu achten ist; es sind jene Gegenüberstellungen und programmatischen Forderungen, die den Horizont dessen bezeichnen, wovon in diesem Vortrag die Rede sein muß: Gesunder »deutscher Geist« gegen Fremdherrschaft, »deutsche Dichter« gegen »artfremde Zivilisationsliteraten«, Kunst »aus irrationaleren Gründen« gegen Werke von »kaltem Verstand erklügelt und gewollt«. Der Ruf nach »deutscher Tiefe« und »völkischer Aktivität« steht im Zeichen des »obersten Führers«. Die rhetorische Beschwörung mündet in einen Aufruf zur Tat. Die nationale Selbstbefreiung und Läuterung soll zum eingreifenden Handeln führen; der Dichter wird zum »Boten des Herrn«.

In Göttingen klang das am 10. Mai 1933 nicht anders. Gerhard Fricke beschwört

». . . eine von den meisten in ihrer Tragweite heute noch kaum geahnte, gleichsam kopernikanische Wende und Umprägung des Fühlens, Wollens und Denkens, des sozialen, politischen und kulturellen Wertens. Diese Wendung setzt an die Stelle von Demokratie, Liberalismus, Individualismus und Humanismus, an die Stelle des Manchestertums mit seinen Entwicklungszielen zum Atomismus und Kollektivismus – den völkischen Sozialismus als das schlagende Herz im Organismus der Nation. . . . Wir haben aufgehört, virtuoses Artistentum und das l'art pour l'art nomadisierender Geister für Kunst zu halten, die Abnormitäten überzüchteter Müßigänger mit tragischem Menschentum zu verwechseln. . . .

Das deutsche Volk beginnt heute wieder zu unterscheiden zwischen deutschem und undeutschem Geist. Es will Speise und Trank *seines* Bodens. . . .

Wir warten auf das Neue und wir glauben an die Zukunft. Adolf Hitler hat einer vor der Materie kapitulierenden Welt gezeigt, daß auch heute die

Idee und der glühende Wille stärker sind als alle anderen Mächte der Erde.«[3]

Auch für Gerhard Fricke bedeutet das Jahr 1933 eine »kopernikanische Wende«, und die Bücherverbrennung ist ein symbolischer Akt, der zur nationalen »Reinigung und Verjüngung« auffordert, der den Anspruch des Nationalsozialismus »auf Totalität« in messianischen Formeln verkündet. »Erneuerung«, »Selbsterziehung« und »Bereitschaft« sind die expressionistischen Vokabeln einer quasi-religiösen Aufbruchs-»Bewegung«, in deren Dienst sich deutsche Dichtung »bedingungslos« zu stellen hat.

Mit den germanistischen Reden zur Bücherverbrennung hat es nicht sein Bewenden. Hermann August Korff, Verfasser des Standardwerks zum *Geist der Goethezeit*[4], schreibt etwa unter der Überschrift *Die Forderung des Tages* 1933 in der *Zeitschrift für Deutschkunde:*

»Wie immer man die großen Ereignisse empfinden möge, von denen wir in der Gegenwart wie auf gewaltigen Wogen dahingetrieben werden – nach einer Zeit so qualvoller Ratlosigkeit sind sie von einer wahrhaft befreienden Wirkung gewesen. Die Entscheidung ist gefallen, unser Schicksal hat sich enthüllt, die Nacht ist von uns gewichen, und wie wir uns in der Helle umsehen, wissen wir: Eine neue Epoche der deutschen Geschichte ist angebrochen – und uns ist die Gnade zuteil geworden, dabeizusein.«[5]

Dabeisein aber genügt nicht, »Deutschkunde« wird als »politische Wissenschaft« verstanden, »deren Methode und Wertsystem von ihrem politischen Ziele her bestimmt werden muß«.[6] Die Zitatenreihe läßt sich fortsetzen:

»Durch den Sieg der nationalsozialistischen Bewegung ist allen völkischen Kräften in Deutschland ein ungeheures Feld eröffnet ... Die Deutschen haben sich in Marsch gesetzt, in neuer Haltung und zu neuen Zielen. Aber ob die im mythischen Bild des ›Dritten Reiches‹ beschworene Vision des neuen Deutschlands so verwirklicht wird, wie es die Führer und die besten unter uns wünschen und wollen, das wird einzig davon abhängen, was an schöpferischen Kräften mobilisiert wird, was wir alle an ausdauernder Bereitschaft aufbringen, schließlich: Was das Schicksal diesmal den Deutschen vergönnt. ...«

So heißt es in einem Aufsatz über *Die Wissenschaft vom deutschen Menschen in dieser Zeit,* den Karl Viëtor 1933 in der *Zeitschrift für deutsche Bildung* veröffentlicht.[7]

Kontinuität und Funktionswandel

Hat man diese hier zitierten Textpassagen gelesen oder gehört, erscheint der *Sündenfall der deutschen Germanistik* [8] eindeutig und das Jahr 1933 als entscheidender Wendepunkt in der Geschichte dieser Disziplin. Bei näherer Betrachtung aber wird das zunächst so einheitliche Bild diffiziler und die wissenschaftsgeschichtliche Bestimmung einer Zäsur mit dem Epochenjahr 1933 problematisch. Die *politischen* und gesellschaftlichen Bedingungen änderten sich mit Hitlers Machtübernahme radikal – änderten sich auch Methoden und Formen der deutschen Literaturwissenschaft?

Die Frage ist berechtigter, als man zunächst glauben mag. Erst wenn die Lebensgeschichte einzelner Literaturhistoriker untersucht[9] und die dreißiger Jahre im Zusammenhang mit methodischen und mentalitätsgeschichtlichen Entwicklungen seit dem Ende des 19. Jahrhunderts detaillierter analysiert sind, wird sich die Frage nach der Diskontinuität oder Kontinuität der wissenschaftsgeschichtlichen Entwicklung der Germanistik im Dritten Reich genauer beantworten lassen.[10] Institutionengeschichtliche Untersuchungen müßten hinzukommen: Wie haben sich die germanistischen Seminare vor und nach 1933 entwickelt? Welche Rolle spielten der deutsche Germanistenverband oder die örtlichen Goethe-Gesellschaften? Welche Funktionen hatten die Berliner Akademie der Wissenschaften oder die Notgemeinschaft der Deutschen Wissenschaft (die Vorläuferorganisation der Deutschen Forschungsgemeinschaft) für die germanistische Forschung?

Zu allen drei Fragestellungen – den methoden-, personen- und institutionengeschichtlichen – liegen nur einzelne Antworten vor[11]; eine umfassende Darstellung der Geschichte der Germanistik im Dritten Reich gibt es bisher so wenig wie eine Wissenschaftsgeschichte dieser Disziplin überhaupt. Im folgenden werde ich mich deshalb auf die m. E. zentrale wissenschaftsgeschichtliche Frage nach Diskontinuität und Kontinuität in den zwanziger und dreißiger Jahren und auf das Problem, inwieweit mit dem *politischen* Epochenjahr 1933 *etwas Neues* in der deutschen Literaturwissenschaft einsetzt oder hinzukommt, konzentrieren.

Der auffallendste und bemerkenswerteste Befund ist zunächst der, daß sich die vier Hauptrichtungen der universitären deutschen Literaturwissenschaft und Literaturgeschichte im Dritten Reich bereits in den ersten Jahrzehnten des 20. Jahrhunderts oder noch früher ausgebildet haben. Es sind geistesgeschichtliche (Ideen- und Problemgeschichte), formanalytische, existentialistische und ethnologische (völkisch-rassenkundliche) Methoden der Literaturbetrachtung und Literaturgeschichtsschreibung.[12]

Erstens: mit der Kritik am positivistischen Wissenschaftsbegriff übernimmt nach der Jahrhundertwende die *Geistesgeschichte* in der Nachfolge Wilhelm Diltheys die Hauptrolle auch in der deutschen Germanistik. Rudolf Unger, einer der wichtigsten Literaturhistoriker der zwanziger Jahre und Verfasser eines normbildenden Bandes über *Hamann und die Aufklärung* (1911)[13], charakterisiert 1926 die geistesgeschichtliche Betrachtungsweise unter literaturhistorischen Aspekten als

»... Herausarbeitung des Sinngehaltes der dichterischen Werke, ihres Gehaltes an Lebensdeutung, in besonderem Hinblick auf die jeweilige Bewußtseinsstufe des Gesamtgeistes und auf deren Spiegelung in Religion und Philosophie.

Dabei bestimmen sich diese Bewußtseinsstufen des Gesamtgeistes nach seiner geschichtlich sich wandelnden Stellung zu den durchgehenden Grundproblemen alles Geisteslebens, den welt- und lebensanschaulichen, die aber nicht, wozu eine intellektualistische Auffassung immer neigt, einseitig als solche theoretischer Reflexion verstanden werden dürfen.

Vielmehr wenden sich diese metaphysischen Urprobleme an den ganzen Menschen: Neben dem Intellekt auch an das Gefühl, Willen und Phantasie, kurz: an das innere Leben in seiner Totalität, und können in diesem Sinne auch als Lebensprobleme des Geistes bezeichnet werden ...«[14]

Geistesgeschichte ist deshalb für Unger auch kein »besonderes, gegenständlich abzugrenzendes Gebiet, sondern eine spezifische Betrachtungsweise geistiger Dinge, die sich auf den ideellen Oberbau der Kultursynthese richtet ...«.[15] Die überhistorisch-typologische (»metaphysische«) Betonung des Ganzheitlichen, Welt- und Lebensanschaulichen und der Totalität des inneren Lebens bei gleichzeitiger Kritik an einer »intellektualistischen Auffassung« macht auch in diesem – für die literaturwissenschaftliche Methodendiskussion wichtigen – »Leitgedanken« auf die Vorbehalte einer lebensphilosophischen Ausdeutung der Geistesgeschichte gegenüber europäischer Aufklärung aufmerksam, der die »Deutsche Bewegung« gegenübergestellt wird. Hermann Nohl hatte bereits 1911 hervorgehoben, daß diese »neue Epoche gegenüber dem Zeitalter der Aufklärung« überall dort beginne,

»... wo der ›Reflexion‹ des Verstandes als der alle Gewißheit begründenden Macht, der Abstraktion und Demonstration des Rationalismus einerseits, der psychologischen und naturwissenschaftlichen Analyse andererseits, das ›Leben‹ als ein von Grund aus Individuelles, Irrationales und als Totalität, die nur der Totalität des Erlebens zugänglich ist, entgegengehalten wird.«[16]

»Die Herrschaft des Verstandes in der Aufklärung« habe »... auch in der Wirklichkeit das einheitliche Leben zerteilt«, und die Aufgabe bestehe darin, »... diese Einheit ... wiederherzustellen.«[17] Hamann und Herder gelten als Gegner eines vornehmlich französischen Aufklärungsdenkens; die Zusammenhänge zwischen europäischer Aufklärung und Weimarer Klassik oder französischer Aufklärung und deutscher (Früh)Romantik werden übersehen oder zurückgewiesen zugunsten einer bewußten Dichotomisierung von Aufklärung einerseits und deutschem Sturm und Drang/Klassik und Romantik andererseits. Das beste Beispiel in der Literatur- und Epochengeschichtsschreibung liefert dafür Hermann August Korffs *Geist der Goethezeit.*

Aufklärungsvorbehalt und Aufklärungsverdacht, lebensphilosophisches Ganzheitsdenken und eine »Bewegung zur Synthese« vor allem seit 1921[18] haben die geistesgeschichtliche Literaturbetrachtung und Literaturgeschichtsschreibung in den dreißiger Jahren nicht immun machen können und auch in die Nähe völkischer Tendenzen gebracht, obwohl sich die politisch-ideologischen Zugeständnisse insgesamt in Grenzen halten und die Vorbehalte zumindest gegenüber einer rassistischen Literaturgeschichte bleiben. Ablesbar ist das an der 1923 gegründeten und im einzelnen erst noch zu analysierenden *Deutsche[n] Vierteljahresschrift für Literaturwissenschaft und Geistesgeschichte* (hg. v. Erich Rothacker und Paul Kluckhohn), die auch 1933 Beiträge von Karl Löwith, Kurt May oder Werner Krauss veröffentlicht.[19]

Dennoch – es besteht eine eigentümliche Ambivalenz im Verhältnis von geistesgeschichtlich orientierter Literaturwissenschaft und Drittem Reich, der man sich ausgesetzt sieht, wenn man unterschiedliche wissenschaftliche Texte etwa von Herbert Cysarz, Gerhard Fricke, Heinz Kindermann, Hermann August Korff oder Julius Petersen liest.[20] Erst eine genaue Analyse des jeweiligen historischen Zeitpunkts (z. B. 1933, 1938, 1941) und des situativen Zusammenhangs würde hier Klarheit verschaffen und präzisere Einschätzungen erlauben. Vielleicht spiegelt das Nachwort zu einer Anthologie von 1934 über *Die Idee des Volkes im Schrifttum der deutschen Bewegung von Möser und Herder bis Grimm* von Paul Kluckhohn – der sieben Jahre später in einem Forschungsbericht zur *Deutsche[n] Literaturwisenschaft 1933–1940* die literaturwissenschaftliche Entwicklung bis 1941 mit zurückhaltender Distanz referiert[21] – das Dilemma einer geistesgeschichtlich orientierten Literaturwissenschaft, die in der »deutschen Bewegung um 1800« eine Vorgeschichte zur »deutschen Bewegung« des Dritten Reichs erblicken konnte. Den gesammelten historischen Texten wird 1934 eine »geradezu verblüffende Zeitgemäßheit« zugeschrieben:

»Die Bewegung unserer Tage steht der deutschen Bewegung um 1800 näher, als es den meisten Menschen heute bewußt ist. Man kann geradezu sagen: Der deutschen Bewegung von heute ist durch die um 1800 geistig stark vorgearbeitet worden, oder – anders gesehen – wesentliche Ideen des Dritten Reiches sind aus den gleichen Tiefen deutschen Wesens gespeist, die schon die wertvollsten Epochen der deutschen Geistesgeschichte befruchtet haben.«[22]

Zweitens: widersprüchlicher noch als in der geistesgeschichtlichen Tradition ist die Situation unter *formanalytischen Aspekten.* Auch hier haben sich die entscheidenden Entwicklungen – einerseits unter der Einwirkung von Heinrich Wölfflins *Kunstgeschichtliche[n] Grundbegriffen* aus dem Jahr 1915, (vgl. etwa Oskar Walzel und Fritz Strich) und andererseits im Horizont des George-Kreises (vgl. etwa Friedrich Gundolf oder Ernst Bertram) – bereits in den zwanziger Jahren vollzogen.[23]

Wenn Fritz Strich 1928 die Dichtung als ». . . die gesammelte Kraft und die Stimme einer Volksgemeinschaft« bezeichnet, die sich »vom Blute der Landschaft« nährt, oder den Dichter als »Seher und Prophet, . . . Künder und . . . Priester Gottes« versteht, so dokumentiert sich darin die bei vielen verbreitete Hoffnung auf eine umfassende Erneuerung aus dem Geist des deutschen Volkstums, ohne daß ein Wissenschaftler wie Fritz Strich damit der »Komplizenschaft« mit dem Nationalsozialismus beschuldigt werden könnte.[24] Andererseits zeigt sich im George-Kreis – »abgesehen von jeder inhaltlichen Beziehung« zum Faschismus –, daß bereits die Struktur seiner Normen, ». . . ihre ›kosmische‹ Substanz, eine Prädisposition für die nationalvölkischen Mythologeme« darstellte.[25] Die dem George-Kreis zugrundeliegende »Mythisierung des literarischen Produktionsprozesses und eine ›Naturalisierung‹ des Ästhetischen«

ließen sich »›völkisch‹ umfunktionieren«.[26]

Am Beispiel des Kölner Germanisten und Nietzsche-Forschers Ernst Bertram, der schon im Ersten Weltkrieg die »drei großen zeitlosen Gefahren der deutschen Seele« (Romanentum und Späthellenismus, den »Osten als Chaos ohne Bildnährkraft« und den mechanistischen »Amerikanismus«) beschwört, und im Sommersemester 1933 seine Herder-Vorlesung mit einer Rede zum »Deutschen Aufbruch« einleitet (»die vielersehnte Befreiungsschlacht von innerer Fremdherrschaft, schon damals begonnen, ist geschlagen ..., die Gefahr des grauenhaften Termitenwahns aus Ost« abgewendet)[27], offenbart sich die ganze Paradoxie eines durch den George-Kreis geprägten Gelehrten (und Freundes von Thomas Mann), wenn er sich Ende der dreißiger Jahre mehr und mehr von den Angeboten der Nationalsozialisten distanziert oder sogar »Widerstand ... von innen heraus« zu leisten versucht.[28]

Daß die phänomenologische Hinwendung zum Kunstcharakter der Werke und ihrer geistesgeschichtlichen Interpretation durchaus Möglichkeiten bot, sich den Zumutungen der dreißiger Jahre weitgehend zu entziehen, kann man am Verhalten von Walther Rehm (Professor in Gießen und Freiburg)[29] oder Max Kommerell ablesen. Max Kommerell, der nur gegen Widerstände einen Lehrstuhl in Marburg erhält, schreibt 1937 in einem Brief an Erika Kommerell: »Es ist jetzt sehr schwer, eine große anerkannte Position mit unverbogener Produktivität zu vereinigen. Und wenn es um diese Alternative geht, lebe ich lieber unscheinbar und leise.«[30]

Drittens: eindeutiger als die geistesgeschichtlich oder formanalytisch orientierte Germanistik zeigt sich das Bild der *existentialistischen Literaturwissenschaft*, die sich in den dreißiger Jahren weitgehend systemkonform verhält. Wichtigster (und mächtigster) Exponent ist Hermann Pongs[31], Ordinarius in Stuttgart und später in Göttingen, der 1934 zusammen mit Julius Petersen die Herausgeberschaft der Zeitschrift *Euphorion* übernimmt, die von nun an den bezeichnenden Namen *Dichtung und Volkstum* trägt. In einer Vorrede *An unsere Leser* schreiben die Herausgeber:

»Mit dem neuen Jahrgang tritt die Zeitschrift Euphorion in ein neues Verhältnis zu den wissenschaftlichen Bildungsfragen und zum Geist der Forschung ein. Sie gibt den Namen ›Euphorion‹ auf und damit die überbetonte Abhängigkeit deutscher Bildung von humanistischer Gelehrsamkeit. Der neue Name ›Dichtung und Volkstum‹ will zum Ausdruck bringen, daß auch die Wissenschaft von der Dichtung immer das Volkstum im Auge halten wird als den Grundwert, der alle ästhetischen, literar-historischen, geistesgeschichtlichen Werte trägt und nährt. Den ewigen Volksbegriff in seiner Geschichtlichkeit, wie Herder ihn meinte und wie er heute in Deutschland neu gelebt und erfahren wird, als Lebensgrund aller starken Dichtung herauszuarbeiten, macht sich die Zeitschrift zum besonderen Ziel; ...«[32]

Drei Gebiete sollen besonders gefördert werden:

»Stamm und Landschaft in der Dichtung mit Einschluß des Auslandsdeutschtums, das Leben der Sprache als schöpferischen Spiegel des bewußt-unbewußten Daseins selbst, zuletzt die Untergründe des bildenden Vermögens als den Versuch dessen, was Goethe das Unbewußte nannte und was man allzu gleichgültig der Psychologie und der Psychoanalyse überlassen hat.«[33]

Neben der völkisch-stammeskundlichen Perspektive – auf die ich im nächsten Punkt zu sprechen komme – ist es, in deutlicher Polemik gegen die wissenschaftliche Psychoanalyse, das »bewußt-unbewußte Dasein selbst«, dem die besondere Aufmerksamkeit gewidmet werden soll. Die geistesgeschichtliche Methode mit ihrer »begrifflichen bildlosen Sprache« werde den »tieferen Existenzzusammenhängen oft nicht gerecht«, und die dem »westlichen Geist« typischen psychoanalytischen Verfahren reichten für »eigentliche Existenzerhellungen« nicht aus.[34] In einem umfangreichen Beitrag zu den *Neue[n] Aufgaben der Literaturwissenschaft* erläutert Hermann Pongs – unter Berufung auf Martin Heidegger – 1937 seine Vorstellungen einer existentialistischen Literaturwissenschaft im einzelnen:

»So verschiedene Färbungen der Existenzbegriff hier annehmen mag, eins ist dieser Forschungsrichtung gemeinsam: Ein Hindringen auf die Vollauslegung des Daseins im Kunstwerk, und d. h.: Abkehr von der nur stilästhetischen Formenbetrachtung ebenso wie von der nur geistesgeschichtlichen Problembetrachtung. In dem Bestreben, das Kunstwerk als Gehalt-Gestalt-Einheit, als wirkende Gestalt zu sehen und es dem Leben zuzuordnen, wird es auf die letzte menschliche Existenzentscheidung hin geprüft, die in der symbolischen Gültigkeit der dargestellten Schicksale aufleuchtet. Und die Deutung dieser Existenzentscheidung wird aus der Existenzform des Dichters mitheraufzuholen versucht. ...

Die Aufgabe für die Dichtungsbetrachtung kann nur in der Richtung liegen, die in dem inneren Zusammenhang von Existenz und Ekstasis angedeutet liegt. Was Heideggers Ekstasen der Zeitlichkeit mit der dichterischen Ekstasis verbindet, ist dies: Daß auch sie, dem alltäglichen Besorgen enthoben, dennoch der Grundstruktur der Sorge verhaftet ist, und das heißt, daß der Dichter immer mit seiner Bildkraft dem Wesen des Volkes verantwortlich bleibt und jene Übereinstimmung mit der echten Wirklichkeit zu erreichen sucht, die als Wahrheit einleuchtet.«[35]

Welche Folgen die Bindung der »Existenzformen des Dichters« an Kategorien wie »Wesen des Volkes« und »Wahrheit« (die in der »Übereinstimmung mit der echten Wirklichkeit« liegt) hat, wird spätestens deutlich, wenn es um den »Sinn der politischen Dichtung der Gegenwart« geht. Im Blick auf die »besten Weltkriegsgedichte« formuliert Pongs, daß in diesen

». . . das Einschwingen der Ich-Entscheidung in die Gesamtentscheidung als tiefstes Erlebnis gespürt ist, das hat hier seinen eigenen zeitlosen Mythos gefunden, in dem das Urbild vom magischen Reich der Toten seinen eigentlichen, ganz einfachen Sinn zeigt: im Glauben, daß jedes Heldentum aus dem Ganzen des Volksgeistes steigt und in ihm Dauer hat«.[36]

Die Verbindung des Existentiellen mit dem »Ganzen des Volksgeistes« deutet den Paradigmenwechsel von einer interpretierenden und reflektierenden Literaturwissenschaft zu einer (von den Nationalsozialisten immer wieder geforderten) »politischen, auf das Handeln gerichteten Wissenschaft« an.

Viertens: auch für die unter bewußtseinsgeschichtlichen und politisch-ideologischen Aspekten wichtigste Richtung der deutschen Literaturwissenschaft im Dritten Reich, die *völkisch-stammeskundliche*, ist das Jahr 1933 kein Epochenjahr. Josef Nadler, Professor in Freiburg (Schweiz), Königsberg und Wien, hat nicht nur seine umfassende *Literaturgeschichte des Deutschen Volkes. Dichtung und Schrifttum der deutschen Stämme und Landschaften* bereits 1912 bis 1918 in erster Auflage vorgelegt, sondern ebenso schon 1914 eine *Wissenschaftslehre der Literaturgeschichte. Versuche und Anfänge* im *Euphorion* veröffentlicht, die das theoretische Konzept einer blutbestimmten »Stammesliteraturgeschichte« bereits vollständig enthält:

»Wie nur im Körperlichen und Geistigen des Urhebers der zureichende Grund für alles Bewirkte der Denkmäler [Literatur] zu suchen ist, so kann auch der zureichende Grund für das verschiedenen Urhebern literarisch Gemeinsame nur im Körperlichen und Geistigen, sei es ihrer gemeinsamen Ahnen, sei es ihrer verschiedenen, doch verwandtorganisierten Ahnen zu suchen sein. Diese Erkenntnisse müssen mir diejenigen Wissenschaften bieten, deren Gegenstand der Aufbau von menschlichen Gattungen und Arten ist und der Einfluß der Erde auf diesen Aufbau: *Stammeskunde, Völkerkunde, Rassenkunde;* ferner *Geographie* und eine gleichfalls junge Wissenschaft, die von diesem Punkte an der Literaturgeschichte in die Hände arbeitet, die *Volkskunde*.«[37]

Entscheidende Prinzipien der Literaturgeschichtsschreibung übernahm Nadler von seinem Lehrer August Sauer, Germanist in Prag, der 1907 in einer berühmt gewordenen programmatischen Rektoratsrede über *Literaturgeschichte und Volkskunde* eine Literaturgeschichte »von den volkstümlichen Grundlagen« her gefordert hatte. Bereits Sauer sieht in der »stammheitlichen Volkskunde« die »Mittel, die Volksseele zu erkennen und die einzelne Individualität des Dichters mit ihr zu vergleichen«[38]:

»Es ist der Versuch zu machen, einen Abriß der deutschen Literaturgeschichte in der Weise zu liefern, dass dabei von den volkstümlichen Grundlagen nach stammheitlicher und landschaftlicher Gliederung ausgegangen werde, dass die Landschaften und Stämme in ihrer Eigenart und Wechselwirkung darin mehr als bisher zur Geltung kommen und dass bei jedem Dichter, jeder Dichtergruppe und jedem Dichtwerke festgestellt werde, wie tief sie im deutschen Volkstum wurzeln oder wieweit sie sich etwa davon entfernen.«[39]

Die wissenschaftstheoretischen und historisch-praktischen Probleme der Sauerschen und Nadlerschen Konzeption sind bereits in den zwanziger Jahren diskutiert worden. Rudolf Unger hat sich 1925 aus geistesgeschichtlicher Sicht mit der »stammeskundlichen Literaturgeschichte» auseinandergesetzt und bereits auf die Schwierigkeiten einer »Synthese von volkhafter Romantik und soziologischem Positivismus« hingewiesen, wobei das »Prinzipiell-Systematische nicht die Stärke von Nadlers Theorie« bilde.[40] Unger diskutiert auch Nadlers Einteilung in die westlichen »Altstämme« (die mit Klassik korreliert werden), östlichen »Neustämme« (Romantik) und »mitten inne stehenden bajuwarisch-österreichischen Stämme« (Renaissance und Barock) und meldet prinzipielle Zweifel gegenüber Nadlers Konzeption an:

». . . bei ihm scheint ein anthropologisch-naturwissenschaftlicher und ein kulturhistorisch-geisteswissenschaftlicher Begriff von Stamm und Stammestum ungeschieden nebeneinander herzugehen«.[41]

Daß dies das konzeptuelle Hauptproblem der Nadlerschen Literaturgeschichte darstellt, wird evident, wenn man seine Werke liest. Handelt es sich bei den »Stammescharakteren« um »biologisch bestimmte (und damit ungeschichtliche)« Einheiten ». . . oder sind sie der geschichtlichen Veränderung« unterworfen? »Bildet der Stamm den Charakter oder der Charakter den Stamm?«[42] Der krampfhafte Versuch, die Naturwissenschaften mit den Geisteswissenschaften in der Literaturgeschichtsschreibung zu harmonisieren, führt zu absurden Zuschreibungen von künstlerischen Manifestationen und biologischen (oder angeblich biologischen) Gesetzmäßigkeiten.

Daß aber genau diese Mischung im Dritten Reich ihre große Konjunktur und Wirkung hat, läßt sich angesichts der nationalsozialistischen Volkstums- und Rassenideologie leicht erklären. Nadler hat dem nicht widersprochen – im Gegenteil: Ist Anfang der dreißiger Jahre vornehmlich von den »Stämmen« die Rede, steht drei Jahre später die »Rasse« stärker im Mittelpunkt; schließlich stellt Nadler in den »Leitgedanken« zum vierten Band der vierten, »völlig neubearbeiteten« Auflage 1941 klar, daß alle europäischen Völker, »solange sie gesund und eigenständig waren, die Wohngemeinschaft mit den Juden als unwillkommen und gefährlich empfunden« hätten. »Alle die jung aufstrebenden westeuropäischen Volksstaaten des Mittelalters haben die Juden unter sich bis auf die Wurzeln ausgerottet.«[43] Im »Werk des Führers, das auf eine persönliche und schöpferische Weise das gültige und beständige Gedankengut des Deutschen Volkes« enthalte, sei neben der »Neuschöpfung des Deutschen Reiches« die »Erneuerung des deutschen Volkes an Leib und Seele« beschlossen:

»Glaube, Wille und Ordnung des nationalsozialistischen Werkes sind darauf gerichtet, aus dem Volkskörper alle fremdrassischen Lebenszellen auszustoßen sowie dem ursprünglichen, volkhaft-germanischen und rassisch-nordischen Binnenkern seine Vormacht zurückzugeben.«[44]

Die Selbstindienstnahme der Literaturgeschichte für das Dritte Reich erreicht bei Nadler ihren Höhepunkt. Das »Ausstoßen aller fremdrassischen Lebenszellen« läßt sich im Kontext der Zeit nur als Aufforderung zum Völkermord oder als dessen Legitimierung bezeichnen. Auf anderer Ebene haben Adolf Bartels, Franz Koch, Walther Linden oder Arno Mulot offenbart, was deutscher Antisemitismus in der Literaturwissenschaft und Literaturgeschichtsschreibung des 20. Jahrhunderts bedeutet: ». . . dank der Befreiungstat des Führers geht nun erst die Saat dieses Werkes im ganzen Volke auf«, so läßt sich Adolf Bartels 1937 loben, dem als »Vorkämpfer für völkische Kulturerneuerung« der Adler-Schild des Deutschen Reiches überreicht wird. In der 11. und 12. Auflage seiner *Geschichte der deutschen Literatur* (= Neuauflage der Ausgabe von 1924 – 1. Auflage 1919 –) heißt es 1933:

»Soviel ist sicher, daß dieses [Deutschtum] nie einen schlimmeren Feind und die deutsche Kunst nie einen ärgeren Verderber als das Judentum gehabt hat; denn es sitzt ja eben mitten unter uns und kann uns im Grunde gar nichts geben, da es Eigenes nicht mehr besitzt, nur ein negatives, zersetzendes Element bildet, wie jedes Volk ohne Heimat.«[45]

1936 legte der Schriftsteller Gerhard Schumann eine Untersuchung über *Jüdische und völkische Literaturwissenschaft* vor mit einem Vergleich zwischen dem jüdischen Literaturhistoriker Eduard Engel und Adolf Bartels. Schumann weist hier stolz darauf hin, daß Bartels schon 1923 eine Schrift herausgegeben habe, »die den Titel trug: ›Der Nationalsozialismus, Deutschlands Rettung‹«.[46]

Versucht man aufgrund der skizzierten Situation der deutschen Literaturwissenschaft im Dritten Reich die Frage nach der *Kontinuität oder Diskontinuität* der Germanistik in den dreißiger Jahren zu beantworten, lassen sich fünf Aspekte hervorheben:

– Der Diskontinuität der politischen Entwicklung im Jahr 1933 entspricht keine auf der wissenschaftsgeschichtlichen Ebene; vorherrschend ist die Kontinuität der Entwicklungen in der universitären Germanistik seit den ersten Jahrzehnten des 20. Jahrhunderts. Ein wesentlicher Bestandteil dieser Kontinuität ist im Festhalten an ahistorischen Denkweisen (Strukturtypologie und -psychologie, Denken in Wesenspolaritäten) zu sehen, die inhaltlich nicht festgelegt sind, aber politisch-ideologisch gefüllt werden können.[47] Weder ändern sich die Methoden grundlegend, noch gibt es eine einheitliche Konzeption von Literaturwissenschaft im Dritten Reich – eher findet eine Umakzentuierung und Veränderung der »Hierarchien« statt im Sinne von Verschiebungen der öffentlichen Wirksamkeit und politischen Bedeutung.

– Die Betonung des »Ganzheitlichen« bzw. des »größeren Ganzen«, in das man sich »dienend einzufügen vermag« (Heinz Kindermann), nimmt in den dreißiger Jahren generell zu. Julius Petersen spricht in seiner theoretischen Grundlegung *Die Wissenschaft von der Dichtung* davon, daß die Vorstufen des Positivismus, der kunstwissenschaftlichen Richtung und der »extremen Geisteswissenschaft . . . durch den Ganzheitsanspruch der neuen Weltanschauung dem überindividuellen Lebensideal der Gemeinschaft zuzuführen« seien[48], und die bereits bei Wilhelm Scherer unter preußischem Vorzeichen betonte nationale Komponente (»System der nationalen Ethik«) kann jetzt im Zeichen einer Literaturwissenschaft als »Nationalwissenschaft« (Petersen) politisch aktualisiert werden.

– In der Verbindung von völkischer und rassekundlicher Literaturbetrachtung soll die Trennung zwischen Geistes- und Naturwissenschaften überwunden und damit zugleich die »Krankheit des Historismus« (Gerhard Fricke) geheilt werden. Nicht nur Nadler, auch Julius Petersen, der sich an anderen Stellen skeptisch gegenüber einer rassekundlichen Literaturwissenschaft äußert, spricht von »Dichtungsgeschichte ... als nationaler Biologie« oder von einem »Weltbild, in dem Geist und Blut eins sind«.[49]

– Der intellektuelle – und in Literaturgeschichten wie der von Adolf Bartels seit Jahrzehnten gesteigerte – Antisemitismus erhält eine neue unmittelbar politische Dimension in dem historischen Augenblick, in dem Hitler an die Macht kommt und der völkische Rassismus zur offiziellen »Hofwissenschaft« wird.

– Die politische Indienstnahme und »Selbstgleichschaltung« (Hans Mommsen) der deutschen Literaturwissenschaft erfährt ihre deutlichste Ausprägung im Hervorheben des »Einsatzes« und »kämpferischen Ethos«. 1940 wurde »zum wissenschaftlichen Einsatz deutscher Germanisten im Kriege« aufgefordert. Es handelt sich um das Gemeinschaftsunternehmen *Von deutscher Art in Sprache und Dichtung*, das Franz Koch und Gerhard Fricke im Auftrag des Reichserziehungsministers und in Verbindung mit Josef Nadler, Hans Naumann, Otto Höfler und Karl Justus Obenauer organisieren. In der Begründung für dieses Werk heißt es u. a.:

»Der gegenwärtige Krieg ist in besonderem Maße nicht nur eine militärische, sondern zugleich eine geistig-kulturelle Auseinandersetzung, in der auch über die geistige Ordnung des kommenden Europa entschieden wird. Daher gilt es gerade auch für die deutsche Geisteswissenschaft, in dieser entscheidenden geschichtlichen Stunde aktiv zur Stelle zu sein, die geistespolitische Lage mit weiter Sicht zu durchdringen und die Ideen vorzubereiten und zu klären, auf denen ein neues Europa politisch-kulturell errichtet werden kann.«[50]

Franz Koch macht in seinem Vorwort deutlich, daß die Autoren damit zum »Kriegseinsatz der Germanisten« beitrügen, soweit sie nicht »mit der Waffe in der Hand von deutscher Art Zeugenschaft« ablegten.[51]

Die deutsche Literaturwissenschaft im Dritten Reich ist ein extremes und in manchem makabres Beispiel für die allgemeine wissenschaftsgeschichtliche Hypothese,

»daß im Gang der Wissenschaft immer wieder alternative Wege zu ihrer Fortentwicklung offenstehen, daß diese Alternativen zwar nach inneren Bestimmungen der Wissenschaft (d. h. wissenschaftstheoretisch) charakterisierbar sind, aber nicht nach ihnen, sondern nach *wissenschaftsexternen* Faktoren entschieden werden und ... daß sich die Entscheidung von Alternativen in der Wissenschaft aus diesen [politischen, kulturellen, sozialen und ökonomischen] Zusammenhängen erklären läßt«.[52]

Unter den Bedingungen totalitärer Herrschaft, die zur weitgehenden Aufhebung der Teilautonomie des Systems »Wissenschaft« führt, erreicht die wissenschaftliche Kommunikation einen Grad an Verzerrung, der die Bedeutung wissenschaftsexterner Faktoren erheblich zunehmen läßt. Die Selektion wissenschaftlicher Alternativen ist zumindest partiell ein Aspekt der politischen Strategie.

Daß die Germanistik nach Hitlers Machtübernahme eine andere *Funktion* erhielt – selbst wenn sie methodisch und inhaltlich nur eine Fortsetzung der Literaturwissenschaft der zwanziger Jahre darstellte –, ist vielen Wissenschaftlern offensichtlich verborgen geblieben, aber andere haben diese neue (politische) Funktion auch bewußt übernommen. Über die Gründe wäre im einzelnen zu sprechen: Der Überdruß am »relativistischen Historismus« (Paul Kluckhohn); die Reaktion auf zunehmende gesellschaftliche Ausdifferenzierung und Spezialisierung und die Hoffnung auf eine große Synthese; der Wunsch nach Aufhebung der gesellschaftlichen Klassengegensätze ebenso wie nach dem Überbrücken des Gegensatzes von Geist und Tat; schließlich die Hoffnung/Verpflichtung, als »Nationalwissenschaft« zur nationalen Sinnstiftung und Identitätsvergewisserung beitragen zu können/zu sollen.

Dennoch bleiben genügend Widersprüche und Erklärungsdefizite. Am Beispiel einzelner Wissenschaftler, wie Herbert Cysarz oder Julius Petersen, ließe sich zeigen, wie vielfältig das Thema »Literaturwissenschaft im Dritten Reich« ist. Einer detaillierten Untersuchung der Lebens- und Werkgeschichte von Julius Petersen (1878–1941; Nachfolger Erich Schmidts in Berlin, Präsident der Goethe-Gesellschaft, Mitglied der Mittwochs-Gesellschaft) könnte exemplarische Bedeutung zukommen.

Die »andere Germanistik«: Lebensläufe

Ein Bericht über die deutsche Literaturwissenschaft im Dritten Reich wäre unvollständig und einseitig, fragte man nicht auch nach der »anderen Germanistik«. Gab es niemanden, der den Zumutungen oder Verführungen deutlich widerstand oder bestimmtem ideologischen Jargon widersprach? Auf einzelne Wissenschaftler (Walther Rehm, Max Kommerell) ist hingewiesen worden, andere wären zu nennen (Oskar Walzel, Friedrich Beißner) – das Hauptproblem aber besteht darin, daß entweder die eigentlichen Opponenten der offiziellen Germanistik, wie Walter Benjamin, an einer Universitätslaufbahn gehindert wurden (hier zeigt sich, wie wichtig die Frage der sozialen und politischen Herkunft der Germanisten in der Weimarer Republik ist) oder daß die akademische Existenz (und in mehreren Fällen nicht nur die akademische) für eine andere Gruppe von deutschen Germanisten, die zum größten Teil Juden waren, 1933 schlagartig aufhörte. Über diese Gruppe – die Opfer – (ich nenne einige Namen: Richard Alewyn, Eduard Berend, Martin Greiner, Käte Hamburger, Josef Körner, Erich Loewenthal, Franz H. Mautner, Werner Milch, Richard Samuel, Martin Sommerfeld oder Ludwig Strauss) ist, bis auf Richard Alewyn, bisher wenig gesprochen, geschweige denn eine wissenschaftsgeschichtliche Untersuchung vorgelegt worden.

Ein erster Schritt wäre, die Biographien dieser Wissenschaftler zu vergegenwärtigen. Abschließend sollen, stellvertretend für die genannte Gruppe, Stichworte zu vier deutschen »Lebensläufen« gegeben werden.

Eduard Berend (1883–1957) promoviert 1907 bei Franz Muncker über Jean Paul und wird Herausgeber der großen Jean Paul-Ausgabe. Er bleibt Privatgelehrter, weil er es für unehrenhaft hält, »sich einer Habilitation wegen taufen zu lassen«.[53] Der neunte Band der Jean Paul-Ausgabe (1933) trägt noch seinen Namen auf dem Titelblatt, die nachfolgenden Bände (bis zum 16. Band, 1938) dürfen ihn nur noch unter der Einleitung enthalten. Julius Petersen, der ihn zu schützen versucht, gibt 1938 Pressionen nach, so daß Berend am 7. November von der Akademie der Wissenschaften unter Berufung auf die Rassengesetzgebung gekündigt wird. Vier Tage später erfolgt die Deportation ins KZ Oranienburg/Sachsenhausen. Am 7. Dezember wird er wieder entlassen und erhält 1939 eine befristete Aufenthaltsgenehmigung für die

Schweiz. Ohne Arbeitserlaubnis arbeitet Berend im Genfer Exil weiter an den Briefbänden – 1948 wieder im Auftrag der neu konstituierten Deutschen Akademie der Wissenschaften.

Martin Greiner (1904–1959) promoviert 1929 mit einer Arbeit über das frühromantische Naturgefühl bei Tieck und Novalis. Kurz vor der Habilitation muß Greiner die wissenschaftliche Laufbahn aus politischen Gründen aufgeben. Von 1933 bis 1944 im Verlagswesen tätig, verbringt er die letzte Kriegszeit in einem Zwangsarbeitslager. Nach dem Krieg erfolgt die Habilitation in Leipzig, wo er bis 1952 als Professor am Germanistischen Institut der Universität tätig ist. Politische Gründe zwingen ihn, die wissenschaftliche Laufbahn abermals aufzugeben und in der Bundesrepublik von neuem zu beginnen. Seit 1955 in Gießen, erhält er 1958 eine Professur für Literaturwissenschaft und deutsche Literaturgeschichte, ein Jahr später stirbt er.

Josef Körner (1888–1950) war Schüler Oskar Walzels und ein bedeutender Romantikforscher. Nachdem seine Habilitation verhindert wird, lehrt er als Privatgelehrter an der deutschen Universität in Prag. Verfasser von Arbeiten u. a. über Kleist und Schnitzler und Autor des *Bibliographischen Handbuchs.* Körner wird ins KZ Theresienstadt deportiert, er überlebt. Nach Kriegsende kehrt er nach Prag zurück und stirbt als verfemter Deutscher dort 1950. Kurz vor seinem Tod schreibt Körner (im Zusammenhang mit einer Rezension von Wolfgang Kaysers *Sprachlichem Kunstwerk*):

»Politische Diskriminierung machte mich für ein volles Jahrzehnt bürgerlich wie literarisch tot. Meine neuen Arbeiten durften nicht gedruckt, meine älteren nicht zitiert werden, und so schwanden diese einer jüngeren Gelehrtengeneration (zu der auch Kayser gehört) eben aus dem Bewußtsein. Inzwischen sind mir andere mit manchem zuvorgekommen, z. B. Emil Staiger mit der anthropologischen Zielgebung poetikalischer Spekulation. Trotzdem, und obwohl auch *nach* dem Kriege von allen Seiten im Stiche gelassen und in höchst prekäre Wirtschafts- und Wissenschaftslage versetzt, die wohl jedem anderen Lust und Kraft zum Weiterarbeiten für immer genommen hätte, bei schon erschütterter Gesundheit, habe ich durchaus nicht resigniert, sondern rüste und hoffe, daß dieses mein eigentliches Lebens- und Herzenswerk [gemeint ist eine Poetik, die unter dem Titel *Dichtung als Ausdrucksgebilde* erscheinen sollte] dennoch zustande kommt.« [54]

Ludwig Strauss (1892–1950)[55] arbeitet zunächst als freier Schriftsteller und Dramaturg am Schauspielhaus in Düsseldorf. Nach seiner Habilitation über *Das Problem der Gemeinschaft in Hölderlins ›Hyperion‹* hält er ab dem Wintersemester 1929/30 Vorlesungen an der Technischen Hochschule Aachen. Im März 1933 erfolgt die »Beurlaubung«; im Oktober 1933 wird sie wieder aufgehoben aufgrund eines Gutachtens, wonach sich Strauss im »Unterrichtsbetrieb sehr gut bewährt« habe und »unentbehrlich« sei.[56] 1933/34 wird die Wiederaufnahme der Lehrtätigkeit angekündigt, sie ist aber praktisch unmöglich, weil die nationalsozialistische Studentenschaft die Lehrveranstaltungen boykottiert. Strauss kann 1934 nach Palästina auswandern, wird zunächst Straßenbauarbeiter, dann Lehrer. Nach fünfzehnjähriger Unterbrechung seiner literaturwissenschaftlichen Arbeit wird er 1948 Dozent für Allgemeine Literaturwissenschaft an der Herbräischen Universität in Jerusalem, 1950 stirbt er.

Auch diese deutschen Lebensläufe gehören zur Geschichte der Literaturwissenschaft. Ich stimme Nicolaus Sombart zu, der die Vertreibung der deutschen Juden einen »Akt der Selbstzerstörung« genannt hat, »mit dem die Deutschen sich selber zerstören wollten«.[57]

Abschließen möchte ich mit Auszügen aus einer Rede von Richard Alewyn, die er nach der Rückkehr aus dem Exil als Einleitung zu einer Goethe-Vorlesung im Goethe-Jahr 1949 gehalten hat:

»Es gibt wenig, was auf den Neuankömmling in Deutschland einen so bestürzenden Eindruck macht, als die Unbekümmertheit, mit der man sich allerorten schon wieder anschickt, Goethe zu feiern, als ob dies für einen Deutschen die natürlichste Sache von der Welt wäre, als ob gar nichts geschehen wäre, oder als ob irgend etwas damit ungeschehen gemacht werden könne.

. . .

Zwischen uns und Weimar liegt Buchenwald. Darum kommen wir nun einmal nicht herum. Man kann natürlich jederzeit erklären, mit dem deutschen Volk nichts mehr zu tun zu haben. Man kann auch daraus die Frage aufwerfen, wieviel eigentlich Goethe mit den Deutschen zu tun habe. Was aber nicht geht, ist, sich Goethes zu rühmen und Hitler zu leugnen. Es gibt nur Goethe *und* Hitler, die Humanität *und* die Bestialität. Es kann, zumindest für die heute lebenden Generationen, nicht zwei Deutschlands geben.«[58]

Dies gilt noch immer.

Anmerkungen

1 Gespräch mit Günter Jurczyk. In: Süddeutsche Zeitung, 10. Mai 1983.

2 Aus: Kampf wider den undeutschen Geist. Von Prof. Dr. *Hans Naumann* und Prof. Dr. phil. et jur. *Eugen Lüthgen.* Reden, gehalten bei der von der Bonner Studentenschaft veranstalteten Kundgebung wider den undeutschen Geist auf dem Marktplatz zu Bonn am 10. Mai 1933, Bonn 1933, zit. in *G. Sauder (Hg.)*: Zum 10. Mai 1933. Die Bücherverbrennung, München 1983, S. 250–254. Vgl. *ders.*: Akademischer »Frühlingssturm«. Germanisten als Redner bei der Bücherverbrennung. In: *U. Walberer (Hg.)*: 10. Mai 1933. Bücherverbrennung in Deutschland und die Folgen, Frankfurt/M. 1983, S. 144f., und *N. Oellers*: Dichtung und Volkstum. Der Fall der Literaturwissenschaft. In: *B. Allemann (Hg.)*: Literatur und Germanistik nach der ›Machtübernahme‹. Colloquium zur 50. Wiederkehr des 30. Januar 1933. Studium Universale und Germanistisches Seminar der Universität Bonn. Vorträge am 27. und 28. Januar 1983, Bonn 1983, S. 239ff.

3 Rede des Privatdozenten Dr. *Fricke* anläßlich der Kundgebung der Studentenschaft »Wider den undeutschen Geist« (gehalten am 10. Mai 1933). In: Göttinger Hochschulzeitung Nr. 2, 18./19. Mai 1933, S. 2–3. Vgl. dazu (und zur Authentizität des in der Göttinger Hochschulzeitung wiedergegebenen Textes) *A. Schöne*: Göttinger Bücherverbrennung 1933. Rede am 10. Mai 1983 zur Erinnerung an die ›Aktion wider den undeutschen Geist‹, Göttingen 1983 (= Göttinger Universitätsreden 70), S. 18ff. und S. 36f., Anm. 36; außerdem: *G. Sauder,* Akademischer »Frühlingssturm« (Anm. 2), S. 149ff. Zur Beurteilung der Rolle Gerhard Frickes im Dritten Reich durch ihn selbst vgl. dessen Stellungnahme (1965) in: *R. Seeliger (Hg.)*: Braune Universität. Deutsche Hochschullehrer gestern und heute. Dokumentation mit Stellungnahmen. III, München 1965, S. 49–53.

4 Geist der Goethezeit. Versuch einer ideellen Entwicklung der klassich-romantischen Literaturgeschichte, 1. Aufl. 1923, 7. Aufl. 1964.

5 Zeitschrift für Deutschkunde 1933, S. 341.

6 Ebd., S. 343.

7 Ebd., Bd. 9, 1933, S. 342. Vgl. dazu Anm. 9.

8 Vgl. *R. W. Leonhardt*: Der Sündenfall der deutschen Germanistik. Vorschläge zur Wiederbelebung des literarischen Bewußtseins der Bundesrepublik, Stuttgart, Zürich 1959.

9 Karl Viëtor etwa – der sich 1933 zustimmend zur nationalsozialistischen Bewegung äußert – und dessen Frau Jüdin war, kann sich 1937 nur der Zwangspensionierung rechtzeitig entziehen, weil er ein Angebot an die Harvard-Universität erhält. Vgl. dazu: *W. Hof*: Karl Viëtor. In: *H. G. Gundel, P. Moraw, V. Press (Hg.)*: Gießener Gelehrte in der ersten Hälfte des 20. Jahrhunderts, Marburg 1982, S. 970–980; außer-

dem: *R. Bäumler, E. M. Bender, K. Weissrock*: Karl Viëtor. Zum näheren Verständnis eines Gießener Germanisten. In: *H. Ramge, C. Wiedemann (Hg.)*: Germanistik in Gießen 1925–1945. Beiheft zur Ausstellung, Gießen 1982, S. 71–86.

10 Vgl. prinzipiell dazu *F. K. Ringer*: Die Gelehrten. Der Niedergang der deutschen Mandarine 1890–1933, Stuttgart 1983 (amerikan. Originalausgabe Cambridge, Mass. 1969); zu Recht ist kritisch darauf hingewiesen worden, daß Ringer in seinem zentralen Werk historisch-philologische Quellentexte nicht berücksichtigt. Vgl. dazu die Besprechung der amerikan. Ausgabe von *J. Habermas:* Philosophisch-politische Profile, Frankfurt/M. 1971, S. 239–251. Zur Situation der Literaturwissenschaft vgl. auch: *M. Janssens*: Die Dämmerungsjahre der geistesgeschichtlichen Methode. 1915–1935. Ein Beitrag zu einer Geschichte der deutschen Literaturgeschichtsschreibung. In: Leuvense Bijdragen 52 (1963), S. 113–155.

11 Vgl. Germanistik – Eine deutsche Wissenschaft. Beiträge von *E. Lämmert, W. Killy, K. O. Conrady, P. v. Polenz*, Frankfurt/M. 1967; *W. Emmerich*: Germanistische Volkstumsideologie. Genese und Kritik der Volksforschung im Dritten Reich, Tübingen 1968; *W. Dahle*: Der Einsatz einer Wissenschaft. Eine sprachinhaltliche Analyse militärischer Terminologie in der Germanistik 1933–1945, Bonn 1969; *S. L. Gilman (Hg.)*: NS-Literaturtheorie. Eine Dokumentation, Frankfurt/M. 1971; *F. Greß*: Germanistik und Politik. Kritische Beiträge zur Geschichte einer nationalen Wissenschaft, Stuttgart-Bad Cannstatt 1971; *U.-K. Ketelsen*: Völkisch-nationale und nationalsozialistische Literatur in Deutschland 1890–1945, Stuttgart 1976; *G. Ruppelt:* Schiller im nationalsozialistischen Deutschland. Der Versuch einer Gleichschaltung, Stuttgart 1979; *B. Pinkerneil*: Vom kulturellen Nationalismus zur nationalsozialistischen Germanistik. In: *K. L. Berghahn, B. Pinkerneil*: Am Beispiel ›Wilhelm Meister‹. Einführung in die Wissenschaftsgeschichte der Germanistik, Bd. 1, Königstein/Ts. 1980, S. 75–97; *R. Rosenberg*: Methodenpluralismus unter der Dominanz der Geistesgeschichte. In: *R. Rosenberg*: Zehn Kapitel zur Geschichte der Germanistik, Berlin 1981, S. 226–253; *Allemann* (Anm. 2).

12 Eine Wissenschaftsgeschichte der Germanistik in den zwanziger und dreißiger Jahren hätte auch die nichtinstitutionalisierte Literaturwissenschaft zu berücksichtigen (vgl. etwa die Arbeiten von G. Lukács oder W. Benjamin) und das Spannungsverhältnis zur Universitätsgermanistik zu untersuchen.

13 Vgl. dazu insgesamt *H. Mayer*: Literaturwissenschaft in Deutschland. In: *W.-H. Friedrich, W. Killy (Hg.)*: Literatur II, 1. Teil, Frankfurt/M. 1965, S. 329ff.

14 *R. Unger*: Literaturgeschichte und Geistesgeschichte. In: Deutsche Vierteljahresschrift für Literaturwissenschaft und Geistesgeschichte 4

(1926), S. 177–192, zit. in *V. Žmegač (Hg.)*: Methoden der deutschen Literaturwissenschaft. Eine Dokumentation, Frankfurt/M. 1972, S. 89.

15 Ebd.

16 *H. Nohl*: Die Deutsche Bewegung und die idealistischen Systeme (1911). In: *Ders.*: Die Deutsche Bewegung. Vorlesungen und Aufsätze zur Geistesgeschichte von 1770–1830, Göttingen 1970, S. 78.

17 Ebd.

18 Vgl. *Ringer* (Anm. 10), S. 344ff., 390.

19 DVjs. 11 (1933).

20 Vgl. beispielsweise das Buch von *H. Cysarz*: Literaturgeschichte als Geisteswissenschaft. Kritik und System, Halle 1926, mit dessen Aufsatz: Die deutsche Einheit im deutschen Schrifttum. In: Von deutscher Art in Sprache und Dichtung, Bd. V, Stuttgart und Berlin 1941, S. 405–443; *H. Kindermann:* Dichtung und Volkheit. Grundzüge einer neuen Literaturwissenschaft, Berlin 1937 (Literaturwissenschaft als volkhafte Lebenswissenschaft); oder die Arbeiten von *J. Petersen*: Die literarischen Generationen, Berlin 1930; Die Sehnsucht nach dem Dritten Reich in deutscher Sage und Dichtung. In: Dichtung und Volkstum (N. F. des Euphorion) 35 (1934), S. 18–40 (I); S. 145–182 (II); Die Wissenschaft von der Dichtung. System und Methodenlehre der Literaturwissenschaft, 1. Bd.: Werk und Dichter, Berlin 1939.

21 Forschungen und Fortschritte XVII (1941), S. 33–39; wiederabgedruckt in *Gilman* (Anm. 11), S. 244–264.

22 *P. Kluckhohn*: Die Idee des Volkes im Schrifttum der deutschen Bewegung von Möser und Herder bis Grimm, Berlin 1934, S. 323 (Nachwort).

23 Vgl. *J. Fierz*: Heinrich Wölfflin und die Literaturwissenschaft. In: Germanisch-Romanische Monatsschrift XXXI (1943), S. 264–271; *M. Nutz*: Werte und Wertungen im George-Kreis. Zur Soziologie literarischer Kritik, Bonn 1976. Zu Oskar Walzel: *C. Enders*: Oskar Walzels Persönlichkeit und Werk. In: Zeitschrift für deutsche Philologie 75 (1956), S. 186–199.

24 Vgl. *Oellers* (Anm. 2), S. 238.

25 Vgl. *Nutz* (Anm. 23), S. 222.

26 Ebd.

27 Vgl. *H. Jappe*: Ernst Bertram. Gelehrter, Lehrer und Dichter, Bonn 1969, S. 69, 203f.

28 Vgl. dazu ebd., S. 218ff.

29 Vgl. *C. Wiedemann*: Walther Rehm. In: *Gundel, Moraw, Press* (Anm. 9), S. 745–754; *L. Schneider, A. Schubert*: Walther Rehm (1901–1963). Ein klassischer Germanist in Gießen 1937–1943. In: *Ramge, Wiedemann* (Anm. 9), S. 53–70.

30 Zit. im Katalog: Klassiker in finsteren Zeiten 1933–1945. Eine Ausstel-

lung des Deutschen Literaturarchivs im Schiller-Nationalmuseum Marbach am Neckar, Bd. 1, Marbach 1983, S. 289f.

31 Außer H. Pongs vgl. besonders *H. Oppel*: Die Literaturwissenschaft in der Gegenwart. Methodologie und Wissenschaftslehre, Stuttgart 1939.

32 Dichtung und Volkstum (N. F. des Euphorion) 35 (1934), S. III.

33 Ebd., S. III f.

34 Vgl. die Rezension der Bücher von K. Viëtor (Deutsches Dichten und Denken von der Aufklärung bis zum Realismus, Berlin 1936) und Th. C. van Stockum, J. van Dam (Geschichte der deutschen Literatur II, Groningen 1935) von *H. Pongs*: Dichtung und Volkstum 38 (1937), S. 116f.

35 Dichtung und Volkstum 38 (1937), S. 1–17 (I); S. 273–324 (II), hier S. 2f., S. 16.

36 Ebd., S. 314.

37 Euphorion 21 (1914), S. 1–63, hier S. 50.

38 *A. Sauer*: Literaturgeschichte und Volkskunde. Rektoratsrede, gehalten in der Aula der K. K. Deutschen Karl-Ferdinands-Universität in Prag am 18. November 1907, Prag 1907, S. 15.

39 Ebd., S. 20. – Zu A. Sauer und J. Nadler vgl. *Emmerich* (Anm. 11), S. 125ff., und *Greß* (Anm. 11).

40 *R. Unger*: Die Vorbereitung der Romantik in der ostpreußischen Literatur des 18. Jahrhunderts. Betrachtungen zur stammeskundlichen Literaturgeschichte (1925). In: *Ders.*: Aufsätze zur Prinzipienlehre der Literaturgeschichte, Berlin 1929, S. 176f.

41 Ebd., S. 189.

42 Vgl. *K. Rossmann*: Über nationalistische Literaturgeschichtsschreibung. Noch einmal: Josef Nadlers ›Literaturgeschichte der deutschen Stämme und Landschaften‹. In: Die Wandlung 1 (1945/46), S. 875.

43 *J. Nadler*: Literaturgschichte des Deutschen Volkes. Dichtung und Schrifttum der deutschen Stämme und Landschaften, Bd. 4, Berlin 1941⁴, S. 2.

44 Ebd., S. 213.

45 Braunschweig, Berlin und Hamburg 1933, S. 323.

46 *G. Schumann*: Jüdische und völkische Literaturwissenschaft, 1936, S. 38.

47 Für diesen Hinweis danke ich Herbert Jaumann.

48 Berlin 1939, S. 48.

49 Ebd.

50 Klassiker in finsteren Zeiten (Anm. 30), S. 261.

51 Vgl. ebd., S. 262.

52 *G. Böhme, W. van den Daele, W. Krohn*: Alternativen in der Wissenschaft. In: Zeitschrift für Soziologie 1 (1972), S. 303.

53 Vgl. Klassiker in finsteren Zeiten (Anm. 30), S. 274, auch zum folgenden.

54 Deutsche Literaturzeitung 70 (1949), Sp. 542, zit. in *H. Jaumann*: Die deutsche Barockliteratur. Wertung – Umwertung. Eine Wertungsgeschichtliche Studie in systematischer Absicht, Bonn 1975, S. 744, Anm. 39. Vgl. außerdem *R. L. Kahn*: In Memoriam: Josef Körner (†9 May 1950). In: The Modern Language Review LVIII (1963), S. 38–59.

55 Vgl. *B. Witte (Hg.)*: Ludwig Strauss, Dichter und Germanist. Eine Gedenkschrift, Aachen 1982.

56 Ebd., S. 105.

57 Jugend in Berlin. In: Merkur 37 (1983), S. 389.

58 Klassiker in finsteren Zeiten (Anm. 30), S. 297f.

Klaus Schreiner
Führertum, Rasse, Reich
Wissenschaft von der Geschichte nach der nationalsozialistischen Machtergreifung

Zu den Selbstverständlichkeiten geschichtswissenschaftlicher Arbeit gehört die Einsicht, daß Geschichte von Zeit zu Zeit umgeschrieben werden muß. Vergangenheit verändert sich im Lichte ihrer Wirkungen; zeitlicher Abstand bringt neue Sichtweisen, neue Maßstäbe historischer Urteilsbildung hervor. Wissenschaftstheoretische Stimmigkeit schützt jedoch nicht vor parteilicher Historie.[1] In politischen Ausnahmesituationen gerät Wissenschaft in den Sog zunehmender Ideologisierung. Systemwandel beschleunigt das Tempo des Umdenkens und Umschreibens von Geschichte. Die »Verwaltung des nach Herkunft und Zukunft angeblich durchschauten Gangs der Geschichte« gehört »zu den wichtigsten ideologischen Herrschaftsmitteln« totalitärer Systeme.[2]

Politische Bewegungen, die vorgeben, Staat und Gesellschaft von Grund auf erneuern zu wollen, verändern nicht nur die Formen politischer Willensbildung und die Ziele politischen Handelns. Ihr Legitimitätsanspruch stützt sich auf Wertbegriffe, an denen auch die Wissenschaft von der Geschichte ihre Erkenntnisinteressen, Deutungen und Urteile auszurichten hat. Gesellschaftliche Brauchbarkeit sollen Historiker insbesondere darin unter Beweis stellen, daß sie Geschichtsbilder entwerfen, die zur Anerkennung des neuen Systems beitragen. Im Sinne revolutionärer Bewußtseinsbildung wirken Geschichtsauffassungen vor allem dann, wenn es ihnen gelingt, revolutionäre Aktionen so in den Geschichtsgang einzuordnen, daß deren historische Notwendigkeit Glauben findet, einleuchtet und überzeugt. »Wer aus erfolgreich prätendierter Kenntnis des weltgeschichtlichen Ziels der Menschheit seine Politik zu begründen vermag, hat ideologisch jegliches Recht auf seine Seite gebracht.«[3]

Übereinstimmung zwischen staatlichem Integrationsbedürfnis und wissenschaftlicher Eigengesetzlichkeit versteht sich jedoch nicht von selbst. Einsichten, die im Namen der Wissenschaft entwickelt und verbreitet werden, können sowohl zur Erhaltung als auch zur Veränderung politischer Systeme beitragen. Für die Bewertung politischen Systemwandels ist es deshalb von Belang, in welcher Weise die Umgestaltung von Staat und Gesellschaft wahrgenommen, gedeutet und erklärt wird – als Ereignis, in dem sich Vergangenheit erfüllt, oder als Vorgang, der durch seine Neuartigkeit aus dem Zusammenhang der seitherigen Geschichte herausfällt. Die Vorstellung, daß Machtwechsel an Ideale einer großen, bislang verdrängten und verschütteten Vergangenheit anknüpft, weckt die Bereitschaft, einer revolutionären Bewegung und ihrer Staatsbildung geschichtliche Rechtmäßigkeit zuzubilligen. Der Gedanke der geschichtlichen Entzweiung, des Bruches, der Zäsur fördert Distanz, Kritik und Widerstand.

Die Machthaber, die im Jahr 1933 durch einen demokratisch verbrämten Gewaltstreich die Geschicke von Staat und Gesellschaft in die Hand nahmen, gönnten den Historikern keine Denkpause. Wissenschaft von der Geschichte sollte zur Ausbildung einer systemkonformen politischen Identität beitragen. Neue Kontinuitätsvorstellungen sollten geschichtliche Legitimationsdefizite abbauen. Der »Führer« hielt Geschichte für die »geeignetste Lehrmeisterin« politischen Handelns. Politik war für ihn gleichbedeutend mit »werdender Geschichte«.[4] Ein solches Politikverständnis, das vorgab, einen als wahr erkannten Geschichtsplan zu verwirklichen, nahm der Geschichte ihren prinzipiell offenen Charakter. Historiker würden, so konstatierte 1934 Heinrich Himmler, für die Vermittlung geschichtlicher Vorstellungen bezahlt, »die unserem Volk den notwendigen Nationalstolz stärken«.[5] Stärkung des Nationalstolzes kam der Pflicht gleich, aus der Vergangenheit das »Zukunftsbild« deutscher Politik abzuleiten. Gefragt war nicht »toter Wissenskrempel«, sondern historische Einsicht, die zur völkischen Tat befähigte.[6]

Historiker brauchten sich über die gesellschaftliche Relevanz ihres Tuns nicht den Kopf zu zerbrechen. Sie hatten eine Aufgabe; sie wurden gebraucht. Von Historikern wurde erwartet, daß sie den »radikal-konservativen Charakter« der nationalsozialistischen Bewegung herausstellen, um auf diese Weise tatsächlich entstandene Traditionsbrüche zu verschleiern. Historiker, die sich in den Dienst der Bewegung stellten, waren gehalten, »im Umsturz den Zusammenhang zu denken«.[7] Ihr Geschichtsbild sollte revolutionäre Verwandlung und tiefste geschichtliche Verbundenheit als Einheit begreifbar und erlebbar machen. Ihre Aufgabe war es, »in allem geschichtlichen Wandel die Stetigkeit des Grundcharakters« und »in aller rassisch-völkischen Kontinuität die Kräfte der Revolution, der Umbildung, der Wiedergeburt und der neuen Gestaltung« zu zeigen. Sie sollten zu Bewußtsein bringen, daß die nationalsozialistische Revolution »den weiträumigen Sinnzusammenhang zwischen einer fernen Vergangenheit und einer weitgesteckten Aufgabe deutscher Zukunft« wiederherstellt.[8] Historiker sollten nicht nur Vergangenheit vergegenwärtigen, sondern mit prophetischem Blick zugleich die »Sinnrichtung unserer Zukunft« erkennen.

Der unmittelbare politische Nutzwert einer solchen Geschichtswissenschaft war evident: Kontinuitätsstiftung begründete Legitimität. Die Bereitschaft, die Machtergreifung als Akt politischer Notwendigkeit und geschichtlicher Rechtmäßigkeit anzuerkennen, nahm zu, wenn glaubhaft gemacht werden konnte, daß die »vernichtende und neugestaltende Kraft« der deutschen Revolution »von den Gewalten einer tausendjährigen Tradition des Formens, der Führung, der Weisheit und der Verantwortung getragen war«.[9] Geschichtliche Forschung sollte für den »großen politischen Kampf ihres Volkes« jenes Wissen herbeischaffen, das, wie Karl Alexander von Müller in seiner Ansprache zur Eröffnung des »Reichsinstituts für Geschichte des neuen Deutschlands« beteuerte, »die staatliche Macht geistig sichert und unterbaut«.[10]

Systemtreue Geschichtsdenker brachten Geschichte und Politik in einen unmittelbaren Zusammenhang. »Geschichte ist verwirklichte Politik«, schrieb der geschichts- und kulturphilosophische Vordenker Ernst Krieck in einem programmatischen Aufsatz über *Das rassisch-völkisch-politische Geschichtsbild*; »Politik ist aufgegebene Geschichte«, lautete seine Maxime.[11] Ein solcher Geschichtsbegriff machte die Gegenwart zum »Maßstab aller historischen Erkenntnis«. Wissenschaft von der Geschichte sollte nicht mehr zeigen, wie es eigentlich gewesen ist, sondern zur »Volkwerdung«, zur »Wirklichkeitsgestaltung in Volk und Staat« beitragen. Die rassische und völkische Gebundenheit aller Lebensordnungen sollte »Fragestellung und Antwortfindung gegenüber der Geschichte des deutschen Volkes« bestimmen. Wissenschaft von der Geschichte hatte sich »nach den Fragen« zu richten, »die gegenwärtige Not und Notwende unserem völkischen Lebenskreis aufzwingen«. Als Kriterium für die Richtigkeit geschichtlicher Selbstauffassung galt die Bereitschaft, »dem schicksalhaft Handelnden, dem Führer« Treue zu halten. Historiker sollten den Nachweis erbringen, daß das Dritte Reich den »Sinn unserer völkischen Geschichte« darstellt. So begriffene rassisch-völkisch-politische Geschichtsbetrachtung war »wesentlicher Ausdruck neu erwachender Rasse- und Bildekraft unseres germanischen Blutes«.[12]

Diese Vorgaben, die auf die Weltanschauung der Partei verpflichteten, bildeten allgemeine Rahmenbedingungen geschichtswissenschaftlicher Arbeit.[13] Hochschullehrer der Geschichtswissenschaft brauchten sich nicht an rechtsförmige Richtlinien gebunden zu fühlen. Sie lehrten und forschten im Horizont ideologischer Ansprüche, deren Einlösung nicht eingeklagt werden konnte und auch faktisch nie eingeklagt wurde. Für die Durchsetzung ideologischer Zwänge gab es keine Rechtsgrundlage. Kein Hochschullehrer war Sanktionen ausgesetzt, wenn er sich rassistischen Zumutungen verweigerte. Die Freiräume des Denkens, Lehrens und Schreibens waren an Universitäten ungleich größer als an Schulen, an denen durch Verordnungen genauestens geregelt war, wie Deutschlands Geschichte unterrichtet und aktualisiert werden mußte. Es stellt sich deshalb die Frage: In welcher Weise ist die an den Universitäten gepflegte Wissenschaft von der Geschichte dem ihr von Staat und Partei zugedachten Auftrag gerecht geworden? In welcher Weise hat sie die Erwartungen der neuen Machthaber erfüllt? Inwieweit haben ihre Vertreter bestehende Freiräume genutzt, um unparteiische Wissenschaft zu betreiben?

Eine solche Frage aufzuwerfen heißt gleichzeitig, über den gegenwärtigen Forschungsstand Rechenschaft zu geben. Zu sagen, daß die Forschungslage ausnehmend desolat sei, gehört zu den Pflichtübungen akademischer Rhetorik. Wer Forschungsdefizite anprangert, hat Gelegenheit, den eigenen Intellekt um so stärker herauszustellen. Was die Wege und Irrwege deutscher Geschichtswissenschaft im Dritten Reich betrifft, besteht kein Anlaß, dem Fach Geschichte wegen mangelnder Selbstreflexion Vorhaltungen zu machen. Karl Ferdinand Werner, der ehemals in Heidelberg lehrende Mediävist, hat bereits im Jahre 1967 einen knappen scharfsinnigen Traktat über *Das NS-Geschichtsbild und die Geschichtswissenschaft* geschrieben.[14] Die Grundlinien, die Werner damals über die Verführbarkeit und Verweigerung deutscher Historiker im Dritten Reich herausarbeitete, sind in ihrer bestechenden Richtigkeit kaum zu widerlegen. Neben der Arbeit von Werner gibt es zahlreiche Untersuchungen biographischer Art, desgleichen Aufsätze über wissenschaftliche Selbstbehauptung und politische Anfälligkeit geschichtswissenschaftlicher Zeitschriften nebst Büchern über die Gleichschaltung einzelner Hochschulen und den zu diesen gehörenden historischen Fakuläten.[15] Aus der Feder von Helmut Heiber stammt eine materialreiche Monographie über *Walter Frank und sein Reichsinstitut für Geschichte des neuen Deutschlands.*[16] Volker Losemann verfaßte unter dem Titel *Nationalismus und Antike* eine Dissertation über die Althistorie im Dritten Reich.[17] Günther Franz, der angesehene und verdiente Agrarhistoriker, zog 1981 Bilanz. Der »Einfluß des Nationalsozialismus auf die Geschichtswissenschaft«, stellte er zusammenfassend fest, war »verhältnismäßig gering«; die »Geschichte als Wissenschaft« hat »sich unabhängig vom Nationalsozialismus auch in dieser Zeit entwickelt und behauptet«.[18]

Weder globale Verdammungsurteile noch apologetische Rechtfertigungen tragen dazu bei, über Leistungen und Schwächen parteiischer und unparteiischer Wissenschaft unter den Bedingungen eines totalitären Systems aufzuklären. Die ideologischen Zugeständnisse, die Lehrstuhlinhaber des Faches Geschichte damals machten, lassen sich nicht beschönigen und beseitigen. Sie sind evident. Was die historische Einsicht fördert, sind neue Fragen und Konzepte, die zu differenzierten Urteilen verhelfen. Ein Erkenntnis- und Forschungsinteresse, das sich aus Gründen der Ideologiekritik vornehmlich auf die Anpassungsfähigkeit und Selbstbehauptung von Forschungsinstitutionen richtet oder die Verführbarkeit und das Versagen wissenschaftlich tätiger Individuen kenntlich zu machen sucht, arbeitet wichtige Teilaspekte heraus, aber kein vollständiges Bild. Gefordert sind außerdem Zugriffe, die historische Wissenschaft als einen Vorgang begreifbar machen, in dem sich Gesetzlichkeiten wissenschaftlichen Denkens mit Erwartungen der politisch-sozialen Umwelt überlagern und durchdringen.

In welcher Weise, so wäre genauer nachzufragen, haben sich während des Dritten Reiches Historiker in der Auswahl ihrer Paradigmen, im Gebrauch ihrer Begriffe, in der Bildung ihrer Urteile durch formelle und informelle Vorgaben der Partei und des Staates bestimmen lassen? Nur unter dem Gesichtspunkt solcher Fragestellungen ist auszuloten, in welcher Weise Historiker von damals ihre selbständige Urteilskraft bewahrten, sich anpaßten oder anbiederten. Ein Frageraster, das nur die Wahl zwischen Integrität und Opportunismus zuläßt, ist zu grobmaschig, um auch Übergänge, zeitweilige Schwankungen oder schwer verständliche Korrekturen wissenschaftlichen und politischen Verhaltens zu erfassen und kenntlich zu machen. Die Abstufungen zwischen geleisteter und verweigerter Anpassung werden deutlicher, wenn man von der Tatsache ausgeht, daß sich wissenschaftliche Arbeit im Dritten Reich in einem Spannungsverhältnis vollzog, das durch parteiamtlichen Erwartungsdruck auf der einen, wissenschaftliche Eigengesetzlichkeit und persönliche Anpassungsbereitschaft auf der anderen Seite zustande kam. Weil der Wandel von Einstellungen geschichtlichen Voraussetzungen unterliegt, ist gleichfalls der Frage nachzugehen, ob und inweiweit Deutschlands Historiker bereits *vor* 1933 – unbehelligt durch äußeren Druck und Zwang – in bedenklicher Nähe zum autoritären Führerstaat gedacht und geschrieben haben.

Ich habe nicht den Ehrgeiz, das Wechselverhältnis zwischen geschichtswissenschaftlicher Anstrengung und gesellschaftlichem Umfeld in seinen institutionellen, politischen und sozialen Bezügen umfassend auszuleuchten. In einem ersten Zugriff wird versucht, am Beispiel von drei Leitbegriffen, von »Führertum«, »Rasse« und »Reich«, Zusammenhänge zwischen Wissenschafts- und Herrschaftssprache aufzuweisen. Das geschieht in der Absicht, geschichtswissenschaftliche Begriffsbildung zu einem Indikator für Kontinuitäten und Diskontinuitäten historisch-politischen Denkens zu machen. Im Anschluß daran wird in einem allgemeinen Sinne nach politischen Prämissen geschichtswissenschaftlicher Praxis gefragt, an denen sich Grade und Grenzen von Anpassung und Verweigerung ablesen lassen. Angepaßte und unangepaßte Forschung soll biographisch verdeutlicht, als wissenschaftstheoretische Grundsatzfrage diskutiert und in ihrem wissenschaftsgeschichtlichen Kontext untersucht werden. Im einzelnen geht es um Zusammenhänge zwischen historischer Tatsachenermittlung, geschichtlicher Urteilsbildung und politischer Einstellung, um politische und hochschulpolitische Gegensätze, die sich mit Generationenkonflikten überlagerten, um wissenschaftsgeschichtliche Voraussetzungen und Tendenzen, welche die Verführbarkeit historischen Denkens nach 1933 überhaupt erst möglich machten. Ich behandle diese Fragen nicht als Neuhistoriker, sondern als Mediävist, der wissen möchte, wie nach der Machtergreifung von 1933 Grundbegriffe der mittelalterlichen Verfassungsordnung zu Grundlagen einer atavistischen Staatsideologie gemacht wurden.[19]

Es soll nicht untersucht werden, wie diese atavistische Staatsideologie radikalisiert und in traditionslose Staatspraxis umgesetzt wurde. Ich möchte vielmehr im Bereich der Geschichtsbilder, der politischen Ideen und Begriffe Erosionen künstlich wiederbelebter Vergangenheit beschreiben, die Gleichzeitigkeit von technisch-wirtschaftlicher Rationalität und politischer Irrationalität offenlegen, anachronistische Versuche aufzeigen, die, ausgezeichnet mit dem Gütesiegel »Wissenschaft«, darauf angelegt waren, in den Tiefen germanisch-mittelalterlicher Geschichte Ansprüche auf mehr Lebensraum zu finden, Anwartschaften auf mehr »Führertum«, »Treue« und »Gefolgschaft« zu begründen, Leitbilder für das hehre Ziel »völkischer Lebensganzheit« dingfest zu machen.

Kontinuitäten und Diskontinuitäten des geschichtlichen und politischen Denkens im Spiegel der Begriffe »Führertum«, »Rasse«, »Reich«

Nichts existiert zusammenhanglos. Auch die Herrschaftssprache des Dritten Reiches hat ihre Vorgeschichte. Systembedingter Sprachwandel hatte zur Folge, daß überliefertes Begriffsmaterial mit neuen Bedeutungsgehalten angereichert wurde. Den Nationalsozialisten kommt insbesondere das Verdienst zu, aus Wortprägungen, die in nationalen und völkischen Strömungen des 19. und beginnenden 20. Jahrhunderts ihren angestammten Platz hatten, aggressive Handlungsbegriffe gemacht zu haben.

»Führertum« charakterisierte nach 1933 die politische Lebensordnung der Deutschen im Innern; *»Reich«*, zu einem Synonym für »Lebensraum« umgeprägt, bestimmte ihr Handeln nach außen. Die Zugehörigkeit zur germanischen *»Rasse«* begründete sowohl den Anspruch auf Führung als auch das Verlangen nach Raum.

Charismatisches und artgebundenes »Führertum«

Im Begriff der »Führerschaft« glaubten Soziologen, die sich, wie Vierkandt und Oppenheimer, in den zwanziger Jahren unseres Jahrhunderts mit Grundfragen ihrer Wissenschaft befaßten, ein durchgängiges Strukturprinzip sozialer Ordnung gefunden zu haben. Das »Bedürfnis nach Führerschaft«, meinte Vierkandt, sei tief in der Natur des Menschen verwurzelt; ein »Instinkt der Unterordnung« sei ihm angeboren; das »Verlangen der Masse«, »zu Heroen emporzublicken«, sei überwältigend. Dem gesteigerten »Selbstgefühl des Führers« entspreche die Bereitschaft der Geführten, sich in ihrem Denken und Handeln durch den überlegenen Führungswillen eines anderen bestimmen zu lassen.[20]

Politische Relevanz gewannen solche Überlegungen vornehmlich dann, wenn über den politischen Sendungsauftrag der Deutschen, eines angeblich vom Schicksal berufenen »Herrenvolkes«, oder über strukturelle Schwächen des parlamentarischen Systems nachgedacht, gesprochen und gestritten wurde. »Deutschland«, beteuerte der altkonservative General Helmuth von Moltke in einem Vortrag, den er im November 1914 vor der »Deutschen Gesellschaft von 1914« hielt, werde »in diesem Kriege nicht unterliegen«, weil es »das einzige Volk« sei, »das zur Zeit die Führung der Menschheit zu höheren Zielen übernehmen kann«. Nur von Deutschland sei im Augenblick eine »günstige Weiterentwicklung der Menschheit« zu erwarten, weil die romanischen und slawischen Völker, desgleichen England, den »Höhepunkt ihrer Entwicklung« bereits überschritten hätten oder in der Entwicklung ihrer Kultur noch weit zurückliegen würden.[21]

Das Verlangen nach einer Integrationsfigur, die über den Parteien steht, überdauerte den Sturz der Monarchie. Der Reichspräsident fungierte als »Ersatz-Kaiser«. An die Stelle des Monarchen, der bereits im Vormärz als »Führer der Entwickelung« (F. J. Stahl) bezeichnet worden war, trat der charismatische Führer. Nicht die gewählten Vertreter des Volkes, sondern Monarch und Führer schienen berufen zu sein, dem diffusen Wollen einer handlungsunfähigen Masse Eindeutigkeit, Gestalt und Richtung zu geben.

Max Weber machte sich aus Gründen der inneren Verfassungsreform Gedanken über »Beamtenherrschaft und politisches Führertum«, über geeignete Formen der »Führerauslese«, über Strukturprinzipien einer »plebiszitären Führerdemokratie«, in welcher der überragende Politiker kraft seines Charismas bei den Massen für die Verwirklichung seiner politischen Ziele »Gefolgschaft« und »Akklamation« finde.[22] Der mit charismatischer Legitimität ausgestattete Führer, wie er Weber als Ideal vorschwebte, sollte als Symbolfigur gesellschaftlicher Integration wirken und überdies in der Lage sein, den ausufernden Kompetenzen eines unbeweglichen, weitgehend verselbständigten bürokratischen Apparats Grenzen zu setzen. Einer solchen Führergestalt sollte keine unumschränkte Machtbefugnis zukommen; sie sollte gebunden bleiben an die demokratisch vereinbarten Formen des staatlichen Rechts. Sache des Parlaments sollte es sein, auf die Rechtsförmigkeit caesaristischer Führerschaft zu achten. Allein dem Parlament sollte das Recht zukommen, gegenüber der Führerschaft des charismatisch begabten Staatsmannes die bestehenden bürgerlichen Rechtsgarantien zu wahren und bei Machtmißbrauch »eine friedliche Form der Ausschaltung des caesaristischen Diktators« zu gewährleisten.[23]

Die Frage, ob und inwieweit dieses Herrschafts- und Verfassungsmodell dazu beitrug, politischen Irrationalismus zu fördern und autoritärem Staatsdenken Vorschub zu leisten, soll hier nicht diskutiert werden.[24] Tatsache ist, daß sich die autoritäre Führerdemokratie, wie sie 1933 politische Wirklichkeit wurde, ihrer parlamentarischen Fesseln entledigte. »Führer« und »Geführte« traten in ein unmitelbares Treue- und Gefolgschaftsverhältnis, das Widerstand, Gehorsamsverweigerung und Kontrolle ausschloß.

Es ist nicht zu übersehen, daß bereits vor 1933 Soziologen, Historiker und Germanisten den »Führergedanken« zu einem antirepublikanischen Topos umgeprägt hatten. Hans Freyer verlangte 1925 nach dem Führer, der den einzelnen seiner politischen und sozialen Verantwortungen enthebt. Einem solchen Ersatzkaiser mutete er zu, daß er »das eine, klassenlose, aber vielschichtige, herrschaftsfreie, aber streng gefügte Gebilde des Volkes« hervorbringe. Dem Volk wurde kein Recht auf Mündigkeit, keine politische Handlungsfähigkeit zuerkannt. »Volk sein heißt Volk werden unter des Führers Hand.«[25] Demokratische Selbstbestimmung wurde ersetzt durch fremdbestimmte »Volkwerdung«.

Freyer war kein Einzelgänger. Der protestantische Theologe Otto Stählin, der in seiner nationalprotestantischen Begeisterung weder militärische Niederlagen noch politische Zwänge wahrnehmen und wahrhaben wollte, verfaßte eine Schrift über *Hindenburg. Der Retter und Führer des deutschen Volkes in schwerer Zeit* (1918), um dem Ruf nach einem »Sieg-« oder »Hindenburgfrieden« in der Öffentlichkeit Gehör zu verschaffen.[26] Oswald Spengler schrieb 1924 in seinem *Neubau des Deutschen Reiches*: »Die Deutschen sind ein monarchisches Volk, durch ihren altgermanischen Zug der Gefolgstreue und Unterordnung unter den innerlich anerkannten Führer.« Als Begründung für dieses angebliche Führungs- und Unterordnungsbedürfnis nannte er Deutschlands geopolitische Lage in der Mitte Europas: Ihre »Wohnsitze in Mitteleuropa« hätten die Deutschen zur »Zusammenfassung in einen starken Staat« gezwungen, wenn sie nicht die »Opfer aller Nachbarn sein wollten«. Idee und Wirklichkeit des Machtstaates seien auch für ihr politisches Denken, Fühlen und Hoffen bestimmend geworden. »In späten Zeiten ändern sich solche Gefühle nicht mehr, wenn sie sich jemals ändern können, und eines Tages, wenn wieder etwas Sonne auf unser Dasein fällt, wird die schlafende Sehnsucht nach dieser symbolischen Krönung des Staates ihre Erfüllung suchen und finden.«[27]

Othmar Spann, Professor der Politischen Ökonomie an der Universität Wien, machte sich zum Vorkämpfer eines autoritär organisierten Führerstaates, der seine Leistungs- und Funktionsfähigkeit der Tatkraft eines großen Staatsmannes und Führers verdankte. Die »Ursachen des Führertums« suchte und fand Spann »in der Unmöglichkeit unmittelbaren Massenhandelns und unmittelbarer Massenherrschaft«.[28] In seiner 1914 erschienenen *Gesellschaftslehre* hatte Spann noch den zeitüblichen Führerbegriff der Soziologie vertreten; nach 1918 baute er ihn mehr und mehr zu einem antidemokratischen Führungsmythos aus. In der dritten Auflage aus dem Jahr 1930 plädierte er für »planmäßige Führererziehung und Führerauslese«, um unabdingbare personelle Voraussetzungen für »autoritatives Führertum« zu schaffen. Ohne Führer besitze die »Masse« überhaupt keine Existenz. Denn »der Führer ist es erst, der die Massenmeinung zur Formulierung bringt, d. h. dem Wähler sagt, was für einen Auftrag er dem Führer geben und wen er wählen soll«.[29] Hegel mußte herhalten, um die »großen Führer« als Geschäftsführer des Weltgeistes erscheinen zu lassen[30]; Hegel konnte gleichfalls zitiert werden, um das »Volk ohne seinen Monarchen« als »formlose Masse« zu charakterisieren. Entsprechend beteuerte Spann: Der Führer, ein begnadeter Seher der ewigen Ordnung, durch den sich das Göttliche in der Geschichte offenbare, habe den Staat so zu gestalten, daß dieser zur »Totalität des Lebens« wird. Zum »Erlöser der Zeit von finsteren Gewalten« könne der Führer nur dann werden, wenn ihm vom Volk ein unbedingter »Verehrungs- und Gefolgschaftswille« entgegengebracht werde.[31]

Historiker zögerten, aus »Führer« und »Führertum« analytische Kategorien ihrer Arbeit zu machen. »Führer« und »Führertum« waren der Sprache ihrer Quellen fremd. Dennoch gab es Fälle, in denen politische Interessen methodische und sachliche Bedenken verdrängten. Erich Brandenburg publizierte Anfang der zwanziger Jahre unter dem Titel *Die Deutschen Führer* eine historische Schriftenreihe, um jene »Führernaturen« ins allgemeine Bewußtsein zu rücken, »die uns ein Vorbild deutschen Handelns gegeben haben«. Diese Reihe wurde eröffnet mit Martin Luther, der »als ein wahrer Volksheld vor uns steht« und uns in der Überzeugung bestärkt, daß »ein Volk, das solche Führer hervorgebracht hat«, auch »nicht untergehen« kann.[32]

Unbedachten Gebrauch vom Begriffsangebot der Soziologie machte der Tübinger Geschichtsprofessor Adalbert Wahl, als er im Jahre 1929 in den *Schriften zur politischen Bildung* einen Essay *Vom Führertum in der Geschichte* veröffentlichte.[33] In der 43 Seiten starken Broschüre, die sich weder durch gedankliche noch durch sprachliche Anstrengungen auszeichnete, wollte er zwei Fragen beantworten: Erstens sollten »die verschiedenen Wege betrachtet werden, auf denen die Führer emporkommen«, zweitens sollte »von der Bedeutung des Führertums für den geschichtlichen Verlauf überhaupt gesprochen werden«.[34] Der Tübinger Universitätslehrer bekundete rührende Bewunderung »über die Fülle von wahren Führern, die die erbliche Monarchie hervorgebracht hat«. Aus dieser Tatsache zog er den Schluß, »daß in Herrscherhäusern erheblich mehr eigentliche Führer geboren werden, als in anderen Familien«.[35] Als Belege für die »Vorzüglichkeit der erblichen Führerauslese«[36] nannte er die mittelalterlichen Kaiser der sächsichen, salischen und staufischen Dynastien, die großen Könige und Herrschergestalten der Häuser Capet, Savoyen und Hohenzollern. »Führerauslese« kraft Wahl und Ernennung erläuterte er am Beispiel Hardenbergs, Moltkes und Bismarcks. Bismarck war für ihn der Inbegriff des »rechten«, »großen« und »geschichtlichen Führers«.[37] Den Typus des »rein geistigen Führers« sah er vorbildhaft verwirklicht in der Gestalt Martin Luthers.[38]

Aus seinen historischen Erwägungen glaubte Wahl folgende Schlußfolgerungen ziehen zu dürfen: Ein »Fremdblütiger« könne »niemals ein echter Führer irgend eines Volkes werden«.[39] Mit dem »Tode der großen Führerpersönlichkeit« höre auch »Glanz und Macht« des Staates auf.[40] In der parlamentarischen Demokratie würden »fast ausnahmslos nur Mittelmäßigkeiten in die Führerstellen« gelangen. »Führerauslese in der Demokratie« lasse »nur äußerst dürftige Gestalten« emporkommen. Es sei erwiesen, daß sich Parteiführer »im Zweifelsfalle für die Interessen der Partei und nicht für die des Staates entscheiden«.[41] Die Schrift Wahls sollte ihre Leser darauf vorbereiten, »den echten Führer zu erkennen oder zu *erfühlen*, wenn er kommt, und ihm zu folgen«. Es komme deshalb darauf an, »die Verhältnisse so zu gestalten, daß wir dazu beitragen können, den einmal erkannten Führer auch an die Spitze zu bringen, soweit es in unserer Macht steht«. Dessenungeachtet lehnte es Wahl ab, den Propheten zu spielen. Abschließend schrieb er:

»Ob aber, wenn unsere Rettung in der Tat noch denkbar ist, sie durch einen politischen oder einen militärischen, oder aber durch einen Führer auf dem rein geistigen Gebiet herbeigeführt wird, einen, der wie Luther einer ganzen Zeit seinen Stempel aufdrückt und sie umformt, oder ob vielleicht ein Führer von diesen verschiedenen Arten auf den anderen folgen wird, das vermögen wir nicht vorauszusagen, das ist vielmehr für uns ein Gegenstand des Glaubens und Hoffens«.[42]

Auch in seinen Vorlesungen hat Adalbert Wahl »ohne Rücksicht auf das jeweilige Vorlesungsthema« aus seiner »antidemokratischen Haltung«, seiner »Verachtung gegenüber der Republik, deren Regierungen und ihrer Politik« keinen Hehl gemacht.[43] »So wurde von ihm die ›Dolchstoßlegende‹, die ja eine der infamsten Propagandaparolen gegen die Republik war, vor den Studenten ausführlich wissenschaftlich begründet. . . . Diese Verbindung von Wissenschaftlichkeit und Ressentiment war das Gefährliche.« Wahls antidemokratische Tendenz entsprach weitgehend den politischen Vorstellungen der Studierenden, die sich »durch die Hinweise und Argumente ihrer Professoren gleichsam wissenschaftlich bestätigt« fühlten.[44]

Wahl suchte das von irrationalen Antrieben gespeiste Verlangen nach einer genialen Führergestalt historisch zu untermauern. Politische Selbstgestaltung ersetzte er durch Führerkult, der das Gefühl der Geborgenheit gab und eigenes Nachdenken ersparte. Der »Vernunftrepublikaner« Friedrich Meinecke hingegen kritisierte, daß eine von politischen, wirtschaftlichen und sozialen Problemen zerrissene Zeit »nach kühnen und starken Führern« verlange, denen man zutraue, die »Kompliziertheit der gegenwärtigen Verhältnisse« durch kräftige und eindrucksvolle Synthesen vereinfachen und vereinheitlichen zu können.[45] Besonnenheit hatte jedoch gegen gläubigen Enthusiasmus keine Chance. Der Altgermanist Wolfgang Stammler hielt 1931 auf der Reichsgründungsfeier der Universität Greifswald eine Rede mit dem Titel *Germanisches*

Führerideal, um am Beispiel des altgermanischen Herzogs und seiner Getreuen darzulegen, welcher Segen von Führer- und Treuetugenden für ein Gemeinwesen ausgehe. Die Wahl des Themas rechtfertigte er mit dem Hinweis, daß man in der Gegenwart immer wieder »den Ruf nach einem Führer aus dieser Not« höre.[46]

Die politischen Grundsätze, die Universitätslehrer im Namen vernunftgeleiteter Wissenschaft verbreiteten, wurzelten in gläubiger Hoffnung auf einen rettenden völkischen Messias. An solche vorwissenschaftlichen Mentalitäten konnten Hitler und seine Parteigänger anknüpfen, als sie 1933 »Führer«, »Führung« und »Führerschaft« zu Gestaltungsprinzipien der inneren Verfassung und äußeren Politik machten. Das nordisch-germanische Führerprinzip widersprach der parlamentarischen Demokratie westlicher Prägung, die auf dem Mehrheitsgedanken aufbaute. »Führertum«, angeblich ein Vorzug der germanischen Rasse, gab den Deutschen darüber hinaus das Recht, als »Herrenvolk« andere Völker führen zu dürfen.

»Führung« war jedoch mehr als nur eine Variante von Herrschaft. Adolf Hitler, beteuerte Alfred Rosenberg, »herrscht nicht nur, sondern er führt – und wird geliebt«.[47] Herrschaft bedarf der Rechtfertigung, der Zustimmung und Loyalität der Beherrschten. Herrschaft, als Vertragsverhältnis definiert, beinhaltet ein Recht auf Widerstand. »Führung« verlangt blinde Hingabe. Herrschaft bedeutet Bindung an vereinbarte Rechtsnormen; ihr strukturelles Äquivalent ist die Genossenschaft der zur Mitentscheidung Berechtigten. Das Korrelat von »Führung« bildete im Herrschaftssystem des Dritten Reiches das Volk, dessen bewußten oder unbewußten Willen der »Führer« vollzog. »Führung«, die auf Autorität und Charisma beruhte, entzog sich rechtlichen Bindungen und Beschränkungen. »Reich« umschrieb das völkische Substrat und die räumliche Reichweite dieser auf »Führerschaft« aufgebauten Lebensordnung.

War die Sprache der Partei auch die Sprache der Wissenschaft? In welcher Weise haben sich deutsche Universitätshistoriker den ideologisch aufgeladenen Begriff »Führertum« zu eigen gemacht? Der Althistoriker Schachermeyr schrieb für den *Völkischen Beobachter* im April 1933 einen Essay über *Die nordische Führerpersönlichkeit.* Ein Exemplar dieses Aufsatzes, den er zu einem eigenen Sonderdruck erweiterte und im Untertitel als *Baustein zur Weltanschauung des Nationalsozialismus* deklarierte, schickte er an den damals noch für Hochschulangelegenheiten zuständigen Reichsinnenminister Frick. Diesem fühlte sich der Autor, wie es im Begleitschreiben hieß, in besonderer Weise »verantwortlich«, weil er ihn »vor nicht ganz drei Jahren nach Jena berufen« habe.[48] Karrierehilfen verlangten politischen Tribut.

Karl Richard Ganzer, der als Mitglied des »Reichsinstituts für Geschichte des neuen Deutschlands« an der Ausarbeitung und Verbreitung parteikonformer Geschichtsbilder maßgeblich beteiligt war, führte den mittelalterlichen Kaisergedanken »auf die uralte Wirklichkeit des germanischen Führungssystems zurück«.[49] Was in Geschichte und Gegenwart »die freie Anerkennung der deutschen Führung erzwang«, sei »das in mythischen Gründen ruhende uralte Gefühl, daß das Volk der Mitte die Kraft in sich trage, die Welt zu bewegen und die großen Entscheidungen zu verantworten«.[50] Den Deutschen, die in der Mitte Europas einen »naturgegebenen Führungskörper« darstellen, eigne »das alte Amt der europäischen Führungs- und Ordnungsmacht«, die »Kraft zur ausgreifenden europäischen Führungspolitik«, ein »Führungsrecht«, mit dem sich die »Ausstrahlung seines ordnenden Führertums« verbinde.[51] »Führung«, versicherte der Hamburger Historiker Otto Westphal, bedeute, »daß die höhere Rasse keinen Rassenhaß wie die untere kennt, sondern daß es zu einer Umgruppierung kommt, die dem Starken und Gesunden das Recht zur Volksführung zuspricht«.[52] Westphal beharrte auf einem untrennbaren Zusammenhang zwischen »Führertum« und »Rasse«, der in der Propagandasprache der Partei ohne den schönen, entschärfenden Schein wissenschaftlicher Terminologie so umschrieben wurde: Die Fähigkeit zur »Führung« sei rassisch bedingt und deshalb eine typisch »germanische« Eigenschaft. Adolf Hitler habe als der »germanische Führer« schlechthin zu gelten. Slawen hingegen seien als »Untermenschen«, als »hemmungslose Bestien« zu »keiner Herrschaft« befähigt.[53]

Der Verfassungshistoriker H. Meyer äußerte sich 1938 über *Das Wesen des Führertums in der germanischen Verfassungsgeschichte*. Meyer bemühte sich um den Nachweis, daß auch der germanische König ein Führer gewesen sei, der kraft seines angestammten Geblütsheils auf die Gefolgschaftstreue anderer Sippen bauen konnte. Aus dem biblisch-christlichen rex et sacerdos wurde ein germanischer Priesterkönig, der durch die magische Kraft seiner großen Ahnen Führerschaft über andere ausübt.[54]

Gleichwohl: »Führung«, eine in den zwanziger Jahren aufkommende Begriffsschöpfung der Soziologen, aus welcher die Nationalsozialisten einen Kernbegriff ihrer völkisch-politischen Weltanschauung machten, ist auch nach 1933 der geschichtswissenschaftlichen Fachsprache weitgehend fremd geblieben. Die eigene Wissenschaftstradition legte es nahe, nicht von »Führung«, sondern quellennäher und politisch neutraler von »Herrschaft« und »Genossenschaft« zu sprechen. Da sich mit Hilfe des Begriffs »Herrschaft« das neue staatsrechtliche Denken nicht angemessen ausdrücken ließ, war der Begriff »Herrschaft« aus »der herrschenden Ideologie tendenziell ausgegrenzt, politisch neutralisiert und damit erneut freigegeben für die Zwecke wissenschaftlicher Forschung«.[55] In diesem Freiraum entwickelten Mediävisten wie Otto Brunner, Heinrich Dannenbauer und Walter Schlesinger ihre Auffassungen über herrschaftliche Strukturen der germanisch-deutschen Verfassungsentwicklung.

Den mittelalterlichen Gefolgschafts- und Treuegedanken zu einem Kernstück der nationalsozialistischen Führungsideologie entwickelt zu haben, ist vornehmlich das Verdienst von Juristen, Germanisten und Philosophen. Der Kulturphilosoph und Heidelberger Universitätsrektor Ernst Krieck räsonierte tiefsinnig: In der Sozialordnung der Gefolgschaft fand die germanische Rasse die grundlegende »Form ihres Lebens«. »Gefolgschaftstreue« zählte zum Kernbestand der germanischen Wertordnung. Ihren »sozialen Höchstausdruck« fand die germanische Rasse »in der Gefolgschaft samt ihrer Zucht- und Wertordnung. Hier wurde germanisches Menschentum nach dem Gesetz seiner rassischen Werte zur heldischen Haltung und Leistungsfähigkeit emporgezüchtet«. Die germanische Dichtung vergegenwärtige »den Helden in den Gefolgschaftszusammenhängen seines Lebens«. Eine wahrhafte Wiedergeburt des Reiches sei der nationalsozialistischen Revolution nur deshalb gelungen, weil sie »das Gefolgschaftsprinzip mit seiner rassischen Wertordnung« zur Grundlage ihrer Staatsgründung gemacht habe.[56]

Der Altgermanist Hans Naumann hat nicht nur die Bonner Bücherverbrennung als eine Weihestunde des deutschen Geistes deklariert; mit hochgemuter Innigkeit besang er überdies die zwischen Führer und Gefolgsmannen waltende Treue.[57] Angesichts zersetzender Aufklärung und volksfremder politischer Dogmatik suchte und fand Hans Naumann Quellen der Erneuerung »im mittelalterlichen Gemeinschaftswesen und ›gotischen Geist‹«.[58] Er plädierte für ein Schrifttum, »dem Familie und Heimat, Volk und Blut, das ganze Dasein der frommen Bindungen wieder heilig ist«, das »zum sozialen Gefühl und zum Gemeinschaftsleben erzieht, sei es in der Sippe, sei es im Beruf, sei es in der Gefolgschaft oder in Stamm und Nation«. Den bloßen Literaten lehnte er ab und verlangte nach dem verantwortlichen Dichter, der das »lebendige Gewissen unseres neuen heiligen Reiches ist«.[59]

Naumann brachte weiterhin in Erinnerung, daß der Dichter des altsächsischen Heliand darauf bedacht war, seinen Landsleuten das Verhältnis Jesu zu seinen Jüngern als Gefolgschaftsverhältnis zwischen dem Herrn und seinen Mannen nahezubringen. Eine solche Erkenntnis entsprach den Intentionen und Aussagen des frühmittelalterlichen Dichters. Auch die neuere Forschung hebt darauf ab, »daß im Heliand das Verhältnis Christi zu seinen Jüngern in seiner *äußeren* Form gefolgschaftlich gedacht ist«.[60] Auf den Irrweg historischer Hermeneutik geriet Naumann allerdings, als er den Sohn Gottes als einen »germanischen königlichen Gefolgschaftsführer« vorstellte, der, »bartlos, jugendlich, sonnig, baldurhaft«, »des Kampfes begierig«, den Seinen Führer und Freund ist.[61] Germanisten, die ihrem Führer folgten, machten den Dichter des altsächsischen Heliand zum Kronzeugen der germanischen Gefolgschaftsidee. Im Verhältnis der Jünger und Apostel zur »Kraftnatur« Christus habe der Führerkult seinen Ursprung; das Christentum, von parteifrommen Ideologen ursprünglich als Religion der Liebe, der Demut und des Mitleids verachtet, wurde in eine Heldenreligion »germanischer Artung« umstilisiert.

Der »neuen Rechtswissenschaft« blieb es vorbehalten, den germanischen Führer-, Treue- und Gefolgschaftsgedanken zu einem »tragenden Verfassungsgrundsatz« des neuen Deutschland[62], zu einem »Kernbegriff des nationalsozialistischen Staatsrechts«[63] zu machen. Den im Gefolgschaftsgedanken begründeten Führerstaat hielt der Tübinger Rechtshistoriker Hans Erich Feine für die dem deutschen Volk geschichtsgemäße Verfassungsform. Es sei, sagte er in einem öffentlichen Vortrag an der Universität Tübingen im Sommersemester 1933, »ein im deutschen Wesen und in deutscher Geschichte tief begründeter Zug«, der die Reichsgründung von 1870 mit dem gegenwärtigen Staatsumbau verbinde, »daß das deutsche Volk dann zu größten politischen Taten befähigt ist, wenn es einem berufenen Führer von genialer Schöpfungskraft folgen darf«.[64] Entsprechend beurteilte er die Weimarer Verfassung als einen »Volksverrat ohnegleichen«, den Parlamentarismus als »arithmetische Kopfzahldemokratie« westlicher Prägung. Eine »autoritäre Regierungsform im Sinne des Führerprinzips« sei dem deutschen Volk geschichtlich vorgezeichnet.[65] Im Wollen des »Führers« und seiner Getreuen seien Geschichte und Gegenwart eins geworden. »Altgermanische Gefolgschafts- und Treuegedanken sind zu neuem Leben erwacht.«[66]

Öffentliche Frontstellung gegen die verfassungsmäßige Ordnung der Republik hatte bei den Tübinger Staats- und Verfassungsrechtlern Tradition. Hans Gerber hatte bereits im Jahre 1931 in einer an der Universität Tübingen gehaltenen Rede die Forderung erhoben, daß die anstehende Reichsreform »nötigenfalls auch gegen die geltende Verfassung« durchgesetzt werden müsse, weswegen »wir weniger von den Beratungen und Beschlüssen parlamentarischer Kommissionen, mehr von dem instinktsicheren Entschlusse und der Tatkraft erfahrener Führerpersönlichkeiten erwarten« sollten. Denn, so lautete seine programmatische Schlußfolgerung: »Das Geheimnis machtvoller Staatlichkeit ist zielbewußte, tatkräftige, anerkannte Führung und willige, einsatzbereite, opferfreudige Gefolgschaft.«[67] Dem entschlossenen Eintreten Gerbers für eine nach dem Führerprinzip aufgebaute Staatsverfassung entsprach öffentliche Kritik an der »völligen Ungebundenheit« liberaler Wissenschaft, die durch methodische »Willkür des Erkenntnisstrebens und der lehrmäßigen Verkündung des Erkannten« die »Idee einer nationalen Kultur« zersetzt habe. Wissenschaftsfreiheit, eine Erscheinungsform des bürgerlichen Rechtsstaates, widerspreche den Interessen der Nation. Der demokratische Grundrechtskatalog gebe gesellschaftlichen Interessengruppen Gelegenheit, sich gegen den Staat und die ihn tragende nationale Kultur zu verbünden. Ein Staat, der sich als »Ausdrucksform einer nationalen Gemeinschaft« begreife, könne deshalb seinen Bürgern weder Grundrechte zubilligen, noch dürfe er »die Begründung einer staatsfreien Sphäre« zulassen. Aus der Wissenschaft ziehe die Nation nur dann einen Nutzen, wenn sie als »Teilfunktion im staatlichen Funktionszusammenhang« betrieben werde.[68]

Durch die Machtergreifung Adolf Hitlers fühlte sich Gerber in seiner antiliberalen Grundeinstellung bestätigt. Das »Geheimnis machtvoller Staatlichkeit« lag seiner Auffassung nach nicht in der Diskussionsfreude handlungsunfähiger Parteien, sondern in der genialen Tat eines »Führers«. In seinem 1933 erschienenen Buch über *Politische Erziehung des Beamten im Nationalsozialistischen Staat* gab er dieser Überzeugung beredten Ausdruck:

»Am Beginn der nationalsozialistischen Bewegung steht daher auch nicht die konstituierende Versammlung einer Parteivereinigung, sondern die persönliche Ergriffenheit des Mannes Adolf Hitler von dem Schicksal seines Volkes und Staates und seine persönliche Auseinandersetzung in schwerem, langem innerem Ringen mit den Ideen des Liberalismus und dem Marxismus, von der das Buch ›Mein Kampf‹ ein schönes und hinreißendes Zeugnis ablegt.«[69]

Dem echten Führerschafts- und Gefolgschaftsverhältnis, beteuerte der Soziologe Georg Weippert in einer Tübinger Universitätsrede, liege das Gesetz von Herrschaft und Dienst zugrunde, dessen Geltungskraft sich erahnen und umschreiben, nicht aber in rechtliche Begriffe fassen lasse. »Die Gefolgschaft«, behauptete er, »hat der Führerschaft gegenüber keinen Rechtsanspruch. Nicht um ein Wechselgeschäft oder um einen Vertrag handelt es sich bei dieser Gegebenheit, sondern um eine Notwendigkeit aus Freiheit. Wenn man will, um ein Seinsgesetz.«[70]

Verfassungsrechtler vermittelten zwischen geschichtlichem und gegenwärtigem Recht; sie geizten nicht mit intellektueller Anstrengung, das »Führertum« des Führerstaates, das jedweder rechtsstaatlicher Sicherungen entbehrte, zu definieren. Sie behaupteten: Das Wesen politischer Führung könne nicht »formal logisch begriffen«, sondern nur als dauernde Wert- und Erlebnisgemeinschaft erfahren werden. Quelle dieser Erfahrung war, wie Carl Schmitt sagte, der »fortwährende untrügliche Kontakt zwischen Führer und Gefolgschaft«.[71] »Führung«, betonte Ernst Forsthoff, sei »ein umfassender politischer Lebensvorgang«, der die »demokratische Unterscheidung zwischen Regierenden und Regierten überwindet«. »Führung« begründete seelisch-politische Ganzheit, machte freiheitliche Grundrechte überflüssig, hob das Spannungsverhältnis zwischen Recht und Sittlichkeit auf. Die staatsbegründende Treue zwischen »Führer« und »Geführten«, beteuerte Forsthoff, wurzelte in der »Artgleichheit zwischen Führer und Gefolgschaft«. Ohne »Artgleichheit« wäre das Rechtsleben des nationalsozialistischen Staates sofort wieder seinen »liberalen und marxistischen Feinden« ausgeliefert worden.[72]

»Die Nation«, schrieb Ernst Rudolf Huber, um Gestalt und Gesetz des deutschen Sozialismus zu charakterisieren, »beruht auf dem polaren Gegensatz von Herrschaft und Dienst, von Führer und Gefolgschaft, von Obrigkeit und Volk. Die ständische Ordnung ist die politische Gestalt, die das Volk gewinnen soll, um dienstbereit und gefolgschaftswillig in die nationale Einheit einzugehen.«[73] In seinem *Verfassungsrecht des Großdeutschen Reiches* beschrieb Huber die verfassungsrechtlichen Prinzipien des Führerstaates in folgender Weise: »Das völkische Führerreich beruht auf der Erkenntnis, daß der wahre Wille des Volkes nicht durch parlamentarische Wahlen und Abstimmungen gefunden werden kann, sondern daß der Wille des Volkes nur durch den Führer rein und unverfälscht hervorgehoben wird.« Weil sich »der Gesamtwille des Volkes als objektive geschichtliche Größe« im Führer offenbare, sei dieser nicht gehalten, auf die subjektive Volksmeinung, wie sie in Abstimmungen zum Ausdruck komme, Rücksicht zu nehmen.[74] »Artgleichheit« garantiere Volksgemeinschaft im Geist der Treue, das richtige Recht und die richtige Politik. Als »Walter des Jahrtausende alten deutschen Staatstums« (Forsthoff) offenbarte der »Führer« den »wahren Willen des Volkes« und verkörperte seine »objektive Sendung« (Huber). »Führung« schloß Machtkontrolle aus.

Was juristische Lehrstuhlinhaber als Einsichten einer »neuen Rechtswissenschaft« deklarierten, las sich in der Sprache kämpferischer Parteigänger so: Erst der nationalsozialistischen Revolution sei es gelungen, das »Prinzip der Gefolgschaft« auf das »Ganze der Staatsgestaltung« anzuwenden. »Das Großdeutsche Reich«, versicherte Ernst Krieck, »ist im Sinne einer unmittelbaren Wiedergeburt, nicht einer literarischen Wiedererinnerung und romantischen Nachahmung, als Ganzes auf das Gefolgschaftsprinzip mit seiner rassischen Wertordnung gegründet: von Heer und Partei, von SS, SA und HJ bis hinein in die Wirtschaftsbetriebe, wo es zur Verwirklichung des deutschen Sozialismus führt«.[75] In seiner »Heilkraft«, von der Segen oder Verhängnis herrühre, trage der »Führer« »die Substanz des Ganzen«. Denn: »Das Glück und Gedeihen der Gemeinschaft hängt am Heil des Führers.«[76]

»Der Führer selbst und allein *ist* die heutige und künftige Wirklichkeit und ihr Gesetz«, sagte Martin Heidegger, der sich im Jahre 1933 berufen fühlte, dem »Führer« als »Führer« der Freiburger Universität »Wissensdienste« zu leisten. Heidegger beschwor mit Leidenschaft die »Treue des Gefolgschaftswillens«, die Studenten verpflichte, errungenes Wissen als »notwendigen Urbesitz des führerischen Menschen in den völkischen Berufen des Staates« zu bewahren.[77] Er warb um »die echte Gefolgschaft derer, die neuen Mutes sind«. Zum inneren Gesetz einer »Führeruniversität« gehöre sowohl die »Gefolgschaft der Lehrer und Schüler« als auch das gemeinsame Bemühen, die unechte, weil nur verneinende »akademische Freiheit«, die nur als Deckmantel für »Unbekümmertheit, Beliebigkeit der Absichten und Neigungen, Ungebundenheit im Tun und Lassen« diene, aus der Universität zu verstoßen und in »Bindung und Dienst« umzuwandeln.[78]

Die Nähe von Heideggers Sprache und Gesinnung zum autoritären Führerstaat, in dem er den Wegbereiter einer verheißungsvollen »Umwälzung unseres deutschen Daseins« erkannte, ist evident.[79] Vertreter der Germanistik und Jurisprudenz wetteiferten in ihrer Lobpreisung von »Führertum«, »Treue« und »Gefolgschaft«. Sie bedachten nicht, daß die politischen Werte und Verfassungsformen der mittelalterlichen Welt zwangsläufig den Charakter einer reaktionären Ideologie annehmen mußten, als sie zu Ordnungsmodellen einer Gesellschaft gemacht wurden, die aufgrund ihrer komplexeren Strukturen mit den Sozialformen des Mittelalters schlechterdings nicht mehr zu vergleichen war. Im Vergleich zur Führer- und Gefolgschaftseuphorie ihrer juristischen Kollegen nimmt sich die Zurückhaltung der Historiker sympathisch nüchtern aus. Die Widerständigkeit des historischen Gegenstandes setzte seiner Manipulierbarkeit im Interesse gegenwartsbezogener Ziele Grenzen.

Vorbehalte und Einsprüche gegen völkisch-rassische Geschichtsdeutung

Die Vertreter der Geschichtswissenschaft zögerten, die ihnen zugemutete Geschichtsdeutung auf rassischer Grundlage wissenschaftlich zu untermauern. Sie waren in ihrer Mehrzahl nicht bereit, kulturelle Kontinuität in der Reinheit des Blutes zu verankern. Von dem Angebot, mit Hilfe des Rassegedankens ambivalente Ereignisse und Gestalten der Geschichte ein für allemal aus der Geschichtsschreibung zu verbannen, machten sie spärlichen Gebrauch. Historismus und Rassegedanke ließen sich schwerlich auf einen gemeinsamen Nenner bringen. Eine Wissenschaft, die der Individualität, dem Eigenrecht und der Andersartigkeit des Vergangenen gerecht zu werden suchte, widersprach der Idee »völkischer Lebensganzheit«. Geschichtliche »Vielgestalt« wurde als Deckmantel denunziert, hinter dem alle diejenigen Schutz suchten, die sich der »Revolution« entziehen wollten. Blut und Rasse sicherten die Gleichförmigkeit des völkischen Gemeinschaftslebens. Die Macht gemeinsamen Blutes verband alle Getreuen des Führers zu einem »einheitlichen völkischen Leib«. »Blut ist der stahlharte Kitt unseres Volkes«, schrieb der Heidelberger Historiker Paul Schmitthenner, der sich seine Parteitreue und Hitlerverehrung im Jahre 1933 durch die Schaffung eines persönlichen Ordinariats für »Geschichte mit besonderer Berücksichtigung von Kriegsgeschichte und Wehrkunde« hatte honorieren lassen. Solche Bekenntnisse blieben Offenbarungen karrierebewußter Einzelgänger.

Die an Deutschlands Universitäten lehrenden Historiker des Mittelalters waren zum größten Teil nicht bereit, christlichen Universalismus, der den Ideologen der NSDAP immer suspekt war, durch völkischen Germanismus zu ersetzen. Sie sperrten sich gleichfalls gegen die Vorstellung, daß die Christianisierung der germanischen Stämme die den Germanen »arteigene« Religion, ihren »Sippeninstinkt«, ihre »mythische Rassenreligion«, ihren stählernen Heroismus zerstört und durch eine artfremde Leidenstheologie ersetzt habe. Mit Bezug auf die Quellen legte Hermann Heimpel Einspruch ein, als Heinrich I. auf Kosten Ottos des Großen und Friedrich Barbarossas zu einem germanischen Heros hochstilisiert wurde, der angeblich »ohne Anleihe bei kirchlicher Politik und Ethik einen deutschen Nationalstaat« mit einem einheitlichen Rassengepräge errichtet habe.[80] Mit patriotischer Genugtuung beschrieben Historiker des Mittelalters die Kulturmission der deutschen Ordensritter, lehnten es jedoch ab, den Ordensstaat als Symbol für die Herrschaft einer überlegenen Rasse über ein barbarisches Volk zu feiern.[81]

Vorbehalte gegen den Herrschaftsanspruch der germanischen Rasse lassen auf Skepsis gegenüber der »schicksalhaften Verbundenheit der Rasse und das Blutes schließen«; Abweichungen vom offiziellen Geschichtsbild geben Distanz gegenüber der »Aufgabe politischer Gestaltung in Volksgemeinschaft und Rasse« zu erkennen; wissenschaftlicher Nonkonformismus verweist auf mangelnden Konformismus gegenüber dem »Führer«, der im »Trieb der

Arterhaltung« den Schlüssel zur Weltgeschichte gefunden zu haben glaubte.

Die rassische Geschichtsbetrachtung, die den Historikern nach 1933 von Staat und Partei abverlangt wurde, war allerdings alles andere als neu; sie hatte ihre präfaschistische Tradition.[82] In der Nachfolge Gobineaus und Chamberlains legte Heinrich Wolf als Teilband eines sechsbändigen geschichtlichen Gesamtwerkes auch einen Band über *Angewandte Rassenkunde als Weltgeschichte auf biologischer Grundlage* (10. Aufl. 1927) vor. Der Theologe Wilhelm Erbt veröffentlichte 1925 eine *Weltgeschichte auf rassischer Grundlage*, in der er den »Sieg des Papsttums über das Kaisertum« als einen »Sieg des Plebejertums über nordische Aristokratie« kritisierte und »Karl den Großen für den Irrweg unserer Geschichte verantwortlich« machte. Die *Rassenkunde des deutschen Volkes* von Hans K. F. Günter, die im Dritten Reich zu einem vielgelesenen Bestseller wurde, war in erster Auflage bereits 1922 erschienen.

Davon zu unterscheiden sind Versuche, sich über wechselseitige Bedingtheiten zwischen Natur und Geschichte Rechenschaft zu geben. Über solche Zusammenhänge nachzudenken gehörte zur historiographischen Tradition der Neuzeit. Geschichtsschreibern des 17., 18. und 19. Jahrhunderts war der Gedanke nicht fremd, religiöse, soziale und politische Unterschiede auf »Naturanlagen« und »Charakterbestimmtheiten« von Schichten und Nationen zurückzuführen. In der Englischen Revolution wurde der Gegensatz zwischen Herrschaft und Volksfreiheit mit einem rassischen Gegensatz zwischen Normannen und Angelsachsen in Verbindung gebracht. Die aufbegehrenden Bürger der Französischen Revolution fühlten sich als Nachfahren der Gallo-Römer und brandmarkten deshalb den Adel als »Erobererschicht germanischen Blutes«. Der bürgerliche Kampf um Abschaffung des Feudalismus kam deshalb auch dem Bemühen gleich, eine stammesfremde Herrenschicht in die Sümpfe und Wälder Germaniens zurückzutreiben. Europas Freiheit und Kultur sah Herder im Stammescharakter der Germanen verwurzelt, die mit »ihren großen, starken und schönen Körpern, ihren vom Geist der Mäßigung und der Treue erfüllten ungeheuer blauen Augen« sich insbesondere »durch eine heldenhafte Gesinnung und große Körperkraft« auszeichneten.[83] Der »Turnvater« Friedrich Ludwig Jahn machte völkische Reinheit zur unabdingbaren Voraussetzung nationaler Größe.

»Die Reformation«, schrieb Hegel, »ist in Deutschland aufgegangen und auch nur von den rein germanischen Völkern erfaßt worden.« Die Tatsache, daß die romanischen Völker die Reformation nicht annahmen, sei im »Grundcharakter dieser Nationen« angelegt. Die romanischen Nationen, hervorgegangen »aus der Vermischung des römischen und germanischen Blutes« hätten »im Bewußtsein des Geistes die Entzweiung«, die »Trennung des religiösen Interesses und des weltlichen« beibehalten; die »reine Innigkeit der germanischen Nation«, ihre »Totalität des Geistes, des Empfindens, die wir Gemüt heißen«, sei der eigentliche Boden für die durch die Reformation bewirkte »Befreiung des Geistes« gewesen.[84] In schroffem Gegensatz zu Hegel machte Franz Palacký im Vormärz die Slawen zu Trägern des Freiheitsgedankens, die Germanen hingegen zu Verfechtern eines demokratiefeindlichen Herrschaftsprinzips.

Weder Herder noch Hegel waren Rassisten, die einem Kampf ums Dasein das Wort redeten, geschweige denn »eine Auslese« der rassisch Höherwertigen und eine »Ausmerze« der rasssich Minderwertigen herbeiführen wollten. Wenn sie über Volksgeist, Volks- und Stammescharakter nachdachten, ging es ihnen um Zusammengehörigkeitsgefühle, die aus Sprache, Kultur und Geschichte erwachsen, nicht um Rasse und Geblüt, die naturnotwendig den Gang der Geschichte und den Ablauf des Sozialgeschehens bestimmen. Dessenungeachtet förderte ein Volkstumsbegriff, der auf die ethnisch bedingte Überlegenheit und Einzigartigkeit der Deutschen abhob, die Aufnahmebereitschaft für jene sozialdarwinistischen Rassentheoreme, die sich in der zweiten Hälfte des 19. und beginnenden 20. Jahrhunderts zu einer aggressiven Handlungs- und Geschichtsideologie verdichteten. Aus diesem Arsenal gemeineuropäischer Rassevorstellungen schöpften Hitler und seine Helfer, als sie das »Reich« zu einer artgebundenen Lebensform der Deutschen machten. Wieweit sind ihnen darin die Historiker gefolgt?

Die deutsche Vorgeschichte verdankt nicht zuletzt dem Rassegedanken ihren Aufstieg. Die »Zeit des germanischen Altertums«, beteuerten ihre Wortführer, sei jene Epoche deutscher Geschichte, in welcher »der nordische Rassekern noch rein und unverfälscht bestand«.[85] Insbesondere war es denn auch die Vor- und Frühgeschichte, in welcher das völkisch-rassische Geschichtsideal der Partei kritiklos kultiviert und verbreitet wurde. Der harte Kern rassekundlicher Althistoriker hingegen bedauerte und beklagte noch Anfang der vierziger Jahre, daß die meisten ihrer Kollegen nicht bereit seien, ihre historischen Fragestellungen und Urteile am germanischen Rassegedanken auszurichten. Sie würden gemeinhin nur ihre »alte Wissenschaftshaltung« zeitgemäß einfärben, »sei es durch die Terminologie, sei es durch eine von außen herangetragene, nicht innerlich notwendige Fragestellung«.[86]

Der Tübinger Mittelalterhistoriker Heinrich Dannenbauer wandte sich in seiner Tübinger Antrittsvorlesung vom 15. November 1934, die sich mit *Germanischem Altertum und Deutscher Geschichtswissenschaft* befaßte, wie auch in einem im Winter 1934/35 wiederholt gehaltenen Vortrag über das *Werden des Deutschen Volkes* mit allem Nachdruck gegen den Widersinn rassischer Geschichtsbetrachtung.[87] In der Staatsschöpfung des »Führers« erkannte Dannenbauer weder die Erfüllung einer alten Reichssehnsucht noch die Wiederherstellung eines unverfälschten, von kirchlichen, jüdischen und westlich-romanischen Überfremdungen befreiten Germanentums. »Nur reiner Studierstubendoktrinarismus«, sagte und schrieb Dannenbauer, »könnte auf den Gedanken verfallen, die tausendjährige Sonderentwicklung des deutschen Volkes rückgängig zu machen, alle von auswärts aufgenommenen Bestandteile als verdammungswürdiges Fremdes wieder zu entfernen, um zu einem ›reinen‹ Germanentum zurückzukehren«.[88] Geschichtliches Werden war für Dannenbauer nicht identisch mit der Entfaltung rassisch bedingter Anlagen und Fähigkeiten. In dieser Frage pflichtete er Jacob Burckhardt bei: »Ein wahrhaft reiches Volk wird dadurch reich, daß es von andern vieles übernimmt und weiterbildet.«[89]

Eine solche Geschichtsauffassung schloß aus, Historie auf rassischer Grundlage zu betreiben und in allen Verästelungen des geschichtlichen Lebens – in Religion und Recht, in Bildung, Kunst und Wissenschaft – Ausdrucksformen der germanischen Rasse oder Erscheinungsweisen einer rassisch-begründeten »germanischen Kontinuität« zu erkennen. Dannenbauer warnte vor einer »Überschätzung des germanischen Elements«; er wandte sich gegen den einseitigen Versuch, in der früh- und hochmittelalterlichen Verfassungsentwicklung »alles nur vom germanischen Erbe« ableiten zu wollen. Die Forderung, wonach die deutsche Geschichtswissenschaft insbesondere auf dem Gebiet des germanischen Altertums »umlernen und umwerten« müsse, hielt er für unbegründet; eine solche Forderung, die derzeit immer wieder erhoben werde, zeichne sich »in der Regel durch mangelhafte Bekanntschaft mit dem Stand der Wissenschaft aus«.[90] Er kritisierte die für das Geschichtsverständnis einer breiteren Öffentlichkeit charakteristische »babylonische Sprachverwirrung«, die »Bezeichnungen wie deutsch, germanisch, arisch, nordisch« ständig vermischt.[91] Weil er geschichtlich dachte, nicht völkisch-rassisch, beharrte er mit Nachdruck darauf, daß das deutsche Volk »keine natürliche Größe ist, sondern eine geschichtlich gewordene Einheit«.[92] Das deutsche Volk sei dadurch entstanden, daß sich »seit einem Jahrtausend ein Bruchteil germanischen Volkstums« mit »fremden Volkssplittern sehr verschiedener Art« verschmolzen und im Laufe seiner Entwicklung »vielgestaltige Einflüsse fremder Kulturen in sich aufgenommen«, »umgeformt und seinem Wesen einverleibt« habe.[93]

Mit der Ablehnung rassischer Geschichtsbetrachtung verband Dannenbauer ein Bekenntnis zum »Grundsatz der voraussetzungslosen Forschung«. Nur »voraussetzungslose Forschung« und »unbedingtes Streben nach der Erkenntnis der Wahrheit« würden dem »wissenschaftlichen Arbeiter«, der »nicht zum feilen Mietling werden will«, seine Ehre, seine sittliche und intellektuelle Würde bewahren. »Nur beschränkte Geister könnten glauben, dem Staat zu nützen, indem sie dem Forscher vorschreiben, welche Ansicht er in einer bestimmten wissenschaftlichen Frage, die sie selbst meist nur ungenügend kennen, vorzutragen habe.« Wissenschaft müsse »sich nach ihren eigenen Gesetzen fortentwickeln, wenn sie Wissenschaft bleiben soll; sie kann sie sich nicht von außen her aufdrängen lassen. Sowenig wie das religiöse Gewissen verträgt das wissenschaftliche einen Zwang, auch wenn er sich mit den idealsten Zwecken zu decken sucht.« Im selbstverantwortlichen Streben nach wissenschaftlich begründeter Einsicht erblickte Dannenbauer ein Wesensmerkmal der »schöpferischen Persönlichkeit«, die sich durch »Wahrhaftigkeit« und »Festigkeit des Charakters« auszeichnet. Der »einzelne Mann« müsse »stets die Verantwortung für seine wissenschaftliche Arbeit selber übernehmen. Niemand kann sie ihm abnehmen; kein Befehl, nur sein Gewissen darf ihn leiten.«[94]

Gewicht und Tragweite solcher Sätze sind allein auf dem Hintergrund zeitgenössischer Wissenschaftstheorien zu ermessen, die parteilich vorgegebene Wertprämissen zur Grundvoraussetzung jedweder wissenschaftlichen Arbeit machten. Im Sinne der herrschenden Partei war das Zeitalter der reinen Vernunft, der voraussetzungslosen und wertfreien Wissenschaft endgültig abgeschlossen. Wissenschaftliche Objektivität wurde als volksfremder dekadenter Intellektualismus denunziert; nur blutsmäßige »Artgleichheit«, beteuerten die Wissenschaftsideologen des Dritten Reiches, ermögliche richtige Erkenntnis und verpflichte alle Zweige der Wissenschaft auf die »Idee der deutschen Macht«. »Voraussetzungslose Wissenschaft« stand im Gegensatz zu einem Wissenschaftsideal, das sich der völkischen Machtstaatsideologie verpflichtet fühlte. Insofern braucht es nicht zu überraschen, daß die Hüter des parteiamtlichen Geschichtsbildes nicht bereit waren, unwidersprochen hinzunehmen, was Dannenbauer in der Öffentlichkeit über unparteiische Wissenschaft und rassistische Geschichtsbetrachtung gesagt hatte. Sie warfen Dannenbauer »Verfälschung deutscher Geschichte« und »Volksfremde Geschichtsschreibung« vor.[95] Der Tübinger Historiker, der sich auf das Ideal wissenschaftlicher Objektivität berufe, zeige kein Verständnis für die »Schöpferkraft unseres germanischen Altertums«. Er maße sich an, »die über unsere nordisch-germanischen Vorfahren einwandfrei festgestellten geschichtlichen Tatsachen erneut zu erschüttern, zu verwirren und zu verfälschen«. Seine beiden Vorträge und Schriften seien untrügliche »Beispiele volksvergessener Verfälschung und Verächtlichmachung des Germanentums durch zünftige Vertreter der deutschen Geschichts- und Altertumswissenschaft«.[96]

Von dem Göttinger Anthropologen Karl Saller abgesehen, den man »durch Entziehung der Lehrberechtigung und Beschlagnahme seiner Bücher« mundtot gemacht habe, sei es bislang ein einmaliger Vorgang geblieben, »daß im nationalsozialistischen Staat durch einen Universitätsprofessor so tendenziös falsche und geradezu volksschädliche Lehren über die rassische und kulturelle Herkunft unseres Volkes verbreitet worden sind, wie dies durch Dannenbauer geschieht«.[97] Wenn »der Tübinger Duodezhistoriker Dannenbauer« gegen die »Umwertung der Geschichte« Front mache, richte sich seine Kritik, wenn auch unausgesprochen, gegen Alfred Rosenberg, der auf der Tagung des Reichsbundes für deutsche Vorgeschichte eine »Umwertung der deutschen Geschichte« unmißverständlich gefordert habe. Es sei ein Zeichen unerhörter Anmaßung, wenn Dannenbauer »dem vom Führer mit der geistig-weltanschaulichen Schulung der gesamtnationalsozialistischen Bewegung Beauftragten mangelhafte Bekanntschaft mit dem Stand der Wissenschaft vorzuwerfen sich unterfängt«.[98] Wenn Dannenbauer die »abgedroschene Phrase« wiederhole: »Ohne Karl den Großen gäbe es heute kein deutsches Volk und keine deutsche Geschichte«, so verschweige er, daß »gerade Karl I. durch den von ihm herbeigeführten tiefen Bruch mit der arteigenen Kultur, durch Ausrottung der germanischen Tradition, durch Massenmord edelsten germanischen Blutes, durch Wegführen der Bevölkerung ganzer Landstriche dem Deutschtum schwersten Schaden zugefügt« habe. Dannenbauers Auslassungen würden »den Grundpfeilern der völkischen Rassenlehre und des Nordischen Gedankens«, auf denen die nationalsozialistische Weltanschauung beruhe, eindeutig widersprechen. Es sei deshalb an der Zeit, Konsequenzen zu ziehen: »Verfälschungen und Irreführungen über die rassische und kulturelle Herkunft, über die Kultur- und Siedlungsgeschichte unserer germanischen Vorfahren von den akademischen Lehrstühlen aus können nicht mehr geduldet werden.« Der Fall Dannenbauer zeige, »wie notwendig die neuerdings durch das Reichserziehungsministerium angeordnete Einschränkung des Berufungsrechtes der Hochschulfakultäten geworden ist«.[99]

In Lehre, Forschung und akademischer Wirksamkeit Dannenbauers deckten sich Gesinnung und Tat.[100] Mit der Entschiedenheit, mit der er die rassistischen Geschichtsklitterungen des Amtes Rosenberg verurteilte, verwies er auch den NS-Dozentenführer in seine Schranken, der versuchte, auf Berufungsverfahren der Philosophischen Fakultät Einfluß zu nehmen.[101] Dannenbauer, ein mutiger Einzelgänger inmitten einer Kollegenschaft, die sich zu einem großen Teil entweder angepaßt hatte oder in idealen Regionen des Geistes ihre persönliche Integrität zu wahren suchte, verweigerte sich aus seiner zutiefst konservativen Grundeinstellung. Sein unerschrockenes Eintreten für die Sache freier Wissenschaft entsprang nicht zuletzt der Sorge, die Grundwerte der europäischen Kultur – »antike Geistesbildung«, »das Gefühl der Verpflichtung gegenüber dem Nebenmenschen«, »Denkfreiheit, Glaubensfreiheit, politische Freiheit« – in einer Zeit des geistigen und moralischen Wertezerfalls zu erhalten. In der Eigengesetzlichkeit wissenschaftlicher Forschung und in der Gewissensfreiheit des Forschers sah er »die beste und teuerste Überlieferung der deutschen Wissenschaft«, die »festzuhalten und weiterzugeben« er als seine vornehmste Pflicht als Lehrer und Forscher erkannte.[102]

Soweit ich sehe, hat im Gegensatz zum überwiegenden Teil der deutschen Mediävisten nur der in Hamburg lehrende Historiker Otto Westphal aus dem nationalsozialistischen Rassegedanken eine Kategorie historischer Erkenntnis und Deutung gemacht. Er tat dies vorbehaltlos und mit Konsequenz. Sein 1941 erschienenes Werk *Das Reich. Aufgang und Vollendung. Band I: Germanentum und Kaisertum* beweist das in erschreckender Anschaulichkeit.[103] Karl Richard Ganzer wiederholte in seinem Band über *Das Reich als europäische Ordnungsmacht* (1943) parteikonforme Gemeinplätze, wenn er im europäischen Führungsanspruch der Deutschen die »legitime Erneuerung einer natürlichen Gegebenheit erblickte, die sich seit einem Jahrtausend in der biologischen, geschichtlichen und kulturellen Wertigkeit unseres Volkes kundtut«.[104]

Das »Heilige« und »Germanische Reich«

Die verhüllte oder unverhüllte Ablehnung des rassisch geprägten Reichsgedankens durch Historiker des Mittelalters schloß nicht aus, im Namen des christlich-universalistischen Reichsgedankens Anpassungsleistungen zu erbringen. Auch der seiner rassischen Komponente entkleidete Reichsbegriff eignete sich als Mittel der Kontinuitätsstiftung. Der Reichsgedanke hatte eine ehrwürdige Tradition, die der Verbreitung und Aufwertung des nationalsozialistischen Reichsbegriffs unstreitig Vorschub leistete.[105] In Wissenschaft, Publizistik und Literatur mit Hingabe gepflegt, erinnerte er bis zum Jahre 1933 an mittelalterliche Kaiserherrlichkeit; er bildete ein politisches Leitbild für die Einheit der Nation, wie sie in der zweiten Reichsgründung von 1871 – im »preußischen Reich deutscher Nation«, wie Treitschke sagte, oder im »heiligen evangelischen Reich deutscher Nation«, wie der konservative Lutheraner Adolf Stoecker meinte – politische Gestalt angenommen hatte. Der Begriff »Reich« gemahnte überdies an die imperiale Reichsideologie Wilhelms II., welche die Zukunft und Wiederkehr der alten hohenstaufischen Reichsherrlichkeit in ein neu zu errichtendes Weltreich verlegte.

Der Reichsgedanke bündelte Erinnerungen, die »Glanz und Wärme in Millionen Herzen« schickten; er weckte Sehnsüchte nach einem starken deutschen Staat und einer europäischen Staatenordnung unter Deutschlands Führung; er ließ das »Reich der Weimarer Verfassung« als undeutsches Reich erscheinen, dem »Fremdgeist« seine Form gegeben habe.[106] Der konservative Revolutionär Moeller van den Bruck entwarf die Vision eines »Dritten Reiches«, das als Reich der großdeutschen Einigung, des innergesellschaftlichen Ausgleichs und der Erfüllung deutscher Werte den deutschen Staat der Zukunft bilden sollte. Katholische Theologen erblickten im »Reich« jene »ganzheitliche Form politischer Ordnung«[107], die dem Ungeist eines materialistischen Zeitalters Einhalt gebietet, den modernen Individualismus überwindet und den weltlichen Staat in die christliche Erlösungsordnung einbindet. Ein solches Reichsverständnis, wie es von kirchlichen und national-konservativen Kräften gepflegt wurde, schuf Zonen der politischen Übereinstimmung. Vergangenheit erfüllte sich in der Gegenwart, das alte in dem neuen Reich. Im Namen des Reichs gewann die deutsche Geschichte ihre Einheit zurück.

Reichsenthusiasmus verschleierte Unterschiede, welche die verschiedenen Reichsauffassungen voneinander trennten. Hitler und seine ideologischen Gefolgsleute haben sich von der christlichen Erbschaft der überkommenen Reichsidee bewußt distanziert. In ihrer politischen Vorstellungswelt wurde »Reich« zu einem Synonym für rassisch bedingten Führungsanspruch im europäischen Raum. »Reich« verpflichtete nicht mehr zum Schutz der Kirche und der Christenheit. Der mittelalterliche Reichsgedanke, der einen Vorrang an Autorität beinhaltete, jedoch keinen Herrschaftsanspruch über die souveränen Königreiche des Abendlandes, wurde in ungeschichtliche Machtideologie umgewandelt. Mit dem Reichsbegriff nationalsozialistischer Prägung verband sich sowohl die Vorstellung eines territorial abgrenzbaren Herrschaftsraumes als auch der Gedanke eines den Deutschen angestammten Führungsrechtes im »Herzraum Europas«.

Adolf Hitler wollte seine Staatsgründung als das »Heilige Reich deutscher Nation« oder als das »Germanische Reich deutscher Nation« verstanden wissen, das auf der »geschlossenen Volksgemeinschaft«, der »Tatkraft der Führung« und den geschichtlichen Leistungen aller »großen Führer der Vergangenheit« aufbaute. »Reich« definierte Hitler als epochenübergreifende Raum- und Ordnungsidee, deren sich, wie er behauptete, »alle unsere großen deutschen Heroen« bedienten, »alle unsere großen germanischen und deutschen Kaiser«, um ihrem geschichtlichen Sendungsauftrag eine artgemäße politische Form zu geben.[108] In seinem Buch *Mein Kampf* bekannte sich Hitler zu dem Grundsatz: »Gleiches Blut gehört in ein gemeinsames Reich.« Alfred Rosenberg wies der deutschen Jugend die Aufgabe zu, »zur Einfügung der großen deutschen Vergangenheit in den vieltausendjährigen Lebensstrom der Kämpfe des heimlichen und heute offen hervortretenden Deutschlands« beizutragen; »denn«, so fuhr er fort, »das Heilige Römische Reich ist für immer gefallen und emporgestiegen ist heute die Traumverwirklichung des *heiligen deutschen Reiches germanischer Art*«.[109]

Weil die nationalsozialistische Bewegung sowohl mit der Französischen Revolution als auch mit der »Weltanschauung des Mittelalters« radikal gebrochen hatte, war es folgerichtig, jedwede Kontinuität zwischen dem Ersten und dem Dritten Reich der Deutschen zu verneinen. Das »Dritte Reich« beteuerte Alfred Rosenberg sei »nicht die unmittelbare Fortsetzung des ersten Heiligen Römischen Reiches«, sondern bedeute »den Sieg all jener Menschen und Gedanken, die gegen den Universalismus in all seinen Formen aufgetreten sind«. Der christliche Universalismus ließ sich nicht mit der Auffassung vereinbaren, daß durch die Errichtung des Dritten Reiches »ein alter Traum deutscher Sehnsucht« in Erfüllung gegangen war.[110] Die mittelalterlichen Sachsen- und Stauferkaiser wurden deshalb nach ihrem »Persönlichkeitswert« eingeschätzt und an der Frage gemessen, ob sie sich als »Schirmer deutschen Wesens« bewährt und »Herrenanspruch über Deutschland hinweg auf das ganze Abendland erhoben« hätten.[111]

Historiker, welche die Welt- und Geschichtsanschauung der NSDAP kritiklos teilten, folgten diesen Vorgaben. Der Rückgriff auf das »mittelalterliche Reich« sollte anschaulich machen, daß bereits in der Vergangenheit die Deutschen »das politische Herren- und Herrschaftsvolk in Europa schlechthin« gewesen seien. Bereits im Mittelalter hätten die Deutschen durch ihren »übergewaltigen Lebensdrang«, dem sie »nach allen Himmelsrichtungen« folgten, »Schwerpunkte deutscher Kraft geschaffen und gewaltige Führer hervorgebracht«. In den politischen Leistungen mittelalterlicher Reichspolitik, behauptete Karl Richard Ganzer, habe »sich das deutsche Volk als das Schutz- und Ordnungsvolk Europas« offenbart. Deshalb sei auch der »große Kampf« zwischen Kaisertum und Papsttum »kein haltloser Streit um Ideologien, sondern einer der gewaltigsten Kämpfe um die deutsche Führung, zugleich um die organische Gestaltung Europas gewesen«.[112]

»Wenn erst überall«, sagte der Tübinger Rechtshistoriker Erich Feine in einem öffentlichen Vortrag während des Sommersemesters 1933, »der einheitliche politische Wille alle deutschen Herzen erfüllt und die Grenzpfähle wohl äußerlich, aber nicht mehr im politischen Wollen Deutsche von Deutschen trennen, dann wird Gott auch dem deutschen Volk die Erfüllung tiefster Sehnsucht nicht versagen, für alle, die ihm angehören wollen, ein großes Heiliges Reich deutscher Nation zu gründen.«[113] In Feines Reichsvision verbanden sich christliche Überlieferungen mit nationalen und nationalsozialistischen Werten. Verfechter der offiziellen Reichsideologie hingegen lehnten es ab, »Heiligkeit«, die an den christlich geprägten Reichsgedanken des Mittelalters erinnerte, als Bestimmungsmerkmal des 1933 von neuem errichteten »Reichs« anzuerkennen. Der Hamburger Historiker Otto Westphal plädierte für die Einheit von »Reich« und Partei. »Die Nationalsozialistische Partei ist der Staat. Sie ist mit dem Reiche ebenso identisch wie einst Preußen.«[114] Als sich Westphal in den Jahren nach 1933 die rassische und räumliche Komponente der parteiamtlichen Reichsideologie vorbehaltlos zu eigen machte, sah er im »Reich« die politische Lebens- und Ordnungsform einer starken und gesunden Blutsgemeinschaft, der ein historisches Recht auf einen angemessenen Lebensraum zukomme.[115]

Staats- und parteihörige Historiker waren bestrebt, das von Hitler und seinen Anhängern erkämpfte »germanische Reich deutscher Nation« in den germanisch-deutschen Geschichtszusammenhang einzuordnen. Der von ihnen vertretene Grundsatz, wonach das Blut »Grundlage der Reichsbildung« sei, bot Möglichkeiten epochenübergreifender Kontinuitätsstiftung, die vom artfremden Universalismus des Christentums abgrenzte. Das »Reich«, die einzigartige, nur dem deutschen Volk entsprechende »artgemäße Form der politischen Organisation«, bezeichnete »mythisch, geschichtlich und doch zugleich lebendig wirksam den durch das deutsche Volk bluthaft bestimmten Herrschafts- und Lebensraum und die über die völkischen Grenzen hinausgreifende schicksalhafte Sendungsaufgabe der Deutschen in Europa«. Wesentlich für die Geschichte der Reichsidee und ihre geschichtliche Verwirklichung sei die Tatsache gewesen, »daß der ursprünglich germanische Charakter des Reichsgedankens stets wieder zum Durchbruch kam, um sich in der Gegenwart durch die Politik und Persönlichkeit Adolf Hitlers zu vollenden«. Das »Reich«, die altehrwürdige »Ordnungsmacht Europas«, schicke sich von neuem an, seine geschichtliche Sendung zu erfüllen. Denn: »Was ist die Tat Adolf Hitlers von 1933 und seine damit beginnende große Politik anderes als die Fortsetzung dieser europäischen Aufgabe des Reiches.«[116]

Aus der Reichsidee wurde ein völkischer Fetisch, der aktuelle Machtbedürfnisse begründen und rechtfertrigen sollte. *Das Reich als europäische Ordnungsmacht* lautete der Titel einer Schrift Karl Richard Ganzers vom Reichsinstitut für Geschichte des neuen Deutschlands, die 1941/42 in fünfter Auflage erschien. Mit dem Begriff »Reich« benannte Ganzer die politische Gestaltungskraft der Deutschen, ihren europäischen Ordnungsauftrag, ihre geschichtlich begründete Berufung zur politischen Führerrolle in der Staatenwelt Europas. Der Reichsgedanke, wie er von Ganzer dargelegt wurde, rechtfertigte die europäische Raumpolitik einer zur Führerschaft berufenen Nation und ihres Führers. Entsprechend erschien das Reich »als das politische Gebilde gestufter Ordnungen, das unter der Führung der Deutschen steht und dessen vielförmig konstituierte Glieder durch die reichsbildende Kraft der Deutschen um den einheitlichen deutschen Kernraum wie um einen Magneten mit zusammenhaltenden und ausstrahlenden Kräften gelagert sind«.[117]

Bereits in den großartigen Leistungen mittelalterlicher Reichspolitik habe sich »das deutsche Volk als das Schutz- und Ordnungsvolk Europas« offenbart und bewährt. Seine »Kraft zur ausgreifenden europäischen Führungspolitik« habe nicht nur im Westen und in der Mitte Europas staats- und ordnungsbildend gewirkt, sondern auch im europäischen Osten, der in seiner »chaotischen Gelockertheit« geradezu nach Gestaltung verlangte.[118] Dort insbesondere habe »das deutsche Volk mit seiner blutlichen, gesellschaftlichen und staatlichen Kraft« die »elementarste aller geschichtlichen Leistungen« vollbracht: »Chaos zur Form zu schaffen«.[119] Der Reichsgedanke degenerierte zur zynischen Herrschaftsideologie. Seine Unschärfe steigerte die Möglichkeiten des Mißbrauchs.[120] Dem Rassegedanken trug Ganzer insofern Rechnung, als er in »der wertgebenden Kraft des Blutes« eine Macht erkannte, die es gestattete, im Rahmen eines übergreifenden Ordnungssystems »ausgewogene Verhältnisse zwischen den Völkern staatlicher und den Völkern vorstaatlicher Begabung herzustellen«.[121] Der von dem deutschen Volk erhobene Führungsanspruch entstamme »sowohl der Erkenntnis des spezifisch biologischen Gewichts wie der tausendjährigen Führungsleistung unseres Volkes«.[122]

Oswald Torsten veröffentlichte unter dem Titel *Rîche* im Jahre 1943 *Eine geschichtliche Studie über die Entwicklung der Reichsidee*. Die Arbeit, als »rassenpsychologische Analyse« angelegt, wollte den geschichtlichen Werdegang der germanischen Reichsidee, genauer: die »Tatsächlichkeit eines arteigenen germanischen Reichsgedankens« vom beginnenden 9. Jahrhundert bis zu »Hitlers Vollendungswerk« darstellen und für tagespolitische Zwecke nutzbar machen. Torsten entwickelte den germanischen Reichsgedanken in strenger Abgrenzung gegenüber der Staats- und Verfassungsform des Imperiums, in dem angeblich die »vorderasiatische Theokratie des mediterranen Raumstaates« ihren Ausdruck fand.[123] »Das Reich«, behauptete Torsten, »ist ein aristokratischer Begriff der Überordnung des Führervolkes. Das Imperium ist ein demokratischer Begriff der Gleichordnung aller Staatsangehörigen. Das Wesen des Imperiums ist der Raum. Das Wesen des Reiches ist das Volk in seiner rassischen Blutsgemeinschaft.«[124]

Heilsträger des mittelalterlichen Reiches sei der zum Willensträger des Volkes bestimmte und erwählte König gewesen, der, wenn ihn sein Heil »über die Grenzen des Volksbodens« hinaustrug, auch zum Rechtsordner »des volksfremden Bodens und Menschentums« wurde.[125] Seit Karl dem Großen, einem »totalen König im germanischen Sinne des gotterfüllten und von innen her begnadeten Heilings«[126], sei der völkische und übervölkische Charakter des Reiches evident. Entsprechend umfasse der Reichsgedanke sowohl den völkischen Kern des germanischen »Herrenvolkes«, das im »Gefühl der rassischen Zusammengehörigkeit aus einer Mehrheit germanischer Stämme verschmilzt«, als auch »die der germanischen Ordnungsmacht angegliederten Fremdstämme«.[127] Unter den Ottonen und unter Heinrich III. habe kirchliches Reformdenken, in dem Torsten einen verhängnisvollen Einbruch romanischer und außereuropäischer Gedankenströme erblickte, den »germanischen Totalitätsgedanken der Reichsidee« zerstört. Der Investiturstreit habe dann die »schicksalsschwere Überfremdung« endgültig besiegelt: »Die Totalität des spezifisch germanischen Reiches hatte sich gespalten in Laienstaat und Kirche.«[128]

Erst Kaiser Friedrich Barbarossa, einer »eminent germanischen Herrschergestalt«, sei es gelungen, durch die »allmähliche Zurückdrängung der Laienstaatstheorie des Wormser Konkordats« und mit Hilfe der »urgermanischen Königspriesteridee« die Totalität des germanischen Reichsgedankens, dem die Trennung zwischen weltlichem und religiösem Bereich fremd war, zu erneuern und wiederherzustellen.[129] Friedrich II., der volksfremde Sizilianer, habe von neuem den germanischen »Kaisergedanken überfremdet und dem Reich eine Deutung gegeben, die ungermanisch war«.[130] Hitlers Reichsbegriff brachte Torsten in einen ideengeschichtlichen Zusammenhang mit Reichsvorstellungen Karls des Großen, Heinrichs I. und Ottos des Großen. Sowohl Hitler als auch die deutschen Herrscher des frühen Mittelalters hätten sich in ihrer Reichspolitik »auf Europa als Lebensraum eines totalen Germanenreichs« beschränkt. In der »Einheit von Volk und Führerpersönlichkeit« habe Adolf Hitler durch »den Endsieg der altgermanischen Reichsidee über den fremdvölkischen Universalismus des Mittelmeerraumes« den Lauf der Geschichte vollendet.[131] Von solchen platten Ideologisierungen haben sich die Universitätslehrer für mittelalterliche Geschichte ferngehalten. Ein Wissenschaftsideal, das zur quellenmäßigen Rekonstruktion des Tatsächlichen verpflichtete, bewahrte sie davor, sich ihre Arbeit durch rassisches Denken korrumpieren zu lassen. Das Schloß nicht aus, daß auch Mediävisten von Rang Aufsätze schrieben, die geschichtliche und ideelle Zusammenhänge zwischen dem germanischen Reich des Führers und dem christlichen Reich des Mittelalters andeuteten, nahelegten oder offen zum Ausdruck brachten. Auch Wissenschaftler von hervorragender Gelehrsamkeit suchten Rechenschaft zu geben, »wie weit unser Reichswille mit jenen Reichsnamen übereinkommt«, die sich auf die »vergangenen Gebilde« und Formen »unseres politischen Seins« beziehen, »vor allem aber, was das Reichspathos des Dritten Reiches mit dem Ersten Reiche verbindet«.[132]

Gemeinsamkeiten zwischen dem Reich des Mittelalters und dem Reich der Gegenwart suchte Hermann Heimpel nicht in der Gemeinsamkeit von Raum und Rasse; Kontinuität erblickte er in »Erinnerung, Spannung, Sehnsucht«[133], im »Strom unseres eigenen Wesens«, der »vom Ersten Reich zu uns geht«[134], im »›Reichsmäßigen‹, das den Staat in die ewigen Ordnungen bindet«.[135] Die Bestimmung des »Reiches« als »Form des Volkes«, »als Anruf Gottes«, »als das wahre Sein des Menschen im Staat«[136] enthalte – ungeachtet aller trennenden Unterschiede – Gemeinsamkeiten, die es ermöglichen, im »neuen Reich« auch »das Gesicht des Ersten Reichs wieder zu erkennen«. Denn: »Heute wie vor tausend Jahren wird aus dem Staat ein Reich durch den frommen Willen, das Ganze der Existenz in der politischen Tat unter den Willen Gottes zu stellen.« Wie das Erste Reich sei auch das Dritte »theozentrisch«. Das gegenwärtige Deutschland sei zwar »nicht imperialistisch, nicht universalistisch und nicht zivilisatorisch, so verzichte es doch nicht auf die abendländische Sendung im echt mittelalterlichen Sinne«. Zum Ersten und Dritten Reich gehöre gleichermaßen die große Einzelpersönlichkeit, welche die Sendung des Reichs erfülle. Deshalb die Frage: »Was braucht das Deutschland, das als Sturmbock Europas gegen den Bolschewismus steht, einen anderen Helden als Heinrich und Otto, die Sieger der Ungarnschlacht?«[137]

Auf die Bedrohlichkeit der »slawischen Flut« hinzuweisen hatte Tradition. Im Volkstumskampf der Weimarer Zeit sind der geschichtliche Ordensstaat und das gegenwärtige Ostpreußen als »Bollwerk gegen den Osten«, als »deutsche Insel inmitten slawischer Flut« oder – noch aggressiver – als »Ordnungsinsel« im Meer der »slawischen Unkultur« bezeichnet worden. Ein auf Weltrevolution angelegtes Herrschaftssystem stand in schroffem Widerspruch zum Verlangen nach nationaler Selbstbestimmung. Hans Rothfels hatte bereits in den Jahren vor 1933 – wie andere nationalkonservative Historiker und Politiker auch – vor den Gefahren des sowjetischen Imperialismus gewarnt. Sein Reichskonzept sollte den europäischen Osten vor einer möglichen Sowjetisierung bewahren. Im Jahre 1936 las sich die Warnung vor einer bolschewistischen Zukunftsgefahr jedoch anders. Sie konnte – gewollt oder ungewollt – als historische Rechtfertigung für nationalsozialistische Hegemonieansprüche im europäischen Osten benutzt werden. Rußland niederzuwerfen »im Sinne der Erwerbung der notwendigen Scholle für unser deutsches Volk« war das erklärte Ziel Hitlers, wie er es in seinem Buch *Mein Kampf* beschrieben hatte.[138] »Hitlers Predigt gegen den erobernden Bolschewismus« in der Zeit nach 1933 war nichts anderes als eine »Maske für den eigenen Eroberungswillen«.[139]

Heimpels Gesamtdeutung des mittelalterlichen Reichs konnte als Korrektur herrschender politischer Auffassungen gelesen werden, als Versuch nämlich, staatliches Handeln durch politische Ethik, die sich im Mittelalter als »gottesnahe Leidenschaft zur Weltordnung« bewährt hatte, vor imperialistischem Machtmißbrauch zu bewahren. Auch die religiöse Verankerung des mittelalterlichen Reichsgedankens widersprach dem Reichsverständnis der NS-Ideologen. Zwischen dem Reichsgedanken der historischen Wissenschaft und der Reichsideologie der NSDAP bestand eine bemerkenswerte Differenz. Dennoch erwuchs aus dem Bemühen um Aktualisierung des mittelalterlichen Reichsgedankens partielles Einvernehmen zwischen historischer Vergegenwärtigung und zeitgebundener politischer Tendenz.[140] Der Nachweis geschichtlicher Zusammenhänge vermittelte der dritten Reichsgründung Anerkennung und Legitimität.

Der Münsteraner Rechtshistoriker Karl Gottfried Hugelmann, der sich in der *Zeitschrift für Öffentliches Recht* über *Die Gestalt des Reiches in Idee und Wirklichkeit im Wandel der deutschen Geschichte* äußerte, wollte beweisen, »daß der heutige deutsche Staat ein drittes Reich sei« und zu Recht diesen Namen verdiene.[141] In der »Tatsache des Sendungsbewußtseins« fand er das konstante Element in der Zeiten Flucht.[142] Bereits im Mittelalter sei dem Reichsbegriff »eine innere Dynamik« eigen gewesen. Bereits damals hätten die Deutschen im »Bewußtsein ihrer von Gott gegebenen Sendung . . . den mitteleuropäischen, ihren engeren geschichtlichen Raum gestaltet, oft im Kampf, aber noch viel mehr in der Arbeit, sei es Arbeit an der Scholle, sei es Arbeit des Geistes, indem sie Ordnung, Maß und Zucht, deutschen Geist weit über die Grenzen ihres Staates nach dem Osten trugen«.[143] Bereits der mittelalterliche Kaiser habe eine »über die Grenzen des Nationalstaatlichen« hinausgehende Mission des Defensor pacis des Abendlandes, des Verteidigers der abendländischen Kultur, des politischen Führers Europas ausgeübt.[144] Der Anspruch der neuen Reichsführung, »Vorkämpfer des Abendlandes in der Abwehr des kulturzerstörenden Bolschewismus zu sein«, habe Tradition, welche »an die Abwehr der Avaren und Mauren durch das fränkische Reich, der Madjaren und Mongolen durch das mittelalterliche regnum, der Türken durch das in sich schon gespaltene Reich der Neuzeit« anknüpfe.[145]

Es war kaum zu erwarten, daß Hugelmann bei der Behandlung einer solchen Thematik seine eigene Lebensgeschichte hätte ausblenden und vergessen können. Der aus Österreich stammende

Hugelmann fand in der Zeit vor und nach 1933 als Anhänger einer katholisch-nationalen Gruppe, der mehrere Wiener Universitätsprofessoren angehörten, Anschluß an die nationalsozialistische Bewegung und deren Gedankengut. Er huldigte schon damals einem völkisch-romantischen Reichsgedanken, sprach sich für den Anschluß Österreichs an das Reich aus und stand in Verbindung mit der illegalen nationalsozialistischen Partei Österreichs. Wegen dieser Beziehungen mußte Hugelmann nach Deutschland fliehen, wo er, ehe er einen Ruf an die Universität Münster erhielt, an Othmar Spanns »Institut für Ständewesen« in Düsseldorf tätig war.[146]

In den Überlegungen Hugelmanns deckten sich politische Einstellung und wissenschaftliche Überzeugung. Er brachte historische Analogien in Erinnerung, die Hitlers Drang nach Osten als Wiederaufnahme einer alten Tradition rechtfertigen sollten. Inhumane Politik wurde in fragwürdige geschichtliche Deutungsmuster gezwängt. Im Lichte solcher Anschauungen nahm politische Expansion den Charakter einer geschichtlichen Sendung und epochalen Notwendigkeit an. Weit schwieriger war es, Hitlers Polemik gegen die Italienpolitik mittelalterlicher Kaiser mit seriöser wissenschaftlicher Mittelalter-Forschung zu vereinbaren. Die damals lehrenden und forschenden Mediävisten waren gemeinhin nicht gewillt, den Reichsgedanken mittelalterlicher Herrscher, der zu Romfahrt und Italienpolitik verpflichtete, als politischen Irrweg zu brandmarken. Historismus, der die politischen Entscheidungen mittelalterlicher Regenten aus den Notwendigkeiten und Handlungsbedingungen ihrer eigenen Zeit zu verstehen suchte, schützte vor nationalen Vorurteilen. Die Kaiserkrönung in Rom verbürgte die Sakralität des Reichs; das Ringen um den Bestand kaiserlicher Herrschaft in Oberitalien diente nicht zuletzt der Wahrung wirtschaftlich einträglicher Reichsrechte. Hitlers politische Interessen nahmen eine andere Richtung. Nicht im Süden, sondern in den weiten Räumen des Ostens suchte er Festigung und Erweiterung seiner Macht. Seine diesbezügliche politische Maxime lautete: »Wir setzen dort an, wo man vor sechs Jahrhunderten endete. Wir stoppen den ewigen Germanenzug nach dem Süden und Westen Europas und weisen den Blick nach dem Land im Osten.«[147] Was meinte Adolf Hitler mit der Wiederaufnahme und Fortsetzung einer Politik, die vor sechs Jahrhunderten geendet hatte? Geendet hatte vor sechs Jahrhunderten die deutsche Ostsiedlung; vor sechs Jahrhunderten war auch die Staatsbildung des Deutschen Ordens in Preußen und Livland zum Abschluß gekommen. Vor sechs Jahrhunderten hatte überdies der Deutsche Orden das Herzogtum Pommerellen in seinen Besitz gebracht, jenes Gebiet also, das beim Ausbruch des Zweiten Weltkrieges unter der Bezeichnung »Korridor« von neuem eine zentrale Rolle spielte.

Aus Anlaß der Feier der Reichsgründung und der Machtübernahme sagte kein geringerer als Theodor Mayer, der spätere Präsident der *Monumenta Germaniae Historica*, in einer Feierstunde der Universität Marburg am 30. Januar 1940: »Das großdeutsche Reich nimmt die geschichtliche Entwicklung dort auf, wo sie vor 700 Jahren unter den Staufern fallengelassen wurde.« Es sei die Politik, »die dem deutschen Volk als dem Volk der europäischen Mitte und dem deutschen Reich als dem politischen Mittelpunkt Europas die Aufgabe zumißt, im mitteleuropäischen Raum eine planmäßige politische Ordnung herzustellen«. In der Wahl seiner Begriffe unterschied sich Mayer von jenen historischen Vielschreibern, die, unterhalten und gefördert durch Institutionen der Partei und des Staates, das deutsche Volk zum »Schutz- und Ordnungsvolk Europas« erkoren hatten. In der Sache, insbesondere in seinem Bemühen um den Nachweis geschichtlicher Kontinuität, stimmte er mit ihnen überein. Mayers historische Urteile ließen sich nahtlos ins propagandistische Konzept der Partei einpassen. Mit der Autorität eines angesehenen Gelehrten beteuerte er: »Die Politik der Sicherung des deutschen Lebensraumes ist also die organische Fortsetzung der mittelalterlichen Kaiserpolitik, die vor 700 Jahren abgebrochen worden war«. In der Tat: Das deutsche Volk hatte, wie »das klare Ergebnis der politischen Entwicklung der Jahre von 1933 bis 1940« zeigte, »wieder seine weltgeschichtliche, seine ewige Aufgabe gefunden«. Diese erfüllte es »durch einen Mann«, der das Abendland »vor dem Abgrund der Geschichtslosigkeit zurückgerissen, der das neue Deutschland wiederum zum Träger der abendländischen Geschichte und zum Garanten des mitteleuropäischen Staatensystems überhaupt gemacht hat«. Mayer gab abschließend seiner Genugtuung Ausdruck, »an diesem entscheidenden Geschehen«, in dem es um das »Schicksal Europas«, ja um die »Zukunft der Welt« gehe, »mitarbeiten« zu dürfen.[148]

Veröffentlichung von Geschichte in feiernder Rede verführte.[149] In keinem seiner wissenschaftlichen Aufsätze hat sich Mayer zu völkischem Sendungspathos hinreißen lassen, das die Grenzen zwischen Ideologie und Wissenschaft fahrlässig verwischte.[150] Visionen von der raum- und ordnungschaffenden »Funktion der germanischen Mitte« sucht man in seinen Arbeiten zur mittelalterlichen Verfassungsgeschichte vergebens. Weihestunden verlangten Bekenntnisse, nicht Einsichten; sie drängten den Historiker in die Rolle des Deuters und Propheten. Dem Volk, das »aus der Vergangenheit den vermutlichen Verlauf der Zukunft erkennen« möchte, gab Mayer die von ihm erwartete Antwort: »Der Jahrhunderte alte Traum vom Großdeutschen Reich ist in Erfüllung gegangen.« In Vergangenheit, Gegenwart und Zukunft »hat Deutschland die entscheidenden Fragen für die ganze Welt zu lösen«.[151] Die Sprache der Wissenschaft deckte sich mit der Propagandasprache der Partei. Der Hörsaal wurde zum Forum völkischer Ideologie.

Hitler hatte seiner Politik eine historische Dimension von 600 Jahren gegeben. Der Mediävist Mayer sprach von 700 Jahren, um in diesem erheblich weiter gespannten Zeitrahmen Vergangenheit und Gegenwart miteinander verknüpfen zu können. Von 700 Jahren zu sprechen, gab die Möglichkeit, die südwärts gerichtete mittelalterliche Kaiserpolitik mit der »Politik der Sicherung des deutschen Lebensraumes« im Osten zu verbinden. Eine solche Synthese entbehrte nicht der Aktualität – zumal nach dem Abschluß des Hitler-Mussolini-Paktes im Jahre 1938. Erst dieses Bündnis gab Mediävisten Gelegenheit, den politischen Interessengegensatz zwischen Heinrich dem Löwen und Friedrich Barbarossa auszugleichen.[152] Erst als Hitler selbst die deutsche »Schicksalsstraße« gen Osten, die »Straße der Ordensritter«, durch einen Weg nach Süden ergänzt hatte, verankerten parteibeflissene Historiker die außenpolitische Neuorientierung des Führers in der Geschichte des Mittelalters. Bereits im Mittelalter, beteuerten sie, sei die Nord-Süd-Achse zwischen Deutschland und Italien die Grundvoraussetzung für eine erfolgreiche Ostpolitik gewesen. Hitler habe eine bereits im Mittelalter vorgezeichnete und vorgegebene Synthese politischen Handelns wirkungsvoll erneuert.

Theodor Mayer hatte nachgeholfen, um den Machthabern von damals den Gegenwartsbezug mittelalterlicher Reichspolitik vor Augen zu führen. Diese hingegen bemühten sich, die Unvergleichbarkeit ihrer Reichsgründung herauszustellen. Deshalb machten sie auch Anstrengungen, die Begriffe »Reich« und »Führer« gegen Mißbrauch, Verflachung und historische Relativierung zu schützen. Bereits im Juni 1939 hatte der Führer den Wunsch geäußert, daß in der Öffentlichkeit der Begriff »Drittes Reich« nicht mehr verwendet wird. Das Revolutionäre der nationalsozialistischen Staatsschöpfung sollte nicht durch Reichsvorstellungen christlich-konservativer Provenienz verwischt und entstellt werden.[153] Im März 1942 verordnete die Reichspropagandaleitung: »Künftig soll bei der Erwähnung anderer Nationen niemals das Wort ,Reich' gebraucht werden. Es gibt Staaten und Nationen, aber es gibt nur ein Reich und das ist Deutschland.«[154] Das »Reichsministerium für Volksaufklärung und Propaganda« hatte im Juli 1941 einen Erlaß veröffentlicht, der auch das Wort »Führer« gegen Abnutzung, Verschleiß und Ausverkauf schützen sollte. In dieser Verordnung hieß es: »Der Begriff ›Der Führer‹ ist einmalig und sowohl staatspolitisch als auch weltpolitisch von weittragender Bedeutung.« Es sei deshalb in höchstem Maße unerwünscht, »die Bezeichnung ›Der Führer des Betriebes‹ zu gebrauchen«. Überall dort, wo gegenwärtig noch die Bezeichnung »Der Führer des Betriebes« benutzt werde, solle zu gegebener Zeit »eine entsprechende Umänderung in ›Betriebsführer‹ angestrebt werden«.[155]

Reichspropagandaministerium, Sicherheitsdienst und Gestapo wandten sich insbesondere gegen die »Verfälschung des Reichsgedankens« und die »Ausbeutung des Führerbegriffs« durch den politischen Katholizismus, der angeblich nichts unversucht lasse, den Reichsgedanken und den Führerbegriff »an die Deichsel der eigenen Politik zu spannen«.[156] Das angestrengte Bemühen der katholischen Kirche und der katholischen Aktion, nationalsozialistische Grundwerte in katholischem Sinne auszunutzen, umzudeuten, zu zersetzen und zu verfälschen, zeige sich insbesondere darin, daß zu den »nationalsozialistischen Führern planmäßig die katholischen Gegenfiguren geschaffen« werden.[157] Jesus Christus werde als »unser großer Führer« gefeiert, Maria als »Vorbild und Führerin« gerühmt, der hl. Franziskus als »überzeitlicher Führer der Jugend« gepredigt, der hl. Sebastian als »Führer katholischer Männer« empfohlen; Bischöfe bezeichne man als von Gott bestellte »Führer« des Kirchenvolkes.[158] Die Art und Weise, wie die katholische Kirche die nationalsozialistische Führeridee vereinnahme, sei auch an der Behauptung abzulesen, wonach die »Zeitenwende«, die der Nationalsozialismus herbeigeführt habe, indem er »das demokratische Prinzip der Zahlenmehrheit durch den Führergedanken« verdrängte, sich »mit einem Wesenszug der katholischen Kirche« unmittelbar treffe. »Denn in der römisch-katholischen Kirche«, werde von katholischer Seite behauptet, habe »das autoritäre Führerprinzip von Anfang der Stiftung an bis auf den heutigen Tag Wesen und Wirkung der Kirche bestimmt«.[159]

Eine kritische Abgrenzung wurde auch gegenüber all jenen katholischen Autoren vorgenommen, die, wie der Jesuitenpater Friedrich Muckermann in seiner theologischen Prosa, Josef Magnus Wehner und Gertrud von Le Fort in ihren »Hymnen an das Reich«, den neuen Reichsgedanken mit der christlichen Reichsidee des Mittelalters in einen geschichtlichen und theologischen Zusammenhang zu bringen suchten.[160] Katholischen Schriftstellern, die den Reichsgedanken religiös verankerten und geschichtlich begründeten, wurde zum Vorwurf gemacht, daß sie die nationalsozialistische Reichsidee unterhöhlten. Christliche Bedeutungsrelikte aus der Zeit des Mittelalters hatten in dem nationalsozialistischen Grundwert »Reich« keinen Platz mehr. Das »Dritte Reich« habe nichts mit dem »Heiligen Römischen Reich Deutscher Nation« zu tun, sondern sei als staatliche Verkörperung des deutschen Volkstums zu betrachten.

Geschichtswissenschaftliche Praxis zwischen methodischer Tatsachenforschung und erkenntnisleitendem Interesse

Im Gebrauch historisch-politischer Leit- und Grundbegriffe werden Nähe und Abstand erkennbar, in denen Universitätslehrer des Faches Geschichte während der Zeit des Dritten Reichs zur Gedankenwelt und den politischen Zielen des Nationalsozialismus standen. Um Affinitäten, Kongruenzen und Distanzen zwischen geschichtswissenschaftlicher Anstrengung und nationalsozialistischem Herrschaftssystem geht es auch im folgenden – allerdings nicht auf der Ebene der Begriffe, sondern in wissenschaftspraktischer und wissenschaftsgeschichtlicher Absicht.

Unter den Rahmenbedingungen nationalsozialistischer Wissenschaftspolitik, die wissenschaftlichen Pluralismus als Relikt des liberalen Systems bekämpfte und zu beseitigen trachtete, wurde das Spannungsverhältnis zwischen wissenschaftsimmanenter Eigengesetzlichkeit und gesellschaftsvermittelter Urteilsbildung zu einem berufs- und lebensbestimmenden Faktor. Anpassung wurde gefördert und belohnt. Distanz hemmte das berufliche Fortkommen. Widerspruch mußte mit Diskriminierungen und Sanktionen rechnen. Verschärfend wirkten überdies Generationenkonflikte, die sich mit wissenschaftlichen und politischen Richtungskämpfen überlagerten. In beiden Fällen, sowohl in politisch motivierten Generationenkonflikten als auch im Berufsalltag wissenschaftlich tätiger Historiker, wurden Wert- und Wissenschaftstraditionen relevant, die sich bereits vor der Machtergreifung herausgebildet hatten.

In der Wahl und Beurteilung des historischen Gegenstandes durchdrangen sich Traditions-, Zeit- und Standortgebundenheit. In der Analyse des rückblickenden Historikers muß jedoch aus Gründen der schärferen Erkenntnis getrennt werden, was ehedem im Prozeß historischer Erkenntnis- und Urteilsbildung nahtlos ineinander überging.

Grade und Grenzen der Anpassung

Ist es richtig, daß Mediävisten, »tief versponnen in tausend gelehrte Sonderfragen, methodisch an streng sachliche Quellenarbeit gebunden, großzügiger Darstellung meist entwöhnt«, in den Jahren zwischen 1933 und 1945 »kaum in Versuchung des politischen Opportunismus« gerieten oder »sich ihr doch verhältnismäßig leicht entziehen« konnten?[161] Anpassungsbereitschaft war nicht eine Frage der Epoche, mit der sich Historiker von Berufs wegen befaßten. Unabhängigkeit des Urteils bewies jedenfalls Carl Erdmann, der sich im Sommer 1932 in Berlin für die Geschichte des Mittelalters habilitiert hatte, aber nach 1933 keine Chance besaß, auf einen Lehrstuhl berufen zu werden. Erdmanns Habilitationsschrift über die *Entstehung des Kreuzzugsgedankens* ist 1974 in ihrer ursprünglichen Fassung nachgedruckt worden. »Braune Einfärbungen« mußten nicht geglättet oder getilgt werden. Es konnte Wort für Wort so erscheinen, wie es 1935 in Druck gegangen war.

Erdmann wollte in seinem Band nicht, wie ein wohlmeinender Kritiker meinte, für eine »Einschmelzung der germanischen Heldenethik in den kirchlichen Geist« eintreten; er wollte über die »Entstehung des Kreuzzugsgedankens« aufklären, ohne dem herrschenden Geschichtsbild Konzessionen zu machen. Das 1935 zum ersten Mal erschienene Buch trägt folgende Widmung: »Dem Andenken meines Vaters, der 1893 seine Dorpater-Professur verlor, weil er seiner Muttersprache treu blieb, und meiner beiden Brüder, die 1914 und 1916 fielen, gewidmet im unerschütterten Glauben an die Zukunft des deutschen Geistes.«

In der politischen und beruflichen Einstellung Erdmanns verbinden sich patriotische Gesinnung mit wissenschaftlicher Lauterkeit. Erdmann bemühte sich mit Erfolg, Karl den Großen vom Odium des »Sachsenschlächters«, das ihm parteifromme Zensoren im Namen des »niedersächsischen Weges« deutscher Geschichte angehängt hatten, zu befreien. Die Mediävisten, die 1935 auf seine Anregung hin acht Antworten zum Deutschtum Karls des Großen gaben, bewiesen »Mut zu öffentlichem Widerspruch«.[162] Ihre schriftlichen Ausführungen richteten sich gegen ein »Hauptdogma der parteiamtlichen Geschichtsauffassung«.[163] Sie probten zwar keinen Aufstand, waren aber auf unterschiedlichste Weise bestrebt, eine Leitfigur der mittelalterlichen Welt für die deutsche Geschichte zu retten.[164]

Ein Ethos wissenschaftlicher Sachtreue beweist auch folgender Vorgang: Heinrich Himmler ließ 1936 in Quedlinburg das Grab König Heinrichs I. ausgraben, um es zu einer Kult- und Wallfahrtsstätte der Nation zu machen. Erdmann konnte in einem 1941 im *Deutschen Archiv* veröffentlichten Aufsatz nachweisen, daß der Reichsführer SS »in Gegenwart der Mehrzahl der Reichsminister und Reichsleiter« nicht das Grab König Heinrichs I., eines, wie er beteuerte, »deutschen Führers«, unter seinen Schutz genommen habe, sondern das Grab eines mittelalterlichen Heiligen.[165] Erdmann beschädigte einen Mythos, den Geschichtsbildner der Partei, allen voran Karl Friedrich Ganzer, ein Schüler des Münchener Historikers Karl Alexander von Müller, propagierten. Ihrer Auffassung nach hatten in Niedersachsen, im »Land des unvermischten Germanentums«, die Sachsen als der »Führerstamm des deutschen Volkes« 911 »unter König Heinrich I. . . . die Krone des Reichs in ihre Obhut« genommen.

In der Tat: Unter solchen Voraussetzungen wirkte historische Tatsachentreue als Ideologiekritik. Wer das Andenken an Heinrich I. schmälerte, distanzierte sich von der Vorbildlichkeit eines nationalen Heros, dem sich Heinrich Himmler, der Reichsführer SS, eng verbunden fühlte. Himmlers Vorlieben für Heinrich I. stützten sich auf historische Tatsachen und gegenwartsbedingte

Projektionen: Heinrich I. hatte eine Urenkelin Herzog Widukinds zur Frau – eine Tatsache, die, wie Himmler glaubte, sowohl die rassische als auch die politische Kontinuität der ersten Reichsgründung gewährleiste. Als artbewußter Germane habe König Heinrich die kirchliche Salbung abgelehnt; als germanische Persönlichkeit habe er den Grundsatz der Gefolgschaftstreue in schärfstem Gegensatz zu den karonlingischen kirchlich-christlichen Regierungsmethoden wieder eingeführt; Karl der Große habe auf »artfremdem Fundament« sein Reich errichtet, indes Heinrich I. ein wirklich deutsches Reich begründete.[166] Bereits Heinrich I., hieß es in einem Schulungsheft der SS, habe erkannt, »daß Deutschlands Zukunft im Osten liege, und demzufolge habe er für sein Volk vor allem den dringend notwendigen Lebensraum im Osten erobert«.[167] Als Anhänger des indogermanischen Wiedergeburtsglaubens hielt sich Himmler für eine Reinkarnation König Heinrichs. Er fühlte sich in gehobener Stimmung, wenn ihn SS-Männer »König Heinrich« nannten oder – im Blick auf Heinrich den Löwen – vom »schwarzen Herzog« sprachen.[168]

1943 wurde Erdmann zum Heeresdienst eingezogen. Von der ihm zugedachten Frontbewährung ist er nicht mehr zurückgekehrt. Erdmanns Widerspruch gegen die parteiamtliche Geschichtsauffassung beweis nicht nur aufrechten Gang; der Fall Erdmann gibt überdies zu erkennen, wie Methodenstrenge und Sachtreue zu einem hochbrisanten Politikum werden konnten. Im Gebrauch von Begriffen und Methoden, in der Bildung quellennaher oder quellenferner Urteile, zeigten sich Nähe oder Distanz zu parteiamtlichen Geschichtsbildern. Aufgrund ihrer sprachlich artikulierten Erkenntnisinteressen, Deutungen und Urteile, denen auch immer politisch-soziale Wertorientierungen zugrunde lagen, wird man die zwischen 1933 und 1945 lehrende und forschende Zunft der deutschen Universitätshistoriker in drei Gruppen einteilen dürfen:

– in die Gruppe derjenigen, die sich aus politischer und wissenschaftlicher Grundsatztreue dem nationalsozialistischen System verweigerten und nicht bereit waren, Anpassungsleistungen im Sinne der herrschenden Ideologie zu erbringen;

– in die zahlenmäßig stärkste Gruppe derjenigen, die in ihrer Begrifflichkeit, ihren Fragestellungen und Wertungen Zugeständnisse an den Zeitgeist machten, ohne ihre wissenschaftlichen Arbeitsprinzipien zu korrumpieren;

– in die wenigen, die aus innerster Überzeugung für den Nationalsozialismus eintraten und deshalb auch bereit waren, aus den ideologischen Vorgaben der Partei kritik- und vorbehaltlos erkenntnisleitende Interessen, methodische Prinzipien und Maßstäbe ihrer Urteilsbildung zu machen.

Über die jeweilige Zuordnung kann man im Einzelfall unterschiedlicher Meinung sein – zumal in der großen Mittelgruppe, in welcher die Übergänge zwischen Überzeugungen, verhüllter und unverhüllter Distanz vielfach fließend waren.[169] Eine vierte Gruppe, der hier gleichfalls zu gedenken ist, bildeten die aus rassischen Gründen Verfolgten und Verfemten.

Das wissenschaftliche und politische Profil der ersten drei Historiker-Gruppierungen, die fast ausnahmslos im Amt blieben und – von Parteiinstitutionen unbehelligt – ihrem Beruf nachgehen konnten, möchte ich an drei Biographien verdeutlichen, an der von Franz Schnabel, Otto Brunner und Otto Westphal. Alle drei verwalteten Lehrstühle an Hochschulen des Deutschen Reiches: Schnabel in Karlsruhe, Brunner in Wien, Westphal in Hamburg.

Kennzeichnend für die politische Einstellung *Franz Schnabels* ist ein Artikel über *Deutsche Reichsreform*, den er im Oktober 1932 im *Badischen Beobachter* und in der katholischen Monatsschrift *Hochland* veröffentlichte[170], um gegen den preußischen Staatsstreich von Papens zu protestieren. Der Artikel beginnt mit dem Satz:

»Auch wenn die Diskussion geschlossen sein sollte und künftig nur noch diktiert wird im deutschen Vaterlande, so bleibt es doch die Pflicht der geistig führenden Schicht, solange ihre Stimme zu erheben, wie dies möglich ist. Mag das ›ruere in servitium‹ [der Absturz in die Knechtschaft] immer weiter um sich greifen . . . so dürfen doch die geschichtlichen Grundlagen deutschen Staatslebens nicht unverteidigt bleiben.«

Schnabel erhob öffentlichen Einspruch gegen den um sich greifenden Geist der Gewaltsamkeit, der die bestehende Verfassungsordnung zu zerstören drohte; er mißbilligte die von Berlin ausgehende geistige Nivellierung und kulturelle Uniformierung; er wandte sich gegen »amtlich abgestempelte ›Reichskultur‹«, die freiem geistigen Wettbewerb den Boden entzog. Der Rang »der deutschen Wissenschaft im 19. Jahrhundert«, brachte Schnabel in Erinnerung, »war darin begründet, daß sie an vielen Stätten beheimatet war, und wer in Berlin verfolgt oder totgeschwiegen wurde, ging nach München oder Heidelberg, wo die Regierungen schon Mittel und Wege fanden, ihm eine Wirkungsstätte zu bereiten«.

In der »Vielheit der Kulturzentren«, die dem föderalistischen Aufbau der Weimarer Republik entsprach, erkannte Schnabel eine Schutzwehr geistiger Freiheit, einen Hort der Rechtsstaatlichkeit. So zu argumentieren entsprach dem Profil eines Mannes, der sich dem geistigen und politischen Erbe des badischen Liberalismus verbunden und verpflichtet fühlte. In seiner *Deutschen Geschichte im 19. Jahrhundert,* die nach der Machtergreifung erschien, wiederholte Schnabel die in dem Hochland-Artikel entwickelten Grundsätze nahezu wörtlich. Im Jahre 1936 wurde er von seiner Lehrtätigkeit an der Technischen Hochschule in Karlsruhe zwangsentpflichtet. Der fünfte Band seiner *Deutschen Geschichte* konnte nicht mehr erscheinen.

Daß sich methodenbewußte Tatsachenermittlung und historische Urteilsbildung nicht zu decken brauchen, möchte ich am Beispiel von *Otto Brunners* Band *Land und Herrschaft* aufzeigen. Brunner mag jene Gruppe von Historikern vertreten, die interpretatorische Zugeständnisse an zeitgenössische Leitbilder machten, ohne Wissenschaft der Ideologisierung preiszugeben. Woran liegt es, daß Brunners Band über Grundfragen der mittelalterlichen Verfassungsgeschichte, 1939 zum ersten Mal erschienen, bis zum Jahre 1965 nicht weniger als fünf Auflagen erlebte und bis zur Gegenwart als »bahnbrechend« gerühmt wird? Wieso konnte Brunner im Vorwort der letzten Auflage guten Gewissens schreiben: »In seinem Grundcharakter ist das Buch unverändert geblieben.« (S. VII)[171] Falls dem so ist, muß auch Wissenschaft von der Geschichte fähig sein, Einsichten zu erarbeiten und Aussagen zu machen, die politischen Systemwandel überdauern. Brunners Schrift liegt die These zugrunde, daß die vor und nach 1800 ausgebildeten historisch-politischen Begriffe, die eine Trennung von Staat und Gesellschaft voraussetzen, nicht geeignet sind, die Andersartigkeit der mittelalterlichen Verfassungsordnung angemessen zu erfassen. Mit Hilfe einer quellengemäßen Begriffssprache wollte Brunner all jene Fehldeutungen vermeiden, die er liberalen Rechts- und Verfassungshistorikern des 19. Jahrhunderts zum Vorwurf machte. Um zu erfahren, in welcher Weise Brunner sich selbst mit seiner eigenen Zeitgebundenheit arrangierte, empfiehlt es sich, die einzelnen Auflagen von *Land und Herrschaft*, die unter verschiedenartigen politischen Rahmenbedingungen veröffentlicht wurden, miteinander zu vergleichen. Durch eine vergleichende Betrachtung einschlägiger Textstellen sollen im folgenden exemplarisch zeitbedingte Einflüsse in Brunners Begriffs- und Urteilsbildung kenntlich gemacht werden.

Erstens: »Volksgeschichte heißt das Gebot der Stunde«, hieß es in der ersten Auflage von 1939, »Strukturgeschichte« in der vierten Auflage von 1959. Um Brunner gerecht zu werden ist freilich hinzuzufügen, daß er bereits in der ersten Auflage des Jahres 1939 von einer »Struktur der politischen Gebilde« gesprochen hatte. Der Struktur-Begriff war ihm demnach nicht fremd.[172]

Zweitens: schwerer fällt ins Gewicht, daß Brunners Polemik gegen liberale Begrifflichkeit auch Vorbehalte gegen politische Grundprinzipien freiheitlichen Verfassungslebens einschließt. In der dritten Auflage von 1943 ist von »landesfürstlichem Absolutismus« die Rede, der sich in den österreichischen Ländern im 18. und 19. Jahrhundert gegen ständestaatliche Formen langfristig durchgesetzt habe. Brunner schreibt dazu:

»Der landesfürstliche Absolutismus hat gesiegt. Allerdings bestanden in dem lockeren Rahmen der österreichischen Monarchie Länder und Landtage bis 1848 fort. Bis zuletzt bewahrten sie – wenn auch erstarrt und innerlich ausgehöhlt – doch die Grundlagen des ›guten alten Rechts und Herkommens‹. Die liberale Revolution hat dieses Fundament zerstört, erwies sich aber außerstande, selbst eine neue, sichere Grundlage dauernder Ordnung zu schaffen.« (S. 503)

Nach 1945 widersprach es dem Geist des demokratischen Neubeginns, der »liberalen Revolution« mangelnde Fähigkeit zu einer dauerhaften Staats- und Ordnungsbildung vorzuwerfen. Die Passage lautete dann so: »Mit ihrem Wegfall [d. h. mit dem Wegfall der Grundlagen des ›guten alten Rechts und Herkommens‹] entsteht bezeichnenderweise die Frage nach den ›Legitimationsgründen‹ (M. Weber) von Recht und Verfassung.« (S. 440)

Drittens: zeitgebunden ist überdies der Gesichtspunkt der »Totalität«, demzufolge die mittelalterliche Verfassung nur als »Gesamtzustand politischer Einheit und sozialer Ordnung« verständlich zu machen ist. Karl Lamprecht hatte ehedem von Verflechtung und Differenzierung politischer, wirtschaftlicher und kultureller Wirklichkeitsbereiche gesprochen. »Totalität« erinnerte im politischen Kontext der damaligen Zeit an die »Totalität des politischen Volkes«, das gleichfalls auf eine Abgrenzung zwischen Staat und Gesellschaft verzichtet hatte. Gegen Brunners Auffassung von der unentzweiten Rechtsordnung des Mittelalters, die angeblich keine

Trennung zwischen »privat« und »öffentlich« kennt, ist einzuwenden, daß bereits spätmittelalterliche Rechts- und Staatstheoretiker die Fehde als illegitime »privata rixa« definierten, um sie vom legitimen »bellum publicum« abzuheben. Im Blick auf das Rechts- und Verfassungsverständnis hoch- und spätmittelalterlicher Zeitgenossen kann die Fehde, die Brunner zum Schlüsselbegriff der mittelalterlichen Rechts- und Verfassungsordnung machte, nicht die Beweislast für die mittelalterliche Identität von öffentlicher und privater Sphäre, von Staat und Gesellschaft übernehmen. Politisch denkende Zeitgenossen waren durchaus in der Lage, Abgrenzungen zwischen privat und öffentlich, politischer und gesellschaftlicher Ordnung vorzunehmen. Die wachsende Verselbständigung sozialer Handlungsfelder, welche die neuzeitliche Gesellschaftsentwicklung charakterisiert, besitzt ihre spätmittelalterlichen Anfänge. Die strikte Trennung zwischen öffentlicher Gewalt und privater Erwerbssphäre, die den liberalen Verfassungsstaat des 19. und 20. Jahrhunderts kennzeichnet, ist das Ergebnis einer langwierigen geschichtlichen Entwicklung.

Viertens: zeitgebunden ist insbesondere Brunners Gesamtdeutung, wonach, wie es in den zwischen 1939 und 1943 erschienenen Ausgaben heißt, die Landesherren als Träger der politischen »Führung« aufzufassen sind, das Land hingegen eine »ältere Form der ›Volksgemeinschaft‹ darstellt«. Daraus zieht Brunner den Schluß, daß »die politischen Grundbegriffe des Dritten Reiches, Führung und Volksgemeinschaft . . . letztlich nur aus germanischen Grundlagen zu verstehen« seien (S. 526).

Fünftens: in der 4. Auflage von 1959 wurden diese Sätze nicht mehr abgedruckt. »Führung« und »Volksgemeinschaft« sind gestrichen; geblieben ist jedoch die Treue, die zwischen Führern und Geführten, Herren und Mannen ein Verhältnis ethisch-rechtlicher Wechselseitigkeit stiftet, das nach Ansicht Brunners als Strukturprinzip jedweder mittelalterlichen Herrschaftsordnung zu gelten hat. Auch in diesem Punkt bleibt Brunner hinter dem Problembewußtsein spätmittelalterlicher Rechts- und Staatstheoretiker zurück, die Herrschaft nicht als persönliches Treueverhältnis definierten, sondern als sachbezogenen, rechtlich formalisierten und deshalb einklagbaren »Vertrag« (contractus), als »Übereinstimmung« (consensus) zwischen Herrschaftsträgern und Herrschaftsbefohlenen, als ständisch vermittelte »Teilhabe« (partem habere) aller Bürger eines Gemeinwesens. Als zeitgebunden muß deshalb der Versuch gelten, die im Spätmittelalter erheblich komplexer gewordenen Herrschaftsbeziehungen mit dem archaischen Treuebegriff des frühgermanischen Gefolgschaftswesens erfassen und deuten zu wollen.

Brunners Arbeit ist ein Dokument für die Kontinuität einer achtbaren Wissenschaftstradition. Sie bietet jedoch gleichfalls ein Lehrbeispiel dafür, daß die Richtigkeit des Faktums nicht folgerichtig und zwangsläufig die Richtigkeit des Urteils beinhaltet. Brunners Buch ist ein vielsagendes Beispiel für das Nebeneinander von wissenschaftlicher Genauigkeit und parteiischer Historie. Es enthält grundlegende Einsichten in den Aufbau spätmittelalterlicher Herrschaftsverbände und konnte bis 1945 auch als Beitrag zur geschichtlichen Grundlegung des germanischen Führerstaates gelesen werden. Eine solche Zwiespältigkeit wirft die Frage auf, ob angesichts von politischer Willkür, von geistigem Wertzerfall und zynischer Menschenverachtung Methodenstrenge und Faktentreue allein schon ausreichen, seiner Verantwortung als Bürger und Historiker gerecht zu werden.

Am Beispiel des Hamburger Historikers *Otto Westphal*, der 1941 ein 668 Seiten starkes Buch veröffentlichte mit dem Titel *Das Reich. Aufgang und Vollendung*, läßt sich zeigen, wie politisch und wissenschaftlich gleichgeschaltete Historie im Dritten Reich aussah. Westphal ist meines Wissens der einzige Historiker und Lehrstuhlinhaber, der einen parteikonformen, militanten Rassismus vertrat. Der Autor bemühte sich um eine, wie er sagte, »Synthese aus Reich und Norden«, die erst in der Dritten Reichsgründung politische Realität geworden sei. Westphal unterschied zwischen einem »unterrassisch-demokratischen Abendland«, in dem man mit der Parole »Freiheit, Gleichheit, Brüderlichkeit an die unterrassischen Instinkte appellierte«, und einem »nordisch aristokratischen« Abendland, in dem der »positive Rassegedanke«, »nämlich Zucht und Führung«, die geistige und politische Lebensordnung bestimmte. Westphal polemisierte gegen den Wahn »von der biologischen Gleichberechtigung der Völker«; er verurteilte überdies den »humanitär getarnten Geist der unteren Rassen«. Das »artfremde Element« aus der Volksgemeinschaft auszuschließen, hielt er für ein dringliches politisches Erfordernis, »um den gesellschaftlich erstarrten nordisch-germanischen Menschentyp zu regenerieren und in den Stand zu setzen, die Universaldemokratie daran zu hindern, Europa den Strudeln des Untermenschentums preiszugeben«.[173] Die antidemokratische und hegemoniale Stoßrichtung von Westphals Rassegedanke ist evident und bedarf keiner Kommentierung.

In der politischen und hochschulpolitischen Praxis forderte der aggressive Rassegedanke seine Opfer. Artgebundene Erkenntnis im Sinne des Nationalsozialismus setzte Zugehörigkeit zur arischen Rasse voraus. Jüdischen Historikern wurde grundsätzlich die Fähigkeit abgesprochen, zu jenen wissenschaftlichen Einsichten zu gelangen, die zum Aufbau einer völkischen Lebensordnung erforderlich waren. Sie wurden beurlaubt, entlassen, verfolgt. Es waren nicht wenige, die unter dem Zwang der nationalsozialistischen Rassenpolitik 1933 und in den folgenden Jahren aus Deutschland, Österreich und der Tschechoslowakei emigrierten. Was Klaus Mann von der Gruppe der Emigranten im allgemeinen schrieb, gilt (mit Einschränkungen) auch für den Kreis der emigrierten Historiker: »Bei der Mehrzahl handelte es sich um völlig unpolitische (oder politisch doch ganz unaktive) Opfer des Hitlerischen Rassenwahns«, »die sich in erster Linie als ›gute Deutsche‹, erst in zweiter als Juden und zuallerletzt, oder überhaupt nicht, als Antifaschisten empfanden«.[174]

Die genaue Zahl jener, die ins Ausland flüchteten, bleibt unbekannt. Es existiert m. W. weder ein vollständiges Verzeichnis jener deutschsprachigen Historiker, die 1933 und in den Jahren danach in die Emigration gingen, noch eine Bibliographie ihrer Veröffentlichungen, die über ihre wissenschaftliche Arbeit nach 1933 verläßlich unterrichtet. Georg Iggers ging in einem Überblick über *Die deutschen Historiker in der Emigration* nur auf die emigrierten Neuzeithistoriker ein, auf die Meinecke-Schüler Holborn, Gerhard, Rothfels, auf Valentin, Hallgarten, Rosenberg, Mosse, Epstein, den Humanismusforscher Kristeller.[175] Mediävisten vom Range eines Baron, Levison, Kuttner und Ullmann bleiben unerwähnt, desgleichen die nicht unbeträchtliche Zahl deutscher Althistoriker und Archäologen, die zwischen 1933 und 1945 Opfer politischer und rassistischer Verfolgung wurden.

Das vielschichtige Phänomen »Emigration« möchte ich an drei Lebensschicksalen verdeutlichen. Der Althistoriker Arthur Rosenberg, der sich als kommunistischer Reichstagsabgeordneter bereits vor 1933 als Gegner des Nationalsozialismus exponiert hatte, sah sich sowohl aus politischen als auch rassischen Gründen gehalten, nach Amerika zu emigrieren.

Dem in Königsberg lehrenden Historiker Hans Rothfels wurde im Februar 1936 deshalb die Lehrbefugnis entzogen, weil »ein jüdischer Professor«, welcher deutsche Geschichte lehrt, bei der studentischen Jugend die »Konsequenz des Rassenstandpunktes« untergrabe. Vor 1933 hatte sich Rothfels als Mitglied der »neupreußischen« Bewegung für eine zeitgemäße Neubelebung des Reichsgedankens eingesetzt, der, wäre er verwirklicht worden, zu einer »föderativ-korporativen Neustrukturierung des europäischen Ostens« geführt hätte. Die als »Reich« verstandene Ordnungs- und Verfassungsform sollte im europäischen Osten nicht nur deutsche Führung gewährleisten, sondern auch gegen das bolschewistische Rußland und gegen den »westlichen parlamentarischen Zentralismus« abschirmen.[176] Nach 1933 kritisierte Rothfels das »politische Auftreten der neuen Machthaber, den Antiintellektualismus, den Antisemitismus«, gab sich jedoch dem Glauben hin, »daß die Not der Verhältnisse die nationalsozialistische Bewegung disziplinieren, daß sich der preußische Standpunkt wieder durchsetzen werde«. Rothfels galt bei seinen Kollegen und in der politischen Öffentlichkeit als »Mann der nationalen Rechten«[177], weswegen er im Exil »starken Anfeindungen« ausgesetzt war.[178]

Historiker aufgrund ihrer jüdischen Abstammung als »Volks«- und »Reichsfeinde« abzustempeln, entbehrte jedweder politischen Logik. Das beweist ebenso überzeugend und eindringlich der Lebensgang von Ernst Kantorowicz. Kantorowicz hatte 1927 im Geiste Stefan Georges ein umfangreiches Werk über Kaiser Friedrich II. von Hohenstaufen verfaßt. Dem brillant geschriebenen Text folgte ein Jahr später ein Ergänzungsband. Im Bild des Staufers sah Kantorowicz das Symbol eines »geheimen Kaisers«, der eines Tages kommen werde, um mit einem »geheimen Bund« Deutschland aus seiner Erniedrigung zu befreien. Im Bild des Ordensstaates verklärte er die Treue einer Elite zu ihrem Führer. In diesem Punkt war Kantorowicz seinem Meister George gefolgt, der bereits 1921 einer weit verbreiteten Stimmung Ausdruck gegeben hatte, als er eine Zeit prophezeite, die den »einzigen der hilft«, »den Mann«, hervorbringt. Diesem Mann der Tat traute George zu, daß er die Ketten sprengt, »das wahre sinnbild auf das völkische banner« heftet, »seiner treuen schar« das »Neue Reich« pflanzt.

Als dann der »Einzige« gekommen war, das Reich zu gründen, klafften Wirklichkeit und Prophetie weit auseinander. Den staatlichen Ehrungen, die an Georges 65. Geburtstag am 12. Juli 1933 stattfinden sollten, entzog sich der Seher durch Emigration in die Schweiz. Kantorowicz blieb in Frankfurt, weil er sich verpflichtet fühlte, auch unter widrigen Zeitverhältnissen seiner Aufgabe als Lehrer und Forscher gerecht zu werden. Durch die »Frontkämpferklausel«, wie sie das »Gesetz zur Wiederherstellung des Berufsbeamtentums« vorsah, war er im Sommersemester 1933 noch rechtlich geschützt, seinen Lehrverpflichtungen ungestört nachzukommen. Im darauffolgenden Wintersemester sah er sich jedoch gezwungen, seine Vorlesungen abzubrechen. Der neue Geist der Revolution, wie er von studentischen Kreisen in aggressive, gegen jüdische Gelehrte gerichtete Boykottmaßnahmen umgesetzt wurde, forderte seinen Preis. Im Oktober 1934 suchte Kantorowicz um seine Emeritierung nach, weil er nicht bereit war, den von allen Beamten geforderten Treueid auf den »Führer und Reichskanzler« zu leisten. Danach lebte er zeitweise in England und Italien; zumeist hielt er sich in Berlin auf, wo er in den Bibliotheks- und Arbeitsräumen der Monumenta, einem Refugium für amtsenthobene Gelehrte, seinen Studien nachging.

»Erst im allerletzten Augenblick, in den Tagen der sog. Kristallnacht, hat ihn die Hilfe treuer Freunde . . . vor den Schergen verborgen und über die Grenze nach Holland gebracht. Von da führte ihn der Weg über Oxford nach den Vereinigten Staaten, wo er an der Universität von Californien zunächst Verwendung als Lecturer fand, bis ihm 1945 wieder ein Ordinariat für mittelalterliche Geschichte übertragen wurde.« [178a]

Bei zurückgebliebenen Reichs-Historikern bürgerte sich der Brauch ein, die von Kantorowicz verfaßte Biographie des zweiten staufischen Friedrich, die angeblich Hitler selbst gelesen haben soll, mit einem Sternchen zu zitieren, um sie als Arbeit eines jüdischen Autors kenntlich zu machen. Die Mutter von Kantorowicz wurde im KZ ermordet. Reichsmystik pervertierte zu Rassenwahn.

Solidarität mit jüdischen Kollegen, die 1933 ihrer Ämter enthoben wurden, blieb Ausnahme. Erwähnung verdient in diesem Zusammenhang ein Memorandum, das die Medizinische Fakultät Heidelberg am 5. April an die Badische Regierung richtete, um dem grassierenden Antisemitismus Einhalt zu gebieten:

»Wir können nicht übersehen, daß das deutsche Judentum teil hat an großen Leistungen der Wissenschaft, und daß aus ihm große ärztliche Persönlichkeiten hervorgegangen sind. Gerade als Ärzte fühlen wir uns verpflichtet, innerhalb aller Erfordernisse von Volk und Staat den Standpunkt wahrer Menschlichkeit zu vertreten und unsere Bedenken geltend zu machen, wo die Gefahr droht, daß verantwortungsbewußte Gesinnung durch rein gefühlsmäßige oder triebhafte Gewalten verdrängt werde und dadurch die große deutsche Aufgabe Schaden erleide. Wir müssen darauf hinweisen, wie dringend es ist, daß das Rechtsbewußtsein erhalten bleibe und die Stellung des Beamtentums geschützt werde.«[179]

Dieses seltene Zeugnis öffentlich bekundeter Solidarität darf nicht darüber hinwegtäuschen, daß entlassene jüdische Hochschullehrer, selbst wenn sie nicht emigirierten, vereinsamten und ins gesellschaftliche Abseits gerieten. Wie Kontakte zwischen jüdischen und nichtjüdischen Kollegen verarmten und abbrachen, schilderte Theodor Schieffer an der Biographie des Bonner Mediävisten Levison.[180] Zur Erfahrung menschlicher Isolierung kam der Zwang, bei der Veröffentlichung wissenschaftlicher Arbeiten namenlos zu bleiben. Quelleneditionen, die Levison für die *Monumenta Germaniae Historica* anfertigte, durften nicht mehr unter seinem Namen erscheinen.[181] Nicht anders erging es Ernst Perels, der, als ihm die Nürnberger Gesetze die Möglichkeit öffentlicher Lehrtätigkeit nahmen, im Jahre 1935 von seiner Berliner Professur für mittelalterliche Geschichte und historische Hilfswissenschaften zurücktrat, um bei den Monumenta eine inoffiziell geduldete Editionstätigkeit auszuüben. Auf dem Titelblatt der von ihm herausgebrachten *Epistolae Karolini aevi* durfte sein Name nicht mehr erscheinen. In der Bibliothek der Monumenta von Pommersfelden verhaftete ihn Mitte Oktober 1944 die Gestapo aus Gründen der Sippenhaft »für seinen der Teilnahme an der Verschwörung des 20. Juli angeklagten und später erschossenen Sohn Justus. Nach schweren Monaten im Berliner Gefängnis und im Lager Buchenwald ist er dort Mitte April 1945 der letzten Vernichtungsaktion zum Opfer gefallen.«[182]

In diesen Lebensschicksalen verbanden sich wissenschaftliche Redlichkeit und menschliche Selbsttreue zu einer fugenlosen Einheit. Was uns hingegen Verständnisschwierigkeiten bereitet, sind Brüche in der Biographie von Historikern, die, wie Friedrich Meinecke, Hermann Oncken oder Gerhard Ritter, in Distanz, Opposition und Widerstand zum nationalsozialistischen System ihrem Beruf nachgingen. Die politische Unentschlossenheit zahlreicher Universitätslehrer gründete in einer nationalen Grundeinstellung, die sie daran hinderte, den Hitler-Staat als System der zynischen Gewalt wahrnehmen und wahrhaben zu wollen.

Gerhard Ritter bewies Zivilcourage, als er beim Weltkongreß der Historiker in Zürich im Jahre 1938 die völkische Entstellung des Lutherbildes durch die Deutschen Christen, insbesondere durch seinen Kieler Kollegen Otto Scheel, öffentlich zurückwies. Walter Frank, der als stummer Beobachter dem Kongreß beiwohnte und »mit Argusaugen die Linientreue seiner Kollegen« überwachte, nahm Ritters Einwände zum Anlaß einer parteiamtlichen Zensur: »›Reichsschädigendes Verhalten‹ sei Ritters Auftritt in Zürich gewesen, ganz im Geiste Onckens.«[183] Die Kritik des Freiburger Ordinarius an der völkischen Heroisierung des Reformators beeindruckt. Gleichwohl ist sie auch als Versuch zu betrachten, die eigene, gleichfalls national angelegte Luther-Interpretation gegen völkischen Mißbrauch zu schützen. Als Verehrer Hegels hatte Ritter bereits in den zwanziger Jahren die Auffassung vertreten, daß Luther »dem Sehnen der deutschen Seele zu seiner Erfüllung« verholfen habe. Die vor einem internationalen Publikum geäußerte Kritik brachte Ritter ein Auslandsreiseverbot ein. Als Patriot begrüßte er 1938 die Heimkehr Österreichs ins Reich. Seine Biographie über *Friedrich den Großen* und sein Band über *Macht, Staat und Utopie* konnten sowohl regimekritisch als auch regimefreundlich gelesen werden.[184] In wissenschaftlichen und wissenschaftspolitischen Grundsatzfragen bewies er, wie das Buch von Helmut Heiber über Walter Frank zeigt, »seine aufrechte tapfere Haltung«.[185] Als streitbarer Lutheraner schloß er sich der Bekennenden Kirche an. Weil er mit Carl Gördeler Kontakte gepflegt hatte, wurde er nach dem 20. Juli 1944 in mehrmonatige Untersuchungshaft genommen.

Angesichts der deutschen Siege des Jahres 1940 hatte sich auch der nationalliberale und zwangsemeritierte *Hermann Oncken* zu vaterländischer Begeisterung hinreißen lassen, was ihn allerdings nicht hinderte, bald danach – in privatem Kreise allerdings – wieder »vor dem Machtanspruch des totalen Staates« zu warnen.[186] Der Vernunftrepublikaner *Friedrich Meinecke*, der 1935 die Herausgeberschaft der *Historischen Zeitschrift* hatte abtreten müssen, schrieb 1940 nach dem Sieg über Frankreich: »Freude, Bewunderung und Stolz auf dieses Heer müssen zunächst auch für mich dominieren. Und Straßburgs Wiedergewinnung! Wie sollte einem da das Herz nicht schlagen.«[187] Patriotische Begeisterung verklärte den militärischen Sieg, der Wunschträume eines Patrioten hatte in Erfüllung gehen lassen; vaterländische Begeisterung verdeckte den gefährlichen Zwangsmechanismus zwischen außenpolitischem Erfolg und innenpolitischer Repression.

Die Art und Weise, wie der Heidelberger Historiker *Willy Andreas* Geschichte betrieb, fand nicht das Wohlgefallen des Führers. Hitler zeigte sich enttäuscht und empört, als ihm 1941 (oder 1942) die von Andreas betreuten Bände der damals neu erschienenen *Propyläen Weltgeschichte* ausgehändigt wurden. In den vorgelegten Büchern fand er wenig, was seine Überzeugung von der geschichtsmächtigen Kraft der germanischen Rasse bestätigte.[188] Gleichwohl: Als Rektor der Universität Heidelberg hatte Andreas im Sommersemester 1933 die Studierenden aufgefordert, sich angesichts der »mächtigen Staatsumwälzung« in das »Ganze der Volksgemeinschaft« einzuordnen, um »an dem Werk der nationalen Erneuerung entschlossen mitzuarbeiten«. Dem fügte er einschränkend hinzu: »Verbinden Sie die hochgespannte Kühnheit ihres nationalen Erneuerungswillens mit jener Mäßigung und dem Gefühl für das Erreichbare, die stets Zeichen echter Staatsmannschaft waren.«[189]

Mancher Historiker konnte kein Demokrat werden, weil er, aufgewachsen und befangen in nationalen Traditionen, auf sein heilig Vaterländisches nicht verzichten konnte und wollte. Eine nationale Grundeinstellung machte kompromißbereit, erschwerte Distanz und Widerstand gegenüber einer totalitären Staatsform, die vorgab, nationale Werte zu verwirklichen. Wissenschaftliche Redlichkeit schützte nicht vor politischen Zugeständnissen. Der Tübinger Mediävist *Heinrich Dannenbauer* wandte sich 1933/34 öffentlich gegen rassistische Geschichtsklitterungen. Bei der »Feier der Reichsgründung und der nationalen Erhebung« am 30. 1. 1935 zog Dannenbauer Verbindungslinien zwischen Vergangenheit und Gegenwart:

»Eine große Tradition verknüpft die deutschen Universitäten mit ihrer Vergangenheit; sie gilt es festzuhalten und fruchtbar weiterzubilden. Die Wahrung dieses Erbes fällt vor allem der Frontgeneration zu, die im Feld das am 18. Januar 1871 geschaffene Bismarck'sche Reich verteidigte und aus dem Fronterlebnis die neue Gesinnung mit nach Hause brachte, die am 30. Januar 1933 mächtig durchgebrochen ist.«[190]

Diese Widersprüche zwischen wissenschaftlichem Ethos und politischer Mentalität, in die sich zahlreiche zeitgenössische Universitätslehrer unbedacht verstrickten, erscheinen uns heute schwer begreifbar. Der Anspruch, im Geiste der Wahrheit und Wahrhaftigkeit freie und »voraussetzungslose Wissenschaft« treiben zu wollen, wurzelte in liberalen Überlieferungen und setzte verfassungsrechtlich verbrieften Pluralismus voraus. Die gewollten oder ungewollten Zubringerdienste, die Historiker in ihren Reden und Schriften dem Dritten Reich leisteten, galten jedoch einem Staatswesen, das sich als völkische Lebensganzheit begriff und Freiräume für unparteiische Wissenschaft ausschloß. Zwischen den politischen Implikationen unabhängiger Forschung und den Wertorientierungen des eigenen politischen Verhaltens bestanden unvereinbare Gegensätze. Das Bemühen um Objektivität widersprach dem totalen Charakter eines Reiches, das alle gesellschaftlichen Teilbereiche zu einer umfassenden Ganzheit zusammenzufassen suchte. Mangelnde Reflexion über die Grundlagen des eigenen Tuns förderte politische Arg- und Ahnungslosigkeit, die das Unmögliche möglich machen sollte: die Verbindung von freier Wissenschaft und politischer Totalität. Die damals lehrenden und forschenden Universitätshistoriker sahen sich außerstande, freies Denken und freies Verfassungsleben in einen notwendigen Zusammenhang wechselseitiger Bedingtheit zu bringen.

Politische Gegensätze als Ausdruck von Generationenkonflikten

Inwieweit sich die im Jahre 1933 geforderte wissenschaftliche Neuorientierung mit *Generationenkonflikten* überlagerte, möchte ich an zwei Beispielen erläutern, am Aufstieg des Tübinger Privatdozenten für Vor- und Frühgeschichte Hans Reinerth und an der Entlassung Hermann Onckens, des Ordinarius für Mittlere und Neuere Geschichte an der Universität Berlin, der auf Betreiben seines ehemaligen Schülers Walter Frank vorzeitig emeritiert und als Direktor der »Historischen Reichskommission« von seinen Leitungsaufgaben entbunden wurde.

In einem Vortrag über den *Kampf um die deutsche Vorgeschichte* im Auditorium Maximum der Universität Tübingen am 16. Mai 1933 wandte sich *Hans Reinerth* als »Reichsleiter der Fachgruppe für Deutsche Vorgeschichte« im »Kampfbund für Deutsche Kultur« gegen die »Altmeister der Deutschen Vorgeschichtsforschung«, die es bislang nicht vermocht hätten, sich gegen die »seit tausend Jahren immer wieder eingeimpfte Lüge vom Barbarentum der Vorfahren des deutschen Volkes« durchzusetzen. Die zentralen Institutionen der deutschen Archäologie, das »Archäologische Institut« und die »Römisch-Germanische Kommission«, bezichtigte er eines »international pazifistischen Geistes« und eines »völligen Versagens ... in national-politischem Sinne«.[191] In einem Artikel in der Tübinger NS-Studentenbundzeitung brachte er in polemischer Absicht in Erinnerung, daß sich auf jedem Gräberfeld Schwabens »Zeugen alemannischer Hochkultur« ermitteln lassen, ohne daß diese die gebührende Aufmerksamkeit der historischen Wissenschaft gefunden hätten. Die Archäologie habe sich bislang nur für »die bis zum Überdruß durchforschte provinzial-römische Fremdkultur« interessiert, nicht für die hehre Hinterlassenschaft unserer germanischen Vorfahren.

In einem Disziplinarverfahren, das die Universität Tübingen im Sommer 1933 anstrengte, mußte sich Reinerth wegen »unwahren Angaben über das Archäologische Reichsinstitut und dessen Römisch-Germanische Kommission« verantworten. Auch das Württembergische Landesamt für Denkmalpflege, dem er eine Vernachlässigung der »germanischen« Bodenfunde Schwabens vorgeworfen hatte, fühlte sich in seiner wissenschaftlichen Reputation gekränkt. Das Verfahren, das gegen Reinerth angestrengt wurde, endete mit der Feststellung, daß seine »Kampfesweise die Grenzen des Anstandes und der Sachlichkeit nicht selten überschritten« habe. Reinerth selbst reagierte auf das Urteil so: »Die gegen mich vorgebrachten Anschuldigungen sind letzten Endes Anschuldigungen gegen die nationalsozialistische Weltanschauung. Sie erklären sich in allen Einzelheiten aus der liberalistischen ›objektiven‹ Denkart, der wir Nationalsozialisten den Kampf angesagt haben.«[192]

Reinerth war es auch, der bei Alfred Rosenberg auf die »Entlassung des Juden Bersu« drängte, des Direktors der Römisch-Germanischen Kommission. Hans Zeiß, der zweite Direktor der Kommission, ließ jedoch Rosenberg wissen: »Wenn der einzige Bruder eines Mannes ... als preußischer Offizier beim Sturm auf Fort Douamont gefallen ist, wird für mich Stammbaumschnüffelei zu einer peinlichen Angelegenheit.«[193] Erst nach dem Erlaß der Nürnberger Gesetze im Jahre 1935 mußte Bersu sein Amt aufgeben. Reinerth machte Karriere. Im Jahre 1934 wurde er als Leiter für die »Abteilung Vor- und Frühgeschichte« ins Amt Rosenberg berufen. Der Reichserziehungsminister Rust beauftragte ihn im

Jahre 1936 mit dem Aufbau eines Reichsinstitutes für Vor- und Frühgeschichte. Unter dem Ernennungsschreiben stand zu lesen: »Quedlinburg, den 2. Juli 1936«; der *Völkische Beobachter* ergänzte: »am tausendsten Todestag Heinrichs I«.[194] Selbst Kalenderangaben wurden dazu benutzt, um an Heinrich I., den König des 10. und Nationalheros des 20. Jahrhunderts, zu erinnern. Heinrichs Staatsgründung, welche angeblich die verschiedenen Stammesherzogtümer zu einer bluthaften und politischen Einheit zusammengefaßt hatte, galt als erinnerungswürdiges Urbild des Reiches.

Walter Frank, Referent in der Dienststelle Rosenberg, nahm einen Vortrag, den Hermann Oncken am 10. Januar 1935 im dichtbesetzten Großen Auditorium der Berliner Universität über *Wandlungen des Geschichtsbildes in revolutionären Epochen* gehalten hatte, zum Anlaß, seinen ehemaligen Lehrer als Repräsentanten der »alten liberalen Geheimraths-Klique« öffentlich anzuprangern. Er tat dies in einer haßerfüllten Attacke, die der *Völkische Beobachter* am 3./4. Februar 1935 seinen Lesern unter dem Titel *»L'Incorruptible. Eine Studie über Hermann Oncken«* zur Kenntnis brachte.[195] Die Intention von Franks Artikel war eindeutig: Frank wollte die »Historiker-Bourgeoisie in Rankes Hermelin«, die, im Selbstbetrug wissenschaftlicher Objektivität befangen, abseits vom blutvollen Leben des Volkes in elfenbeinernen Türmen sterile Wissenschaft betrieb, bloßstellen und verächtlich machen. Mit der abschätzigen Polemik verband sich die Absicht, die »Historische Reichskommission«, welcher Oncken vorstand, unter Leitung Franks in ein neuzugründendes »Reichsinstitut für Geschichte des neuen Deutschlands« umzuwandeln. Frank warf seinem Lehrer Oncken vor, er habe die nationalsozialistische Revolution, indem er sie in den Gang der europäischen Revolutionen einordnete und mit der Englischen und Französischen Revolution verglich, relativiert und um ihre epochale Bedeutung gebracht.

Kaum akzeptabel mochte auch Onckens Satz sein, daß in revolutionären Epochen von allen Seiten Neuerer herbeiströmen, »denen auch die Nationalgeschichte nur ein beliebiges Projektionsfeld für die Ideale und Forderungen der Gegenwart ist«. Zu »dilettantischer Spielerei«, fuhr Oncken fort, geselle sich vielfach »die fanatische Wollust umwühlender Zerstörung«. Frank und seine Gesinnungsgenossen empfanden solche Sätze als politisches Ärgernis. Die Oncken-Schelte des *Völkischen Beobachter* schloß denn auch folgerichtig: »Statt sich unter die Größe der Ereignisse zu stellen, die sich inzwischen vollzogen haben, wird heute diese relativierende Anschauungsweise wieder benutzt, sich zum Richter über die Bewegung aufzuwerfen. Die echte Objektivität ruht heute bei der nationalsozialistischen Wissenschaft!«

Onckens Vortrag, »ein mutiger Versuch, der Verwendung der Geschichte zur Erzeugung eines nationalen Rauschzustandes durch den Nationalsozialismus mit den Mitteln der wissenschaftlichen Analyse und des historischen Vergleichs entgegenzutreten« [196], konnte erst nach Kriegsende gedruckt werden. [197] Franks Artikel war am 3./4. Februar 1935 erschienen. Als Oncken am darauffolgenden Tag den Hörsaal betrat, wurde er von seinen Hörern mit einem »verlängerten Trampeln« begrüßt. Frank begab sich am 6. Februar ins Reichserziehungsministerium, um dort im Namen Rosenbergs die dringliche Bitte vorzutragen, »der Tätigkeit des Professors Oncken noch heute ein Ende zu bereiten«. Er begründete sein und Rosenbergs Ansinnen damit, daß »studentische Kundgebungen« zugunsten der »stärksten Säule der liberalen Opposition« stattgefunden hätten. »Die Situation sei sozusagen über Nacht ›revolutionär‹ geworden.« »Der Staat« könne sich »nicht in dieser Weise verhöhnen lassen«. [198] Oncken wurde noch am gleichen Tag verboten, weiterhin Vorlesungen und Seminare zu halten. Desgleichen wurde er vom Vorsitz der Historischen Reichskommission entbunden. Frank, der Denunziant, wurde Präsident des »Reichsinstituts für die Geschichte des neuen Deutschlands«. Er fühlte sich als »verantwortlicher Führer der deutschen Geschichtswissenschaft« und glaubte, mit Hilfe dieses Amtes eine »Beaufsichtigung des gesamten Faches Geschichte« wahrnehmen zu können.

Mit Spannungen und politischen Gegensätzen zwischen den Generationen hat auch die Tatsache zu tun, daß es nicht die Inhaber von Lehrstühlen waren, welche in der *Historischen Zeitschrift* programmatische Aufsätze über germanische Kontinuität oder über germanische Grundzüge der deutschen Geschichte schrieben, sondern jüngere fachfremde Außenseiter, wie der Altgermanist Otto Höfler, der Pädagoge und Kulturphilosoph Ernst Krieck und Walter Frank vom »Reichsinstitut für die Geschichte des neuen Deutschlands«. Die Geschichtsbücher, in denen das parteioffiziöse Geschichtsbild verbreitet wurde, stammten nicht aus der Feder renommierter Universitätshistoriker. Nicht sie haben sich über deutsche Führergeschichte »ausgelassen«, die mit Arminius begann und sich in Adolf Hitler vollendete. Es waren Pädagogen und engagierte Studienräte, die mit pathetischem Überschwang diese Pflichtübungen erfüllten.

Wissenschaftsgeschichtliche Voraussetzungen für die Verführbarkeit historischen Denkens nach 1933

Abschließend bleibt zu fragen, welche politischen und fachspezifischen Gegebenheiten die Vertreter der deutschen Geschichtswissenschaft zwischen 1933 und 1945 für totalitäres Denken anfällig und verführbar machten.

Erstens: eine national-konservative Grundeinstellung ließ sie die faschistische Revolution als geglückte nationale Restaurationsbewegung wahrnehmen, die dem Staat seine Würde und Größe zurückgab, der Zersetzung durch ungebundenen Liberalismus, durch Psychoanalyse und marxistische Asphaltliteratur ein Ende bereitete.

Zweitens: eine Wissenschaft, die vornehmlich und fast ausschließlich den Staat ins Zentrum ihrer Arbeit rückte, war kaum in der Lage, politische Mitsprache innerhalb einer parlamentarischen Verfassungsordnung als Wert zu begründen. Sie weckte die Bereitschaft, »liberale Bürgerfreiheiten, Pluralismus der Interessen und Meinungen, weltbürgerliche Gesinnungen gering zu achten« (R. Vierhaus). Sie förderte Übereinkunft mit autoritären Denk- und Handlungsformen, an die sich die Erwartung knüpfte, daß sie das nationale Selbstwertgefühl heben, gesellschaftliche Harmonie herstellen, dem Staat Ansehen und Anerkennung verschaffen.

Drittens: personenbezogene Geschichtsbetrachtung, die das weltgeschichtliche Individuum zur maßgeblichen Kraft der geschichtlichen Bewegung machte, war nie dagegen gefeit, in antidemokratische Helden- und Führerverehrung umzuschlagen.

Viertens: eine Wissenschaft, die beanspruchte, ein heilsgeschichtliches Prophetenamt wahrzunehmen, leistete auf ihre Weise Beiträge zu politischem Irrationalismus.

Die deutsche Geschichtsschreibung des ausgehenden 19. und beginnenden 20. Jahrhunderts enthält eine Fülle von Belegen, die diese Thesen erhärten. Republikfeindlichkeit als politische Einstellung und fachwissenschaftliche Orientierung entstand nicht erst im

Jahre 1933. Die antidemokratische Verführbarkeit der deutschen Geschichtswissenschaft wurzelte in einem national-konservativen Traditionsdruck, dem sich die an Deutschlands Universitäten lehrenden und forschenden Historiker nicht zu entziehen vermochten. Die Grundlagen, die in der Geschichtswissenschaft langfristig zu einem folgenreichen Ausfall an politischer und wissenschaftlicher Theorie führten, waren bereits im ausgehenden 19. Jahrhundert gelegt worden.

Liberale Kulturhistoriker hatten es im Vormärz und in den Jahren danach als ihre wissenschaftliche und staatsbürgerliche Pflicht erachtet, das geschichtliche Werden von »Volkszuständen« zu beschreiben, die »materielle Kultur des Bürger- und Bauerntums« zu erforschen, auch im Blick auf die Vergangenheit die »Sache des Volkes« zu betreiben. Im Zeichen der Reichsgründung rückten andere Themen in den Vordergrund des Interesses. Das »Kulturgeschichtliche« büßte seine Geschichts- und Untersuchungswürdigkeit ein. Preußen, Kaiser und Reich wurden zu leitenden Erkenntnisinteressen und Forschungsthemen deutscher Geschichtswissenschaft. Wirtschafts- und sozialgeschichtliche Studien schienen nicht geeignet zu sein, auf die Grundfragen des nationalen und staatlichen Daseins geschichtlich angemessene Antworten zu geben. Für »die großen Fragen«, beteuerte Dietrich Schäfer, »durch deren Lösung das Werden unseres Volkes und seiner Stellung in der Menschheit bestimmt wurde«, sei völlig nebensächlich, »ob man mit dem Speer oder dem Mehrlader, im Kettenpanzer oder im Waffenrock stritt, im Talar oder Frack redete oder schrieb, sich am Herdfeuer oder einer Warmwasserheizung wärmte, von Speck und Bohnen sich nährte oder von einem französischen Koch sich speisen ließ«.[199]

Die mittelalterliche Stadt, die liberale Historiker in der ersten Jahrhunderthälfte zu einem Paradigma bürgerlicher Freiheitsgeschichte gemacht hatten, verlor an geschichtlichem Interesse und politischer Vorbildlichkeit. Die Massen, von denen Gervinus noch zuversichtlich gesagt hatte, daß sie nicht mehr passiven Stoff für das Handeln der »großen einzelnen« abgeben, sondern selbst tätig werden und »die Politik zu machen beginnen«, waren nicht mehr wert, erinnert zu werden.

Die Historiker der Kaiserzeit und der Weimarer Republik schrieben für das Publikum, dem sie entstammten: das gebildete, historisch interessierte, national und konservativ denkende Bürgertum.

Dessen soziale und politische Leitbilder bestimmten die Deutungsmuster und Wertbegriffe der Historiker. Ihre konservative Grundeinstellung war sprichwörtlich. Friedrich Rödinger, Mitglied der Württembergischen Volkspartei, Abgeordneter in der Paulskirche für den fränkischen Kreis Öhringen, hat das wie folgt formuliert: »Es scheint mir, daß die Historiker gar leicht von dem ewigen Rückwärtsschauen die Beweglichkeit des Hauptes verlieren, für das ihnen, wenn überhaupt noch eine Bewegung möglich ist, nur die Bewegung nach rechts übrigbleibt.«

Noch auf dem Münchener Historikertag von 1893 ist mit vollem Ernst die Frage diskutiert worden, ob die Geschichtswissenschaft nicht gehalten sei, »zur moralischen Aufrüstung gegen die anwachsende Lawine sozialdemokratischer Wählerstimmen« beizutragen. Eine deutliche Mehrheit der in München versammelten Historiker sprach sich jedoch für eine längst fällige Grenzziehung zwischen Geschichte und Politik aus; sie lehnte es nachdrücklich ab, Geschichte für Interessen und Zwecke der Tagespolitik zu benutzen.

Über bescheidene Ansätze wissenschaftlicher Selbstreflexion kam die Zunft der Historiker jedoch nicht hinaus. Die tägliche Arbeit beherrschte ungebrochenes Vertrauen in die wahrheitsstiftende Kraft strenger Methodik. Versuche, Abhängigkeiten, Verflechtungen und Vermittlungen zwischen Politik, Wirtschaft und Gesellschaft auszumachen, verurteilten sie als »platten Funktionalismus«. Der Streit mit Karl Lamprecht beweist das.

Kulturgeschichte verstand Lamprecht als Geschichte der »Lebensformen vergesellschafteter Menschen«, als Geschichte der Verflechtung von »menschlichen Zuständen« und menschlichen Tätigkeiten, als Geschichte der Vermittlung zwischen materieller und ideeller Kultur, der »Wechselwirkung von Freiheit und Notwendigkeit«.[200] Geschichte im Sinne Lamprechts sollte Entstehungsbedingungen und Vorformen der modernen Industriegesellschaft offenlegen, um auf diese Weise dem zeitgenössischen Wandel der wirtschaftlich-sozialen Arbeits- und Lebenswelt Rückhalt in der Geschichte zu geben.

Als Karl Lamprecht 1915 starb, starb auch sein Begriff einer gegenwartsbezogenen Gesellschaftsgeschichte. Die Meister der Zunft fühlten sich dem Staat verpflichtet, nicht der Gesellschaft. Der Ablehnung Lamprechts, wie sie von Fachhistorikern öffentlich zum Ausdruck gebracht wurde, entsprach Desinteresse an Problemen der Gesellschaft und der materiellen Kultur. Friedrich

Meinecke war jedenfalls nicht der Auffassung, daß Lamprechts Geschichtsschreibung insbesondere deshalb eine nachahmenswerte Herausforderung darstelle, weil sie vom »inneren Pulsschlag der Zeit« inspiriert sei. Als ihm vorgehalten wurde, daß er aus blankem Zunftneid die großartigen Leistungen Lamprechts nicht gelten lasse, reagierte er so:

»Wir antworten darauf in aller Seelenruhe, daß wir das enorme Talent, ja auch ein Genialisches in ihm [Lamprecht] bereitwillig anerkennen und ihn doch für einen Schwarmgeist, für einen Zerstörer und Verwüster echter Historie halten müssen.« Dem fügte Meinecke abschätzig hinzu: »Das kimmerische Grau seiner abstrakten Riesengebilde ermüdet, seine Vernachlässigung des Staates wird in der Zeit mächtigster Staatsentfaltung, die wir heute erleben, als organischer Mangel empfunden.«[201]

Um so nachdrücklicher betonte Meinecke die Wichtigkeit des Staates und den Wert der geschichtlichen Persönlichkeit; kein »stärkeres Mittel«, versicherte er, gebe es für den »Erwerb geschichtlicher Bildung und historischer Einsicht« als den Umgang mit dem »Großen«.

Der Gelehrtenstreit von damals beleuchtet nicht nur den Ungeist intoleranter Richtungskämpfe; im Rückblick bringt er auch ins Bewußtsein, welche Möglichkeiten einer theoriegeleiteten Sozialgeschichte damals verschüttet und verdrängt wurden. Das ausschließliche Interesse der Universitätshistoriker an Problemen der Staatsbildung hatte überdies zur Folge, daß sich die Arbeiterschaft des 19. und beginnenden 20. Jahrhunderts selbst ihrer Geschichte annehmen mußte. Ihre Wortführer gedachten der Revolution von 1848, welche das Bürgertum des späten 19. Jahrhunderts weitgehend vergessen und verdrängt hatte. Sie erinnerten an den Bauernkrieg, den »Anfang der europäischen Revolutionen«. Sie holten sich und ihren Anhängern die spätmittelalterlichen und frühneuzeitlichen Handwerksgesellen ins Gedächtnis zurück, die für das Recht der freien Assoziation, für gerechten Lohn, für das Streikrecht, für geregelte Frei- und Arbeitszeit gekämpft hatten.

Das waren Themen, die Universitätshistoriker in ihren Büchern, bei Lehrveranstaltungen und öffentlichen Vorträgen aussparten. Sie beabsichtigten nicht die Analyse gesellschaftlicher Kräftekonstellationen, sondern das »Erfühlen des geschichtlichen Stromes«. Geschichte wurde nicht als Mit- und Gegeneinander von Interessen und Tendenzen begriffen, sondern als Manifestation von Ideen, welche, in einem »mystisch-transzendentalen Ursprung« wurzelnd, den Gang der Geschichte bestimmen. Historische Arbeit konzentrierte sich auf Sinnsuche, auf die Bildung gedankenschwerer Metaphern, welche das Unbegreifbare und Geheimnishafte deutscher Geschichte in faßliche Bilder bannen sollten, auf Spekulationen über den deutschen Um- und Sonderweg. Historiker, die sich auf die Fährte dieses deutschen Weges begaben, waren alle von dem Glauben beseelt, daß die Deutschen nur dann das Ziel ihrer geschichtlich-abendländischen Bestimmung erreichen, wenn sie ihrem eigenen Wesen folgen und sich vom Ideal eines demokratisch geprägten Nationalstaates freimachen. »Sonderweg« bildete eine Heilsformel, welche die der deutschen Geschichte innewohnende Entelechie bildhaft vergegenwärtigte.[202] Sie sollte evident machen, daß sich die Deutschen im Laufe ihrer Geschichte bewußt vom »aufgeklärten« Weg der westeuropäischen Staaten getrennt haben, um im monarchisch gelenkten, mit einer starken Militärmacht und einer effizienten Bürokratie ausgestatteten Nationalstaat, der angeblich staatliche Ordnung und persönliche Freiheit miteinander versöhnt, die ihnen gemäße politische Lebensform zu finden. Im Lichte eines solchen Geschichtsbildes, in dem Monarch und Führer austauschbare Versatzstücke bildeten, konnten liberale und demokratische Strömungen nur als Sackgassen, als Irrwege erscheinen.

Wissenschaft von der Geschichte, wie sie an Deutschlands Universitäten zwischen 1919 und 1933 gepflegt wurde, erfolgte nicht im Frage- und Urteilshorizont einer politischen Theorie, die den politischen Grundentscheidungen der Weimarer Verfassung angemessen gewesen wäre. Eine Verfassung, die als »geschichtsfremd« erfahren wurde, konnte auch nicht dazu anregen, das Werden von Freiheit und Demokratie zum Gegenstand geschichtlicher Anstrengung zu machen. Die Historiker fühlten sich in ihrer Mehrzahl nicht herausgefordert, die demokratisch-parlamentarische Staatsform als Verwirklichung eines geschichtlich gewachsenen Lebensideals annehmbar und anerkennungswürdig zu machen. Deutschlands Geschichte, wie sie auf Universitätskathedern gelehrt wurde und im politischen Bewußtsein national und konservativ denkender Bürger gegenwärtig war, legitimierte Kaiser und Reich, die Herrschaft des »Einen«, nicht die Republik, den Volksstaat, die parlamentarische Demokratie.

Versuche, die Republik in den Zusammenhang der deutschen Geschichte zu stellen, zeigten keine erkennbare Resonanz. Max

Weber sagte zu Recht, »daß weder der Parlamentarismus der deutschen Geschichte fremd, noch irgendeines der ihm entgegengesetzten Systeme nur Deutschland eigen gewesen ist«.[203] Hugo Preuß, einer der geistigen Väter der Weimarer Reichsverfassung, erinnerte in einem Band über *Die Entwicklung des deutschen Städtewesens* (1906) an den bürgerlichen Genossenschaftsgeist des Mittelalters. Er tat das in der Überzeugung, daß Einsichten in die »allgemeine historische Entwicklung«, welche durch eine Ausweitung genossenschaftlicher Strukturen gekennzeichnet sei, der »Stärkung und Förderung der Ausbreitung des demokratischen Prinzips« zugute kommen. Vertiefung in die Geschichte des Städtewesens sollte die Überzeugung festigen, daß die Verbindung von nationaler Einheit und demokratischer Freiheit auch in Deutschland erreichbar sei. Hans Delbrück, Hermann Oncken und Gerhard Ritter glaubten, im »sozialen Grundzug« des preußisch-deutschen Staates einen tragfähigen geschichtlichen Legitimationsgrund für die Verfassung von Weimar gefunden zu haben.

Ein Geschichtsbild, das in Kreisen der Wissenschaft und des gebildeten Bürgertums eine ungewollte Republik hätte annehmbar machen können, hat sich aus solchen Ansätzen nicht entwickelt. Die meisten Historiker gaben sich der Überzeugung hin, in einer als groß empfundenen Vergangenheit Gründe für die Hoffnung auf eine bessere Zukunft zu finden. Nach dem verlorenen Krieg erklärten sie die Deutschen von neuem zum »Volk der großen Sehnsucht« – »wie nach den Tagen der Hohenstaufen«. Sie nährten nicht die Hoffnung auf eine funktionsfähige Demokratie, sondern das Sehnen nach einem »neuen Reich«, einer »neuen Monarchie«, einer »Herrschaft der wenigen Tüchtigen«.[204] Sie beflügelten den Glauben an den »großen Einzelnen«, dem sie zutrauten, daß er als neuer Arminius, als neuer Friedrich Rotbart, als neuer Bismarck nationale Größe wiederherstellt und das Chaos der »Parteien- und Parlamentswirtschaft« beseitigt.

Messianische Sehnsucht nach dem charismatischen Ordnungsstifter stärkte nicht die Vernunft, sondern weckte Enthusiasmus. Hoffnung auf den auserwählten Heilsbringer machte anfällig für Ideologien und ließ die Republik als provisorisches Staatsgebilde »zwischen den Zeiten« erscheinen. Die Flucht in den Mythos entlastete von Herausforderungen der Gegenwart. Als Erich Marcks im Jahre 1915 ein Lebensbild *Otto von Bismarcks* veröffentlichte, wollte er ein Buch schreiben, das »von einem großen deutschen

Menschen zu künden hat, von einem Heldentume, dessen Anblick Kraft und Trost, Mut und Hoffnung und Glaube ist«. Marcks feierte Bismarck als »Symbol des neuen Deutschlands«, als »Ausdruck der Güter«, die das gegenwärtige Deutschland am höchsten hält, als »ewige Gestalt«, die »das deutscheste am deutschen Wesen« zusammenfaßt und wie ein »Feuerzeichen im Dunkel der Nacht vor seinem Volke« einherschwebt. Die Erinnerung an Bismarck stärkte den Glauben an eine bessere Zukunft. Als »Idee des Deutschen« konnte der eiserne Kanzler nicht tot sein. Bismarck wurde zum Gegenstand politischer Zukunftshoffnung. »Es ist unser Glaube an Deutschland«, bekannte Marcks, »daß auch dieser Bismarck leben und wachsen wird, und daß seine beste und größte Wirkung und Wirklichkeit noch vor ihm liegt.« [205]

Als dann der erwartete Held und Retter tatsächlich kam, konnte er auch als neuer Bismarck wahrgenommen werden. Otto Westphal glaubte dies tun zu dürfen, weil Adolf Hitler leidenschaftlich bestrebt sei, Deutschland von neuem in die Weltgeschichte einzuführen. In der Person des Führers habe sich »die ursprüngliche Leidenschaft Bismarcks« erneuert.[206] Im Kampf gegen die »internationale Demokratie« und gegen die Vielstaaterei des deutschen Föderalismus habe er »Bismarck fortgesetzt und verwandelt«.[207] Die geheime Sehnsucht nach dem großen Mann, der wirtschaftliche Not beseitigt, Glanz und Größe des Staates wiederherstellt, war weder mit der Rationalität der modernen Arbeitswelt zu vereinbaren noch mit den Vernunftprinzipien eines liberal verfaßten Gemeinwesens. Max Weber hatte bereits im Jahre 1916 die bürgerliche Bismarck-Begeisterung als »völlig unpolitische Art der Heldenverehrung« kritisiert, die keine Tradition des politischen Denkens begründe, sondern in der Masse der Bürger nur die Bereitschaft wecke, »fatalistisch über sich ergehen zu lassen«, was der große Staatsmann nach eigenem Gutdünken beschließe.[208]

Dessenungeachtet hielten sich deutsche Historiker immer noch an die geschichtsphilosophischen Grundsätze Treitschkes. Ihm zufolge sind es Männer, »welche die Geschichte machten, Männer wie Luther, wie Friedrich der Große und Bismarck«. Gleich Treitschke waren die Historiker Deutschlands von dem Glauben beseelt, daß es »uns Sterblichen immer ein Rätsel sein« wird, weshalb ein gnädiger Gott oder ein gütiges Schicksal »zur rechten Zeit« den rechten Mann senden werde. Irrationalismus prägte das politische Denken. Martin Heidegger sagte in seiner »Hölderlin-

Vorlesung« des Jahres 1934, in der er sich, wie behauptet wird, vom Ungeist der nationalsozialistischen Bewegung distanzierte: »Immer kommen die großen Wendezeiten der Völker aus dem Abgrund und je in dem Ausmaß, als ein Volk in ihn, und das heißt: in seine Erde hinabreicht und Heimat besitzt.«[209] Seinsverbundenheit ersetzte die Klarheit politischer Begriffe.[210]

Der Münchener Historiker *Karl Alexander von Müller* beschloß eine im Jahre 1924 gehaltene Bismarck-Rede mit dem Bekenntnis:

»Wir erliegen in der Ohnmacht der Mittelmäßigkeit und schreien wie der Hirsch nach Wasser in unserer Not nach einem, der uns führen soll. Daß sein [Bismarcks] Geist noch nicht gestorben ist, läßt uns die Hoffnung, daß er eines Tages in unserem Volk von neuem erstehe: daß die Stunde kommen werde, in der aus den dumpfen Gewölken unserer Verwirrung wieder der Blitz eines Genius zückt und die Berge unserer Schande aufzehrt.«[211]

Von Müller kleidete sein Hoffen auf einen neuen politischen Genius, einen wegweisenden Führer, in eine pseudoreligiöse Sprache. Das Bild vom Hirsch, der nach Wasser schreit, hatte bereits der alttestamentliche Psalmist als Metapher für die nach Gott dürstende Seele verwendet. Die Unwettermetaphorik beschwor einen schicksalhaften Reinigungsvorgang, der klare politische Verhältnisse herstellen, mit der tristen Parlamentswirtschaft endlich aufräumen sollte.

Karl Alexander von Müller sprach nicht für sich allein; in der wissenschaftlichen Zunft hatte er Kollegen, die seine Urteile und Hoffnungen teilten. Historiker, die Bismarck zum Inbegriff ihres politischen Denkens und Wollens gemacht hatten, hoben politische Grundstimmungen in den Rang wissenschaftlicher Einsichten. Ihre feierliche Sprache verschleierte und verdeckte. Ihr rückwärts gewandtes Prophetentum trug dazu bei, Bürger von ihrem Gemeinwesen zu entfremden. Historiker hießen hoffen. Historiker verkündeten als wissenschaftliche Einsicht, was ehedem die Alldeutschen als politischen Mythos propagiert hatten. Weil diese Deutschlands Geschichte zu kennen glaubten, waren sie sich «gewiß, daß er kommen wird . . . der neue Bismarck«.[212] »Ich sagte«, beteuerte Heinrich Claß, ihr Sprecher und ideologischer Vordenker, »die Reihen der Streiter für die Reform haben sich geschlossen – sie warten des Führers. Geduld, Geduld, er wird nicht ausbleiben. Harret und arbeitet – vielleicht soll nach dem Schlusse der Vorsehung die Saat erst reifen.«[213] In der Tat: Der »Sturz der

Wissenschaften« im Dritten Reich war möglich und wirklich geworden »durch die vorher verbreitete Unklarheit darüber, was Wissenschaft ist – durch die Unwissenschaftlichkeit in alltäglichen Urteilen –, durch die Gewöhnung an den Mißbrauch der Wissenschaft«.[214]

Erich Brandenburg publizierte seit 1925 eine populärhistorische Reihe über *Die Deutschen Führer.* Die Schriftenreihe war von dem Vertrauen getragen, daß »ein gesundes Volk« in »Zeiten der Gefahr auch die Männer hervorbringt, die es zur Bewältigung seiner geistigen, politischen und wirtschaftlichen Nöte braucht«. Am Anfang dieser Genealogie »großer Führernaturen« stand Martin Luther, an deren Ende Bismarck. Die Reihe verbreitete Hoffnung. Erich Brandenburg formulierte einleitend: »Aber wo sind sie in unserer Gegenwart, die großen Ideale, an die alle glauben? Wo sind die Männer, die sie uns zeigen und uns den Weg zu ihrer Verwirklichung führen? Noch haben wir ihre Stimme nicht gehört in dem wilden und oft ideenlosen Gezänk der Parteien. Aber wir hoffen fest, daß sie kommen werden.«[215] Derartige Bekenntnisse und Visionen, die nichts mit Wissenschaft zu tun hatten, gaben dem Führergedanken eine messianische Prägung. Historiker, die dem parlamentarischen System keine Kraft zur politischen Führung und nationalen Erneuerung zutrauten, waren gehalten, auf der politischen Walstatt ständig Ausschau zu halten, ob der angekündigte große Staatsmann, der rettende Führer und Erlöser, nicht in Sicht sei.

Wissenschaft von der Geschichte lehrte hoffen. Indem ihre Vertreter Deutschlands Geschichte als Wegstrecke zwischen Verheißung und Erfüllung deuteten, trugen sie ihren Teil dazu bei, daß auch Adolf Hitler Glauben finden konnte, als er sagte: »Wir vollziehen heute, was 2000 Jahre vor uns an Bausteinen, Gedanken, Ideen und teils auch schon an Macht zusammengetragen haben.«[216] Das Prophetenamt, das Historiker in der Weimarer Republik und im Dritten Reich wahrnahmen, hatte nichts mit Wissenschaft zu tun. Es lebte aus dem tiefen Glauben an Zeiten der Verheißung und Zeiten der Erfüllung. Hallers *Epochen der deutschen Geschichte* belegen das in einprägsamer Anschaulichkeit.

Johannes Haller, ein Historiker, der für die Geschichte des Mittelalters Bedeutendes geleistet und geschrieben hat, wollte, als er sein Werk 1922 zum ersten Mal veröffentlichte, das geschichtlich gewachsene »Antlitz der deutschen Nation« beschreiben, zur »nationalen Selbsterkenntnis« beitragen und insbesondere der deutschen Geschichte »ihren Sinn wiedergeben«. Hallers Suche nach geschichtlichem Sinn endete mit einem Bekenntnis auf die »herrliche Glanzzeit« der Bismarckschen Reichsgründung, einer Zeit »der Erfüllung und des Glückes«. Die Erinnerung an Bismarck, den, wie Haller bedauerte, die »Nation als ihren Erlöser nicht erkannt hat«, sollte »zur Aussaat für die Zukunft werden, die reiche Früchte trägt, wenn ihre Zeit gekommen ist«.[217] Haller hieß seine Hörer und Leser hoffen – auf den »rechten Mann zur rechten Zeit«, der alle Gebrechen der Zeit »mit der Wunderkraft des Genius« zu heilen versteht.

Zuwendung zu großen Männern der Geschichte diente dem Bemühen, das Volk der Deutschen wieder stark und heroisch zu machen. Der Verehrung Bismarcks und dem Bekenntnis zu einer autoritären Staatsordnung entsprach unverhüllte Distanzierung gegenüber der parlamentarischen Demokratie und der Weimarer Verfassung. In Hallers Vorlesungen, berichtet Theodor Eschenburg, »verging kaum eine Stunde, in der nicht eine scharfe, vielfach sogar gehässig gezielte Bemerkung [gegen die Weimarer Republik], die sorgfältig vorbereitet und glanzvoll vorgetragen war, fiel, um mit großem Beifall aufgenommen zu werden«.[218] In der Hoffnung auf eine baldige Überwindung der Republik durch einen großen schöpferischen Gestalter versah Johannes Haller das Titelblatt der Ausgabe von 1922 der *Epochen der deutschen Geschichte* mit der prophetischen Verheißung: »Es wird kommen der Tag« (»Ἔσσεται ἦμαρ«). Der Fundort des Zitats wird nicht angegeben. Es stammt aus Homers *Ilias*.

Im Jahre 1933 war es dann soweit. Im Vorwort zur damals fälligen Neuauflage schrieb Johannes Haller: »Was Glaube und Hoffnung war, ist Wirklichkeit geworden, der Tag ist gekommen.« Mit einer von den Humanisten bis zu Hegel viel gebrauchten Epochen-Metapher feierte er den Anfang einer neuen Zeit: »Die Nacht, die uns umgab, ist einer neuen Morgenröte gewichen. Schneller, als das kühnste Hoffen es zu denken gewagt hätte, ist die Sonne über Deutschland aufgegangen, und ihre ersten Strahlen verheißen einen neuen lichten Tag, der das Erlittene vergessen lasse.« Weil der ersehnte Tag schöne Wirklichkeit geworden war, konnte in der Neuauflage von 1934 auf das *Ilias*-Zitat vom kommenden Tag, das bislang das Titelblatt geziert hatte, verzichtet werden.

Gleichwohl: Der Hinweis auf Homer und seine *Ilias* entbehrte nicht der Ironie. Haller hatte seinen Lesern den zweiten Halbvers der Homerschen Dichtung vorenthalten. In diesem war vom Untergang Trojas die Rede gewesen. Hektors Hoffnung war nicht die Johannes Hallers. Der Vers lautete vollständig: »Kommen wird der Tag, wo einst zugrunde geht die heilige Ilios.« Post eventum ließe sich sagen: Homers Unheilsprophetie, aus der Johannes Haller durch Textverkürzung eine Heilsprophetie gemacht hatte, erfüllte sich in der Katastrophe des Zweiten Weltkrieges. Die Ausgabe der *Epochen* von 1950 enthielt als Schlußwort das Vorwort von 1922. Es durfte wieder gehofft werden. Das Umschreiben und Umwerten von Geschichte kann eine Tugend sein. Hallers Sehnsüchte, Erfüllungen und Korrekturen beleuchten aber die Tragödie parteiischer Historie.

Schlußfolgerungen

Zurückhaltung, Mißtrauen und Ablehnung bestimmten weitgehend Einstellung und Urteil der Universitätshistoriker gegenüber der Weimarer Republik. In der Gesinnung wohlwollender Toleranz verfolgten zahlreiche von ihnen den Aufstieg Hitlers. Person, Programm und Politik Hitlers bestärkten sie in dem Glauben, daß der »Führer« vornehmlich darauf bedacht sei, Klassengegensätze zu überwinden und Deutschland in den Kreis der großen Mächte zurückzuführen. Was Hitler und seine Anhänger als revolutionäre Staatsumwälzung feierten, betrachteten sie als Restauration konservativer Werte und nationaler Ziele.

In den Jahren nach 1933, als die anfängliche Begeisterung mannigfachen Belastungsproben ausgesetzt war, schwankten Deutschlands geschichtswissenschaftliche Universitätslehrer zwischen tätiger Kollaboration, gefügiger Parteigängerschaft, halbherziger Anpassung, kritischer Distanz und konsequentem Widerstand. Das Spektrum an möglichen und tatsächlichen Einstellungen war breit. Jüngere Historiker suchten durch tätigen Aktivismus Karriere zu machen. Es gab andere, die ein hohes Maß an redlicher Distanz aufbrachten; es gab viele, die durch punktuelle Zugeständnisse und vorsichtiges Lavieren ihre menschliche und wissenschaftliche Integrität zu wahren suchten. Konsequente Ablehnung und offener Widerstand blieben Ausnahmen. Ausnahme blieb auch – zumindest im Kreis der Universitätshistoriker – die völlige wissenschaftliche Selbstpreisgabe an das rassische Geschichtsbild der Partei. An Bücherverbrennungen waren damalige Universitätshistoriker nicht beteiligt. Keiner von ihnen zeigte sich bereit, den Ungeist kultureller Selbstvernichtung historisch zu bemängeln.

Der Blick auf die Geschichte einer Fachwissenschaft reicht allein noch nicht aus, die Frage, wie die nationalsozialistische Machtergreifung möglich wurde, angemessen und umfassend zu beantworten. Soll ich dennoch aus meinen Überlegungen eine allgemeinere Schlußfolgerung ziehen, möchte ich sagen: Hitler war eine deutsche Möglichkeit, keine deutsche Konsequenz. Die in den Jahren vor 1933 auf Universitätskathedern gelehrte und vermittelte Geschichte Deutschlands nährte das ohnehin weitverbreitete Unbehagen an der parlamentarischen Demokratie und trug so ihren Teil dazu bei, eine Möglichkeit antidemokratischer Staatsgestaltung zu verwirklichen.[219] Die Historiker, die zwischen 1933 und 1945 an Deutschlands Universitäten Geschichte lehrten, waren keine aktiven Kollaborateure. In ihrer Mehrzahl vertraten sie Geschichtsbilder, welche die Aufnahmebereitschaft für das Ideengut der Nationalsozialisten förderten und einen Unrechtsstaat annehmbar machten.

Über Irrwege deutscher Geschichtswissenschaft und nationalsozialistischer Politik zu sprechen, ist heutzutage nicht mehr eine Frage des Mutes. Durch Erfahrung sind wir klüger geworden. Politischer und wissenschaftlicher Pluralismus bestimmt die Grundverfassung unserer Republik. Zensuren zu erteilen oder die Rolle des besserwissenden Oberlehrers zu spielen ist keine Heldentat. Unter einem totalitären System Wissenschaft als Beruf auszuüben stellte an die wissenschaftliche und menschliche Integrität des einzelnen andere, größere Anforderungen. Was dies für uns heute bedeutet, möchte ich mit Sätzen ausdrücken, die Erich Kästner im Rückblick auf die Berliner Bücherverbrennung vom 10. Mai 1933 niedergeschrieben hat. Kästner war dabei gewesen, als seine eigenen Bücher brannten, und er war dennoch stumm geblieben.

»Ich hatte mich nur geekelt«, schrieb er rückblickend. »Ich war nur passiv geblieben . . . Ich hatte angesichts des Scheiterhaufens nicht aufgeschrien. Ich hatte nicht mit der Faust gedroht. Ich hatte sie nur in der Tasche geballt. Warum erzähle ich das? . . . Weil keiner unter uns und überhaupt niemand die Mutfrage beantworten kann, bevor die Zumutung an ihn herantritt. Keiner weiß, ob er aus dem Stoffe gemacht ist, aus dem der entscheidende Augenblick Helden formt.«[220]

1 Vgl. dazu *R. Koselleck:* Standortbindung und Zeitlichkeit. Ein Beitrag zur historiographischen Erschließung der geschichtlichen Welt. In: *Ders.:* Vergangene Zukunft. Zur Semantik geschichtlicher Zeiten, Frankfurt M. 1979, S. 176–207; *J. Rüsen:* Historische Vernunft. Grundzüge einer Historik I: Die Grundlagen der Geschichtswissenschaft, Göttingen 1983.

2 *H. Lübbe:* Geschichtsphilosophie und politische Praxis. In: *R. Koselleck, W.-D. Stempel (Hg.):* Geschichte – Ereignis und Erzählung, München 1973, S. 223.

3 Ebd.

4 So in seinem Buch »Mein Kampf«. Zit. nach *E. Jäckel:* Hitlers Weltanschauung. Entwurf einer Herrschaft, Tübingen 1969, S. 113f.

5 Zit. nach *G. Franz:* Das Geschichtsbild des Nationalsozialismus und die deutsche Geschichtswissenschaft. In: *O. Hauser (Hg.):* Geschichte und Geschichtsbewußtsein, Göttingen – Zürich 1981, S. 96.

6 Himmlers »Schwarzes Korps« hielt 1936 nur noch jene Wissenschaft für pflegens- und erhaltenswert, die den wahren Interessen des Volkes dient: »Der tote Wissenskrempel des liberalistischen Jahrhunderts nützt weder dem Volk noch dem Staat, und wir haben keine Lust, noch länger die Anmaßung einiger bezahlter Staatsdiener zu dulden, die unter Berufung auf eine angebliche Eigengesetzlichkeit der Wissenschaft das Recht fordern, auch weiterhin Dinge treiben zu dürfen, die das Volk nicht interessieren und ihm daher auch nichts nützen.« (zit. nach *H. Heiber:* Liberale und nationale Geschichtsschreibung. In: Nationalsozialismus und die Deutsche Universität. Veröffentlichungen der Freien Universität Berlin, Berlin 1966, S. 119).

7 *O. Westphal:* Bismarck und Hitler. In: Vergangenheit und Gegenwart. Zeitschrift für den Geschichtsunterricht und staatsbürgerliche Erziehung in allen Schulgattungen 23 (1933), S. 471.

8 *E. Krieck*: Das rassisch-völkisch-politische Geschichtsbild. In: Volk im Werden 2 (1934), S. 293.

9 *K. R. Ganzer*: Das Reich als europäische Ordnungsmacht. (Schriften des Reichsinstituts für Geschichte des neuen Deutschlands), Hamburg 1942, S. 7.

10 Zit. nach *K. Saller*: Die Rassenlehre des Nationalsozialismus in Wissenschaft und Propaganda, Darmstadt 1961, S. 65. In der nämlichen Rede sagte *K. A. von Müller* außerdem: »Wer keine Memme ist, fühlt heute sein Blut höher schlagen, wo der Sturmhauch großer geschichtlicher Tage wieder um unsere Fahnen weht. Jeder von uns Älteren, der später erst von ihm erfaßt wurde, hat eine Schuld an den Führer abzutragen für frühere Versäumnis.« (ebd.) Ich kann deshalb die Meinung

von G. Franz nicht teilen, daß man, in den Schriften des »großen Essayisten« K. A. von Müller »vergeblich nach einem nationalsozialistischen Geschichtsbild suchen« wird (*Franz* [Anm. 5], S. 108).

11 *Krieck* (Anm. 8), S. 287–298, hier: S. 289. – Zur wissenschaftlichen und hochschulpolitischen Tätigkeit Kriecks im Dritten Reich vgl. *G. Müller*: Ernst Krieck und die nationalsozialistische Wissenschaftsreform. Motive und Tendenzen einer Wissenschaftslehre und Hochschulreform im Dritten Reich, Weinheim Basel 1978.

12 *Krieck* (Anm. 8), S. 291.

13 Vorgegeben war eine Weltanschauung, kein einheitliches Geschichtsbild, dessen Inhalte und Konturen gesetzliche Verordnungen festlegten. Das mag auch damit zusammenhängen, daß die Partei über kein einheitliches Geschichtsbild verfügte. Es gab historische Vorlieben von Nazigrößen. Das Amt Rosenberg verfolgte andere historische Interessen als Hitler und Himmler. Regionalismus störte überdies die Uniformität. Mit Widukind, Heinrich I. oder dem Aufstand der Stedinger war in den staufischen Kernlanden Schwabens kein Staat zu machen. In Niedersachsen konnten die staufischen Heldenkaiser keine völkische Begeisterung entfachen. Hinzu kamen Unterschiede und Widersprüche zwischen wissenschaftlicher und popularisierter Geschichte. Die Geschichtsbilder, die in Dichtung, Literatur und Schauspiel, in Fest, Feier und Kundgebung verbreitet wurden, ließen sich mit den Einsichten seriöser Fachwissenschaft gemeinhin nicht zur Deckung bringen.

14 *K. F. Werner*: Das NS-Geschichtsbild und die Geschichtswissenschaft, Stuttgart 1967. Vgl. *ders.*: Die deutsche Historiographie unter Hitler. In: *B. Faulenbach (Hg.)*: Geschichtswissenschaft in Deutschland. Traditionelle Positionen und gegenwärtige Aufgaben, München 1974, S. 86–96. Eine kritische Würdigung von Werners Arbeit veröffentlichte *F. Graus*: Geschichtsschreibung und Nationalsozialismus. In: Vierteljahrshefte für Zeitgeschichte 17 (1969), S. 87–95.

15 Vgl. zum Beispiel *Th. Schieder*: Die deutsche Geschichtswissenschaft im Spiegel der HZ. In: Historische Zeitschrift 189 (1959), S. 1–107; hier S. 70: »So stehen sich in den Bänden der Historischen Zeitschrift in diesem Jahr des Dritten Reiches Zeugnisse der totalitären Parteiideologie ... und Zeugnisse ernster Geschichtsforschung mit den alten thematischen Bereichen und Kontroversen ... gegenüber. Doch muß man es zur Ehre der Historischen Zeitschrift und ihrer Schriftleitung sagen, daß die Untersuchungen, die auch heute noch der wissenschaftlichen Kritik standhalten, überwogen.«

16 *H. Heiber*: Walter Frank und sein Reichsinstitut für Geschichte des neuen Deutschlands. (Veröffentlichungen des Instituts für Zeitgeschichte, Quellen u. Darstellungen zur Zeitgeschichte 13), Stuttgart 1966.

17 *V. Losemann*: Nationalsozialismus und Antike. Studien zur Entwicklung des Faches Alte Geschichte 1933–1945. (Historische Perspektiven 7), Hamburg 1977.

18 *Franz* (Anm. 5), S. 110.

19 Es erscheint in diesem Zusammenhang nützlich und notwendig, sich daran zu erinnern, daß das Dritte Reich nicht an stände-, rechts- und verfassungsstaatliche Traditionen der Neuzeit anknüpfen wollte und konnte. Die Vorbilder seiner inneren Ordnung und äußeren Politik suchte und fand es in der Frühzeit des Germanentums und in der Welt des Mittelalters. »Führerdemokratie«, Raum- und Rassepolitik definierte es als Wesens- und Handlungsprinzipien des ewigen Germanentums. Das »Bild germanischer Frühzeit und Vorwelt« sollte zur »Erziehung rassisch-völkisch-politischen Menschentums« beitragen und war »als Wegweisung in eine neue Zukunft« gedacht (*Krieck* [Anm. 8], S. 293). Preußen war für Hitler und seine Helfer nur als Inbegriff militärischer Zucht und Tapferkeit von Interesse. Preußen als Staat der Aufklärung, der Toleranz und Rechtsstaatlichkeit lag außerhalb des nationalsozialistischen Geschichtsbildes. Von einem »Ineinswerden der völkischen Bewegung mit den altpreußischen Elementen«, wie das parteibeflissene Historiker im Blick auf den Tag von Potsdam immer wieder beteuerten, konnte in Wirklichkeit nicht die Rede sein. Am Grabe Friedrichs des Großen, über dem sich am 21. März 1933 Hindenburg und Hitler die Hände reichten, wurde kein Bündnis zwischen »Germanentum und Preußentum« geschlossen, sondern der untaugliche Versuch gemacht, die Machtergreifung eines heldischen Führers als zeitgemäße Erneuerung preußischer Geschichtstraditionen erscheinen zu lassen. Vgl. *M. Schlenke*: Das ›preußische Beispiel‹ in Propaganda und Politik des Nationalsozialismus. In: Aus Politik und Zeitgeschichte B 27/68 (Juli 1968), S. 15–23; *J. Mirow*: Das alte Preußen im deutschen Geschichtsbild seit der Reichsgründung. In: Historische Forschungen 18 (1981), S. 180–230.

20 Vgl. *A. Vierkandt*: Gesellschaftslehre. Hauptprobleme der philosophischen Soziologie, Stuttgart 1923, S. 93.

21 *F. Fischer*: Zum Problem der Kontinuität in der deutschen Geschichte von Bismarck zu Hitler. In: *K. D. Bracher, M. Funke, H.-A. Jacobsen*: Nationalsozialistische Diktatur 1933–1945. Eine Bilanz. Schriften der Bundeszentrale für politische Bildung 192 (1983), S. 782.

22 Vgl. zum folgenden *W. J. Mommsen*: Zum Begriff der »Plebiszitären Führerdemokratie« bei Max Weber. In: Kölner Zeitschrift für Soziologie und Sozialpsychologie 15 (1963), S. 296–322; *ders.*: Max Weber und die deutsche Politik 1890–1920. 2. Aufl., Tübingen 1974.

23 *Mommsen*, 1974 (Anm. 22), S. 204.

24 Zur Frage, ob und inwieweit aus Webers Lehre von der charismatischen Führerherrschaft eine direkte oder indirekte »Identifikation

Webers mit nationalsozialistischen Tendenzen« abgeleitet werden kann, vgl. kritisch *J. Kocka*: Kontroversen über Max Weber. In: Neue politische Literatur 21,3 (1976), S. 293–296.

25 Zit. nach *W. Emmerich*: Zur Kritik der Volkstumsideologie, Frankfurt/M. 1971, S. 78.

26 Vgl. *W. Tilgner*: Volk, Nation und Vaterland im protestantischen Denken zwischen Kaiserreich und Nationalsozialismus (ca. 1870–1933). In: *H. Zilleßen (Hg.)*: Volk – Nation – Vaterland. Der deutsche Protestantismus und der Nationalismus, Gütersloh 1970, S. 156f. u. Anm. 81.

27 *O. Spengler*: Neubau des Deutschen Reiches, München 1924, S. 27.

28 *O. Spann*: Kurzgefaßtes System der Gesellschaftslehre, Leipzig 1914, S. 133.

29 *Ders.*: Gesellschaftslehre, Leipzig 1930[3], S. 400.

30 Vgl. *M. Schneller*: Zwischen Romantik und Faschismus. Der Beitrag Othmar Spanns zum Konservatismus in der Weimarer Republik, Stuttgart 1970, S. 49.

31 Ebd., S. 49f.

32 So in dem mit der Überschrift »Deutsche Führer« versehenen Vorwort zu *H. Boehmer*: Der junge Luther. In: Die Deutschen Führer 1, Gotha 1925, S. 9f.

33 *A. Wahl*: Vom Führertum in der Geschichte. In: Schriften zur politischen Bildung VI, 10, Langensalza 1929. Zum Geschichtsbild Adalbert Wahls vgl. *G. Ritter*: Deutsche Geschichtswissenschaft im 20. Jahrhundert. In: Geschichte in Wissenschaft und Unterricht 1 (1950), S. 91: »Adalbert Wahls parteilich-konservative Geschichte des Bismarckreiches, das er als Idealstaat schlechthin schilderte, empfand man zumeist als reaktionär.«

34 *Wahl* (Anm. 33), S. 13.

35 Ebd., S. 11.

36 Ebd., S. 151.

37 Ebd., S. 14, 20, 41.

38 Ebd., S. 31, 35ff.

39 Ebd., S. 251.

40 Ebd., S. 29.

41 Ebd., S. 16f.

42 Ebd., S. 42f.

43 *Th. Eschenburg*: Aus dem Universitätsleben vor 1933. In: *A. Flitner (Hg.)*: Deutsches Geistesleben und Nationalsozialismus, Tübingen 1965, S. 34.

44 Ebd. – Antidemokratische Lehre und Publizistik hatten den Tübinger Historiker *Wahl* bestens auf das Jahr der Machtergreifung und die Zeiten danach vorbereitet. Der Gedanke erblich bedingten Führertums bot Anknüpfungspunkte für die neuen Ziele völkischer Geschichtsbe-

trachtung. In seinen 1939 veröffentlichten Betrachtungen »Über die Nachwirkungen der Französischen Revolution vornehmlich in Deutschland« (Stuttgart 1939) machte er sich die Gedankengänge Graf Gobineaus zu eigen, wonach »nämlich durch die Revolution das germanische Blut in Frankreich zurückgedrängt worden sei«, und fragte überdies nach der »rassemäßigen Wirkung« der Revolution auf andere Völker (S. 29). Er denunzierte die Ideen der Revolution als »ein Produkt kelto-romanischen und jüdischen Geistes« (S. 35). Er beklagte, daß durch die Abschaffung des französischen Adels die Kraft des nordischen Blutes, das sich in Frankreich angeblich noch am reinsten erhalten hatte, geschwächt und vernichtet worden sei. Er kritisierte die in der Revolution durchgesetzte Gleichberechtigung der Juden, welche bewirkt habe, daß sich »in den meisten Völkern« der »in hohem Grade verderbliche« jüdische Einfluß ganz gewaltig hob« – ein Tatbestand, der als »ein weiteres bedenkliches Zurückdrängen des nordischen Blutes« betrachtet und gewertet werden müsse (S. 30).

45 *F. Meinecke*: Die deutsche Geschichtswissenschaft und die modernen Bedürfnisse. In: *E. Kessel (Hg.)*: Zur Theorie und Philosophie der Geschichte, Stuttgart 1965, S. 174. Der Aufsatz wurde zum ersten Mal im Jahre 1916 in der Zeitschrift »Die Hilfe« veröffentlicht und im Jahre 1918 von neuem abgedruckt in: »Preußen und Deutschland im 19. und 20. Jahrhundert«. Zur Kritik der Führersehnsucht im ausgehenden Kaiserreich und in den Anfängen der Weimarer Republik vgl. auch M. Webers Polemik gegen die zeitübliche »Professoren-« und »Katherderprophetie«, die das »Gebot der intellektuellen Rechtschaffenheit« mißachte und statt dessen gebiete, »auf neue Propheten und Heilande« zu schauen. Vgl. *M. Weber*: Wissenschaft als Beruf, Berlin 1975[6], S. 36f.; *D. Käsler*: Einführung in das Studium Max Webers, München 1979, S. 190f. – Webers Erwägung über »Wissenschaft als Beruf« waren im November 1917 Gegenstand eines Vortrages vor dem »Freistudentischen Bund« in München; im Jahre 1917 wurden sie zum Druck gebracht. – Carl Jacob Burckhardt schrieb 1922 an Hugo von Hofmannsthal: »Die Menge hat immer einen weiblichen Charakter, sie sucht nach dem starken Mann, nach dem Vater, der befiehlt.« (*C. J. Burckhardt*: Briefe 1919–1969, Bern usw. 1971, S. 39). Die Aussage eines früheren Studienfreundes, wonach ein »heimlicher Kaiser« herannahe, nahm er 1925 zum Anlaß, sich kritisch mit den »durch die Aufklärung hindurchgeretteten Mythen« auseinanderzusetzen: »Der heimliche Kaiser – der Staufer im Kyffhäuser –, der Unbekannte mit dem Zeichen auf der Stirn, mitten im Volksgewühl! Wie lange schon vom Kindermärchen bis zum Operntext sind solche Hoffnungsträger, Seelenbilder archaischer Art zur Befriedigung einer sonderbaren Sehnsucht einem in Fabriken und Amtsräumen sachlich, rational tätigen Volke angeboten worden«. Da »alles Mythische« ungenau und

rauschhaft sei und »beim deutschen Menschen immer von einem nie ganz überwundenen, halb dichterischen Pubertätszustand aufgenommen« werde, dränge »es dann jeweils zu unheilvollen Verwirklichungen« (ebd., S. 80f.). An der Wende vom Jahre 1927/28 schrieb er: »Daß die Deutschen jetzt romantisch nach Helden und Heldenverehrung lechzen, ist kein gutes Zeichen. Sollten jene Helden kommen, die sie sich heute wünschen, werden sie den Lauf der Welt nicht verbessern, im Gegenteil.« (ebd., S. 146)

46 *K. v. See*: Deutsche Germanen-Ideologie. Vom Humanismus zur Gegenwart, Frankfurt/M. 1970, S. 72.

47 *A. Rosenberg*: Rechenschaft und Abrechnung. In: *T. v. Trotha (Hg.)*: Gestaltung der Idee. Blut und Ehre. II. Bd. Reden und Aufsätze von 1933–1935, München 1942, S. 121.

48 *Losemann* (Anm. 17), S. 47: Schachermeyr versäumte auch nicht, »den Minister auf ein aktuelles Arbeitsvorhaben hinzuweisen, den bereits angekündigten umfassenden Versuch, zur Grundlegung der nationalsozialistischen Weltanschauung aus dem Geiste der Historie. Der Titel war für sein eigenes Empfinden zwar reichlich bombastisch ausgefallen, schien ihm aber im Hinblick auf den z. T. noch etwas schläfrigen Leserkreis der Neuen Wege als wünschenswert.«

49 *Ganzer* (Anm. 9), S. 61. Ganzers Schrift wurde in der »NS-Bibliographie« geführt und zur Stärkung heldischer Reichsgesinnung hunderttausendfach in der Armee zur Verteilung gebracht. Vgl. *Heiber* (Anm. 16), S. 378.

50 Zit. nach *P. Koschaker*: Europa und das Römische Recht, München Berlin 1947, S. 321.

51 *Ganzer* (Anm. 9), S. 45, 40, 22, 97, 76.

52 *O. Westphal*: Das Reich. Aufgang und Vollendung. Bd. 1: Germanentum und Kaisertum, Stuttgart/Berlin 1941, S. 23.

53 *J. Ackermann*: Heinrich Himmler als Ideologe, Göttingen usw. 1970, S. 210. – An Universitäten lehrende Sozialanthropologen beschrieben die rassisch bedingte Führungskraft der Deutschen weniger aggressiv. In der Sache stimmten sie mit den Wortführern der Partei völlig überein: Die »Führungsfähigkeit« und die »überragende Führungsrolle nordischer Völker, Stämme und Einzelmenschen in der Geschichte« seien auf »rassisch-erbliche Wurzeln« zurückzuführen. »Es ist«, schrieb der Sozialanthropologe *K. V. Müller* 1941, »wenn wir die Fragen der rassenbiologischen Grundlagen deutscher Führungsfähigkeit überprüfen, gewiß nicht bedeutungslos, uns dabei zu erinnern, daß wir ein Volk sind, in dem das nordische Blut den wesentlichsten Rassenbestandteil bildet.« (zit. nach *K. Saller*: Die Rassenlehre des Nationalsozialismus in Wissenschaft und Propaganda, Darmstadt 1961, S. 102) – Was Universitätsgelehrte damals als Wissenschaft vom nordischen Menschen ausgaben, hatten kritische Literaten, noch ehe Hitler

an die Macht kam, als zynischen Mythos entlarvt. L. Feuchtwanger schrieb in seinem 1930 erschienenen »Erfolg«: »Franzosen und Angelsachsen hatten die Lehre begründet, die den nordischen, germanischen Menschen als den geborenen Herrn der Welt verehrte. Mit was für Begriffen sie herumwarfen: Hochkultur, Herrenvolk, südische, ostische Rasse. Überall gefühlsmäßige Wertungen. Eine weitläufige Mythologie, zusammengebaut, wie Kinder am Meer ihre Sandburgen bauen. Nirgends solider wissenschaftlicher Boden. Wenn man ihn näher belinste, den nordischen Gedanken, dann war er Bluff. Es gab kein wissenschaftliches Kriterium, das eine Rasseneinteilung der Menschen nach der Beschaffenheit ihres Blutes, ihres Gehirns, ihrer Begabung ermöglichte.« (*L. Feuchtwanger*: Erfolg. Drei Jahre Geschichte einer Provinz, Bd. 2, Frankfurt/M. 1975, S. 541 f.)

54 Vgl. *Koschaker* (Anm. 50), S. 319 Anm. 1.

55 *D. Hilger*: Artikel »Herrschaft«. In: *O. Brunner, W. Conze, R. Koselleck (Hg.)*: Historisches Lexikon zur politisch-sozialen Sprache, Bd. 3, Stuttgart 1982, S. 98.

56 *Krieck* (Anm. 8), S. 290 f.

57 *H. Naumann*: Germanisches Gefolgschaftswesen, Leipzig 1931. Vgl. ebd., S. 141: »Was in diesem Buche behandelt wurde, die Schule der Gefolgschaft und der Geist des Führertums, stammt im Heroischesten wie im Zartesten und auch in der ihm eigenen religiösen Haltung wesentlich aus dem Germanischen selbst.«

58 Vgl. *Emmerich* (Anm. 25), S. 3.

59 *H. Naumann*: Kampf wider den undeutschen Geist. Rede gehalten bei der von der Bonner Studentenschaft veranstalteten Kundgebung wider den undeutschen Geist auf dem Marktplatz zu Bonn am 10. Mai 1933, S. 3 f.

60 *W. Schlesinger*: Herrschaft und Gefolgschaft in der germanisch-deutschen Verfassungsgeschichte. In: Beiträge zur deutschen Verfassungsgeschichte des Mittelalters, Bd. 1, Göttingen 1963, S. 26 Anm. 50.

61 *H. Naumann*: Der Staufische Ritter, Leipzig 1936, S. 14 f. – Zu Naumanns Beitrag zur Politisierung der Altgermanistik im Sinne des Nationalsozialismus vgl. *D. Richter*: ›Ritterliche Dichtung‹. Die Ritter und die Ahnengalerie des deutschen Bürgertums. In: *Ders. (Hg.)*: Literaturwissenschaft und Sozialwissenschaft 5: Literatur im Feudalismus, Stuttgart 1975, S. 23 ff.

62 *E. Forsthoff*: Der totale Staat, Hamburg 1933², S. 35.

63 *C. Schmitt*: Staat, Bewegung, Volk. Die Dreigliederung der politischen Einheit, Hamburg 1933, S. 6.

64 *H. E. Feine*: Nationalsozialistischer Staatsumbau und Deutsche Geschichte. (Öffentliche Vorträge der Universität Tübingen Sommersemester 1933), Stuttgart 1933, S. 2.

65 Ebd., S. 3 f.

66 Ebd., S. 21.

67 *H. Gerber*: Akademische Rede an der Universität Tübingen 1931. In: Auf dem Wege zum Neuen Reiche, Stuttgart 1934, S. 197. Vgl. *K. Sontheimer*: Antidemokratisches Denken in der Weimarer Republik. Die politischen Ideen des deutschen Nationalsozialismus zwischen 1918 und 1933, München 1962³, S. 87.

68 *K. Schreiner*: Disziplinierte Wissenschaftsfreiheit. Gedankliche Begründung und geschichtliche Praxis freien Forschens, Lehrens und Lernens an der Universität Tübingen (1477–1945). (Contubernium 22. Beiträge zur Geschichte der Eberhard-Karls-Universität Tübingen), Tübingen 1981, S. 137–139.

69 Zit. nach: ». . . helfen zu graben den Brunnen des Lebens«. Historische Jubiläumsausstellung des Universitätsarchivs Tübingen. Bearb. v. *U. J. Wandel, G. Emberger, I. Klöden, V. Schäfer*, Tübingen 1977, S. 341 f.

70 *G. Weippert*: Das Reich als deutscher Auftrag. (Philosophie und Geschichte. Eine Sammlung von Vorträgen und Schriften aus dem Gebiet der Philosophie und Geschichte 51), Tübingen 1934, S. 27. – Weippert lehrte damals Gesellschaftslehre an der Technischen Hochschule in München. Mit seinem Band »Umriß der neuen Volksordnung« (1933) hatte er sich als regimefreundlicher Hochschullehrer einen Namen gemacht. Sein Führer- und Gefolgschaftsbegriff wurzelt in Denktraditionen national-konservativer Soziologen. Vgl. dazu S. 171.

71 Vgl. zum folgenden *M. Schmitz*: Die Freund-Feind-Theorie Carl Schmitts. (Ordo Politicus 3), Köln – Opladen 1965, S. 174–186.

72 *Forsthoff* (Anm. 62), S. 35–37. Vgl. *Schmitz* (Anm. 71), S. 179.

73 *E. R. Huber*: Die Gestalt des deutschen Sozialismus, Hamburg o. J. (1933/34?).

74 *Ders.:* Verfassungsrecht des Großdeutschen Reiches. Hamburg 1939², S. 194; 196. Vgl. *Schmitz* (Anm. 71), S. 179.

75 Vgl. auch *A. Rosenberg*: Der Beamte und der Führer. In: Reden und Aufsätze von 1933–1935 (Anm. 47), S. 68 f.: »Die Erziehung der Beamtenjugend wird deshalb genau in dem gleichen Sinne wie die Erziehung der Hitlerjugend auf dem unmittelbaren persönlichen Treuegefühl der Gefolgschaft zum Führer aufzubauen sein.«

76 *E. Krieck*: Volkscharakter und Sendungsbewußtsein. Politische Ethik des Reichs, Leipzig 1940, S. 30.

77 *G. Schneeberger (Hg.)*: Nachlese zu Heidegger. Dokumente zu seinem Leben und Denken, Bern 1962, S. 135 f.

78 *M. Heidegger*: Die Selbstbehauptung der deutschen Universität. Rede gehalten bei der feierlichen Übernahme des Rektorats der Universität Freiburg i. Br. am 27. 5. 1933, S. 6, 14 f. – *E. Rothacker* bemühte sich in seiner 1934 erschienenen »Geschichtsphilosophie« um eine Verbindung von »Rassegedanke« und »Führergedanke«. Die politische Be-

deutung des Rassegedankens liege »vor allem in seinem unzerstörbar aristokratischen Charakter. Daß dieser Zug zunächst mit dem Führergedanken in besonders glücklichem Einklang steht, bedarf kaum näherer Begründung«. Rothacker bekannte sich sowohl zu Hitlers »Verlegung des Edelrassigen aus dem ausschließlich somatischen in die dem nordischen Erbanteil entsprechende ›heroische Gesinnung‹ und Weltanschauung« als auch zu Darrés »Idealbild eines ›Neuadels aus Blut und Boden‹«, der eine »Synthese zugleich volkstümlicher und rassisch-aristokratischer Lebensformen« begründen sollte (zit. nach *Saller* [Anm. 10], S. 103f.).

79 So *M. Heidegger* in seinem Beitrag zum »Bekenntnis der Professoren an den deutschen Universitäten und Hochschulen zu Adolf Hitler und dem nationalsozialistischen Staat«, überreicht vom Nationalsozialistischen Lehrerbund Deutschland/Sachsen, Dresden o. J. (1933). – Zur Einstellung Heideggers zur Gedankenwelt und Politik des Nationalsozialismus vgl. *A. Schwan*: Zeitgenössische Philosophie und Theologie in ihrem Verhältnis zur Weimarer Repbulik. In: *K. D. Erdmann, H. Schulze (Hg.)*: Weimar. Selbstpreisgabe einer Demokratie. Eine Bilanz heute, Düsseldorf 1980, S. 270f; *Hugo Ott:* Martin Heidegger als Rektor der Universität Freiburg 1933/34. In: Zeitschrift für die Geschichte des Oberrheins 132 (1984), S. 343–358, hier S. 358: »Wie sehr der Philosoph Heidegger als Rektor zur Stabilisierung des Dritten Reiches beigetragen hat und wie stark er in diesem Sinne auf die studierende Jugend eingewirkt hat, kann nicht gewogen werden. Aber es wiegt schwer.«

80 *H. Heimpels* »Bemerkungen zur Geschichte König Heinrichs I.« (Berichte über die Verhandlungen der Sächsischen Akademie der Wissenschaften zu Leipzig, phil.-hist. Klasse 88, 1936, 4) Leipzig 1937, in denen er sich mit dem 1936 erschienenen Buch von Franz Lüdtke über »König Heinrich I.« auseinandersetzte, sind symptomatisch für das Spannungsverhältnis zwischen quellenkritischer Universitäts- und populärer Parteihistorie. Heimpel wandte sich dagegen, daß Lüdtke »gegen den angeblichen ›Scheinglanz‹ des Ottonischen Imperiums die echte Kraft eines artgebundenen niedersächsisch bestimmten Königtums« setzte, »das mit echten germanischen Tugenden, bodenverbunden und herkunftsbewußt, ohne Anleihe bei kirchlicher Politik und Ethik einen deutschen Nationalstaat an der Stelle des spätkarolingischen Niederbruchs errichtet, und welches insbesondere die als organisch, bluthaft und politisch lebensfähig gesehenen Stammesherzogtümer mit dem neuen Reichsgedanken versöhnt.« (S. 5)

81 *W. Wippermann*: Der Ordensstaat als Ideologie. Das Bild des Deutschen Ordens in der deutschen Geschichtsschreibung und Publizistik, Berlin 1979, S. 225–242, 253–283. – Wippermann weist wiederholt darauf hin, daß der Sicht der Ordensstaates durch die Historiker »die

spezifisch rassenideologische Färbung fehlte« (S. 279; vgl. auch S. 283, 303 Anm. 55).

82 *G. L. Mosse*: Rassismus. Ein Krankheitssymptom in der Europäischen Geschichte des 19. und 20. Jahrhunderts, Königstein/Ts. 1978.

83 *J. G. Herder*: Zur Philosophie und Geschichte. In: *J. Müller (Hg.)*: Johann Gottfried von Herder's Sämtliche Werke, Bd. 7, Stuttgart/Tübingen 1838, S. 23.

84 *G. W. F. Hegel*: Vorlesungen über die Philosophie der Geschichte. Werke 12, Frankfurt/M. 1976, S. 499–502.

85 *R. Bollmus*: Das Amt Rosenberg und seine Gegner. Studien zum Machtkampf im nationalsozialistischen Herrschaftssystem, Stuttgart 1970, S. 154.

86 *Losemann* (Anm. 17), S. 2.

87 *H. Dannenbauer*: Germanisches Altertum und Deutsche Geschichtswissenschaft. (Philosophie und Geschichte 52), Tübingen 1935; *ders.*: Vom Werden des Deutschen Volkes. Indogermanen – Germanen – Deutsche. (Philosophie und Geschichte 54), Tübingen 1935. Der letztere Aufsatz ist wieder abgedruckt in Dannenbauers Aufsatzsammlung »Grundlagen der mittelalterlichen Welt. Skizzen und Studien«, Stuttgart 1958, S. 28–43. (Nach dieser Ausgabe wird im folgenden zitiert.)

88 *Ders.*, Werden des deutschen Volkes (Anm. 87), S. 42f.

89 Ebd., S. 43.

90 *Ders.*, Germanisches Altertum (Anm. 87), S. 16f., 31.

91 *Ders.*, Werden des deutschen Volkes (Anm. 87), S. 28.

92 Ebd., S. 28.

93 Ebd., S. 42.

94 *Ders.*, Germanisches Altertum (Anm. 87), S. 17–19.

95 *H. Maier*: Verfälschung deutscher Geschichte. In: Nationalsozialistische Monatshefte 6 (1935), S. 365–470; *W. Hülle*: Volksfremde Geschichtsschreibung. In: Durchbruch. Kampfblatt für deutschen Glauben, Rasse und Volkstum. 2. Jahr. Folge 45 (7. Nebelung = November 1935), Beiblatt. – Die Kenntnis dieser Aufsätze verdanke ich einem freundlichen Hinweis meines Konstanzer Kollegen Rolf Köhn.

96 *Maier* (Anm. 95), S. 467.

97 Ebd., S. 466. – Zu *K. Saller* vgl. dessen Einleitung zu seinem Buch »Die Rassenlehre des Nationalsozialismus« (Anm. 10).

98 *Maier* (Anm. 95), S. 468.

99 Ebd., S. 470.

100 Diese Feststellung wird auch dadurch nicht getrübt, daß Mitgliedschaft in der NSDAP dazu beigetragen hatte, dem Privatdozenten Heinrich Dannenbauer die Nachfolge auf dem durch die Emeritierung Johannes Hallers freigewordenen Lehrstuhl für mittelalterliche und

neuere Geschichte zu ermöglichen. Vgl. *U. D. Adam*: Hochschule und Nationalsozialismus. Die Universität Tübingen im Dritten Reich, Tübingen 1977, S. 122.

101 Ebd., S. 147.

102 So in einem 1942 gehaltenen Vortrag über »Die Entstehung Europas«. Wieder abgedruckt in Dannenbauers Aufsatzsammlung »Grundlagen« (Anm. 87), S. 11–27; hier: S. 23, 26f.

103 Zum Kreis jener Hochschullehrer, die in ihren Arbeiten dem rassistischen Gedankengut der Partei Rechnung zu tragen suchten, wäre auch der Althistoriker Fritz Schachermeyr zu rechnen, der das klassiche Erbe »in seine nordische und seine uns rassenfremde Komponente« trennen wollte. Vgl. *Losemann* (Anm. 17), S. 47.

104 *Ganzer* (Anm. 9), S. 133.

105 Die Aufsätze, Broschüren, Sammelbände und Monographien, die vor und nach 1933 über den Reichsgedanken geschrieben wurden, sind Legion. An zusammenfassenden Darstellungen sei genannt. *F. Eckrich*: Die Idee des Reiches in der nationalpolitischen Literatur seit Beendigung des Weltkrieges, Phil. Diss. Heidelberg 1937; *P. Goedecke*: Der Reichsgedanke im Schrifttum von 1919–1935, Jur. Diss. Marburg 1950 (maschinenschriftlich); *K. Sontheimer*: Die Idee des Reiches im politischen Denken der Weimarer Republik. In: Geschichte in Wissenschaft und Unterricht 13 (1962), S. 205–221; *K. Breuning*: Die Vision des Reiches. Deutscher Katholizismus zwischen Demokratie und Diktatur (1929–1934), München 1969; *H. Beilner*: Reichsidee, ständische Erneuerung und Führertum als Elemente des Geschichtsbildes der Weimarer Zeit. In: Geschichte in Wissenschaft und Unterricht 28 (1977), S. 1–16; *U. Schreiber* schrieb im Wintersemester 1978/79 eine analytisch vorbildliche Seminararbeit mit dem Titel »Der mittelalterliche Reichsgedanke bei der zweiten und dritten Reichsgründung« (maschinenschriftlich).

106 *Sontheimer* (Anm. 105), S. 216.

107 *E.-W. Böckenförde*: Der deutsche Katholizismus im Jahre 1933. Eine kritische Betrachtung. In: Hochland 53 (1960/61), S. 227f.

108 *H. Picker*: Hitlers Tischgespräche im Führerhauptquartier, Stuttgart 1977, S. 485.

109 *A. Rosenberg*: Das erste Reich der Deutschen. In: Reden und Aufsätze (Anm. 47), S. 274.

110 Ebd., S. 266.

111 Ebd., S. 272f.

112 *Ganzer* (Anm. 9), S. 20f.

113 *Feine* (Anm. 64), S. 21.

114 *Westphal* (Anm. 7), S. 480.

115 So in seinem 1941 erschienenen Buch »Das Reich. Aufgang und Vollendung« Bd. I: Germanentum und Kaisertum, Stuttgart–Berlin 1941.

116 *G. Krüger*: Der Mythos vom Reich. In: Wille und Macht. Führerorgan der nationalsozialistischen Jugend 8 (1940), S. 2, 4; *ders.*: Um den Reichsgedanken. In: HZ 165 (1942), S. 459, 463.
117 *Ganzer* (Anm. 9), S. 55.
118 Ebd., S. 22f.
119 Ebd., S. 24.
120 Kam den Deutschen als Trägern und Verwaltern des Reiches eine europäische Ordnungs- und Schutzfunktion zu, bot sich die Möglichkeit an, auch Hitlers gewalttätige Usurpation im Osten als geschichtlichen Auftrag zu deuten, zu dem die Reichsidee verpflichtete. *K. R. Ganzer* tat dies in der Wochenzeitung »Das Reich« so: »Immer aber in der Weltgeschichte hat das Chaos die Ordnungsmacht herbeigerufen.« Von anderer Seite wurde in demselben Blatt Hitlers Einfall in Rußland in folgender Weise umschrieben: »Deutsche Ordnung hat nun von diesem Raum der ungeordneten Kräfte Besitz ergriffen. Sie stützt sich auf das Recht, das sich der Deutsche in weit vorgeschichtlichen Zeiten hier erworben hat; immer war er die formende Kraft in der Mischung der Völker. Der Sieg des Deutschtums ist ein Sieg des Geistes – eines wehrhaften, herrischen Geistes, der über Feuer und Eisen gebietet«. Faksimile-Querschnitt durch ›Das Reich‹. Eingeleitet von *H. Pross*, hg. v. *H. D. Müller*. München usw. 1964, S. 16.
121 *Ganzer* (Anm. 9), S. 93.
122 Ebd., S. 133.
123 *O. Torsten*: Rîche. Eine geschichtliche Studie über die Entwicklung der Reichsidee, München/Berlin 1943, S. 9.
124 Ebd., S. 12.
125 Ebd.
126 Ebd., S. 46. – Karl d. Gr., der nach Ansicht Torstens Rasse und Religion in vorbildlicher Weise zu einer idealen Totalität verbindet, ist in den Anfängen des Dritten Reiches als »Sachsenschlächter« verketzert worden. Die Sympathie der Nationalsozialisten galt seinem Widersacher, dem Stammesheros Widukind. Für Torsten ist Karl der mit segenstiftendem Geblütsheil ausgestattete Idealkönig.
127 Ebd., S. 40.
128 Ebd., S. 57.
129 Ebd., S. 66f., 90, 94.
130 Ebd., S. 98.
131 Ebd., S. 162.
132 *H. Heimpel*: Reich und Staat im Deutschen Mittelalter. In: Archiv des Öffentlichen Rechts 66 (1936), S. 258.
133 Ebd., S. 261.
134 Ebd., S. 281.
135 Ebd., S. 283.
136 Ebd., S. 262.

137 Ebd., S. 282.
138 Zit. nach *Jäckel* (Anm. 4), S. 47.
139 *F. Meinecke*: Die deutsche Katastrophe. In: Werke Bd. 8, Stuttgart 1969, S. 404.
140 Werner zählt den Mediävisten H. Heimpel zu den »wenigen, die sich vom einst Gesagten klar distanzierten und die gemachten Fehler offen bekannten« (*Werner*, 1967 [Anm. 14], S. 90).
141 *K. G. Hugelmann*: Die Gestalt des Reiches in Idee und Wirklichkeit im Wandel der deutschen Geschichte. In: Zeitschrift für Öffentliches Recht 16 (1936), S. 444.
142 Ebd., S. 447.
143 Ebd., S. 439.
144 Ebd., S. 441.
145 Ebd., S. 446.
146 *Schneller* (Anm. 30), S. 113, 183.
147 *A. Hitler*: Mein Kampf, München 1933 [19], S. 742.
148 *Th. Mayer*: Deutschland und Europa. In: Marburger Universitätsreden 3, Marburg/Lahn 1940, S. 21–23.
149 Vgl. dazu auch *Wippermann* (Anm. 81), S. 276. Anm. 313, über Erich Maschke: »Maschkes publizistisch ausgerichtete Arbeiten, die in der Zeit des Dritten Reiches erschienen, zeichnen sich durch eine völkische, zum Teil nationalsozialistische Tendenz aus. Darin unterscheiden sie sich in eklatanter Weise von seinen wissenschaftlichen Arbeiten zur Geschichte des Deutschen Ordens, die vor 1933 und nach 1945 erschienen sind.«
150 Das schloß allerdings nicht aus, daß Theodor Mayer in einem Aufsatz über »Das Kaisertum und der Osten im Mittelalter«, der in einem von ihm und Friedrich Baethgen herausgegebenen Sammelband »Deutsche Ostforschung. Ergebnisse und Aufgaben seit dem Ersten Weltkrieg. Bd. 1, Leipzig 1942, S. 291–309, abgedruckt wurde, mit Nachdruck auf die kulturbringende und ordnungsschaffende Funktion des Reiches und des Ordensstaates abheben konnte, um den mittelalterlichen und gegenwärtigen »deutschen Drang nach Osten« zu rechtfertigen. Gleichwohl erreichen die ideologischen Eintrübungen seiner Wissenschaftssprache bei weitem nicht jenen Grad an Dichte und Direktheit, der seinen Marburger Vortrag kennzeichnet und zu einem Dokument unkritischer ideologischer Befangenheit macht.
151 *Mayer* (Anm. 148), S. 3–5.
152 Vgl. *Westphal* (Anm. 52), S. 363: »Von einer grundsätzlichen Unvereinbarkeit der deutschen Ost- und der deutschen Rompolitik im Mittelalter sollte überhaupt nicht mehr gesprochen werden. Vielmehr hingen sie seit ihrer Entstehung an der Wurzel zusammen.« – *K. Jordan*: Die Gestalt Heinrichs des Löwen in der deutschen Geschichtsschreibung. In: Germanien Jg. 1941, S. 361–367, nahm Bezug auf eine

Rede, die Alfred Rosenberg im November 1940 bei der Kulturtagung der deutschen Gemeinden, als der Braunschweiger »Staatsdom« seiner neuen Bestimmung übergeben wurde, gehalten hatte. In dieser Rede habe Rosenberg betont, »daß Friedrich I. die Reichsidee als bildende Kraft für die Zukunft verteidigen mußte, während Heinrich der Löwe die Ausweitung des deutschen Lebensraumes nach Osten in verstärktem Maße einleitete«. Der Streit zwichen klein- und großdeutscher Geschichtsbetrachtung, der sich auf die Beurteilung Friedrich Barbarossas und Heinrichs des Löwen verhängnisvoll ausgewirkt habe, sei heute »durch eine gesamtdeutsche Geschichtsaufassung« überbrückt (S. 361). Dem fügte Jordan von sich aus hinzu: »Die Reichsidee und die deutsche Landnahme im Osten bildeten keinen Gegensatz, sondern eine spannungsreiche Einheit, die uns die Reichweite deutscher Geschichte eindringlich vor Augen führt.« Nicht »der tragische Zusammenstoß zwischen beiden Männern«, sondern »ihr Nebeneinander und Miteinander in der Erfüllung einer gesamtdeutschen Sendung« mache den »Sinn dieses Zeitalters« aus (S. 367). Fachwissenschaftliche Einsichten schienen das Deutungsangebot Rosenbergs zu bestätigen.

153 Partei-Kanzlei der NSDAP. Verfügungen – Anordnungen – Bekanntgaben. Bd. 1, München o. J., S. 206. – *Alfred Rosenberg* hatte bereits im Jahr 1935 auf die Einzigartigkeit und die Unvergleichbarkeit des Dritten Reiches hingewiesen. Durch diese Wortverbindung sollte »nicht ausgedrückt werden, daß sich die Entwicklung vom Ersten zum Zweiten und vom Zweiten zum Dritten Reiche ganz natürlich und folgerichtig vollzogen hätte, sondern vielmehr, daß ein alter Traum deutscher Sehnsucht begonnen hatte, in Erfüllung zu gehen«. (Das erste Reich der Deutschen. In: Reden und Aufsätze [Anm. 47], S. 266.) – *P. Kluke* vermutete, daß durch dieses Begriffsverbot »doch wohl jene Wurzel der nationalsozialistischen Bewegung abgeschnitten werden sollte, die aus dem Erdreich des jungkonservativen Denkens stammte« (Nationalsozialistische Europaideologie. In: Vierteljahrshefte für Zeitgeschichte 3 [1955], S. 350).

154 Partei-Kanzlei der NSDAP (Anm. 153), S. 206.

155 Ebd., S. 213.

156 Berichte des SD und der Gestapo über Kirchen und Kirchenvolk in Deutschland 1934–1944. Bearbeitet von *H. Boberach.* (Veröffentlichungen der Kommission für Zeitgeschichte Reihe A: Quellen 12), Mainz 1971, S. 9 (»Verfälschung des Reichsgedankens«); S. 212 (»Ausbeutung des Führerbegriffs«); S. 213.

157 Ebd., S. 124.

158 Ebd., S. 212 ff.

159 Ebd., S. 213.

160 Ebd., S. 10. – Zum Reichsgedanken von Muckermann, Wehner und

Le Fort vgl.: *Breuning* (Anm. 105), S. 114–117, 120–130, 217–221.

161 *Ritter* (Anm. 33), S. 181.

162 *Werner,* 1967 (Anm. 14), S. 74. – Der Titel des Buches lautete »Karl der Große oder Charlemagne? Acht Antworten deutscher Geschichtsforscher«, Berlin 1935.

163 So *F. Baethgen* in: Deutsches Archiv 4 (1940/41), S. 252.

164 Wer den Sammelband kritisch liest, wird Werner vorbehaltlos beipflichten: Die Aufsatzsammlung enthält nicht nur unpopuläre, objektive, »in hohem Maße verdienstvolle Ausführungen«, die bewußte Distanz zum Geschichtsbild der Partei zu erkennen geben; sie zeigt daneben auch die Affinität mancher Historiker zu »germanisch-imperialistischen Gesinnungen, ihre Neigung zur Selbstidentifizierung mit den großen Heldengestalten« (*Werner,* 1967 [Anm. 14], S. 78).

165 *C. Erdmann*: Das Grab Heinrichs I. In: Deutsches Archiv 4 (1940/41), S. 76–97. In seinem Nachruf auf Carl Erdmann schrieb *F. Baethgen* zu Recht, dieser Aufsatz »wird immer ein Ehrentitel der deutschen Geschichtswissenschaft bleiben« (Deutsches Archiv 8 [1950/51], S. 252).

166 *Ackermann* (Anm. 53), S. 60.

167 Ebd., S. 202.

168 Ebd., S. 60 Anm. 112. Vgl. auch *J. M. Steiner*: Über das Glaubensbekenntnis der SS. In: *K. D. Bracher, M. Funke, H.-A. Jacobsen* (Anm. 21), S. 207.

169 Vgl. dazu auch *E. Nolte*: Zur Typologie des Verhaltens der Hochschullehrer im Dritten Reich. In: Aus Politik und Zeitgeschichte. B 46/65 (1965), S. 3–14. – *K. D. Erdmann*: Wissenschaft im Dritten Reich, Kiel 1967, S. 11 f., unterschied im Blick auf die deutschen Hochschullehrer des Dritten Reiches gleichfalls »drei Grundtypen der wissenschaftlichen Verhaltensweise gegenüber dem Nationalsozialismus« – »die charaktervollen Gegner einer Ideologisierung«; all jene, die »sich nicht aus politischem Opportunismus, sondern aus Überzeugung für den Nationalsozialismus« einsetzten und »ihr eigenes wissenschaftliches Tun mit dessen Ideologie in Verbindung« brachten; schließlich »jene zahlreichen Gelehrten«, die, »ohne nach außen hin im Sinne der nationalsozialistischen Ideologie positiv oder negativ profiliert zu sein, ordentliche Wissenschaft« weiterbetrieben.

170 *F. Schnabel*: Neudeutsche Reichsreform. In: Hochland 30 (Oktober 1932), S. 1–12. Der Aufsatz wurde auch im »Badischen Beobachter« vom 7. und 8. Oktober 1932 abgedruckt. Von neuem gedruckt wurde der Aufsatz in: *Ders.*: Abhandlungen und Vorträge: 1914–1965, hg. v. H. Lutz, Freiburg usw. 1970, S. 106–116.

171 Dem folgenden Vergleich liegen folgende Ausgaben zugrunde: Land und Herrschaft. Grundfragen der territorialen Verfassungsgeschichte Süddeutschlands im Mittelalter, 3. erg. Aufl., Brünn usw. 1943; Land

und Herrschaft. Grundfragen der territorialen Verfassungsgeschichte Österreichs im Mittelalter, Darmstadt 1965[5].

172 Vgl. dazu *R. Koselleck*: Begriffsgeschichtliche Probleme der Verfassungsgeschichtsschreibung. In: Der Staat. Beih. 6 (1983), S. 16 Anm. 3: »Die Verwendung des Volksbegriffs [durch Brunner] zeigt, wo das politische Engagement einsetzte, das, methodisch überprüfbar, zu klaren Erkenntnisfortschritten geführt hatte. Die Ersetzung durch den formalen Strukturbegriff hat nicht nur den vordergründigen Vorteil, politisch neutral zu sein, sondern verweist auf die methodische Notwendigkeit, in der Verfassungsgeschichte mit elastischen Allgemeinbegriffen arbeiten zu müssen.«

173 *Westphal* (Anm. 52), S. 23.

174 *K. Mann*: Der Wendepunkt. Ein Lebensbericht, Berlin/Weimar 1979, S. 372f.

175 *G. G. Iggers*: Die deutschen Historiker in der Emigration. In: *Faulenbach* (Anm. 14), S. 97.

176 *H. Mommsen:* Hans Rothfels. In: *H.-U. Wehler (Hg.)*: Deutsche Historiker 9, Göttingen 1982, S. 137. – Vgl. dazu *H. Rothfels*: Ostraum, Preussentum und Reichsgedanke, Leipzig 1935.

177 *Mommsen* (Anm. 176), S. 137f.

178 *J. Radkau*: Die deutsche Emigration in die USA. Ihr Einfluß auf die amerikanische Europapolitik 1933–1945. (Studien zur modernen Geschichte 2), Düsseldorf 1971, S. 54. – *E. Kehr* bezichtigte in seinem Referat über »Neuere deutsche Geschichtsschreibung«, das er 1933 in Chicago gehalten hatte, Rothfels der »faschistischen Geschichtsinterpretation«. (*E. Kehr*: Der Primat der Innenpolitik. In: *Ders.*: Gesammelte Aufsätze zur preußisch-deutschen Sozialgeschichte im 19. und 20. Jahrhundert, hg. v. H.-U. Wehler [Veröffentlichung der Historischen Kommission zu Berlin beim Friedrich-Meinecke-Institut der Freien Universität Berlin 19], Berlin 1965, S. 266.) Er tat dies insbesondere im Blick auf dessen in der »Historischen Zeitschrift« (147, 1933) veröffentlichten Aufsatz über »Bismarck und der deutsche Osten«. Diesem lag ein Vortrag zugrunde, den Rothfels im August 1932 auf dem Deutschen Historikertag in Göttingen gehalten hatte. – Zur »völkisch« geprägten Sprache und Begrifflichkeit, deren sich Rothfels bei seiner Beschreibung und Deutung des Ordensstaates bedient, vgl. *Wippermann* (Anm. 81), S. 300f.

178a *F. Baethgen:* Ernst Kantorowicz 3.5.1895–9.9.1963. In: Deutsches Archiv für Erforschung des Mittelalters 21 (1965), S. 7.

179 *E. Wolgast*: Die Universität Heidelberg und die nationalsozialistische Diktatur. In: *J.-F. Leonhard (Hg.)*: Bücherverbrennung. Zensur, Verbot, Vernichtung unter dem Nationalsozialismus in Heidelberg (Heidelberger Bibliotheksschriften 7), Heidelberg 1983, S. 42.

180 *Th. Schieffer*: Wilhelm Levison. In: Rhein. Vierteljahrsblätter 40

(1976), S. 238: Levison »gehörte seit langem einer Gruppe von Professoren an, die sich am Samstagnachmittag zu größeren Spaziergängen trafen; dieser ›Rennclub‹, wie sie sich selbst ironisch nannten, gab Levison schließlich einen Wink, er möge doch lieber auf die Teilnahme verzichten. Es blieben ihm treue Freunde bis zum Ende, aber ihre Zahl schmolz zusammen, es wurde einsamer um ihn. Levison trug dies alles mit Haltung und Würde. ›Die Arbeit muß darüber hinweghelfen‹, bemerkte er einmal beiläufig.«

181 Ebd.: »Wie schon seit langen Jahren arbeitete er weiter an einer Neuausgabe der grundlegenden ›Quellenkunde‹ von Wattenbach. Dank seiner selbstlosen Hilfe konnten 1937 die Monumenta eine Neuedition der Historiae Gregors von Tours, die Rheinische Gesellschaft eine Ausgabe des Caesarius von Heisterbach herausbringen; in seiner noblen Art nahm er es hin, daß beide Stellen nicht wagen konnten, seiner Mitwirkung auf dem Titelblatt oder auch nur im Vorwort zu gedenken.«

182 *F. Weigle*: Nekrolog Ernst Perels. In: Deutsches Archiv 8 (1950/51), S. 263.

183 *H. Schulze*: Walter Frank. In: *H.-U. Wehler (Hg.)*: Deutsche Historiker VII, Göttingen 1980, S. 78. Vgl. auch ebd. über die Folgen von Ritters Kritik: »Es kam zu einer hochnotpeinlichen Untersuchung durch das Reichswissenschaftsministerium, und Ritter wäre ebenso zwangsemeritiert worden wie seine weniger glücklichen Vorgänger, wenn nicht Franks Stern bereits im Sinken begriffen gewesen wäre.«

184 Vgl. *Mirow* (Anm. 19), S. 192: »Die kritischen Elemente dieses Buches mußten vor der Zensur verhüllt werden, doch waren sie damit zugleich auch für die Leser verhüllt, die sie erreichen sollten, ihre Wirkung somit sehr fraglich.« Systemfreundliche Leser konnten sich an der fesselnden »politischen Führergestalt« des großen Friedrich erbauen und Ritters Abwertung »der materiellen Begehrlichkeit und der politischen Geltungsansprüche der Massen« beipflichten.

185 *A. Dorpalen*: Gerhard Ritter. In: *H.-U. Wehler (Hg.)*: Deutsche Historiker I, Göttingen 1971, S. 90.

186 *K. Schwabe*: Hermann Oncken. In: *H.-U. Wehler (Hg.)* (Anm. 185).

187 *Werner*, 1967 (Anm. 14), S. 104. Meineckes Nachsatz »Ich will . . . in Vielem, aber nicht in Allem, umlernen« zeigt die Gespaltenheit eines unangepaßten Patrioten.

188 Vgl. *Ritter*, 1950 (Anm. 33), S. 130; *Werner*, 1967 (Anm. 14), S. 24.

189 *Wolgast*, (Anm. 179), S. 34. Vgl. auch ebd., S. 40: »Dem ebenfalls wegen seiner politischen Überzeugung entlassenen Radbruch dankte der Rektor Andreas zwar in einem würdigen Schreiben für seine Heidelberger Tätigkeit, aber der Direktor der Universitätsbibliothek verbot ihm das Betreten der Magazine, da diese nur aktiven Dozenten und Emeriti offenstünden.«

190 Zit. nach ». . . helfen zu graben den Brunnen des Lebens« (Anm. 69), S. 242.
191 *Bollmus* (Anm. 85), S. 154f.
192 Ebd., S. 158.
193 Ebd., S. 159.
194 Ebd., S. 172.
195 Zur Kontroverse zwischen Frank und Oncken vgl. *Heiber* (Anm. 6), S. 109–125. – Zur Biographie, Forschungsarbeit und Geschichtsauffassung Onckens vgl. *Ch. Weisz*: Geschichtsauffassung und politisches Denken Münchener Historiker der Weimarer Zeit. Konrad Beyerle, Max Buchner, Michael Doeberl, Erich Marcks, Karl Alexander von Müller, Hermann Oncken, Berlin 1970; *R. vom Bruch*: Wissenschaft, Politik und öffentliche Meinung. Gelehrtenpolitik im Wilhelminischen Deutschland. (Historische Studien 435), Husum 1980, S. 215ff.
196 So *Th. Schieder* in: Historische Zeitschrift 189 (1959), S. 106. – Vgl. dazu auch *Schwabe* (Anm. 186), S. 94: »Oncken, obwohl politisch zunächst kein entschiedener Opponent des Hitlerregimes, hatte doch als Wissenschaftler diesem die Grenzen seiner Macht bewußt machen wollen. Mit Recht betrachteten Frank und seine Gönner dies als zwar versteckte, aber grundsätzliche Kampfansage an ihre politischen Bestrebungen.« Angesichts der »Forderung nach totaler Polarisierung aller Lebensbereiche« beharrte Oncken »ganz im Sinne seiner früher geäußerten Grundsätze auf der Eigenständigkeit seiner Wissenschaft«.
197 *H. Oncken*: Wandlungen des Geschichtsbildes in revolutionären Epochen. In: Historische Zeitschrift 189 (1959), S. 124–138.
198 *Bollmus* (Anm. 85), S. 77f.
199 *D. Schäfer*: Deutsche Geschichte, Bd. 1, Jena 1910, S. 10.
200 Vgl. dazu *L. Schorn-Schütte*: Karl Lamprecht. Kulturgeschichtsschreibung zwischen Wissenschaft und Politik. (Schriftenreihe der Historischen Kommission bei der Bayerischen Akademie der Wissenschaften 22) Göttingen 1984, S. 113, 115, 147.
201 *Meinecke* (Anm. 45), S. 173f.
202 Vgl. dazu *H.-U. Wehler*: »Deutscher Sonderweg« oder allgemeine Probleme des westlichen Kapitalismus? Zur Kritik an einigen »Mythen deutscher Geschichtsschreibung«. In: Merkur 1981, S. 478–487; *H. A. Winkler*: Der deutsche Sonderweg. Eine Nachlese, ebd. S. 793–804; *B. Faulenbach*: Deutscher Sonderweg. Zur Geschichte und Problematik einer zentralen Kategorie des deutschen geschichtlichen Bewußtseins. In: Aus Politik und Zeitgeschichte. Beilage zur Wochenzeitung ›Das Parlament‹ B 33/81 (15. Aug. 1981), S. 3–21; *H.-J. Puhle*: Deutscher Sonderweg. Kontroverse um eine vermeintliche Legende. In: Journal für Geschichte 1981, S. 44–45; *J. Kocka*:

Der »deutsche Sonderweg« in der Diskussion. In: German Studies Review 5 (1982) S. 365–379.

203 *M. Weber*: Parlament und Regierung im neugeordneten Deutschland. Zur politischen Kritik des Beamtentums und Parteiwesens, München/Leipzig 1918, S. VIII.

204 Vgl. dazu *K. Schreiner*: Friedrich Barbarossa – Herr der Welt, Zeuge der Wahrheit, die Verkörperung nationaler Macht und Herrlichkeit. In: Die Zeit der Staufer. Geschichte – Kunst – Kultur, Bd. 5, Stuttgart 1979, S. 551 f.

205 *E. Marcks*: Otto von Bismarck. Ein Lebensbild, 6.–10. Auflage, Stuttgart/Berlin 1915, S. VIII, 254–256.

206 *Westphal* (Anm. 7), S. 473.

207 Ebd., S. 471, 479.

208 *Weber* (Anm. 203), S. 11 f. Weber bemerkte in diesem Zusammenhang, »ein großer und jedenfalls der einflußreichste Teil der populären Bismarckliteratur ist für den Weihnachtstisch des Spießbürgers zugeschnitten, der jene völlig unpolitische Art der Heldenverehrung bevorzugt, wie sie bei uns üblich geworden ist«.

209 *M. Heidegger*: Hölderlins Hymnen »Germanien« und »Der Rhein«. Gesamtausgabe Bd. 39, Frankfurt/M. 1980, S. 106.

210 *K. Löwith* bemerkte zu Recht, daß man am Ende von Heideggers Freiburger Rektoratsrede vom 27. Mai 1933 nicht recht wisse, »ob man Diels Vorsokratiker in die Hand nehmen« oder »mit der SA marschieren« solle. Vgl. *P. Hühnerfeld*: In Sachen Heidegger, Hamburg 1959, S. 94.

211 *Weisz* (Anm. 195), S. 255–256.

212 *Einhart* (= Heinrich Claß): Deutsche Geschichte, Leipzig 1912^{4}, S. 413 f. – Freundlicher Hinweis von cand. phil. Peter Steffen.

213 *D. Frymann* (= Heinrich Claß): Wenn ich Kaiser wär', Leipzig 1914^{5}, S. 265.

214 *K. Jaspers*: Die Wissenschaft im Hitlerstaat. In: Rechenschaft und Ausblick. Reden und Aufsätze, München 1958, S. 218.

215 *E. Brandenburg*: »Deutsche Führer«. Vorwort zu *Boehmer* (Anm. 32), S. 9.

216 *Picker* (Anm. 108), S. 485.

217 *J. Haller*: Die Epochen der deutschen Geschichte, Stuttgart/Berlin 1925, S. 371–375.

218 *Eschenburg* (Anm. 43), S. 34.

219 Vgl. *B. Faulenbach*: Ideologie des deutschen Weges. Die deutsche Geschichte in der Historiographie zwischen Kaiserreich und Nationalsozialismus, München 1980.

220 *E. Kästner*: Wer nicht hören will muß lesen. Eine Auswahl, Frankfurt/M. 1978, S. 122.

Otthein Rammstedt
Theorie und Empirie des Volksfeindes
Zur Entwicklung einer »deutschen Soziologie«

Die Soziologie ist die einzige wissenschaftliche Disziplin, »die als solche bei den Nationalsozialisten Anstoß erregte«.[1] Von diesem Selbstverständnis geht die Soziologie bis heute aus. Die Zeit von 1933 bis 1945 bedeutet für Soziologen in Deutschland daher eine »Unterbrechung«.[2] Betont wird, daß die meisten emigrieren mußten und die wenigen in Deutschland verbliebenen sich fast alle in problemlosere Disziplinen zurückzogen.[3] Und selbst dort, wo Wissenschaftler wie Freyer, Ipsen und Pfeffer sich zumindest zeitweilig in der Rolle des Soziologen für den Nationalsozialismus engagierten, wird dies heute aus einer Ortsbestimmung der Soziologie getilgt. Denn mit einer politisch engagierten Vorgehensweise hätten diese Soziologen gegen den ehernen Grundsatz der Wertfreiheit verstoßen, der bis 1933 in der deutschen Soziologie gegolten hat. Von der Soziologie als wissenschaftliche Disziplin kann unter den Bedingungen des NS-Regimes nach heute herrschender Meinung nicht gesprochen werden.

Aber ist die Existenz der Soziologie in Deutschland tatsächlich mit der Machtergreifung Hitlers zu Ende? Wohl kaum. Und diese Erwiderung ist differenziert zu führen. Denn es reicht nicht, formal darauf hinzuweisen, daß Lehre und Forschung gewahrt blieben; schon 1933/34 waren freigewordene Positionen teilweise wieder mit Soziologen besetzt worden; Ende der dreißiger Jahre wurden neue soziologische Lehrstühle eingerichtet, Anfang der vierziger Jahre Soziologie in den Reichs-Universitäten Posen und Straßburg angesiedelt. Vielmehr ist besonders dem inhaltlichen Verständnis von Soziologie unter dem Nationalsozialismus nachzugehen, das in der Selbstbezeichnung »deutsche Soziologie« sowohl für eine Umorientierung wie für eine Tradition in der deutschsprachigen Soziologie steht. Ebenso verdient der praktische Aspekt der »deutschen Soziologie« Beachtung, mittels dessen erst die gesellschaftliche Bedeutung in Konturen faßbar wird, die die Soziologie unter dem Nationalsozialismus errang.

Die Entwicklung der »deutschen Soziologie« weist zwei Phasen auf: Die erste (1933 bis 1936) knüpft an eine theoretische Diskussion vor 1933 an und hebt den praktischen Aspekt hervor; die zweite Phase (1936 bis 1945) ist durch eine sozialtechnische Ausrichtung gekennzeichnet, die sich aus dem politischen Engagement ableitete, sich jedoch nur unter Verweis auf die Wertfreiheit zumindest im methodischen Bereich durchzusetzen vermochte.

Die »deutsche Soziologie« 1933 bis 1945

Nach der nationalsozialistischen Machtergreifung, vornehmlich in Folge des »Gesetzes zur Wiederherstellung des Berufsbeamtentums«, mußten viele Soziologen im Frühjahr 1933 ihre Positionen an den Universitäten aufgeben und unter dem Druck der politischen Verhältnisse Deutschland verlassen. Ein großer Teil von ihnen meinte, wie auch viele der in Deutschland verbliebenen, daß die Ausschreitungen der Studenten, der SA und der staatlichen Ordnungskräfte vorübergehend seien, hoffte, daß ein Normalzustand schnell wieder eintrete. Zogen sich viele angesichts der Herrschaft des Mobs und des martialischen Etatismus – zeitweilig, wie sie glaubten – zurück, so meldeten sich frühzeitig eine Reihe von Soziologen zu Wort, die mit der Machtergreifung der NSDAP die Chance für eine Umorientierung in der Soziologie gegeben sahen. Wenn hier Boehm, Eschmann, Freyer, Hellpach, Höhn, Ipsen, Jerusalem, Mannhardt, Mühlmann, Rumpf und Weippert angeführt werden[4], so zeigen ihre Schriften aus den Jahren 1933 und 1934 bei aller scheinbaren Gegensätzlichkeit des Ansatzes große Gemeinsamkeiten in der Beurteilung der Soziologie auf.

Die Geschehnisse von 1933 werden von diesen Soziologen als Entfaltung des deutschen Volkes verstanden. Sie sprechen von »Volkwerdung«, vom »Erwachen Deutschlands« oder von »Geburt des Dritten Reiches«. 1933 gilt ihnen aber nicht als Teil einer organischen Entwicklung – schon gar nicht als vorübergehende Abweichung von einer normalen Entwicklung –, aber auch nicht als Teil einer politisch-sozialen Revolution. Die Ereignisse von 1933, so Freyer, werden nicht »als eine existentielle Angelegenheit des deutschen Volkes, sondern als ein Durchbruch seines Wesens in der Zeit« empfunden. Daher lasse sich auch nicht dies Geschehen »aus ökonomischen, politischen oder sozialen Einzelfaktoren ... erklären«; man könne es »nur mythologisch auffassen«.[5]

Neben dem politischen Bekenntnis findet sich durchgängig die Gegenwart als postrevolutionäre Umbruchsphase umschrieben. Daher sind diese Soziologen anzugeben gezwungen, welches gesellschaftliche Stadium mittels Revolution überwunden wurde und was das Neue ist, das die Gegenwart kennzeichnet. Und zugleich wird die Funktion der Soziologie als in die Realität eingreifende Wissenschaft umrissen.

Wenn die Soziologie sich teilweise so schnell umorientierte, so ist dabei zu vergegenwärtigen, daß Soziologie vor 1933 an den Hochschulen noch mehr »wissenschaftlicher Aspekt« denn institutionalisiertes Fach war.[6] Die Wende zur »deutschen Soziologie« bezog sich weniger auf die Institutionalisierungsansätze in Frankfurt, Köln, Heidelberg, Berlin und Leipzig, sondern zielte vielmehr auf eine Durchsetzung der Soziologie als Institution, wie sie seit Ende der zwanziger Jahre erwartet wurde.[7]

1933 als Stunde der Soziologie

Lautstark wurden nach 1933 all jene wissenschaftlichen Aspekte der Soziologie zur Geltung gebracht, von denen angenommen wurde, sie seien für die Nationalsozialisten akzeptabel, gingen konform mit der NS-Ideologie oder förderten gar die gesellschaftliche Umgestaltung im Sinne des Faschismus. Entgegen kam solchen soziologischen Arbeiten, daß seitens der faschistischen Ideologie – so in den Arbeiten Hitlers, Feders, Rosenbergs – »Gemeinschaft« und »Volk« an zentrale Stelle gesetzt waren. Mit »Gemeinschaft« und »Volk« glaubte die Soziologie nach 1933, ihr vom Regime akzeptiertes, ja, ihr vom Regime angedientes Terrain gefunden zu haben. Als »Gemeinschaftssoziologie« erwartete sie, unabdingbar im Kanon der Wissenschaften zu werden. Selbst universalwissenschaftliche Ansprüche wurden wiederbelebt, indem die Soziologie als übergreifende Wissenschaft Ansprüche stellte. Um so leichter schien dies, da der Gemeinschaftsbezug, die Volksorientierung in vielen wissenschaftlichen Disziplinen – zumindest ansatzweise – hergestellt wurde, so in der Pädagogik[8], Psychologie[9], Literaturwissenschaft[10], Philosophie[11], Volkskunde[12], Volkswirtschaft[13], Rechtswissenschaft[14], Geschichtswissenschaft.[15] Die interne Soziologisierung der geisteswissenschaftlichen Disziplinen stärkte die Soziologie als »wissenschaftlichen

Aspekt«, erweckte jedoch zugleich ein Institutionalisierungsbedürfnis bei den Hauptfachsoziologen, um die Gefahr des Ausuferns zu bannen.

Ein großer Teil der Soziologen machte sich glauben, mit der nationalsozialistischen Machtergreifung habe die »Stunde der Soziologie« eingesetzt, »wo sie im Zusammenklang von Einsicht und Willen ... als Wissenschaft von der Gemeinschaft die Zentralwissenschaft einer ganzen Zeit werden kann, weil sie entschlossen ist, Wissenschaft des Dienstes zu sein«.[16] Denn die Soziologie sei die Wissenschaft, auf die sich »der Eifer, die Arbeit, die Hoffnung einer ganzen Epoche« stützt. Sie sei »lebendiger Ausdruck ihrer Zeit, ihrer Wünsche wie ihrer Nöte«.[17]

Wurde wohl einerseits anfangs befürchtet, die neue »deutsche Soziologie« könne durch Ausweitung anderer Disziplinen aufgesogen werden – nur so scheint verständlich, daß vor allem gegenüber den »Staatswissenschaften« und der »politischen Volkskunde« auf die Wichtigkeit der Erhaltung schon des Wortes (und der Disziplin) »Soziologie« gepocht wird[18] –, so treten dann andererseits die deutschen Soziologen eine scheinbare Flucht nach vorne an, indem sie stärker übergreifende Bezeichnungen für die »deutsche Soziologie« anbieten – z. B. Volkslehre, Volkswissenschaft, Volkstheorie, Gesellschaftswissenschaft, Gesellschaftslehre, Gesellschaftskunde, Gemeinschaftswissenschaft, Gemeinschaftskunde, Gemeinschaftslehre. Im Sinne dieses übergreifenden Ansatzes wird 1933/34 zugleich gefordert, »deutsche Soziologie« müsse im Rahmen des Studiums generell vermittelt werden[19], eine Forderung, die sich in der beabsichtigten Einrichtung eines »politischen Instituts« an der Universität Jena[20] ebenso niederschlug wie in der Umgestaltung der deutschen Hochschule für Politik in Berlin 1933[21] und später deren Überleitung bei Errichtung der »Auslandswissenschaftlichen Fakultät« an der Universität Berlin, für die die Soziologie als »Grundwissenschaft« galt.[22]

Die Hochschulreformvorschläge beriefen sich auf den Ausrichtungszwang aller Wissenschaft auf »Volk« und »Gemeinschaft« und signalisierten damit die vermeintliche politische Funktion der Soziologie. Diese wird auch von Erich Rothacker angesprochen, wenn er 1933 dem Reichsinnenministerium die Gründung von Institutionen vorschlägt, »welche einer neuen Staats- und Gesellschaftslehre, Volkskunde und Volkstheorie, Rassenkunde, Eugenik« dienten.[23] Die nach 1933 in ihren Positionen verbliebenen Soziologen waren sich dieser Erwartung bewußt. Nicht zufällig war das Thema *Universitätsreform* auf dem Soziologentag 1934 in Jena ins Zentrum gerückt, und selbstbewußt verwies die »neue«, die »deutsche« Soziologie auf ihre gesamtwissenschaftliche Bedeutung im Rahmen der Universitätsreform, die nicht »an den äußeren Problemen formaler Organisation mit dem Vorzeichen des Politischen hängenbleiben«[24] dürfe.

Dieses selbstbewußte Auftreten der Soziologie auf dem Soziologentag 1934 überrascht, wenn man sich das Bangen um das eigene Fach auf den vorhergehenden Soziologentagen vergegenwärtigt oder die »Eingabe der Reichsdeutschen Dozenten der Soziologie an die hohen Ministerien, Hochschulen, Fakultäten, Prüfungsämter« von 1932 liest.[25] Und angesichts der schwerwiegenden Konflikte, die z.B. Themen wie »Demokratie« und »Methodologie« auf dem 5. Deutschen Soziologentag 1926 in Wien auslösten und die für die Tagungen 1929 in Zürich und 1930 in Berlin organisatorisch unterbunden werden sollten[26], erstaunt es, über die Tagung 1934 zu lesen, »daß alle Referate von einer seltenen inneren Geschlossenheit durchdrungen waren, die um so mehr ins Gewicht fällt, als die Referate von den verschiedensten Gesichtspunkten aus an die Grundfragen der Soziologie herangingen«.[27] Zwar läßt sich argumentieren, daß nur die mit den Nazis sympathisierenden Soziologen 1934 nach Jena kamen und das Wort zu ergreifen wagten[28], aber ungeklärt bleibt dabei, was »jene seltene innere Geschlossenheit« in der theoretischen Diskussion ausmachte, die eben nicht am »Vorzeichen des Politischen hängenbleiben« wollte; oder, weiter gefaßt ist hier zu fragen, ob es eine eigenständige Entwicklung der Soziologie nach 1933 in Deutschland gegeben hat.

Soziologie als praktische Wissenschaft (1933 bis 1936)

Aufgrund ihres Selbstverständnisses vermeinte jene Gruppierung von Soziologen einen eigenen Ansatz zu vertreten. Darauf verweist bereits die zwanghaft anmutende ständig wiederholte Absetzung zur Soziologie von vor 1933. Wird in ihr zumeist nur eine allgemeine Ablehnung betont – dabei fällt auf, daß nur in seltenen Fällen Personen namentlich angeprangert werden, was wohl Lepsius in der bisher einzig ernst zu nehmenden Auseinandersetzung mit der Soziologie zwischen 1933 und 1945 dazu verführt, das

Gemeinsame in einer Summe von »Antis« zu sehen[29] –, so stecken hinter den Ablehnungen doch Ansätze einer gemeinsamen Theorie, eines Konsenses über die wissenschaftliche Vorgehensweise und eine Gewißheit über die Aufgabe der Soziologie. Deutlich wird dies in Beyers Bericht über das Treffen der Soziologen 1934 in Jena, wenn es dort heißt, »daß die deutsche Soziologie unter Aufgabe der bisherigen unfruchtbaren Systemstreitigkeiten eine einheitliche Grundhaltung finden wird, die ihr die Mitarbeit am neuen Staat sichert und ihr die hervorragende Stellung verschafft, die sie im Verhältnis zu den anderen Disziplinen verdient«.[30] Die Ergebnisse der Soziologentagung ergäben zugleich »wichtige Erkenntnisse« für die »gesamte Wissenschaft«; so sei festzuhalten, daß

»die Wissenschaft von der bisherigen Enge der Blickrichtung Abstand nehmen und gewisse Gebiete der Praxis, wie z. B. den Arbeitsdienst und das Auslandsdeutschtum, mehr beachten muß, als es bisher geschehen ist, weil gerade hier gewisse Gesetze des deutschen Seins besonders augenfällig zutage treten. Beachtlich war auch die deutliche Absage, die von allen Seiten einer romantischen Auffassung von Volk und Staat erteilt wurde. Aufgabe der Wissenschaft im neuen Staat ist es, die Kluft zwischen Wissenschaftsideologie und Wirklichkeit zu überwinden und einen Weg zu finden, der nicht zu einem abstrakten, von aller Wirklichkeit abgelösten Bau reiner Geistigkeit führt. Die Wissenschaft muß daher nach den Grundsätzen des völkischen Geschehens und der Volksgemeinschaft aufgebaut werden (Krieck). Mit der Erkenntnis der Einheit unseres Seins ist das Nebeneinander und Gegeneinander von Naturwissenschaften und Geisteswissenschaften, die Kluft zwischen Geist und Körper, in den Grenzwissenschaften Soziologie und Rassenforschung zu überwinden (Günther). Es ist daher heute die Aufgabe der Wissenschaft, im neuen Geiste selbständig und systematisch ihre Grundlagen zu überprüfen und neu zu gestalten. Ebenso wie die individualistische Zeit, als sie die alten Gemeinschaften zerbrach, alle Formen und Einrichtungen nach dem Prinzip des Individualismus umgestaltete, genau so muß ein Zeitalter, das zur Gemeinschaft zurückkehrt, umgestalten. Es muß den Wertmesser der Gemeinschaft anlegen und fragen, ob die vorhandenen Formen und Begriffe noch der Idee der Gemeinschaft entsprechen oder ob sie verschwinden und andere an ihre Stelle treten müssen (Höhn).«[31]

Die Figuration »deutsche Soziologie« wird hier schemenhaft faßbar und läßt eine doppelte Funktion erkennen; zum einen wird auf die »deutsche Soziologie« verwiesen, um sich in der historischen Vergewisserung durch Ausgrenzung die Möglichkeit einer »einheitlichen Grundhaltung« im theoretischen Glauben zu verschaffen. »Deutsche Soziologie« wird also nicht verstanden als die rein formale Bezeichnung für soziologische Veröffentlichungen in deutscher Sprache bzw. für solche von Mitgliedern der »*Deutschen* Gesellschaft für Soziologie«, eine Bezeichnung, die in dieser Bedeutung in den zwanziger Jahren Verbreitung fand; vielmehr steht »deutsche Soziologie« nach 1933 für eine eigenständige Entwicklung der Soziologie in Deutschland, die sich von 1848 an von der übrigen Soziologie abgehoben habe, eine These, die Ipsen in aller Schärfe formulierte[32] und die Freyer immer wieder zu belegen trachtete.[33] Die unterstellte qualitative Eigenständigkeit der »deutschen Soziologie« beinhaltete im Verständnis der NS-orientierten Soziologen, daß jede Rezeption anderer (i. e. »westlicher«) soziologischer Theorien eine Gefährdung der Eigenart der »deutschen Soziologie« bewirkt habe. Nicht nur werden daher im historischen Rekurs alle nichtdeutschen Soziologen eliminiert, sondern auch alle deutschsprachigen Soziologen der jüngsten Vergangenheit und der Gegenwart aus der »deutschen Soziologie« ausgeschlossen, die sich auf »westliche« Ansätze der Soziologie beriefen.

Die »deutsche Soziologie« tritt zum andern als »eigentlicher Beitrag des deutschen Geistes zur Geschichte der Soziologie«[34] seit 1933 offen mit einem Totalitätsanspruch auf. Setzte sie sich bewußt ab vom »teils naturwissenschaftlichen, teils geschichtlich-morphologischen Teil der ausländischen Soziologie, in steigendem Maße ... der amerikanischen« und vom Positivismus, der »das Ideal der wertfreien, gegenständlich universalen Wissenschaft auch auf die Soziologie anwandte«[35], so optierte sie zugleich für einen einheitlichen theoretischen Bezugsrahmen der im NS-Deutschland verbliebenen Soziologen mit der in ihrer Vagheit funktionalen Forderung nach dem Rückbezug auf den »deutschen Geist«.[36]

Die »deutsche Soziologie« habe wie die anderen Soziologien »die Wirklichkeit ihrer Zeit verantwortlich« zu erfassen; aber in Absetzung zu ihnen sei sie einer Norm verpflichtet, die auf »eine zukünftige Gestalt des politischen Volkes«[37] ziele. Dieser normative Aspekt, diese politische Ausrichtung galt im Selbstverständnis der Vertreter der »deutschen Soziologie« als das Spezifikum. Durch die Machtergreifung der NSDAP sei diese Soziologie in ihrer Funktion für die »neue Ordnung des völkischen Lebens«[38] manifest geworden. Die historische Ableitung dieser Soziologie soll demgemäß nicht nur die Zweifel zerstreuen, die »deutsche Soziologie« sei nur eine wissenschaftlich verbrämte faschistische Ideologie. Sie soll vielmehr auch dem NS-Regime signalisieren, daß es die Soziologie als Eigenständiges bei der »Volkswerdung« einsetzen kann, ja muß.

Die »deutsche Soziologie« weist drei Facetten auf: die Suche nach der eigenen Tradition, die Bildung eines verbindlichen theoretischen Konstrukts und die praktische Umsetzung der Soziologie. Zudem lassen sich zwei Phasen der »deutschen Soziologie« feststellen: die Phase ihrer Bildung, die von 1933 bis etwa 1935/36 währt, und die Phase ihrer Geltung, die 1936/37 einsetzt.

Die historische Selbsteinschränkung auf Vertreter des »deutschen Geistes« in der ersten Phase hat, wie angesprochen, eine mehr instrumentelle und politische als theoretische Funktion und zeitigte weitestgehend keine Auswirkungen auf die praktische Soziologie.[39] In der zweiten Phase scheint die Konsensbildung über die Geschichte der »deutschen Soziologie« abgeschlossen.[40] Die eigenständige Tradition gilt als so selbstverständlich, daß andere Traditionen ohne Berührungsängste abgehandelt werden können. Jedoch werden Verflechtungen mit der eigenen Tradition nicht angesprochen.[41] In diesem Sinne werden in Systemvergleichen und (propagandistischen) Länderstudien politisch-soziologische Theorien als diskriminierende Variable behandelt.[42]

Der theoretische Ansatz

Die Theorie der »deutschen Soziologie« leitete sich in den ersten Jahren nach 1933 aus den Vorgaben Hans Freyers und Othmar Spanns ab. Am eindrucksvollsten konnten sie die Machtergreifung der NSDAP als Beginn einer radikalen sozialen Umstrukturierung preisen, mit diesem Start in eine neue Zeit eine engagierte Umorientierung der Soziologie als mitgestaltende Kraft fordern und zugleich auf das Identischbleiben ihrer politisch orientierten soziologischen Ansätze pochen.[43] Zwar versuchten auch andere Soziologen, ihren vor 1933 vertretenen soziologischen Ansatz als der faschistischen Ideologie angemessen auszuweisen – so vor allem Wilhelm Andreae[44], Max Hildebert Boehm[45], Carl Brinkmann[46], (Gustaf) Adolf Günther[47], Franz Wilhelm Jerusalem[48], Johann Plenge[49], Max Rumpf[50], Werner Sombart[51] und Andreas Walther[52] –, aber ihnen fehlte es entweder an wissenschaftlicher Reputation oder an Distanz zur Deutschen Gesellschaft für Soziologie bzw. zur scientific community der Soziologie oder an einem konsensfähigen soziologischen Ansatz. Bei aller Verschiedenartigkeit von Freyer und Spann, die vor allem Andreae wohl auch aus Selbstdarstellungsgründen betonte[53], tritt das Gemeinsame in den Vordergrund.[54] Das betrifft zuerst den ganzheitstheoretischen Ansatz, der schon lange vor 1933 als verbindendes Glied zwischen großen Teilen der späteren Vertreter der »deutschen Soziologie« vornehmlich in Absetzung zu den auf den Deutschen Soziologentagen herrschenden wissenschaftlichen Richtungen nachweisbar ist.[55] Ein qualitativ eigenständiges Moment wurde dem soziologischen »Ganzen« kontrastierend zu einem formalen Verständnis von Gesellschaft attestiert.[56] Ob von Volk, Gemeinschaft oder Kollektiv gesprochen wird, meint das emphatisch jeweils eine neue und zugleich alte harmonische soziale Ordnung, der, von der kapitalistisch geprägten Gesellschaftsstruktur bisher überlagert, wieder zur Wirklichkeit verholfen werden müsse.[57] Die Volkwerdung sei der einheitliche Wille derer, die die Zeichen der Zeit erkannt hätten. Und dazu rechnen sich die Vertreter der »deutschen Soziologie«, die mit Freyer ihre wissenschaftliche Aufgabe darin sahen, den »Willensgehalt der Gegenwart«[58] zu fassen. Sie glaubten, die gegenwärtige Gesellschaftsordnung als »geschichtlich bewegtes Ganzes«[59] durchschaut zu haben, und sie fühlten sich der Ganzheitswerdung ethisch verpflichtet. »Nicht souverän soll der Erkennende werden, sondern frei *in* ihr und frei *zu* ihr.«[60]

Objekt der Soziologie sind nach dieser ganzheitstheoretischen Interpretation die gesellschaftlichen Gebilde, die »Formen aus Leben sind«, zusammengeschmiedet »aus Menschenleibern und Menschenseelen, aus Menschenwillen und Menschenschicksalen«.[61] Das soziale Ganze gilt aber zugleich als geschichtlich und gegenwartsbezogen[62], bedingt durch die ihm innewohnenden Widersprüche. Es ist kein harmonisches Ganzes aus gleichen Teilen, sondern verweist auf ein Ungleichgewicht zwischen den Teilgebilden, das bei sozialen Ganzheiten durch Herrschaft abgefangen wird[63], oder zugespitzt, angesichts der neuzeitlichen Gesellschaftsstrukturen: »Herrschaft . . . integriert aus Ungleichem ein Ganzes.«[64] Herrschaft als interpersoneller Zwang tritt aber als Bedeutung hinter Herrschaft als Geltung kraft der Verbindlichkeit des Geistigen (Spann), des Ethischen (Freyer) zurück. Sichert die erste nur den Bestand des Ganzen, so treibt die zweite das Sozialgebilde zu seiner Verwirklichung; sie ist Mittel der »inneren Eigengesetzlichkeit der (gesellschaftlichen) Ganzheiten« (Spann). Die Partizipation an dieser Form der Herrschaft ist Zweck der Teile gemäß dem Zweck des Ganzen. Gesinnung ist also gefordert. Und das betrifft die Soziologen in besonderem Maße, da sie ja nicht nur als einzelne Teil von Sozialgebilden sind, sondern durch die Analyse des sozialen Geschehens in das soziale Geschehen eingreifen. Soziologie kann nur, um mit Spann zu sprechen, als »Kämpfende Wissenschaft« betrieben werden.[65] Sie hat als Gegenwartsanalyse die »geschichtliche Bewegung, die ihr wesentlichster Zug ist«[66], zu beachten; sie hat der Soziologe auf »die menschenbindenden und menschentrennenden Kräfte«[67] zurückzuführen, »also« auf das reale Wollen realer Menschen. Dies heißt nicht, die »ganze gesellschaftliche Wirklichkeit als Summe von lauter ›Verhaltensmuster‹ aufzufassen«[68], denn die von der Soziologie erfaßten »Willenskräfte« sind weder individuelle Bedürfnisse oder stratifikatorisch gelagerte Interessen noch atomische oder das soziale Ganze sprengen wollende Kräfte, sondern diese »Willenskräfte« geben der gesellschaftlichen Wirklichkeit erst ihren Halt, sie wohnen ihr »als weitertreibende Unruhe« inne; die »Willenskräfte« sind Motor und Garant, daß das soziale Ganze zu sich selbst kommt.[69] Damit ist die soziale Dynamik nicht länger »mechanisch kausal« interpretierbar; der Positivismus soll durch eine »Gliederungs- und Zweckwissenschaft«[70] ersetzt werden, in der die Teleologie an die Stelle der Kausalität rückt. Und damit verändert sich auch die Bedeutung der Empirie für die Soziologie; nicht länger ist Soziologie eine empirisch gestützte Erfahrungswissenschaft, sondern das notwendige deduktive Vorgehen – bedingt durch das nur mögliche intuitive Erfassen der gesellschaftlichen Totalität – ordnet die Empirie der Taxonomie nach.[71]

Der theoretische Rahmen der »deutschen Soziologie« bestand bereits vor 1933. In den ersten Jahren nach der Machtergreifung wurde im Zuge der Fiktion, die Ereignisse von Anfang 1933 hätten die gesellschaftliche Wirklichkeit sprunghaft geändert[72], zugleich unterstellt, der Gegenstand der Soziologie habe sich gewandelt und mit ihm die Erkenntnishaltung.[73] Die Selbstverpflichtung der Vertreter der »deutschen Soziologie« bezieht sich dann darauf, die soziale Realität gemäß dieser Fiktion zu analysieren und empirisch zu ermitteln, welche Faktoren die »Volkwerdung« fördern und welche sie hindern.[74] Und dem gesellt sich als zweite Aufgabe zu, daß »die Tatsache der *Gemeinschaft* den primären Gegenstand soziologischer Betrachtung zu bilden habe«.[75]

Die »deutsche Soziologie« war sich im klaren, mit den geänderten Gesichtspunkten, unter denen sie die sozialen Ereignisse in Deutschland seit 1933 betrachten zu müssen glaubte, und mit neuen Strukturbegriffen wie Gemeinschaft oder Stand, »die der bürgerlichen Gesellschaft als ihre Norm entgegengehalten und als ihr Entwicklungsziel vor Augen gestellt« wurden, eine Art von Soziologie zu betreiben, die »durch ein politisches Willensziel klar orientiert«[76] war. Und darin sah die »deutsche Soziologie« bewußt den Unterschied zu den herrschenden theoretischen Ansätzen in der Soziologie der zwanziger Jahre. War die Betonung von Volkwerdung oder »realistischem Gemeinschaftsdenken« mehr vordergründig und konnte bisweilen – so von Sombart, so von Maus – diskursiv in Frage gestellt werden, so riß die Absage an die Wertfreiheit, an die neukantianische Trennung von Sein und Sollen, eine unüberbrückbare Kluft auf, wie sie sich seit dem Wiener Soziologentag angedeutet hatte. Darum rückte die Kritik am Postulat der Wertfreiheit ins Zentrum, vor 1933 noch als Frage nach der grundsätzlichen Möglichkeit wertfreier Wissenschaft formuliert[77], nach 1933 dann als das ideologische Versatzstück herausgestellt, in dem die Fehler der Soziologie der System-Zeit kulminierten. Wenn Pfeffer formulierte, daß die Soziologie »gerade durch ihre vermeintliche Wertfreiheit zur Kampflehre der bürgerlichen Gesellschaft gegen das Volk« wurde, so ragt diese Bemerkung weder inhaltlich noch formal aus den Äußerungen anderer Vertreter der »deutschen Soziologie« hervor.[78]

Die taktische Aufgabe der »deutschen Soziologie«

Nicht durch wissenschaftliche Diskussion kam es zu überraschend einheitlichen Positionen in den frühen Jahren der »deutschen Soziologie«; intern wurde anscheinend die Auseinandersetzung vermieden, und von außen unterblieb weitestgehend jede Kritik.[79] Das Einheitliche ergab sich vielmehr über die Politisierung der Soziologie.[80] Der Überwindung der kapitalistischen bürgerlichen Gesellschaft als das eigentliche Ziel aller Krisenwissenschaft Soziologie geselle sich als Spezifikum der »deutschen Soziologie« hinzu, daß sie im Dienste der Ablösung von Gesellschaft durch Volk stehe. Dies gebe der »deutschen Soziologie« die Aufgabe, »taktisch«

die Volkwerdung zu fördern, d. h. durch Vergemeinschaftlichung das Volk zur Einheit durch Beteiligung an der »bewußten Arbeit am Problem (der) Volksordnung«, an der »gestaltenden Sozialpolitik auf die Idee des Volkes hin« voranzutreiben.[81] Die politisch-praktische Funktion wird in der »deutschen Soziologie« als Teil der Theorie ausgegeben.[82] Sie bedingt das politische Engagement der Wissenschaftler – letztlich Gesinnungsethik im Sinne Max Webers[83] – *und* die Praxisorientierung.[84] Gemeint ist hiermit einerseits das theoretische Begreifen der »der Gegenwart innewohnenden Zukunft«[85], also Strukturänderungsvorschläge und Angaben zur Verbesserung der Sozialpolitik, die sich theoretisch aus der Extrapolation des »Willensgehalts der Gegenwart« ableiten[86], wie andererseits die empirische Beantwortung von politisch einschlägigen Fragen. Sie bündeln sich um das Problem der Bildung und Strukturierung der »Volksgemeinschaft«[87], das in vier Bereichen gelöst werden soll: Empirisch können ermittelt werden: erstens die »volkhaften Ordnungen, die durch die Epoche der industriellen Gesellschaft hindurch erhalten geblieben sind und an die der moderne Prozeß der Volkwerdung anzuknüpfen vermag«[88]; zweitens was das Neue an den »realen Körpern« ausmacht, »in denen die werdende Volksgemeinschaft als gediegenes Leben entsteht« – gedacht ist hier an die »Gemeinschafts- und Kameradschaftsverbände«[81]; drittens welche »Möglichkeiten und Ansätze . . . das Material Gesellschaft für den politischen Gestaltungsprozeß« bietet, vice versa, welche sozialen Teile und welchen Raum die Volkwerdung umfassen wird[90]; und schließlich viertens welche sozialen Kräfte mit welcher Stärke und welcher Dauer der Volkwerdung Widerstand leisten, also die Frage: »Wo steht der Feind?«[91]

War bis 1933 das theoretische Konzept der »deutschen Soziologie« weitgehend abgeschlossen, so tritt nach 1933 augenfällig die praktische Umsetzung ein. Die Möglichkeit wird genutzt, in der Phase des Umbruchs, orientiert an der Gestaltung »Volk«, wissenschaftspolitisch und empirisch-wissenschaftlich mitzuwirken. Zwar wurden das Frankfurter »Institut für Sozialforschung« 1933 aufgelöst und das Kölner »Forschungsinstitut für Sozialwissenschaften« 1935 Leopold von Wiese entzogen und umgewandelt in »Forschungsstätte für Deutschen Sozialismus« unter Leitung Wilhelm Börgers[92], zwar blieben mit der Emigration der Lehrstuhlinhaber soziologische Seminare verwaist, aber im Gegensatz zu der Zeit vor 1933 wurden nun – z. T. in Zusammenhang mit der Besetzung soziologischer Lehrstühle – neue soziologische Forschungsstätten geschaffen, die zumeist spezielle Aufgaben zu erfüllen hatten.

Neben Ipsens bevölkerungswissenschaftlichem Institut in Königsberg und Hans F. K. Günthers »Anstalt für Rassenkunde, Völkerbiologie und ländliche Soziologie« in Berlin sei hier beispielhaft nur auf solch bedeutende Institutionen wie das gleichgeschaltete »Deutsche Institut für Nationalsozialistische Technische Arbeitsforschung und -schulung« (DINTA) unter Leitung Karl Arnholds und das Düsseldorfer »Institut für Ständewesen« (Vorstand: Klein, wissenschaftlicher Leiter: Paul Karrenbrock, Kuratoriumsvorsitzender: Fritz Thyssen), an dem Walter Andreae mitarbeitete, verwiesen. Ferner muß auf heute exotisch anmutende Gründungen wie das »Institut für historisch-politische Grenzlandkunde« in Lauenburg/Pommern unter Leitung von Friedrich Schinkel oder die Hamburger »Forschungsstelle für das Überseedeutschtum« aufmerksam gemacht werden, um das Bild abzurunden.

Bei der Konstitution der Institute empirischer Sozialforschung kreuzten sich unterschiedliche Interessen.[93] Aber mehr und mehr wurde deutlich, daß die Liaison mit den nationalsozialistischen Instanzen, die anfänglich das Ansehen der Soziologie in der insitutionellen Wissenschaft vergrößert hatte, einseitige Dimensionen annahm: Die »deutsche Soziologie« konnte nur noch ihre praktische Bedeutung wahren, indem sie sich dem NS-Regime überantwortete, sie konnte vornehmlich nur noch das betreiben, was Freyer »angewandte Wissenschaft« genannt hatte.

Soziologie als angewandte Wissenschaft (1936 bis 1945)

Spätestens ab 1935/36 scheint der »Schwung« der Anfangsphase derart erschöpft, daß das NS-System vornehmlich nur noch beabsichtigte, das gesellschaftlich Erreichte auf Dauer zu sichern. Bewegung wird zum Oppositionsbegriff.[94] Einer von außen kommenden Hilfe bei der Formung des Volkes bedurfte das Regime nicht mehr; und dort, wo es der Wissenschaft zu bedürfen schien, instrumentalisierte es sie.

Hans Freyer hatte wiederholt darauf hingewiesen, daß eine angewandte Soziologie, »also eine auf theoretische Soziologie begründete Gesellschaftstechnik«, das »Gesamtgefüge der gesellschaftlichen Ordnung als auf absehbare Zeit feststehend« voraussetzt. »Dann ist es wohl möglich«, so spekulierte Freyer,

»auf Grund soziologischer Einsichten gewisse Einzelveränderungen planmäßig vorzunehmen, z. B. Reibungen zu beheben, partielle Gegenkräfte auszuschalten u. dgl. Dann ist das Ganze in Ordnung, und die Erkenntnis seiner immanenten Gesetzmäßigkeit kann dazu verhelfen, die Ordnung planmäßig aufrechtzuerhalten und im einzelnen zu verbessern.«[95]

Freyer schien sich der zunehmenden Kluft zwischen der Nutzung der Soziologie als angewandter Wissenschaft und der fehlenden sozialstrukturellen Bedingungen bewußt gewesen zu sein. Als Protagonist der »Volkwerdung« hatte er für das NS-Regime ausgedient.[96] Mit Ipsen und Rothacker geriet er als Herausgeber der Volkslehre-Abteilung der »Neuen Deutschen Forschungen« sogar in den Verdacht, »bündisch-reaktionär« zu sein[97], ein Verdacht, der aus seinem wissenschaftlichen Umfeld in Leipzig abgeleitet[98] und durch seine Zusammenarbeit mit Boehm und Rumpf verstärkt wurde.

Aber Freyer war nicht der einzige »Mohr, der gehen konnte«. Werner Sombart, Othmar Spann, Johann Plenge, Max Rumpf, Max Hildebert Boehm, Hans F. K. Günther, Wilhelm Andreae, Carl Brinkmann, um nur einige zu nennen, ihrer bedurfte die nationalsozialistische Wissenschaftspolitik nicht mehr, um die »deutsche Soziologie« hoffähig und durchsetzungsfähig zu machen. Selbst auf den loyalen Leopold von Wiese glaubten die NS-Wissenschaftspolitiker verzichten, ihn als internationalen Repräsentanten durch einen parteipolitisch linientreuen jungen Mann ersetzen zu können.[99] Daraus ergaben sich einerseits Freiräume für die Soziologen, die es sich nun, weil als randständig eingestuft, leisten konnten, die »deutsche Soziologie« zu kritisieren.[100]. Zumeist jedoch blieb es bei der kritisch gemeinten Feststellung, daß soziologische Theorie »seit einigen Jahren« stockt[101]; eine theoretische Diskussion kam nicht zustande; die implizierte Forderung stieß nicht einmal auf Resonanz, was angesichts der Umstrukturierung des soziologischen Lehrkörpers auch nicht zu erwarten war. Die Freigesetzten gehörten der älteren Generation an, den Jahrgängen zwischen 1855 und 1887. Viele von ihnen, die anfangs die Umorientierung der Soziologie begrüßt hatten, meinten nun, die ihnen zuteil werdende Mißachtung beträfe generell die Soziologie;

und sie orientierten sich um – z. B. hin zur Anthropologie (von Wiese, Sombart), zur Bevölkerungswissenschaft (Günther, Mannhardt), zur Volkswirtschaftslehre (Vleugels, Brinkmann), zur politischen Philosophie (Freyer, Jerusalem) oder zur Volkskunde (Boehm, Rumpf).

Diese neuen Bereiche als Refugien zu interpretieren oder als Nischen, in denen die einzelnen das NS-System überlebten, oder die Umorientierung gar als Beleg für die »innere Emigration« dieser Gruppierung (und mit ihr *der* Soziologie) hinzustellen[102], verkehrt zumeist den Sachverhalt. Denn diese »Nischen« sind seit 1933/34 Bereiche der sich als praktisch verstehenden »deutschen Soziologie«. Mit der Verquickung und Funktionsumbestimmung von Theorie und Empirie wandelte sich angesichts ihrer »Pflicht, nach letzter Gültigkeit ihrer Grundbegriffe zu streben, sich ihrer Voraussetzungen bis zum Grunde bewußt zu werden und alle Fiktionen einer überwundenen Wirklichkeit von sich abzutun«[103], das Bild der Soziologie, das zwei andere Facetten aufwies: zum einen die Erforschung der »tieferen Mächte und Strukturen«[104] des Sozialen. Hierzu zählen die anthropologischen[105] und rassenkundlichen Arbeiten[106], in deren Zentrum auch das Problem der Führerauslese[107] und der Sprache[108] stand, wie auch die Publikationen zu den zeitlosen Strukturen und »unantastbaren Ordnungen der Gemeinschaft«.[109] Zum anderen jene Verpflichtung zum Engagement für die Volkwerdung: die Soziologie war folglich bestrebt, die Diskrepanzen zwischen dem politischen Willensziel und seinen realen Wirkungen zu verringern, indem sie als Wirklichkeitswissenschaft Daten lieferte, die in den politischen Handlungsprogrammen berücksichtigt werden konnten – eine »taktische« Implementationsforschung. Diese Aufteilung in Suche nach dem Wesen des Willens und Suche nach Durchsetzungsmöglichkeiten des Willens fügte sich nicht der Simmelschen Dreiteilung in »Allgemeine Soziologie«, »Reine Soziologie« und »Philosophische Soziologie«, wie sie durch von Wiese, Vierkandt, Sombart und Karl Mannheim zum festen Bestand der Soziologie der zwanziger Jahre geworden war. Mit der Objektverschiebung auf »Volk im Werden« überschritt die »deutsche Soziologie« allseits die Grenzen der Soziologie im Wissenschaftskanon.[110] Ob als Grundlagenforschung oder als Implementationsforschung, jeweils vermeinte die »deutsche Soziologie«, aus ihrer politisch engagierten, ihrer »taktischen« Ausrichtung ihre wissenschaftliche Legitimation ableiten zu können. Eine Theoriediskussion erübrigte sich somit, sie wurde sogar als »Entartung« abgetan.[111]

Theorie als Selbstreflektion des Fachs war in der Phase nach 1935/36 nicht mehr gefragt. Die »deutsche Soziologie« verstand sich jetzt nicht länger als eine Ausprägung *der* Soziologie, sondern als etwas völlig anderes. Sie habe mit der »vergangenen ›Soziologie‹ nichts zu tun«; sie habe »andere Ziele, andere Mittel, andere Voraussetzungen als die bisherige ›Soziologie‹«.[112] Und zu dieser »bisherigen Soziologie« zählten zunehmend auch die Gründungsväter der »deutschen Soziologie«. Beschwichtigend hält in diesem Zusammenhang Andreas Walther seinen »neuen soziologischen Kampfgenossen« entgegen, daß sie in der Rolle »eines Okkupators« aus Unkenntnis »Unfreundlichkeiten« über die bisherigen Vertreter des Faches verbreiteten.[113] Walther deutet hier auf die Kluft, aber sie ist tiefer, als er wahrhaben will. Denn die »soziologischen Kampfgenossen« dieser Phase, die jüngere Generation[114], sahen nun ihre Aufgabe »in der Erneuerung des deutschen Volkes durch die nationalsozialistische Bewegung«.[115]

Soziologie als »Waffe«

Es ging nicht mehr um »Volkwerdung«, sondern um die »Durchstrukturierung des Volkes«, die »deutsche Soziologie« orientierte sich nicht mehr an der Politik, sondern sie sah sich als »Waffe« des NS-Regimes.[116] Somit bestand keine Distanz mehr zwischen soziologischer Theorie und nationalsozialistischer Weltanschauung. Konsequent ist daher Pfeffer, wenn er konstatiert, die »deutsche Soziologie« habe nicht die Aufgabe, »an den Grunderkenntnissen der nationalsozialistischen Bewegung herumzudeuten oder sie in gedankliche Scheidemünze umzusetzen. Sie kann diese Grunderkenntnisse nur in sich aufnehmen, sie kann sich nur ihnen unterstellen«.[117] Damit endete die Theorie der »deutschen Soziologie« – aber keineswegs die »deutsche Soziologie«. Sie glaubte, Ende der dreißiger Jahre wieder an einem Anfang zu stehen; wie schon 1933/34 sah man die Soziologie bis in die jüngste Vergangenheit zu Recht in Verruf geraten.[118] Ein Neubeginn werde von der »deutschen Soziologie« nun als Sozialtechnologie gewagt.[119]

Dem geschichtsphilosophischen Trend in der frühen »deutschen Soziologie«, wie er sich bei Freyer und Spann, Boehm und Plenge zeigte, wurde unter Verweis auf sozialanthropologische Axiome drastisch widersprochen. Ausgangspunkt wurde nun die »rassenhygienische Gesellschaft« (Mühlmann) und mit ihr die Existenzfrage als »der allererste Sinn des Daseins« eines Volkes.[120] Fanatisch und militant gab sich die »deutsche Soziologie«, die ihre Existenz aus der Infragestellung des Volkes ableitete.

»Gesunde Völker grübeln nicht ohne Not über die Rechtfertigung ihres Seins. Sie weisen Angriffe auf ihr Sein nicht mit Worten und Lehren, sondern mit Waffen zurück. Sie gestalten ihre innere Ordnung im lebendigen Gang ihrer Geschichte ohne Zuflucht zu den Ratschlägen einer in sich geschlossenen Gesellschaftslehre. Denken über das Volk schafft nicht Volk. Volk wird nicht erdacht, sondern Volk wächst und wehrt sich. Aber ein bedrohtes Volk bedient sich aller Waffen, auch der Waffen des Denkens. In der ungestörten Sicherheit einer heimatlichen Welt lebt der Gottesglaube weiter in der Folge der Geschlechter, ohne sich vor den Söhnen oder den Nachbarn rechtfertigen zu müssen. Wenn aber eine Religion sich gegen feindliche Mächte durchsetzen will, wenn ihr äußeres und inneres Dasein bedroht ist, dann wehrt sie sich mit den scharfen Waffen einer gedanklichen Theologie. Die Theologie schafft nicht die Religion, aber sie sichert ihre Reinheit gegen die Ketzer, sie verkündet ihre Wahrheit gegen die Gottesleugner, und sie zeigt den Heiden ihre Größe.«[121]

Überantwortete sich die »deutsche Soziologie« der nationalsozialistischen Weltanschauung, so wurde Wahrheit durch Glaube ersetzt. Wie die Theologie habe sich die Soziologie »um unverfälschte Sicherung der völkischen Art [zu bemühen], um Verkündung der Wirklichkeit des Volkes gegen seine Leugner und um die Klärung des völkischen Wesens im Zusammentreffen mit anderen Völkern«.[122] Verweise die Religion auf das Eschaton, berge die Weltanschauung Aussagen über den »post-histoire«, so habe sich die Soziologie jeder geschichtsphilosophischen Spekulation zu enthalten. Dazu zählt Freyers Einbeziehen der Zukunft in die Gegenwartswissenschaft wie jede Art von Prognose. Denn im Selbstverständnis der »deutschen Soziologie« geht es nicht länger darum, wie und ob Prognosen wissenschaftlich zu verantworten sind, »wahr« sind, sondern ob sie seitens der nationalsozialistischen Weltanschauung gewünscht werden und sich ihr gegenüber verantworten können. Denn die Soziologie ist »nur echt, wenn sie notwendiger Ausdruck des völkischen Seins, wenn sie Waffe eines kämpfenden Volkes ist«, schreibt Karl Heinz Pfeffer.[123]

Drei Aufgaben erwachsen der »deutschen Soziologie« aus dieser gegenwartsgebundenen Freund-Feind-Konstellation. Nicht länger meint die Frage nach dem »Volksfeind« die nach den prozeßhemmenden sozialen und strukturellen Behinderungen vom »Ziel der Volkwerdung aus«[124], sondern nun die grundlegende Gefährdung der »deutschen Volksgemeinschaft« durch die Existenz von politisch-sozialem und »rassischem« Anders-Sein. Je mehr die zeitliche Dimension für das »survival of the fittest« verblaßte, um so mehr mußte der Kampf ums Dasein als militante Auseinandersetzung der ausdifferenzierten Teile gesehen werden. Der andere Staat, die andere Sozialstruktur, das andere Volk, die andere »Rasse« – sie wurden von Konkurrenten zu Feinden in einem Daseinskampf, in dem nur einer siegen könne. Die »deutsche Soziologie« als Waffe des »kämpfenden Volkes« wähnte sich in der Rolle einer Theologie der nationalsozialistischen Weltanschauung: Sie habe die Reinheit der Weltanschauung zu sichern und den inneren und äußeren Feind faßbar werden zu lassen. Die »deutsche Soziologie« als zeitgenössisch aktuelle Form der deutschen Volks- und Gesellschaftslehre gilt als bedingt durch die »nationalsozialistische Revolution«. Denn sie beinhalte die »Erkenntnisse« der »Selbstbesinnung« eines »bedrohten Volkes«, die sich mit der Stabilisierung des NS-Systems zum »Bewußtsein des eigenen Wesens« kristallisiert habe.[125] Die deutsche Soziologie sei so zum »Selbstbewußtsein eines kämpfenden Volkes« geworden; sie habe die deutsche Volks- und Gesellschaftslehre eingelöst, die immer das »Gewissen des deutschen Volkes« gewesen sei. Hatte Freyer 1934 noch als Mangel und Gefahr gesehen, daß die neue soziale Realität von der Öffentlichkeit noch nicht »im Denken erfaßt« werde, hatte er daraus auch eine Aufgabe der Soziologie abgeleitet, nämlich für die »neue Wirklichkeit ein endgültiges Selbstbewußtsein« zu befestigen, zu vertiefen und zu normieren, und spekuliert, daß die »deutsche Soziologie« nach Erfüllung dieser Aufgabe »nicht nur das Wissen der Zeit, sondern ihr Gewissen zu werden« vermöge[126], so ist 1939 die neue »deutsche Soziologie« für Pfeffer immer schon das »Gewissen des deutschen Volkes« gewesen und zum »Bewußtsein des deutschen Volkes« erhoben – unter Leugnen jeder wissenschaftlichen Distanz und unter Austausch von sozialer Realität durch Weltanschauung als Bezugsrahmen.[127]

Das geänderte Feindbild

Auch der zweite Aufgabenkreis der »deutschen Soziologie« veränderte sich. Mit der Frage nach dem Feind hatte Freyer die Forderung an die Kollegen der »deutschen Soziologie« erhoben, weiterhin die gesellschaftlichen Antagonismen, die verblassenden Strukturen der kapitalistischen Gesellschaft und die ihnen zuzuordnenden Bewußtseinselemente zu erforschen. Denn aus dem klar orientierten »politischen Willensziel« der Soziologen hätten sie die Behinderungen der »Volkwerdung« zu analysieren. Die gewonnenen Einsichten könnten für die »politische Praxis nicht gleichgültig sein«.[128] Demgegenüber gilt die Volkwerdung Ende der dreißiger Jahre dem Soziologen als abgeschlossen, und aus dem für die »deutsche Soziologie« geforderten politischen Willensziel war eine Hülse geworden: Das Ziel erfüllte sich in der Unterwerfung unter die faschistische Weltanschauung; sie glaubte politisch sein zu können, indem sie sich vollkommen zum Instrument des Regimes machen ließ. Was Feind hieß, wird ersichtlich aus einer Zusammenstellung, in der Andreas Pfenning »Nutzen und Notwendigkeit der Soziologie ... für die Politik eines autoritären Regimes und einer rassisch-völkischen Ganzheit« zusammenfaßt:

»1. Ganz allgemein ist für die politische Theorie die soziologische Betrachtungsweise unentbehrlich. Jede herrschende politische Ideologie muß darauf gefaßt sein, mit soziologischen Mitteln angegriffen zu werden, wie es bei der Behandlung der marxistischen Methode dargelegt worden ist. Zur geistigen Sicherung der eigenen Positionen müssen diese Waffen gekannt werden. Man darf die eigenen Stellungen nicht wehrlos soziologisch untergraben lassen. Der Gegner muß (und kann) mit seinen eigenen Waffen geschlagen werden: die partikularistische Soziologie muß durch eine biologische Soziologie überwunden werden. Diese zu entwickeln bzw. auszubauen ist ein dringendes Erfordernis der geistig-politischen Auseinandersetzung unserer Zeit. ...

3. Ganz besonders die politische Psychologie ist angewiesen auf die Kenntnis und Berücksichtigung soziologischer Dinge. Sie muß zu einem großen Teil Sozialpsychologie sein. Die Eigentriebe der sozialen Gruppen und Gebilde, ihre typische Reaktionsweise, ihr besonderer traditionaler Gehalt, ihre objektive Interessenlage, alles dies muß eine politische Psychologie in Rechnung stellen. Die innere Politik kann auf die Dauer ebensowenig an derartigen soziologischen Realitäten vorbeigehen wie die Propaganda. Ihre Kenntnis ist für beide gleich notwendig.

4. In einer stark differenzierten Gesellschaft, wie es die moderne ist, kann

eine Gesamtordnung unter einheitlicher Führung auf die Dauer nur aufrechterhalten werden, wenn diese Führung über ein durchgebildetes Sicherheitsinstrument verfügt, das von den ökonomischen und ideologischen Teilgruppen des Ganzen vollkommen unabhängig ist. Die Staatssicherheit nach innen ist nun ohne tiefe Kenntnis und Beachtung der soziologischen Faktoren nur um den Preis einer brutalen Gewaltmethode zu bewahren – und eben das nur bis zur nächsten Revolution! Die politische Einsicht und Intelligenz hingegen erfordert geradezu Sicherheitsorgane, welche mit den gegebenen soziologischen Faktoren zu rechnen wissen. Eine Sicherheitssoziologie oder Polizeisoziologie wird für eine moderne Gesamtordnung zur unabwendbaren Notwendigkeit. Sie hätte die Bedeutsamkeit der sozialen Gruppen für die Stabilität der politischen Ordnung zum Zentralgegenstand ihrer Fragestellung zu machen.

5. Die moderne Wehrwissenschaft hat uns gezeigt, daß die Propaganda und die innere Zersetzung des Feindes ganz entscheidende Faktoren des ›Potentiel de guerre‹ darstellen. Es ist deshalb notwendig, die eigenen soziologischen Verwundbarkeiten genau zu kennen, wie es wichtig ist, diejenigen der Gegner zu übersehen. Taktik und Möglichkeiten der Zersetzung hängen von der Kenntnis der soziologischen Struktur weitgehend ab. Das gilt für den Angriff und gleichermaßen für die Abwehr. Eine vergleichende Soziologie unter wehrwissenschaftlichen Gesichtspunkten könnte gegebenenfalls von sehr großer praktischer Bedeutung werden. Eine solche Wehrsoziologie, welche die soziologische Struktur auf ihre Bedeutsamkeit für die Wehrkraft, sei es des eigenen Volkes, sei es anderer (befreundeter wie gegnerischer) Völker untersucht, würde das Korrelat zur Sicherheitssoziologie darstellen. Beide aber wären nur Sonderaspekte der Ganzheitssoziologie«.[129]

Die Frage nach dem Feind ist hier – vor Beginn des Zweiten Weltkriegs – bereits eine militante. Neben der Militarisierung dient Soziologie der Sicherung des NS-Regimes und stellt sich als »Waffe des Denkens« (Pfeffer) zur Verfügung.[130]

Bereiche der »deutschen Soziologie«

Pfennings Aufstellung ist zwar nicht vollständig, wenn sie beantworten soll, in welchen Gebieten während des Dritten Reiches soziologisch gearbeitet wurde. Sie weist aber auf Gebiete hin, auf die die »deutsche Soziologie« Ende der dreißiger Jahre Anspruch erhob, da in ihnen schon seit Jahren soziologische Arbeit stattfand[131], dies unter Abgrenzung von jenen Bereichen, die Ende der dreißiger Jahre schon von Soziologie okkupiert waren, wie z.B.

Regional- und Raumforschung, Völkerkunde, Anthropologie, Bevölkerungswissenschaft oder Auslandskunde. In diesen hatte der soziologische Einfluß – zumeist schon in den zwanziger Jahren beginnend – methodisch eingesetzt. Verstärkt wurde er ab 1933/34, als die von der Wissenschaft erwartete Ausrichtung auf die Volksgemeinschaft vielenorts durch Soziologisierung eingelöst wurde. War dies in anderen Bereichen teilweise ein Etikettenschwindel – soziologisch orientierte Arbeiten in der Rechtswissenschaft, in der Literaturwissenschaft oder in der Geschichtswissenschaft blieben exotisch, wohl auch, weil die Erwartungen gegenüber dem Regime anderweitig erfüllt wurden –, so bewirkte diese Soziologisierung hier paradigmatische Änderungen[132]; vornehmlich auch deshalb, weil sich die soziologische Theorie auf jene Gebiete verlagerte, in denen sie damit rechnen konnte, auf Resonanz zu stoßen, so in der Bevölkerungswissenschaft (Ipsen), der Anthropologie (Gehlen), der Auslandskunde (Pfeffer) oder der Völkerkunde (Mühlmann). Der Wandel in der Soziologie 1935/36 machte sich dann auch in diesen Bereichen bemerkbar: In den wissenschaftlichen Forschungen rückten Arbeiten in den Vordergrund, die dem militanten Feindbild verpflichtet waren; so wurden die sozialen Strukturen der anrainenden Staaten nun ebenso erfaßt[133] wie die Entfaltungsmöglichkeiten des Deutschtums im Ausland.[134] Damit rückten die schon klassischen praxisorientierten Gebiete soziologischer Forschung in eine Reihe mit den von Pfenning angesprochenen.

Pfennings Auflistung verweist jedoch noch auf einen weiteren, für die Entwicklung der »deutschen Soziologie« wichtigen Aspekt: Hatte Freyer die »deutsche Soziologie« in cumolo als praktische Wissenschaft bezeichnet, so ergab sich ihre zu erwartende Gliederung aus der generellen Verpflichtung gegenüber dem »politischen Willensgehalt der Gegenwart«. Nur eine funktionale Differenzierung schien möglich. Immer blieb eine immanente Verflechtung mit dem ganzheitstheoretischen Ansatz vorausgesetzt, galt er doch als Schlüssel der Methode und der Form der Gedankenentwicklung, auf der ideologiekritische Theorievergleiche fußten. In der zweiten Hälfte der dreißiger Jahre geriet in der Sicht der »deutschen Soziologie« Volk zur Ganzheit qua Natur. Rasse, von Freyer noch als Begriff in allen seinen Schriften nach 1933 vorsichtig verwendet und von Sombart sogar als soziologisches Phänomen verspottet, schien nun eine soziologische Selbstverständlichkeit.

Die Forcierung der Anthropologie wird unter diesem Gesichtspunkt ebenso verständlich wie die Deutung der sozialen Realität mittels »Blutsgemeinschaft«[135] und ihrer Wertung mittels »Rassenhygiene«.[136]

Mit der Ausrichtung auf die rassisch bedingte natürliche Ganzheit Volk vermeinte die »deutsche Soziologie«, ihre Wissenschaft um »180 Grad gewendet« zu haben. Und so verlaufe die Fragestellung auch umgekehrt; soziale Gruppen und soziale Probleme interessierten nun nur noch »im Hinblick auf ihre Bedeutsamkeit für das völkisch-politische Ganze«, und: »Der Aspekt der kommenden und notwendigen Ganzheitssoziologie verläuft von der politischen, das Ganze repräsentierenden Elite zu den sozialen Teilgruppen.«[137] Ausrichtung auf das Volk hieß also Ausrichtung auf die politische Elite. Dabei gerann »Volk« zur bloßen Idee der nationalsozialistischen Weltanschauung; als reales soziales Geschehen galt es als Problemkreis des Regimes. Wehr- und Sicherheitssoziologie sprechen daher dasselbe Problem an, wie die Aufgliederung Pfennings generell erst stimmig wird, wenn die unterstellte Freund/Feind-Konstellation vom faschistischen Regime aus betrachtet wird.

Die angeführten Bereiche verbindet nicht eine allgemeingültige Theorie der »deutschen Soziologie«; das Gemeinsame liegt in der politischen Ausrichtung, und diese beinhaltet die Erfüllung der vom Regime gestellten Forderung, soziale Informationen zu liefern. So intensiv war diese Nachfrage ab 1933 geschürt worden, daß Karl Heinz Pfeffer 1939 behaupten konnte:

»Die Arbeitsmöglichkeiten sind so zahlreich, daß ihre täglichen Aufgaben alle Kräfte in Anspruch nahmen. Die deutsche Soziologie hat heute nicht die Zeit zu einer systematischen Durchbildung, sie hat nicht einmal die Zeit zu einer unbedingt stichhaltigen Scheidung zwischen sich selbst und den Soziologen der Vergangenheit. Die heutige Soziologie in Deutschland lebt nicht in der Zeit einer Systembildung, sondern in der Zeit breiter Einzelarbeit.«[138]

Institutionalisierung

Indem die »deutsche Soziologie« von der »praktischen« zur »angewandten« Wissenschaft wechselte, wandelte sich ihr Erscheinungsbild. Im »Dienst exakter Einzelforschung in politischer Ausrichtung«[139] orientierte sich die Soziologie von der Universität nach außen. Verblaßte ihr Profil in der »Systematik der Wissenschaften«[140], so ist dem jedoch ein gleichzeitiger institutioneller Bedeutungszuwachs in den Universitäten entgegenzuhalten. Deutlich wird dies zum einen in der Errichtung von Instituten mit fest umrissenen Aufträgen, am augenfälligsten wohl in der inhaltlichen Ausrichtung der soziologischen Institute an den sogenannten Grenzuniversitäten (u. a. Königsberg, Prag, Wien, Posen, Straßburg), die gezielt die benachbarten Territorien unter soziologischen Kriterien erarbeiteten.[141]

Die Institute an den Universitäten ersetzten teilweise Seminare, sei es, daß diese fachspezifisch offenen Einrichtungen aufgelöst wurden, sei es, daß für neue Lehrstuhlinhaber Institute eingerichtet wurden. Teilweise wurden für Aktivitäten unterschiedlicher politischer Provenienz an den Universitäten Institute geschaffen. Zwar bedurfte es jeweils der Zustimmung der Kulturbürokratie (Wissenschaftsministerium bzw. der Kultusministerien der Länder), aber diese war formaler Art, beugte sie sich doch den Interessen anderer Ministerien oder Gliederungen des Parteiapparats.[142] Da Forschungsergebnisse dieser Institute fast nie öffentlich vorlagen und Tätigkeitsberichte – wenn überhaupt allgemein zugänglich – vage und knapp gehalten wurden, ist zu vermuten, daß überwiegend geheime Auftragsforschung betrieben wurde. Hatten die Forschungsergebnisse keine Auswirkungen auf die Soziologie, so aber die Methoden. Mit Zunahme der Institute läßt sich ein erhöhtes Interesse an der empirischen Soziologie im Ausland feststellen. Pfennings Verweis auf die »rural sociology« ist ein Fingerzeig, Elisabeth Noelles Bericht über Gallups Massenbefragung ein Beispiel; das neu entwickelte demoskopische Verfahren wurde hier in Umkehrung der Funktion als Mittel der Propaganda offeriert, denn ihr könne mittels »eines zuverlässigen Systems der Massenbefragung« zu »größerer Wirksamkeit verholfen« werden.[143] Belegen läßt sich diese These auch durch die Rezeption der »human relations«-Verfahren durch die Industrie- und Betriebssoziologie.[144]

Die Effektivität der Institute und die steigende Nachfrage nach sozialen Informationen seitens der Regierung und der NSDAP sind Gründe für die Errichtung neuer soziologischer Ordinariate seit Ende der dreißiger Jahre (Berlin, Straßburg, Posen, Prag u. a.). Und darauf pocht die »deutsche Soziologie«, wenn sie fordert, als »eine Wissenschaft von den Sozialfragen (in irgendeiner Form oder Benennung) aus innerer Notwendigkeit zu einer Grundwissenschaft des Nationalsozialismus«[145] zu werden; diese Anerkennung sollte sich inneruniversitär in der Gründung soziologischer Fakultäten niederschlagen. Waren Andreas Walthers Pläne in Hamburg erfolglos, so gelang es nach Eröffnung der »Wehrwissenschaftlichen Fakultät« an der TH Berlin-Charlottenburg (1937) Franz Alfred Six und Karl Heinz Pfeffer, eine »Auslandswissenschaftliche Fakultät« als achte Fakultät der Universität Berlin 1939 durchzusetzen. Auslandskunde als »das Auge des kämpfenden Volkes auf seine Umgebung« hatte Pfeffer wiederholt als zentralen Bestandteil der »deutschen Soziologie« bestimmt[146]; und so kann es nicht verwundern, daß Soziologie zur »Grundwissenschaft« dieser Fakultät wurde. Zugeordnet war der Fakultät das »Auslandswissenschaftliche Institut«, das 1942 zum selbständigen Reichsinstitut wurde. Dessen praktische Ausrichtung prägte Six, der als Chef des Amtes II im Reichssicherheitshauptamt u. a. für die »Gegnerforschung« zuständig war.[147]

Eine weitere Facette des neuen Bildes der Soziologie nach 1935/36 bieten die außeruniversitären Institute. Weniger bedeutsam waren wohl soziologische Gründungen – wie Ludwig Neundörfers »Institut zur Erforschung des deutschen Volksaufbaus« (1940), Wilhelm Brepohls »Forschungsstelle für das Volkstum im Ruhrgebiet« (1935), die »Forschungsstelle für das Überseedeutschtum« (1934), K. C. von Loeschs »Institut für Grenz- und Auslandsstudien« (1935) oder Hans-Joachim Beyers »Arbeitsstelle für auslandsdeutsche Volksforschung« (1936) – als vielmehr die Öffnung der den staatlichen und parteiinternen Organisationen zugeordneten Forschungsstellen für Soziologen. Der Deutschen Arbeitsfront waren z.B. nachgeordnet: die »Anstalt für Arbeitskunde«, das »Arbeits- und Wehrphysiologische Institut« der militärärztlichen Akademie Berlin, das »Arbeitswissenschaftliche Institut«, das »Deutsche Institut für psychologische Forschung und Psychotherapie«, das »Deutsche Institut für nationalsozialistische Arbeitsschulung«, das »Kaiser-Wilhelm-Institut für Arbeitsphysiologie«, das »Rheinische Provinzialinstitut für Arbeits- und Berufsforschung« u. a. Ähnlich die Situation um den Reichsnährstand, das Außen- und das Propagandaministerium oder in den ausufernden Folgeinstituten der rivalisierenden Kulturambitionen von Himmler, Rosenberg und Frank.[148] In der Sache treten die Soziologen immer stärker als Spezialisten auf – für »Anthropologie, ... Rassekunde, Asozialenforschung, Sippenkunde usw.« (A. Walther) –, während ihre Rolle verblaßt, ideologisch, weltanschaulich als Generalisten akzeptiert zu werden. Das »Ahnenerbe« der SS richtete für Georg Schmidt-Rohr 1942 die ineffektiv bleibende »Pflegestätte für angewandte Sprachsoziologie« ein. Soziologen arbeiteten am 1941 gegründeten »Institut zur Erforschung der Judenfrage« in Frankfurt/M. mit; Karl Heinz Pfeffer saß u. a. im Sachverständigenbeirat von Franks »Reichsinstitut für Geschichte des neuen Deutschlands« (es gab Schriften Pfeffers heraus, z. B. *England. Vormacht der bürgerlichen Welt*, das schon bis 1943 eine Auflage von 125 000 Exemplaren erreichte), zu dem auch Kleo Pleyer zählte, der daneben den 1934 gegründeten volkswissenschaftlichen Arbeitskreis des »Volksbundes für das Deutschtum im Ausland« leitete und Lektor in der parteiamtlichen Prüfungskommission war.

Berufsbild

Neben der stärkeren Präsenz an den Hochschulen und dem frappierenden Anwachsen der Zahl von inner- und außeruniversitären Forschungsstellen muß, das Bild abrundend, auf ein sich abzeichnendes Berufsbild für Soziologen verwiesen werden. Der Wandel im geforderten politischen Engagement und das Einschränken der Soziologie auf Sozialtechnik ermöglichte es Vertretern der »deutschen Soziologie«, in einem Bereich zwischen Wissenschaft und Politik tätig zu werden, der sich durch die Dominanz der nationalsozialistischen Weltanschauung und die daraus resultierenden Überschneidungen jener beiden Systeme gebildet hatte. Ob in der Propaganda, im Sicherheitsdienst, in der Rassen- und Siedlungspolitik oder in der Sozialpolitik, jeweils vermeinten die Soziologen als Soziologen arbeiten zu können. Höchst unterschiedliche Tätigkeiten, die von der Datenerhebung bis zur Abfassung journalistischer Pamphlete, ja, bis zur Leitung von »Einsatzgruppen« des Sicherheitsdienstes reichten, wurden von Soziologen als Ausprägungen ihrer Berufsrolle ausgegeben. Als Kriterium hierfür galt wohl, ob neue Tätigkeiten kompatibel zur Hochschullaufbahn waren, also seitens der Wissenschaftsbürokratie und der Soziologiehochschullehrer anerkannt wurden. Die Überlappung von Wissenschaft und Politik bewirkte, daß Beiträge zur Sicherung und Wahrung von »Volk und nationalsozialistischer Weltanschauung« als funktionale Äquivalente zu denen der soziologischen Forschung gelten mußten, wofür die politischen Karrieren von Höhn und Six beispielhaft sind, die ihr Pendant in wissenschaftlichen Karrieren hatten.[149] Die Verbindung beider Karrieren war um so enger, je länger sich der Schein wahren ließ, es lägen getrennte Vorgänge zugrunde. So wurde Harmjanz' politische Karriere durch den Nachweis zu Fall gebracht, daß er in seiner Habilitationsschrift regelwidrig auf ungenannt gebliebene Quellen zurückgegriffen habe[150]; so behielt hinwiederum Höhn seine akademische Position inne, als er unter Verweis auf seine zurückliegenden politischen Verfehlungen aus dem SD verbannt wurde[151]; so beriefen sich Ohlendorf und Six in den Nürnberger Prozessen auf ihre Rolle als Soziologen, als sie als Einsatzgruppenleiter angeklagt waren (wegen Verbrechen gegen die Menschlichkeit, Kriegsverbrechen im engeren Sinne und Organisationsverbrechen wurde Ohlendorf zum Tode und Six zu 20 Jahren Haft verurteilt[152]); und so traten Soziologen in ihrer Rolle als Wissenschaftler als Entlastungszeugen (z. B. Justus Beyer, Karl Heinz Pfeffer) für die wegen Kriegsverbrechen angeklagten Six und Ohlendorf auf.

Bestimmend für die Berufsrolle blieb einerseits – wenn auch in abnehmendem Umfang – die Umsetzung der Kulturpolitik. Galt der große Befürworter der Soziologie nach 1933, Ernst Krieck, den viele Soziologen der damaligen Zeit (z. B. Pfeffer, Pfenning, Walther) als einen der ihren begrüßten, noch als einer der führenden NS-Kultur-Ideologen[153], förderten Reinhard Höhn als Leiter des SD-Referats Kulturpolitik (1934 bis 1937) oder Heinrich Harmjanz als Hauptreferent im Reichswissenschaftsministerium (1937 bis 1943) zwar die Soziologie, so waren aber ihre kulturpolitischen Vorstellungen begrenzt, und Franz Alfred Six und Otto Ohlendorf als Leiter der Ämter II (u. a. Gegnerforschung) und III (u. a. Deutsche Lebensgebiete) des Reichssicherheitshauptamtes fühlten sich wohl nur noch als ausführende Organe. Selbst das Engagement von Six für die auslandswissenschaftliche Fakultät war nur die Umsetzung eines SS-Auftrages.[154] Ein Abglanz dieses Aspekts findet sich während der Kriegszeit in den von deutschen Soziologen einberufenen internationalen Kongressen, auf denen spezielle, zumeist sozialpolitische Maßnahmen für das »Europa von morgen« im Sinne des Faschismus erörtert wurden[155], oder spiegelt sich in wohl ernstgemeinten Organisationsvorschlägen für das von Deutschland besiegte Europa wider.[156]

Bestimmend für die Berufsrolle wurde jedoch die Informationsbeschaffung. Die Soziologie als Lehre der »Volkwerdung« (Freyer) war ihr als »Denken der deutschen Volkwerdung« (Pfeffer) gewichen. Und damit hatte die soziologische Intuition der einsetzenden »Volkwerdung« der von außen kommenden ideologischen Vorgabe der fast abgeschlossenen »Volkwerdung« Platz gemacht. In der Bevölkerungsoziologie erforschte man die rassischen Strukturen, um dem »Rassenbild des deutschen Volkes in seinen verschiedenen Schichten« endlich zum entscheidenden Durchbruch zu verhelfen; in der Arbeitssoziologie wie in der Erforschung der »Tätigkeitsfelder« und »Lebenskreise« problematisierte man die Hinderung der ständischen Strukturen und das sich nicht parallel einstellende Bewußtsein der »Gemeinschaft der Pflicht«; in der Raumforschung wurden die »konkreten Fragestellungen des Arbeitseinsatzes oder des Lastenausgleichs« in Angriff genommen; in der »Ideologielehre« sollte das »Selbstbewußtsein des Volkes« gemäß der »deutschen Lebensnotwendigkeiten« geformt werden. Alle diese Aktivitäten der »deutschen Soziologie« dienten »dem Abwehrwillen des deutschen Volkes gegen volksfremde Eindringlinge, indem sie bis in die Ecken hinein ihre Nester aufspürt«.[157] Für wen diese Informationen erstellt wurden, wer die Aufträge vergab und die Finanzierung garantierte, ist bisher nicht ermittelt. Die einzelnen Forschungsbereiche organisierten sich in der zweiten Hälfte der dreißiger Jahre; sie wurden zentralisiert, den übergreifenden Institutionen zugeordnet. Ja, selbst im Hauptamt Wissenschaft des Beauftragen des Führers für die Überwachung der gesamten geistigen und weltanschaulichen Schulung und Erziehung der NSDAP gab es eine »Hauptstelle Soziologie« (unter Leitung von Wilhelm Longert).[158]

Meinungsforschung und soziologische Observatorien

Konturen gewinnen die Aktivitäten der »deutschen Soziologie« in ihrer Aufgabe, zur Sicherung der politischen Elite und der Weltanschauung beizutragen. Die »deutsche Soziologie« hatte sich anfänglich eigenständig als Teil des allgemeinen Willens der »Volkwerdung« verpflichtet gefühlt, wohl als Partner des »Reichsbundes Volkstum und Heimat«, diesen aber in bezug auf Vertreter einer romantisierenden Volkskunde kritisiert. Mit der Wende Mitte der dreißiger Jahte trogen die Erwartungen dieser Soziologie, auf die

»Volkwerdung« gemäß eigener Vorstellungen Einfluß nehmen zu können. Blieb das soziologische Selbstverständnis, »Waffe des Volkswillen« zu sein, so verlagerten sich jetzt die Hoffnungen in der Frage, wie die totalitäre Ausrichtung des Volkes von seiten des NS-Regimes korrigiert werden könnte. Reinhard Höhn, seit 1935 Chef der SD-Zentralabteilung »Lebensgebiet-Berichterstattung«, hatte wohl die Absicht, mittels »Lebensgebiet-Beobachtungen« auf Konfliktpotentiale bei der Umsetzung der NS-Politik aufmerksam zu machen.[159] Ein »Gallup-Poll in nationalsozialistischer Version« entstand nach Aussage Ohlendorfs, als Höhn und er erkannten, daß es keine öffentliche Kritik in Deutschland mehr gäbe. Beide sahen es ab 1936 als Aufgabe des Sicherheitsdienstes, Meinungsbilder aus allen Lebensgebieten zu sammeln, zu interpretieren und vor allem auf Mißstände und Fehlentwicklungen in den Führungsstellen der Partei und des Staates hinzuweisen. Die Soziologie als Seismograph gesellschaftlicher Veränderungen, als Mittlerin zwischen ohnmächtiger Öffentlichkeit und politischen Entscheidungsinstanzen und als Wissende um den rechten Weg des sozialen Wandels – das kam der gewünschten Rolle der Soziologie entgegen. So steht die Forderung Pfennings nach Einrichtung »soziologischer Observatorien« in guter Tradition.[160] Aber die Liaison mit dem herrschenden NS-System zeigte schnell die Grenzen dieses Versuchs auf. Denn es lag nicht mehr in der Hand der Soziologen, den Zweck zu artikulieren, für den das Mittel Soziologie eingesetzt werden sollte. »Die Aufgabe der Soziologie«, so heißt es 1937 in einer zeitgemäßen Dissertation bei Freyer, »ist es, dem Herrscher im Gang durch jeweils Neues hindurchzuhelfen, die Führung des Staates zu ermöglichen«.[161] So wurden – wie selbstverständlich – die »soziologischen Observatorien« Teil des Bespitzelungssystems des SD. Aber Höhn und Ohlendorf sahen ja nicht nur in der Bevölkerung eine Gefahr für den »völkischen Führerstaat«, sondern sie glaubten auch im Parteiapparat »ein Gewebe von Verrat und Lüge« gegen Führer und Volksgemeinschaft entdeckt zu haben.[162] Das entspricht der gängigen Argumentation jedes Sicherheitsdienstes, und der Konflikt war damit programmiert. Alle Versuche, weitere Kreise der Partei oder ihrer Organisationen zu observieren, stießen auf energischen Widerstand; mochten die zwei- bis dreimal wöchentlich von Ohlendorf herausgegebenen *Meldungen aus dem Reich* noch so viele Mißstände aufdecken, so wurde den Demoskopen im SD doch immer wieder die Beobachtung der Organisationen, dann der Parteiprominenz wie des Parteiapparats und schließlich der Parteimitglieder allgemein untersagt. Das offizielle Verbot der *Meldungen aus dem Reich* 1944 zog den Schlußstrich.

Die Problematik der »Lebensgebiet-Berichterstattung« spiegelt nicht nur die zunehmende Distanz zwischen politischer Elite und Partei wider, sie zeichnet auch den Wandel der »deutschen Soziologie« im Dritten Reich nach. Von beiden Entwicklungen waren Höhn und dann in besonderem Maße Ohlendorf betroffen, und beide sind anzuführen, um den Fanatismus wie die Renitenz der Meinungsforscher verständlich werden zu lassen. Höhn und Ohlendorf meinten, mit Meinungsbefragung Gegenwartsanalyse zu betreiben, die – ganz im Sinne der »deutschen Soziologie« – einen Eingriff in das politisch-soziale Geschehen darstellte. Diese Erwartung an ihre Analyse fußte auf der Annahme, daß die erhobenen Daten Aussagen über einen objektiv vorhandenen sozialen Tatbestand zuließen. Politisch schufen sich diese SD-Meinungsforscher Gegner, weil sie auf den selbstverständlichen Wandel zur »Volkwerdung« hofften und zugleich aber nicht wahrhaben wollten, daß die *Meldungen aus dem Reich* seit 1937 nur deshalb bis fast zum Kriegsende nicht endgültig eingestellt werden mußten, weil diese den in Querelen verwickelten Parteigruppierungen Material boten und sodann dem Herrschaftsapparat Informationen im Hinblick auf sein Mißtrauen gegenüber der Umwelt, eingeschlossen der Partei, bereitstellte. Nur deshalb konnte die Anweisung des SS-Chefs Himmler, die »Lebensgebiet-Arbeit« sei nur noch im Rahmen des Gegner-Nachrichtendienstes zu betreiben[163], vom SD-Chef Heydrich dahingehend uminterpretiert werden, daß es Aufgabe der »Lagegebiet-Berichterstattung« sei, »zu berichten, wie sich die nationalsozialistische Weltanschauung auf den einzelnen Lebensgebieten durchsetzt und welche Widerstände und ggf. von wem zu verzeichnen sind«[164]; das erlaubte zwar den Meinungsforschern, den innersystemischen Feind zu benennen, aber Meinungsbilder aus unterschiedlichen Lebensgebieten wurden zunehmend in okkupierten Regionen erstellt. Denn der Feind konnte nicht offiziell im sozialen Umfeld gefunden werden, vor allem, da der Feind der »Volkwerdung« nicht identisch sein konnte mit dem Feind des NS-Regimes, der seit Kriegsbeginn auf einer Ebene mit dem militärischen Gegner stand. Zu dem politischen Konflikt der Meinungsforscher kam ein quasi wissenschaftlicher, indem Objektivität und Aussagekraft der Daten als irrelevant gegenüber der möglichen »defaitistischen« Wirkung seitens der Parteileitung abgetan wurden.[165] Die Forderung, die *Meldungen aus dem Reich* mit den Berichten der Reichspropagandaämter zu vereinigen[166], schürte Ohlendorfs Widerstand. Als »Gralshüter des Nationalsozialismus«, wie Himmler Ohlendorf einmal nannte[167], geriet er mit den zynischen Machtpragmatikern in Konflikt. Dabei legitimierte er seine Position unter Verweis auf die *Meldungen aus dem Reich,* die er auch noch im Nürnberger Prozeß als sozialwissenschaftliche Produkte im Gegensatz zu allen Formen der Propaganda hervorhob.

Ohlendorf wehrte sich nicht gegen die Instrumentalisierung der Soziologie in der zweiten Hälfte der dreißiger Jahre. Er förderte sogar diesen Vorgang, indem er auf der Wissenschaftlichkeit der Daten beharrte, um auf sie wieder als Sozialtechnologe zurückgreifen zu können. Und daß sich seine Ansicht in der SS durchsetzte, beweist, daß ein Statistiker als Kontrolleur der Organisation von Himmler berufen wurde.[168] Ohlendorfs Renitenz bezog sich nur vordergründig auf die in Frage gestellte Verläßlichkeit der Daten – ein Vorwurf, der nur von der geglaubten Wissenschaftlichkeit ausgehen kann; vielmehr ging es jenseits der Angst der Elite, selbst bespitzelt zu werden, um den Umfang bzw. die Ausweitung der Erhebungen und die Interpretation der Daten. Mit dieser Eigenmächtigkeit trug er in den Augen des Regimes nicht zur Sicherung von »Führertum« und nationalsozialistischer Weltanschauung bei, sondern unterminierte das Vertrauen des Regimes auf sich selbst. Statt zur Entscheidungsfindung beizutragen, steigerte sich durch Ohlendorfs Angaben die Komplexität, was dieser wiederum als fehlende Realitätssicht bewerten mußte.

Die im SD betriebene Demoskopie war noch dem Selbstverständnis der frühen »deutschen Soziologie« verpflichtet, praktische Wissenschaft zu sein, also dem Glauben, mittels wissenschaftlicher Analyse unmittelbar in das politische Geschehen einzugreifen. Aber je mehr das politische System der wissenschaftlich erhobenen Daten und des Wissens um sozialer Verfahren bedurfte, um so mehr wurde die Soziologie zur angewandten Wissenschaft. Dafür steht auch die »wissenschaftliche« Umsetzung Gallups in der Propaganda.[169] War bei der praktischen Soziologie das politische Engagement immanenter Bestandteil, löste sich in der angewandten Soziologie wieder wissenschaftliches vom politischen Handeln; mit der Vorgabe der sozialen und politischen Probleme geriet die »deutsche Soziologie« zur Soziotechnik. Mit Beginn des Krieges nahmen die realen Probleme zu, die in ihrer weltanschaulichen Deutung bis dahin mehr spekulativ in Angriff genommen worden waren. Vornehmlich das Rasse- und Siedlungshauptamt mit den Bereichen Siedlungswesen, Rassewesen und Schulung wurde nun wohl zum Auftraggeber für viele soziologische Institute. Aber auch das Reichssicherheitshauptamt und der Sicherheitsdienst mit den im Krieg veränderten Aufgaben [170] bedurften der Soziologen: Soziologische Analysen der angegriffenen Gebiete mit besonderer Betonung der Sozial- und »Rassen«struktur [171], des Siedlungswesens [172], der staatlichen Organisationen [173], der Parteien, der Intelligentsia [174] u. a. sollten Informationen im Vorfeld liefern, wurden aber dann wohl auch in den Plänen der SD-Einsatzgruppen berücksichtigt. [175]

Die Vielfalt der soziologischen Arbeiten lassen Pfeffers wiederholt vorgetragene Legitimation der Soziologie, daß sie sich »nur durch ihre tatsächliche Leistung« rechtfertige [176], in ihrer Hilflosigkeit fast verständlich werden. Denn neben der akademischen Lehre ist noch an die höchst praxisorientierte Ausbildung in Auslandskunde zu erinnern. Außerdem bleibt anzumerken, daß 1940/41 die Soziologie die Verwaltungssoziologie und die Ausbildung der Beamten neu für sich entdeckte [177], teilweise überschneidend die soziologischen Bemühungen um Führungsauslese und Sozialanthropologie. [178] Der sprunghaft anwachsende personelle Bedarf in der Zeit des Nationalsozialismus konnte nicht vollständig aus der Soziologenschaft rekrutiert werden. Beschleunigte das die Karriere der ausgebildeten Soziologen, so bildete gleichzeitig Soziologie für Vertreter anderer Disziplinen ein Terrain, in dem man sich mit dem »richtigen Bewußtsein« leicht bewähren konnte. [179] Dies bedeutete eine Vielfalt, die zu Lasten jeder soziologischen Systematik ging, die in Wechselwirkung mit dem sich durchsetzenden sozialtechnischen Verständnis von Soziologie trat. Pfeffer mag zum Teil recht gehabt haben, daß wegen der vielen Einzelarbeiten der »deutschen Soziologie« in der zweiten Phase die Zeit für soziologische Systembildung fehlte [180], aber der Mangel läßt sich an der Ausuferung der Soziologie ablesen und wurde zunehmend von den Soziologen als solcher empfunden. Wohl nicht zufällig ist eine der letzten Arbeiten der »deutschen Soziologie« betitelt: *Soziologie: Gegenwartslage, Wesen und Aufgaben*. Andreas Walther akzeptiert hier 1944 noch einmal ausdrücklich die ausdifferenzierte Praxisorientierung – als »einige Forschungsgebiete«, nennt er: »Großstadt, ländliches Leben, ethnische Lagerungen, Rassenpolitik (etwas sehr anderes als Rassensoziologie), ständischer Aufbau, geistige Volksführung« –, hält jedoch der »deutschen Soziologie« für ihre weitere Entwicklung (an der er wohl nicht zweifelt) vor:

»Eine allgemeinwichtige Funktion der Soziologie in den nächsten Jahrzehnten wird die sein, solchen aufwachsenden Sonderforschungen zunächst einmal einen Anhalt in einem Arbeitskreis auch weiterer Gesichtspunkte zu geben. Manche dieser Teilgebiete mögen sich später als Sonderfächer verselbständigen, andere mögen beieinander bleiben als eine arbeitsteilige Austauschgruppe, wie sie uns für die Rechtswissenschaft oder die Wirtschaftswissenschaft schon selbstverständlich wurde. Daß aber in der Mitte eine zusammenschauende Soziologie bleibt, ist von großer Bedeutung, da vor allem praktisch gerichtete Spezialwissenschaften, wenn sie isoliert für sich arbeiten, leicht in Engen und Vertechnichungen geraten, so daß sie ein lebendiges, austauschendes Glied der Universitas literarum [sic!] nicht mehr sind.«[181]

Resümee

Eine Soziologie hat es zweifelsohne unter dem Faschismus in Deutschland gegeben. 1944/45 bestanden mehr Lehrstühle für Soziologie als 1932/33; die Zahl der universitären und außeruniversitären soziologischen Institute erhöhte sich rapide; ein Berufsfeld für Soziologen außerhalb der Universitäten zeichnete sich erstmals ab. Eine grundsätzliche Ablehnung der Soziologie durch die NSDAP oder im Namen der faschistischen Ideologie fand nicht statt; vielmehr läßt sich aufzeigen, daß die soziologische Methode zunehmend seitens des Regimes in Anspruch genommen wurde. Die 1933 in Deutschland verbliebenen Soziologen waren um ein eigenes Profil ihrer Wisenschaft bemüht. Dafür steht der Begriff »deutsche Soziologie«.

»Deutsche Soziologie« ist jedoch nicht als terminus technicus für »faschistische Soziologie« zu betrachten. Zuerst einmal setzte sich der Begriff seit Anfang der dreißiger Jahre für eine der deutschen sozialphilosophischen Tradition verpflichtete Gegenwartsanalyse in Deutschland durch. Als wissenschaftlicher Orientierungspunkt galt das Oeuvre Hans Freyers. Dieser Ansatz – ergänzt um die Position Othmar Spanns – ist der Bezugsrahmen für die nach 1933 in Deutschland verbliebenen Soziologen, die die nationalsozialistische Machtergreifung als qualitativen Sprung im politisch-sozialen Wandel begrüßten. »Deutsche Soziologie« bezeichnet ab 1933 umfassend die Soziologie in Deutschland, die Affinität zur Idee des Faschismus aufweist.

Aber weder das Bekenntnis der »deutschen Soziologie« zum NS-Regime noch die Vertreibung der Soziologen, die politisch und wissenschaftlich die »deutsche Soziologie« hätten kritisieren müssen, führten dazu, daß die in Deutschland allein präsente »deutsche Soziologie« sich zur Systematik verdichtete. Zwar läßt sich ein ganzheitstheoretischer Aspekt ausmachen – und damit Deduktion, Taxonomie und Teleologie –, aber ein umgreifendes theoretisches Konstrukt blieb als Defizit bewußt, das sich im Laufe der Jahre verschärfte. Denn die theoretische Diskussion verblaßte immer mehr, und an ihre Stelle trat die Empirie. Von ihr aus lassen sich zwei Phasen in der Entwicklung der »deutschen Soziologie« kennzeichnen, die unter Berufung auf Freyer als Phase der praktischen Soziologie und der angewandten Soziologie umschrieben werden können. Zwischen 1933 und 1935/36 vermeinte die Soziologie als eigenständige Kraft mit der »empirischen Feststellung des Tatsächlichen« (Freyer) in die »Volkwerdung« eingreifen zu können. Nach 1936 wurde die Soziologie als »Waffe« des Regimes und der faschistischen Weltanschauung instrumentalisiert. Soziologie erfüllte sich in Observanz des Feindes und der Entwicklung von Verfahren zur Aufrechterhaltung der sozialen Ordnung. Die Fülle der empirischen Forschung »ließ keine Zeit mehr« (Pfeffer) für Theorie.

Die »deutsche Soziologie« als engagierte Wissenschaft versuchte, einen Strang in der Tradition der Soziologie in Deutschland zu verabsolutieren. Ihr großes Ziel, eine Systematik der Soziologie herauszuarbeiten, erreichte sie in den wenigen Jahren nicht. Aber sie trug hingegen in einem nicht zu unterschätzenden Umfang zur Institutionalisierung und Professionalisierung der Soziologie in Deutschland bei. Die Tradition der »deutschen Soziologie« wird in den bisherigen Arbeiten zur Soziologie unter dem Faschismus vernachlässigt, dies wohl auch, da 1933 als Zäsur gilt. Und da 1945 wiederum als eine Zäsur betrachtet wird, ist die Frage nach dem Beitrag der »deutschen Soziologie« zur Institutionalisierung und Professionalisierung verunmöglicht. Die Soziologie in Deutschland unter dem Faschismus wird bis heute in einer Nische angesiedelt, an der die Entwicklung der Disziplin quasi vorbeigegangen sei. Sich mit der »deutschen Soziologie« zu beschäftigen steht so immer in dem Verdacht des »Exotischen«, das höchstens in der gegenwärtigen Soziologie in Deutschland sich damit zu legitimieren vermag, daß jene Nische in Deutschland war.

1933 steht für das Abweichen von der normalen Entwicklung. Den Weg dorthin zu verfolgen heißt bisher, das latent Faschistische – zumeist an Reizwörtern festgemacht – in der deutschsprachigen Soziologie aufzudecken. Aber geht diese Forschung nicht von dem Vorurteil aus, die Soziologie sei per se gegen Faschismus gefeit? Wäre nicht auch die Argumentation plausibel, daß die »deutsche Soziologie« eine mögliche Antwort der Soziologie auf die rapiden und radikalen gesellschaftlichen Veränderungen war, die 1933 plötzlich einsetzten? Wie bei der Analyse von Revolutionen obliegt es der soziologischen Forschung, das Neue und das Überdauernde zu artikulieren. So auch für 1933. So aber auch besonders für 1945. Denn soziologisch sollte die Vorstellung eines Schlußstrichs *im* sozialen Wandel unvorstellbar sein. Von ihm aber wird in der Geschichte der Soziologie in der Bundesrepublik und in der DDR ausgegangen. Wie selbstverständlich wird so etwas zum »Neuen« erklärt, weil das Beziehungsgeflecht abhanden gekommen ist, das das »Neue« als das Überdauernde entlarven könnte. Das mögen Banalitäten sein wie die von von Wiese gezeigte Überraschung, daß vor allem in den benachbarten Disziplinen kurz nach dem Kriege ein starkes Interesse an den »großen Gegenwartsaufgaben der Soziologie« bekundet wurde[182]; das kann aber auch zentrale Positionen im Selbstverständnis der gegenwärtigen Soziologie in der Bundesrepublik treffen, wie das Argument der »Amerikanisierung«. Die vorherrschende Ausrichtung der »wiedererstandenen« Soziologie nach 1945 an praktischen Fragen mittels Empirie wird in Abhängigkeit gesehen von der Rezeption der amerikanischen Soziologie. Aber ließ sich diese Rezeption nicht deshalb so konflikt- und alternativlos umsetzen, weil die »deutsche Soziologie« vor 1945 praxisorientiert und empirisch war? Diese Hypothese gewinnt an Bedeutung, wenn man sich vergegenwärtigt, daß es gerade die praxisorientierten Soziologen waren, die scheinbar problemlos den Übergang bewältigten; viele blieben in ihrem Bereich tätig, einigen gelang es, am selben Institut weiterzuarbeiten oder gar die Leitung beizubehalten.

Die Aufarbeitung der Soziologie unter dem Nationalsozialismus steht noch aus. Sie ist dringend geboten unter der Voraussetzung, daß Soziologie nicht auf Theorieproduktion reduziert wird. Dies würde eine der letzten Lücken im Wissen der Soziologie um ihre eigene jüngere Geschichte schließen und einen neuen Aspekt in der Soziologie der Soziologie bieten; und das könnte schließlich als Corrigendum in der Diskussion um die »Anfänge« der Soziologie in Deutschland nach 1945 dienen.

Anmerkungen

1 *D. Schoenbaum*: Die braune Revolution. Eine Sozialgeschichte des Dritten Reiches, München 1980, S. 307, Anm. 64.

2 So formulierte 1982 *J. Matthes* als Vorsitzender der DGS in seiner Eröffnungsansprache auf dem Soziologentag in Bamberg (»Soziologen und ihre Zukunft«, Ms., S. 3). Weshalb die »Unterbrechung unserer akademischen Überlieferung seit 1933« 15 Jahre gewährt haben soll, bleibt unerklärlich. Diese Einschätzung hat in der Deutschen Gesellschaft für Soziologie wohl Tradition; *L. von Wiese* schreibt im Vorwort zu den »Verhandlungen des Achten Deutschen Soziologentages vom 19. bis 21. September 1946 in Frankfurt a. M.« (Tübingen 1948, S. 4 u. ö.), die Entwicklung der Soziologie in Deutschland sei 1933 »gewaltsam unterbunden« worden.

3 Zwei Drittel der Soziologie-Lehrenden emigrierten; vgl. *R. Dahrendorf*: Soziologie und Nationalsozialismus. In: *A. Flitner (Hg.)*: Deutsches Geistesleben und Nationalsozialismus, Tübingen 1965, S. 112. Hierbei bezieht er sich auf *Ch. von Ferbers* Angaben zu den Sozialwissenschaftlern: Die Entwicklung des Lehrkörpers der deutschen Universitäten und Hochschulen 1864–1954, Göttingen 1956, S. 145 f. – Zur Diskussion dieser Zahlen vgl. auch *R. König*: Die Situation der emigrierten deutschen Soziologen in Europa. In: Kölner Zeitschrift für Soziologie und Sozialpsychologie 11 (1959), S. 114 f., erweiterte Fassung in: *W. Lepenies (Hg.)*: Geschichte der Soziologie, Bd. 4., Frankfurt/M. 1981, S. 118 f.; *S. Papcke*: Dei deutsche Soziologie zwischen Totalitarismus und Demokratie. In: Aus Politik und Zeitgeschichte, Beilage zu »Das Parlament«, Jg. 20, 17. Mai 1980, S. 9; *R. M. Lepsius*: Die Entwicklung der Soziologie nach dem Zweiten Weltkrieg 1945 bis 1967. In: *G. Lüschen (Hg.)*: Deutsche Soziologie seit 1945. Kölner Zeitschrift für Soziologie und Sozialpsychologie, Sonderheft 21 (1979), S. 25–71; *ders.*: Die sozialwissenschaftliche Emigration und ihre Folgen. In: *Ders. (Hg.)*: Soziologie in Deutsch-

land und Österreich 1918–1945. Kölner Zeitschrift für Soziologie und Sozialpsychologie, Sonderheft 23 (1981), S. 461–500, mit einer Auflistung der Emigranten (S. 486ff.); den überzeugendsten Diskussionsbeitrag liefert derzeit *C. Klingemann*: Heimatsoziologie oder Ordnungsinstrument? Fachgeschichtliche Aspekte der Soziologie in Deutschland zwischen 1933 und 1945. In: Lepsius, 1981 (Anm. 3), S. 275ff.

4 Vgl. *M. H. Boehm*: Was will Volkslehre? 1934; *ders.*: Der Bürger im Kreuzfeuer, Göttingen 1933; *ders.*: Volksdeutsche Forderungen zur Hochschulerneuerung, Stuttgart 1933. – *E. W. Eschmann*: Die Stunde der Soziologie. In: Die Tat 25 (1934), S. 953–966. – *H. Freyer*: Der politische Begriff des Volkes, Neumünster 1933; *ders.*: Das politische Semester: Ein Vorschlag zur Universitätsreform, Jena 1933; *ders.*: Herrschaft und Planung, Hamburg 1933; *ders.*: Volkwerdung: Gedanken über den Standort und über die Aufgabe der Soziologie. In: Volksspiegel 1 (1934), S. 3–9. – *W. Hellpach*: Volk als Naturtatsache, Geistige Gestalt und Willensschöpfung: Vom zentralen Gegenstand der Soziologie. In: Volksspiegel 1 (1934), S. 209–217. – *R. Höhn*: Die Wandlung in der Soziologie. In: Süddeutsche Monatshefte 31 (1933/34), S. 642–645; *ders.*: Volksgemeinschaft und Wissenschaft. In: Süddeutsche Monatshefte 32 (1934/35), S. 2–7. – *G. Ipsen*: Programm einer Soziologie des deutschen Volkstums. Das politische Volk. Schriften zur sozialen Bewegung. Heft 1, Berlin 1933; *ders.*: Blut und Boden: Das preußische Erbhofrecht, Neumünster 1933. – *F. Jerusalem*: Vortrag auf dem Soziologentag. Jena 1934 – *J. W. Mannhardt*: Hochschulrevolution, Hamburg 1933 – *W. E. Mühlmann*: Die Hitler-Bewegung. Bemerkungen zur Krise der bürgerlichen Kultur. In: Sociologus. Zeitschrift für Völkerpsychologie und Soziologie 9 (1933), S. 129–140. – *M. Rumpf*: Politische und soziologische Staatslehre, Nürnberg 1934. – *G. Weippert*: Umriß der neuen Volksordnung, Hamburg 1933; *ders.*: Das Reich als deutscher Auftrag, Hamburg 1934.

5 *Freyer*, Volkwerdung (Anm. 4), S. 3.

6 Vgl. hierzu den vehementen Brief von *H. Schelksy* an R. Lepsius: Zur Entstehungsgeschichte der bundesdeutschen Soziologie. In: Kölner Zeitschrift für Soziologie und Sozialpsychologie 32 (1980), S. 421f.

7 Vgl. *J. Matthes*: Einführung in das Studium der Soziologie, Reinbek 1973, S. 37ff.

8 Vgl. *E. Krieck*: Die gegenwärtige Problemlage der Wissenschaft. In: Volk im Werden 2 (1934), S. 220–226; *ders.*: Die Erneuerung der Universität. Rede zur Übergabe des Rektorats am 23. Mai 1933, Frankfurt 1933 (= Frankfurter akademische Reden. 5). Krieck geht davon aus, daß an die »Stelle der humanistischen Universität . . . die völkisch-politische Universität« getreten sei, »die durch Wissenschaft, durch Erziehung und Bildung der Ausleseschicht ihren Anteil

zu leisten hat am Aufbau des völkisch-politischen Gemeinwesens der Deutschen«. (S. 8). Um der neuen Aufgabe der Universität willen seien »grundsätzliche Entscheidungen schon gefallen« – also in knapp vier Monaten. »Es gehört hierhier die Wehrwissenschaft, die Rassenkunde, die Rassenseelenkunde, vielleicht auch die neuerstehende, an Riehl anknüpfende Wissenschaft vom Volk, die ein Gegenstück zur Wissenschaft vom Staat werden soll und über die bisherige Volkskunde weit hinausgreift. Es muß aber Klarheit darüber bestehen, daß mit einem äußeren Anfügen neuer Fächer noch keine grundsätzliche Entscheidung erfolgt ist, sondern daß die Dinge des Volkstums, des Staates, der völkischen Herkunft und Zukunft, der national-politischen Erziehung allen Forschern und Lehrern, allen Dozenten und Studenten zum gemeinsamen Ausgangspunkt und zum verpflichtenden Ziel gegeben wird, wo immer sie mit ihrer fachwissenschaftlichen Arbeit einsetzen.« (S. 10); *ders.*: Zur Frage der künftigen deutschen Volksschullehrerbildung. In: Volk im Werden 2 (1934). Hier fordert Krieck als Grundlage der Lehrerausbildung »eine totale und politisch ausgerichtete Wissenschaft vom Volk, die alle wesentlichen Erziehungsprobleme wie auch das Wesentliche einer Soziologie, einer nationalsozialistischen Staats-, Rechts- und Kunstlehre enthält« (S. 161). – Zur wissenschaftspolitischen Tätigkeit von Ernst Krieck vgl. *H. Heiber*: Walter Frank und sein Reichsinstitut für Geschichte des neuen Deutschlands, Stuttgart 1966, S. 580–586; und *G. Müller*: Ernst Krieck und die nationalsozialistische Wissensschaftsreform. Motive und Tendenzen einer Wissenschaftslehre und Hochschulreform im Dritten Reich, Weinheim 1978. Zur Situation der Pädagogik im Dritten Reich vgl. *K. Ch. Lingelbach*: Erziehung und Erziehungstheorien im nationalsozialistischen Deutschland, Weinheim 1970. Neben Krieck, der sofort im Frühjahr 1933 von den Nazis auf einen Lehrstuhl für Philosophie und Pädagogik an der Universität Frankfurt lanciert wurde, ist vor allem Alfred Baeumler zu nennen, der Anfang 1933 der Universität Berlin oktroyiert wurde und der einen philosophischen Lehrstuhl und ein neues Institut für politische Pädagogik, damit also die »politische Ausrichtung« der Berliner Studenten, übertragen erhielt. Vgl. *Heiber* (Anm. 8), S. 585 ff.

9 Vgl. *W. Hellpach*: Elementares Lehrbuch der Sozialpsychologie, Berlin 1933 (3. Aufl. Stuttgart 1951); *ders.*, (Anm. 4); *ders.*: Völkerwissenschaften, Volkswissenschaften und die gesamte Psychologie. In: Archiv für die gesamte Psychologie 100 (1936); *H. Gerth*: Moderne Psychologie, 1936. *Th. Elsenhans*: Lehrbuch der Psychologie von Fritz Giese, bearbeitet und hg. von Prof. Dr. Hans W. Gruhle und Dr. F. Dorsch. 3., völlig veränderte Aufl., Tübingen 1939 (Schlußkapitel lautet: »Deutsche Psychologie als Wirklichkeitswissenschaft für das deutsche Volk»). – Zur speziellen Situation vgl. *U. Geuter*: Die

Professionalisierung der deutschen Psychologie im Nationalsozialismus, Frankfurt/M. 1984.

10 Vgl. *K. Viëtor*: Programm einer Literatursoziologie. In: Volk im Werden 2 (1934), S. 35–44; *P. H. Ruth*: Die Idee der deutschen Volkwerdung und die Volkstheorie der Gegenwart. In: Deutsche Hefte für Volksforschung 4 (1934), S. 3–19; *B. von Wiese*: Dichtung und Volkstum, 1933; *K. Rauch*: Neue Literaturkritik: Forderung und Beginn. In: Die Tat 25 (1933), S. 630–639; *H. Rößner*: Zur Neuordnung der Literaturwissenschaft. In: Volk im Werden 6 (1938), S. 166–174.

11 Vgl. *K. L. Wolf, C. Petersen*: Die Stellung der Natur- und Geisteswissenschaften in der neuen Universität und die Aufgabe ihrer Fachschaften, Neumünster 1933; *A. Baeumler*: Männerbund und Wissenschaft, Berlin 1933 (und die Rezension durch *C. Brinkmann* in Schmollers Jahrbuch 58 (1934), S. 108f.); *M. Heidegger*: Die Selbstbehauptung der deutschen Universität. Rede gehalten bei der feierlichen Übernahme des Rektorats der Universität Freiburg i. Br. am 27. 5. 1933, Breslau 1933.

12 Vgl. *M. Bringemeier*: Die soziologische Methode der deutschen Volkskunde. In: Hdb. d. deutschen Volkskunde. Hg. v. W. Peßler, Bd. 1, Potsdam 1934; *H. Harmjanz*: Volk, Mensch und Ding. Erkenntniskritische Untersuchungen zur volkskundlichen Begriffsbildung, Königsberg/Berlin 1936; *ders.*: Die »Bedeutung« der volkskundlichen Sach- und Geistesgüter in ihrer Beziehung zur Gemeinschaft und zum Menschen. In: Zeitschrift für Volkskunde 49 (1940), S. 157–170. *L. Mackensen*: Volkskunde in der Entscheidung. Versuch einer Standortbestimmung, Tübingen 1937. *A. Bergsträsser*: Volkskunde und Soziologie. In: Geistige Arbeit, Nr. II (1934). – Daß die Soziologisierung der Volkskunde sich schnell durchgesetzt hatte, dafür steht: Deutsche Volkskunde im Schrifttum. Ein Leitfaden für die Schulungs- und Erziehungsarbeit der NSDAP. Hg. v. der parteiamtlichen »Arbeitsgemeinschaft für Deutsche Volkskunde« in Verbindung mit dem Amt Schrifttumspflege beim Beauftragen des Führers für die gesamte geistige und weltanschauliche Erziehung der NSDAP, Berlin 1938; dort heißt es: »Es wird sich auch niemand der Tatsache verschließen, daß der Soziologie und der Siedlungsgeschichte heute ganz konkrete politische Aufgaben zufallen, die gewisse Fragestellungen der bisherigen Volkskundeforschung in ungeahntem Maße erweitern.«

13 Vgl. für diesen spziellen Aspekt vor allem die Arbeiten *W. Sombarts, C. Brinkmanns, K. Diehls, W. Vleugels* sowie die nationalökonomischen Auseinandersetzungen mit (Stände-)Theorie und dem universalistischen Ansatz *O. Spanns*. Siehe hierzu *J. Beyer*: Die Ständeideologien der Systemzeit und ihre Überwindung, Darmstadt 1941. Siehe aber auch *W. Koch*: Die Staatswirtschaft des Faschismus, Jena 1935; *R. Bethke*: Gesetz und Gestaltung: Über die Einheit und Grenze der

Wirtschaftstheorie, Jena 1935; *H. Brauweiler*: Wirtschaftslehre als politische Wissenschaft, München/Berlin 1938.

14 Vor allem sind hier die staatstheoretischen Arbeiten *R. Smends* und *C. Schmitts* zu nennen, die schon vor 1933 der Soziologisierung des Staatsrechts verdächtigt wurden. – Vgl. auch *H. Rottleuthner (Hg.)*: Recht, Rechtsphilosophie und Nationalsozialismus. In: Archiv für Rechts- und Sozialphilosophie 84 (1983), Sonderheft.

15 Die Soziologisierung der Geschichtswissenschaft ist typisch an den Projekten des »Ahnenerbes« und des »Reichsinstituts für Geschichte des neuen Deutschlands« abzulesen. Vgl. *M. H. Kater*: Das »Ahnenerbe« der SS 1935–1945. Ein Beitrag zur Kulturpolitik des Dritten Reiches, Stuttgart 1974; *Heiber* (Anm. 8).

16 *Eschmann* (Anm. 4), S. 966.

17 Ebd., S. 953 – Ähnlich schon die Argumentation bei Rothacker, der von der Soziologie als »Gegenwartswissenschaft« fordert, sie solle für die »junge stürmisch zum Siege eilende Bewegung, der unser Herz gehört«, die »Übergangskrankheiten überwinden« helfen. *E. Rothacker*: Nationale Soziologie. In: Westdeutsche Akademische Rundschau, 3. Jg., Nr. 1, 1. 1. 1933.

18 Vgl. *Eschmann* (Anm. 4), S. 964f.; *Freyer*, Volkwerdung (Anm. 4). Speziell: *M. H. Boehm*: Gesamte Staatswissenschaft oder gesamte Volkswissenschaft? In: Volksspiegel 2 (1935), S. 36–41.

19 Vgl. *Mannhardt* (Anm. 4); *Freyer*, Das politische Semester (Anm. 4); *Eschmann* (Anm. 4).

20 Das »Politische Institut« sollte nicht eine neue Fakultät darstellen, »sondern den geistigen Mittelpunkt der neuen Jenaer Hochschule bilden«. Vgl. Notiz »Der Plan für ein Politisches Institut in Jena«. In: Volk im Werden 6 (1938), S. 138.

21 Vgl. o. N.: Die deutsche Hochschule für Politik. In: Die Tat 25 (1933/34), S. 672; und o. N.: Der Ausbau der Berliner Hochschule für Politik. In: Volk im Werden 6 (1938), S. 82, dort heißt es: »Der Dozentenkörper ist von einer Stärke von 45 Mitgliedern im Jahre 1933 auf über 100 im vergangenen Jahr gewachsen. Selbstverständlich (!) ist die Dozentenschaft von Grund auf neu zusammengestellt worden.« – Fast typisch für die Aufarbeitung der Zeit von 1933 bis 1945 ist die Passage: »Als die DHfP (i. e. Deutsche Hochschule für Politik) nach der Machtergreifung der Nationalsozialisten 1933 in ein Instrument des Reichspropagandaministeriums verwandelt werden sollte, löste sie sich auf.« Diese findet sich in einer Publikation des Fachbereichs Politische Wissenschaft der Freien Universität Berlin, der sich als Nachfolgeinstitution der DHfP empfindet. *J. Fijalkowski*: Das Otto-Suhr-Institut. Fachbereich Politische Wissenschaft der Freien Universität Berlin, Berlin 1980/81, S. 3 (= Handbuch, Teil 1: Entwicklung und wissenschaftliche Arbeit).

22 *K. H. Pfeffer*: Begriff und Methode der Auslandswissenschaften. In: Jahrbuch der Weltpolitik 1942, S. 895. – Vgl. allgemein *E. Siebert*: Entstehung und Struktur der Auslandswissenschaftlichen Fakultät an der Universität Berlin (1940 bis 1945). In: Wissenschaftliche Zeitschrift der Humboldt-Universität zu Berlin, gesellschafts- und sprachwissenschaftliche Reihe 15 (1966), S. 19–34; *C. Klingemann*: Vergangenheitsbewältigung oder Geschichtsschreibung? Unerwünschte Traditionsbestände deutscher Soziologie zwischen 1933 und 1945. Manuskript 1983.

23 *E. Rothacker*: Bericht zum Ausbau einer wissenschaftlichen Abteilung des Reichsministeriums des Inneren, 28. 4. 1933, zitiert nach *Klingemann* (Anm. 22), S. 44.

24 *J. Beyer*: Die Tagung der deutschen Soziologen in Jena und die Aufgabe der Wissenschaft im neuen Staate. In: Volk im Werden (1934), S. 197.

25 Abgedruckt in: Kölner Vierteljahreshefte für Soziologie 11 (1932/33), S. 439ff., und in *Matthes* (Anm. 7), S. 248–251.

26 Vgl. *D. Käsler*: Der Streit um die Bestimmung der Soziologie auf den deutschen Soziologentagen 1910 bis 1930. In: *Lepsius*, 1981 (Anm. 3), S. 199–244.

27 *Beyer* (Anm. 24), S. 196.

28 »Da nun die mit der neuen volksgenoßlichen Bewegung besonders verwachsenen Kreise wegen der Wichtigkeit der sofortigen Heranziehung der Soziologie zum Aufbau des neuen Volksstaats ein schnelles Vorgehen für wünschenswert hielten, veranstalteten sie von sich aus das Treffen deutscher Soziologen in Jena«, schreibt in gezielter Distanz *H. L. Stoltenberg*: Das Treffen deutscher Soziologen in Jena vom 5. bis 7. Januar 1934. In: Kölner Vierteljahreshefte für Soziologie 12 (1933/34), S. 424.

29 Vgl. *Lepsius*, 1981 (Anm. 3), S. 19f.

30 *Beyer* (Anm. 24), S. 196.

31 Ebd., S. 196f.

32 Vgl. *Ipsens* Kapitel »Der Ursprung der deutschen Soziologie« in seiner Schrift »Programm einer Soziologie des deutschen Volkstums« (Anm. 4). – Ipsen greift hier auf eine Diskussion zurück, in der seit Ende der zwanziger Jahre »deutsche Soziologie« (und ähnliche Bezeichnungen) als qualitative Bestimmung benutzt wird. Als Vertreter einer »deutschen Soziologie« gelten Plenge, A. Walther, Andreae, Rumpf und vor allem H. Freyer. So betitelt *A. Walther* seine Rezension von Freyers »Soziologie als Wirklichkeitswissenschaft« mit: Das Problem einer »deutschen« Soziologie. (Kölner Vierteljahreshefte für Soziologie 9 [1931], S. 513–530); siehe auch z. B. *M. Rumpf*: Deutsche Volkssoziologie im Rahmen einer sozialen Volkslehre, Nürnberg 1931, der als Überschrift des 2. Kapitels wählte: »Aus der heutigen

Lage der Soziologie wächst *Deutsche Volkssoziologie* als Kernstück einer realistischen Gesellschaftslehre unmittelbar heraus« (S. 11ff.); vgl. auch *ders.*: Soziale Lebenslehre, ihr System und ihr wissenschaftlicher Ort, Nürnberg 1932, S. 37, 39, 44, 89f., 218, 230ff.

33 Vgl. z.B. *Freyer*, Volkwerdung (Anm. 4), S. 4f.; *ders.*: Gegenwartsaufgaben der deutschen Soziologie. In: Zeitschrift für die gesamte Staatswissenschaft 95 (1935), S. 116–145; *ders.*: Ferdinand Tönnies und seine Stellung in der deutschen Soziologie. In: Weltwirtschaftliches Archiv 44 (1936), S. 1–9.

34 *Freyer,* Ferdinand Tönnies (Anm. 33), S. 2.

35 Ebd.; vgl. aber auch im gleichen Sinne *Eschmann* (Anm. 4) und *G. Wirsing*: Volk und Geist. In: Die Tat 25 (1933/34), S. 513–520.

36 So wird der »deutschen Soziologie« möglich, in Distanz stehende deutsche Soziologen und deutschsprachige soziologische Ansätze mit Verweis auf ihre Teilhabe am »Deutschen Geist« vor dem Bann zu retten, so vornehmlich F. Tönnies und M. Weber wie *Freyer* (Anm. 33) tut, der sich ausdrücklich in seiner Position als Präsident der Deutschen Gesellschaft für Soziologie als Vertreter der »deutschen Soziologie« bekennt. – Zugleich ist aber auch festzustellen, daß die Einschätzung der »deutschen Soziologie« als nur eine mögliche Ausprägung der Soziologie, der konkurrierend andere Ansätze auch für den Rahmen der »deutschen Soziologie« zugeordnet werden, als bewußter Verstoß gegen den Totalitätsanspruch einzustufen ist. Vgl. in diesem Sinne *H. Maus*: Zur gesellschaftlichen Funktion der Soziologie. In: Archiv für Rechts- und Sozialphilosophie 33 (1939/40), S. 149–186; Maus kehrt die Bedeutung des Positivismus für die aktuelle soziologische Theorie hervor, ja, er erlaubt sich, die »deutsche Soziologie« direkt zu attackieren: »An den Versuchen, so etwas wie eine arteigene Schule deutscher Soziologie zu konstruieren, überrascht, da sie von Soziologen [Anm.: Sombart (1936), Pfeffer (1939)] stammen, daß ihnen der eines Soziologen einzig würdige sachnotwendige Bezug auf die aktuelle soziale Situation mangelt, von der bloß, enthusiastisch, geredet wird.« (S. 155) Siehe aber auch den zumindest in diesem Zusammenhang fälschlicherweise von Maus genannten *W. Sombart*: Soziologie: Was sie ist und was sie sein sollte. In: Sitzungsberichte der Preussischen Akademie der Wissenschaften. Sitzung der philosophisch-historischen Klasse vom 13. 2. 1936, S. 47–75; Sombart, der seine Neo-Soziologie zu revitalisieren sucht, führt in der Übersicht die »Deutsche Soziologie«, deren »hervorragenster Vertreter in der Gegenwart« Hans Freyer sei, als eigenständige Richtung an, wirft ihr jedoch vor, daß sie Sozialgeschichte statt Soziologie betreibe und daß sie nicht als Wissenschaft, sondern nur als schlechte Metaphysik einzustufen sei (vgl. S. 66f.).

37 *Freyer*, Volkwerdung (Anm. 4), S. 5.

38 Ebd., S. 4.

39 Vgl. die schon angeführten Arbeiten von *Boehm*, *Freyer*, *Eschmann*, *Ipsen*, *Rumpf* und *Wirsing*, in denen unsystematisch Vorläufer genannt werden.

40 Neben den Schriften von *Andreae*, *Pfeffer*, *Pfenning* und *Walther* sei verwiesen auf *H. Proesler*: Die Anfänge der Gesellschaftslehre, Erlangen 1935; *A. Golopentia*: Die Information der Staatsführung und die überlieferte Soziologie, Diss. Leipzig 1936; *H. L. Stoltenberg*: Geschichte der deutschen Gruppenwissenschaft (Soziologie), Leipzig 1937; *H. Rieck*: Volkstum und Wissenschaft, Leipzig 1937; *M. Burmeister*: Die Unterscheidung des Gemeinschafts- und Gesellschaftsbegriffes bei Lorenz von Stein und Ferdinand Tönnies, Diss. Berlin 1937; *H. Löfke*: Versuch einer Begriffsbestimmung der menschlichen Gesellschaft, Diss. Gießen 1938; *A. E. Günther*: Gemeinschaft oder Kollektivismus? Berlin 1940; *E. Thier (Hg.)*: Wegbereiter des deutschen Sozialismus, Stuttgart 1940; *W. Stapel*: Die drei Stände. Versuch einer Morphologie des deutschen Volkes, Hamburg 1941; *F. Schnell*: Volk und Gesellschaft. Eine lebensgesetzliche Gesellschaftsbetrachtung des deutschen Volkes, Leipzig 1942, 1944[2]. Vgl. aber auch die wohl wissenschaftlichste Arbeit der »deutschen Soziologie« nach 1933, die jedoch in ihrer Distanz zur NS-Ideologie auf keine Resonanz stieß, nämlich *W. Ziegenfuß*: Versuch über das Wesen der Gesellschaft, Leipzig 1935; aber auch *Sombart* (Anm. 36) und die kritische Publikation von *Maus* (Anm. 36).

41 Vgl. z.B. *E. Baumgarten*: Der Pragmatismus. R. W. Emerson, W. James, J. Dewy, Frankfurt/M. 1938; *P. Bidlingmaier*: Das sozialreformerische System Saint-Simons, Diss. Frankfurt/M. 1937; *G. Brehmer*: Wandlungen in Ideengehalt und Zielsetzung der deutschen Sozialpolitik. Würdigung vom Standpunkt des Nationalsozialismus, Diss. Halle-Wittenberg 1937; *G. Brettschneider*: Der Humanismus John Robert Seeleys. Ein Beitrag zur Geschichte der Ideologie des britischen Imperialismus, Leipzig 1937; *E. Brühn*: Fieldings Gesellschafts- und Staatsauffassung, Diss. Hamburg 1940; *C. Frh. Heyl zu Herrnheim:* Integration des Wesenwillens. Eine Phänomenologie und Erkenntnistheorie des Zustandhaften als Fortführung von Comtes sozialer Statik, Diss. Frankfurt/M. 1939; *M. Machhausen*: Die Problematik des objektiven Geistes und der Begriff des Kollektivbewußtseins bei Emile Durkheim, Diss. Köln 1937. – Das Argument, historische Themen seien als politische Refugien gewählt worden, wirkt zwiespältig; vgl. dazu *Schelksy* (Anm. 6), S. 423.

42 Vgl. z.B. *K. H. Pfeffer*: England – Vormacht der bürgerlichen Welt, Hamburg 1940; *ders.*: Australiens Not – das Ende einer ideenlosen Politik. In: Das neue Europa 2 (1942), Heft 4, S. 1 f.; *ders.*: England zwischen Amerika und Europa. In: Ebd., Heft 5, S. 3 f.; *F. A. Six*:

Europa und das Weltbild. In: Ebd., S. 1 f.; *ders.*: Das Europabild des 20. Jahrhunderts. In: Ebd. 3 (1943), Heft 17, S. 1–5; *R. Höhn*: Frankreichs Demokratie und ihr geistiger Zusammenbruch, Darmstadt o. J.; *W. Vleugels*: Der Korridor im englischen und französischen Urteil, Bonn 1944; *J. Papritz, W. Koppe (Hg.)*: Völker und Staaten im Osten und Norden Europas, 6 Bde., Leipzig 1937–1942.

43 *H. Freyers* Arbeiten zeichnen sich durch eine Konsistenz der soziologischen und politisch-engagierten Äußerungen aus, die zu wörtlichen Wiederholungen führen. Eine Unterscheidung zwischen Wissenschafts- und Bekenntnisschriften, wie sie derzeit von Üner und Linde praktiziert wird, ist durch die querlaufenden Übereinstimmungen nicht haltbar; zudem macht diese klinische Trennung, um Freyer als Wissenschaftler zu retten, seine wissenschaftlichen Arbeiten im nachhinein unglaubwürdig. Vgl. z. B. »Gemeinschaft und Volk«. In: *F. Krüger (Hg.)*: Philosophie der Gemeinschaft, Berlin 1929, S. 8–22; »Soziologie als Wirklichkeitswissenschaft«, Stuttgart 1930; »Einleitung in die Soziologie«, Leipzig 1931; »Soziologie als Wirklichkeitswissenschaft«. In: *R. Thurnwald (Hg.)*: Soziologie von heute, Leipzig 1932, mit »Volkwerdung« (Anm. 4) und »Gegenwartsaufgaben der deutschen Soziologie« (Anm. 33). Für *O. Spann* vgl. vor allem »Kämpfende Wissenschaft. Gesammelte Abhandlungen zur Volkswirtschaftslehre, Gesellschaftslehre und Philosophie«, Jena 1934, und die Ergänzungen in der 4. Aufl. von »Der wahre Staat. Vorlesungen über Abbruch und Neubau der Gesellschaft«, Jena 1938. Passagen dieser Arbeit (1. Aufl. 1921, 2. Aufl. 1923) finden sich wörtlich in *A. Hitlers* »Mein Kampf« wieder (S. 88, 204). 1928 hielt Spann den Eröffnungsvortrag in Rosenbergs »Kampfbund für deutsche Kultur« über die Gesellschafts- und Kulturkrise der Gegenwart. Er war als weiterer Redner vorgesehen und sollte Themen behandeln wie deutsche und undeutsche Volkswirtschaft – individualistische und universalistische Geschichtsauffassung (siehe: 1933 – Wege zur Diktatur. Ergänzungsband. Staatliche Kunsthalle Berlin 1983, S. 168–183). Weder die faschistischen Pamphlete, die Spanns Fall in die Ungnade nach 1936 beleuchten, bestreiten die Identität – z. B. *K. Hanke*: Von der Weisheit Othmar Spanns. In: Volk im Werden 6 (1938), S. 591–599; *H. Härtle*: Vom Ständestaat zur Priesterherrschaft. Eine Abrechnung mit Othmar Spann. Vorwort von Reichsleiter Robert Ley, Berlin 1938 –, noch finden sich dafür Hinweise in neueren Schriften – z. B. *A. Rieber*: Vom Positivismus zum Universalismus. Untersuchungen zur Entwicklung und Kritik des Ganzheitsbegriffs von Othmar Spann, Berlin 1971; *K. J. Siegfried*: Das Gesellschaftsbild Othmar Spanns, Wien 1974.

44 Vgl. *W. Andreae*: Gegenstand und Verfahren der Gesellschaftslehre. In: Zeitschrift für die gesamte Staatswissenschaft 96 (1936),

S. 525–567. – Andreae bekam 1934 eine o. Professur in Gießen und lehrte Soziologie.

45 Vgl. ergänzend zu Anm. 4 *M. H. Boehm*: Ruf der Jungen. Eine Stimme aus dem Kreise um Moeller van den Bruck, Freiburg i. Br. 1933[3]; *ders.*: Das eigenständige Volk. Volkstheoretische Grundlagen der Ethnopolitik und Geisteswissenschaften, Göttingen 1932; *ders.*: Der 18. Januar und die anderen Deutschen. Reichsgründungslehre zum 18. 1. 1934, Jena 1934; *ders.*: Grundkultur und Völkertum. In: Volksspiegel 1 (1934), S. 217–226; *ders.*: Gesamte Staatswissenschaft oder gesamte Volkswissenschaft. In: Volksspiegel 2 (1935), S. 36–41; eine ausführliche Bibliographie findet sich in der Festgabe für Boehm. Ostdeutsche Wissenschaft, hg. v. *K. K. Klein, E. von Sivers, W. Weizsäcker*, München 1961. – Boehm erhielt 1933 eine Professur für Volkstheorie und Volkstumssoziologie an der Universität Jena.

46 Vgl. *C. Brinkmann*: Wissenschaftsgeschichtliche und erkenntnistheoretische Grundlagen der Soziologie. In: Jahrbuch für Soziologie. Bd. 1, hg. v. G. Salomon, Karlsruhe 1925, S. 35–47; *ders.*: Zur Lage der deutschen Soziologie. In: Münchener Neueste Nachrichten Nr. 47 vom 16. 2. 1936, S. 4; eine Bibliographie zu Brinkmann findet sich im Brinkmann-Gedenkheft des Jahrbuchs für Sozialwissenschaft 1954/55. – Brinkmann, seit 1923 o. Prof. in Heidelberg, erhielt 1942 eine Professur in Berlin.

47 Vgl. *A. Günther*: Soziologie und Sozialpolitik. In: Verhandlungen des Vierten Deutschen Soziologentages am 29. und 30. September 1924, Tübingen 1925, S. 8–70; *ders.*: Der soziologische Schluß zumal in der angewandten Soziologie. In: Archiv für angewandte Soziologie 5 (1932/33), S. 154ff.; *ders.*: Der Rassengedanke in der weltanschaulichen Auseinandersetzung unserer Zeit, Berlin 1940; *ders.*: Gemeinschaft oder Kollektivismus? Berlin 1940. – Günthers wissenschaftlich-politische Karriere zwischen 1933 und 1940 (Ruf an die Universität Wien) ist bisher unklar, bis auf den Hinweis, daß er im Kreis um die auslandswissenschaftliche Fakultät Berlin, dem u. a. Six, Pfeffer, Eschmann zuzurechnen sind, engagiert war.

48 Vgl. *F. W. Jerusalem*: Die Gesetzmäßigkeit des sozialen Lebens. In: Jahrbuch für Soziologie. Bd. 2, hg. von G. Salomon, Karlsruhe 1926, S. 91–105; *ders.*: Grundzüge der Soziologie, 1930; *ders.*: Gemeinschaft und Staat, 1930. Seine Vorstellung vom »neuen Kollektivismus« betonte er sowohl schon auf dem 6. Deutschen Soziologentag 1928 wie dann in seinem Referat »Die Gemeinschaft als Problem unserer Tage« auf dem Treffen der deutschen Soziologen 1934 in Jena. *Ders.*: Der Staat. Ein Beitrag zur Staatslehre, 1935. – Detaillierte biographische Angaben über Jerusalem, der seit 1932/33 o. Prof. für öffentliches Recht und Soziologie an der Universität Jena war, fehlen.

49 Vgl. *J. Plenge*: Fachdisziplin, Totalgesellschaft und Pantologie.

In: *Thurnwald* (Anm. 43), S. 24–45; *ders.*: Die Philosophie des »Wir« als Tiefenbegründung der Soziologie. In: Kölner Vierteljahreshefte für Soziologie 11 (1932/33), S. 135–138; *ders.*: Handschrift für Gesinnungsgenossen, Münster 1934 (i. e. Anmeldung zum Bunde Schlageter e. V.). – Plenge war von 1932/33 bis zur Zwangsemeritierung 1935 o. Prof. für Wirtschaftswissenschaften und Hon. Prof. für Organisationslehre und Soziologie an der Universität Münster i. W. Bibliographische Angaben in *H. Linhardt (Hg.)*: Johann Plenges Organisations- und Propagandalehre, Berlin 1965.

50 Vgl. *M. Rumpf*: Deutsche Volkssoziologie im Rahmen einer sozialen Lebenslehre, Nürnberg 1931; *ders.*: Der deutsche Volksmensch im Dritten Reich. In: Volksspiegel 1 (1934), S. 94–97; *ders.*: Volk und Volkswissenschaft. In: Volksspiegel 3 (1936), S. 1–8; *ders.*: Politische und soziologische Staatslehre, Nürnberg 1934; *ders.*: Erfüllte Volkskunde. In: Volksspiegel 4 (1937), S. 194–200. – Rumpf war seit 1931 o. Prof. für Wirtschafts- und Sozialwissenschaften an der Handelshochschule Nürnberg.

51 Vgl. *W. Sombart*: Grundlagen und Kritik des Sozialismus. 2 Tle, Berlin 1919, und *ders.*: Deutscher Sozialismus, Berlin 1934; *ders.*: Soziologie, Berlin 1923, und *ders.*: Soziologie, was sie ist und was sie sein sollte (Anm. 36); *ders.*: Weltanschauung, Wissenschaft und Wirtschaft, Berlin 1938. – Biographische Hinweise in *W. Krause*: Werner Sombarts Weg vom Kathedersozialismus zum Faschismus, Berlin 1962; *B. vom Brocke*: Werner Sombart. In: *H.-U. Wehler (Hg.)*: Deutsche Historiker, Bd. V, 1972.

52 Vgl. *Walther* (Anm. 32); *ders.*: Zur Verwirklichung einer vollständigen Soziologie. In: *Thurnwald* (Anm. 43); *ders.*: Die wahre Volksgliederung. In: Volksspiegel 2 (1935), S. 1–9; *ders.*: Die neuen Aufgaben der Sozialwissenschaften, Hamburg 1939. Vgl. aber auch seinen Diskussionsbeitrag auf dem 4. Deutschen Soziologentag 1924 (Anm. 47), bes. S. 105, in dem er die deutsche Kultur (und Wissenschaft) binär gegen alle übrigen setzt. – Biographie und Bibliographie Walthers sind bisher nicht aufgearbeitet. Walther war von 1932/33 bis zur Emeritierung 1944 o. Prof. für Soziologie an der Universität Hamburg.

53 Vgl. *Andreae* (Anm. 44), dessen Ausführungen von den Herausgebern der »Zeitschrift für die gesamte Staatswissenschaft«, Bente, Huber und Predöhl, als außerhalb der Linie der Zeitschrift angemerkt werden (S. 525).

54 Hatte sich *Freyer* noch in »Soziologie als Wirklichkeitswissenschaft« (Anm. 43), S. 68 ff., und »Einleitung in die Soziologie« (Anm. 43), S. 101 ff., mit dem Spannschen Universalismus auseinandergesetzt, so unterbleibt nach 1933 anscheinend jede Stellungnahme.

55 Als Indikator kann die bis 1933 zunehmende gegenseitige Zitation angesehen werden; z. B. *Freyer*, Einleitung in die Soziologie (Anm. 43),

nennt in diesem Zusammenhang neben Spann: J. Plenge, F. W. Jerusalem, K. Dunkmann, A. Vierkandt und A. Walther.

56 In der Einleitung des Eröffnungsheftes des »Volksspiegels« heißt es z. B. demgemäß (1934, S. 1): »Überall und nirgendwo daheim, gebärdete *Soziologie* sich gern als rechte Allerweltslehre, wenn sie nicht gar zu einer Brutstätte internationalistischer Gesinnung wurde oder zu spiegelfechterischem Literatentum entartete. Kaum je noch hob sich recht auch für Soziologie als echte Wissenschaft die *Volksgemeinschaft* als das Wesentlichste vom Wesentlichen klar und wuchtig heraus aus der Gebildefülle und dem Formenspiel der *Gesellschaft.*«

57 Vgl. z. B. *Ipsen,* Programm einer Soziologie des deutschen Volkstums (Anm. 4), S. 24: »Ich glaube, es ist offenbar, daß sich der Aufbau der industriellen Gesellschaft nunmehr als volle Verwirklichung eines echten Ver sacrum darstellt ... Und was wäre mit solcher Ansicht gewonnen? Zunächst die Möglichkeit, an Stelle der bloßen Empirie oder der rationalen Konstruktion der industriellen Gesellschaft einen konkreten Begriff ihres Gefüges zu entwickeln, der die geschichtliche Dynamik ihres Werdens in sich aufgenommen hätte. Vor allem aber ein Standort außerhalb der industriellen Gesellschaft, die uns umfängt und übermächtig das Ganze will – ein Standort außerhalb, der ihr dennoch nicht äußerlich bleibt. Wir verstehen nun erst recht die innere Dialektik ihres Aufbaus: wir vermögen aber auch zu erkennen, daß die großen und dringenden Fragen und Aufgaben, die die chaotische Klassengesellschaft stellen, von einer letzthin entscheidenden Frage übergriffen werden, die das Andere in sich beschließt – der Frage, ob das übermächtige Glied: die industrielle Klassengesellschaft oder die daher bedrohte überdauernde Macht unsres gesellschaftlichen Daseins: Volkheit die geschichtliche Bewegung des Umbruchs bestimmen, überwältigen oder gestalten solle, in den wir eingetreten sind.« – Ähnlich die Argumentation bei *Freyer*: Gegenwartsaufgaben der deutschen Soziologie (Anm. 33), S. 133 ff., 140 ff.

58 *Freyer*, Soziologie als Wirklichkeitswissenschaft (Anm. 43), S. 304.

59 *Freyer*, Einleitung in die Soziologie (Anm. 43), S. 149; vgl. auch *O. Spann*: Gesellschaftslehre, Leipzig 1923², S. 493 ff.

60 *Freyer*, Soziologie als Wirklichkeitswissenschaft (Anm. 43), S. 91; ähnlich *Spann*: Der wahre Staat, 4. Aufl. (Anm. 43), S. 4 (»Gesellschaftliche Wissenschaft ist Mit-Wissenschaft des Innerlichen der gesellschaftlichen Wirklichkeit«), 59 ff.

61 *Freyer*, Einleitung in die Soziologie (Anm. 43), S. 7; *ders.*, Soziologie als Wirklichkeitswissenschaft (Anm. 43), S. 173 f.; *ders.*: Theorie des objektiven Geistes. Eine Einleitung in die Kultursoziologie, Leipzig/Berlin 1928², S. 67; ähnlich *Rumpf*, Soziale Lebenslehre (Anm. 32), S. 198 ff.; *Spann* (Anm. 59), S. 64 ff.; *Ziegenfuß*, (Anm. 40), S. 16 ff. – *Spann* weicht insoweit scheinbar ab, als er als

Teile des Ganzen »Gesellschaft« nicht den Menschen, sondern nur Gemeinschaften (Gezweiungen) akzeptiert, »in denen erst die Einzelnen durch Gliedhaftigkeit Existenz haben« (Der wahre Staat [Anm. 43], S. 152). Zur Beurteilung Freyers und Spanns in dieser Frage vgl. *Andreae* (Anm. 44), S. 533ff.

62 Vgl. *Freyer*, Einleitung in die Soziologie (Anm. 43), S. 10f., 12f.; *ders.*, Soziologie als Wirklichkeitswissenschaft (Anm. 43), S. 158ff.; *Rumpf*, Soziale Lebenslehre (Anm. 32), S. 195ff.; *Walther* (Anm. 32); *Viëtor* (Anm. 10).

63 Vgl. *Freyer*, Einleitung in die Soziologie (Anm. 43), S. 135ff.; *ders.*, Soziologie als Wirklichkeitswissenschaft (Anm. 43), S. 248f. *Spann* (Anm. 59), S. 250ff.

64 *Freyer*, Herrschaft und Planung (Anm. 4), S. 32.

65 So der Titel der Aufsatzsammlung *O. Spanns* (Jena 1934). – Dies entspricht dem »Nur wer gesellschaftlich etwas will, sieht soziologisch etwas« *H. Freyers* (Soziologie als Wirklichkeitswissenschaft [Anm. 43], S. 305). Dabei bezieht sich Freyer wohl auf *J. Plenges* »Nur wer wirkt, kennt Wirklichkeit« (zitiert: Einleitung in die Soziologie [Anm. 43], S. 18) – Vgl. auch *Ziegenfuß* (Anm. 40), S. 108f.

66 *Freyer*, Einleitung in die Soziologie (Anm. 43), S. 127.

67 *Freyer*, Soziologie als Wirklichkeitswissenschaft (Anm. 43), S. 174; *ders.*, Einleitung in die Soziologie (Anm. 43), S. 147: »Wie die gesellschaftliche Wirklichkeit in allen ihren Strukturen nichts ist als Menschen in ihrem gegenseitigen Verhältnis zueinander, so ist ihre Bewegung immer und wesentlich menschliches Wollen. Diese Einsicht, auf die Gegenwart angewandt, besagt, daß der Willensgehalt der Gegenwart in ihren Strukturbegriff eingehen muß.«

68 *Freyer*, Einleitung in die Soziologie (Anm. 43), S. 110; ähnlich in der Kritik *Spann* (Anm. 59), S. 22ff.; *ders.*, Der wahre Staat (Anm. 43), S. 15ff.

69 Vgl. *Freyer*, Einleitung in die Soziologie (Anm. 43), S. 105; *Spann*, Der wahre Staat (Anm. 43), S. 158ff.

70 Ebd., S. 73. – Die Kritik am Positivismus findet sich durchgehend bei allen Vertretern der »deutschen Soziologie«; aber darin unterscheiden sie sich nicht von der Mehrzahl der damals anerkannten Soziologen, die mit der Positivismuskritik gegen die Klassiker Durkheim, M. Weber und Simmel wissenschaftliche Selbständigkeit zu erreichen trachteten. Vgl. z.B. *A. Vierkandt*: Die Überwindung des Posivismus in der deutschen Soziologie der Gegenwart. In: Jahrbuch für Soziologie, hg. v. G. Salomon, Bd. 2, Karlsruhe 1926, S. 66–91.

71 Vgl. *Freyer*, Einleitung in die Soziologie (Anm. 43), S. 145: »Das Geflecht der gesellschaftlichen Gegenwartstatsachen empirisch aufzunehmen, die Grundstruktur festzuhalten, nach der unsere gesellschaftliche Wirklichkeit gebaut ist, alle die besonderen Züge hinzuzu-

rechnen, die gerade jetzt und hier auf diese Grundstruktur aufgelagert sind und sie zu einer einmaligen, konkreten Konstellation machen, wird zur letzten systematischen Aufgabe der Soziologie. Empirische Feststellung des Tatsächlichen ist die Methode, mit der diese Aufgabe allein gelöst werden kann. Denn die ›Gegenwart‹ ist natürlich eine individuelle, historische Wirklichkeit. Sie kann nur in einem historisch maximal gesättigten Strukturbegriff erfaßt werden.« – Siehe auch *Spann*, Der wahre Staat (Anm. 43), S. 68ff.; *ders.*: Kategorielehre, Jena 1924; *Rumpf*, Deutsche Volkssoziologie (Anm. 50), S. 11ff.

72 Vgl. *Freyer*, Gegenwartsaufgaben der deutschen Soziologie (Anm. 43), S. 134: Freyer stellt hier die Frage, »was der völkische und politische Umbruch der Gegenwart für die Soziologie bedeutet«, und er umreißt diesen Umbruch als »eine neue Struktur der Volksgemeinschaft, ein neues Verhältnis von Staat und Wirtschaft, eine neue Verwurzelung der sozialen Bildungen im Volk als geschichtliche Wirklichkeit«, bzw. als Wiedereingliederung der »gesellschaftlichen Sondermächte in die politisch geformte Volksgemeinschaft«.

73 Vgl. *Freyer*, Einleitung in die Soziologie (Anm. 43), S. 92, wo es noch allgemein heißt: »Mit dem Gegenstand einer Wissenschaft aber ist zugleich die Erkenntnishaltung, in der ihm zu begegnen ist, mitgesetzt. Abstrakte Klassifikation der gesellschaftlichen Erscheinungen – Auffindung und technische Anwendung von gesellschaftlichen Naturgesetzen – theoretische Einsicht in die geheimen Bildungsgesetze des gesellschaftlichen Universums – Emporhebung der gesellschaftlichen Wirklichkeit zum geschichtlichen Selbstbewußtsein: alle diese Möglichkeiten ergeben sich als der adäquate Erkenntniswille der Soziologie, je nachdem ob die Gesellschaft als Mannigfaltigkeit von Beziehungen, als gesetzlich geordnete Natur, als geistiges Wesen oder als geschichtliche Wirklichkeit aufgefaßt wird.«

74 Programmatisch formuliert bei *Freyer*, Gegenwartsaufgaben der deutschen Soziologie (Anm. 33), S. 136ff.

75 Ebd., S. 143; *Freyer* fährt fort, »daß die Strukturgesetze der Gemeinschaft sehr konkret an den charakteristischen Gemeinschaftsformen, die die nationalsozialistische Bewegung in Deutschland geschaffen und wiedererweckt hat, realiter aufgewiesen werden können und müssen«. – Siehe aber auch *Höhn*, Die Wandlung in der Soziologie (Anm. 4); *ders.*, Volksgemeinschaft und Wissenschaft (Anm. 4), S. 2–8; *Ziegenfuß* (Anm. 40), S. 104ff., 124.

76 *Freyer*, Gegenwartsaufgaben der Soziologie (Anm. 33), S. 136 bzw. S. 139.

77 Vgl. *Spann* (Anm. 59), S. 555ff.; *Freyer*, Soziologie als Wirklichkeitswissenschaft (Anm. 43), S. 207ff.; *ders.*, Einleitung in die Soziologie (Anm. 43), S. 143ff.; *Günther*, Soziologie und Sozialpolitik (Anm. 47), S. 29. – »Wertfreiheit« wurde nicht nur in der Soziologie

diffamiert; auch allgemein wurde sie als eine »Haltung des alles Verstehens, welche die Kraft der Entscheidung lähmt und auch den unwürdigsten Zustand der Welt rechtfertigt« einer »recht verstandenen Objektivität« gegenübergestellt, die der These verpflichtet ist, daß die Weltanschauung Mutterboden aller Wissenschaft sei, und somit die »Gebundenheit und leidenschaftlichen Einsatz des Forschers« fordert. Dies propagierten der Reichserziehungsminister Rust und Ernst Krieck auf der 550-Jahr-Feier der Universität Heidelberg. Vgl. *Heiber* (Anm. 8), S. 556. Vgl. aber auch das anonyme Pamphlet (Ernst Krieck?) »Was bedeutet ›Objektivität‹ der Wissenschaft?« In: Volk im Werden 8 (1940), S. 214–217.

78 *K. H. Pfeffer*: Die deutsche Schule der Soziologie, Leipzig 1939, S. 126; vgl. auch *Eschmann* (Anm. 4); *Mannhardt* (Anm. 4), S. 26 ff.; *Krieck*, Die gegenwärtige Problemlage der Wissenschaft (Anm. 8), S. 222 ff.; *Freyer*, Volkwerdung (Anm. 4), S. 4; *G. Weippert*: Vom Werturteilsstreit zur politischen Theorie. In: Weltwirtschaftliches Archiv 49 (1939), S. 1–100.

79 Vgl. z. B. die seltsam anmutende Arbeit *K. Mannheims*: German Sociology (1918–1933). In: Politica 1 (1934), S. 12–33; oder die hilflosen Reaktionen auf die Entwicklung der »deutschen Soziologie« bei den deutschen »Makers of Sociology«, die E. E. Eubank 1934 interviewte (die Edition der Gesprächsaufzeichnungen ist von D. Käsler vorbereitet); vgl. auch *E. E. Eubank*: European and American Sociology: Some Comparisons. In: Social Forces 15 (1936), Heft 2.

80 In dieses Bild paßt, daß Freyers Leipziger Professur für Soziologie 1933/34 umbenannt wurde in »politische Wissenschaften«, was aber nicht als Affront gegen die Soziologie interpretiert werden kann. Vgl. *H. Linde*: Soziologie in Leipzig 1925–1945. In: *Lepsius*, 1981 (Anm. 3), S. 102–131.

81 *Freyer*: Gemeinschaft und Volk (Anm. 43), S. 22; ähnlich *ders.*, Soziologie als Wirklichkeitswissenschaft (Anm. 43); *ders.*, Einleitung in die Soziologie (Anm. 43), S. 147 ff.; *ders.*, Volkwerdung (Anm. 4), S. 6 ff.; *ders.*, Gegenwartsaufgaben der deutschen Soziologie (Anm. 33), S. 136, 138 ff.

82 »Es kommt alles darauf an, den politischen Einschlag dieser Fragestellungen (ihren ›taktischen‹ Charakter) nicht als sekundäre Zutat, erst recht nicht als Verfälschung der wissenschaftlichen Einstellung mißzuverstehen: er ist vielmehr die legitime Fortsetzung der deutschen Tradition in der Soziologie, ihre Weiterbildung unter den Bedingungen der gegenwärtigen Situation. Taktisches Denken in diesem Sinne ist kein Gegensatz zur wissenschaftlichen Theorie.« *Freyer*, Gegenwartsaufgaben der deutschen Soziologie (Anm. 33), S. 139.

83 Bewußt nennt H. Freyer seine Soziologie »Ethoswissenschaft«. Vgl. auch *ders.*, Herrschaft und Planung (Anm. 4), S. 31 ff.; *ders.*: Pallas

Athene: Ethik des politischen Volkes, Jena 1935, S. 95 ff.

84 H. Freyer sieht seine Soziologie als »praktische Wissenschaft in einem viel fundamentaleren Sinn, als wenn sie bloß als technisch anwendbar aufgefaßt wird. . . . Die gesellschaftliche Wirklichkeit springt in dem Moment, in dem sie gedacht wird, in Praxis um. Der Hiatus zwischen Gegenwart und Zukunft wird nicht durch dinghafte Entwicklungen, sondern durch den Willen überbrückt.« (Einleitung in die Soziologie [Anm. 43], S. 148).

85 Ebd., S. 194; und Freyer fährt fort: »Nur in dieser Gestalt begreift die Soziologie den Willensgehalt der Gegenwart in sich ein. In ihr aber ist er ihr unentbehrlich. Erst um diesen Strahl als Mittellinie bildet sich ihr konkreter Begriff der gegenwärtigen Gesellschaftsordnung.«

86 In diesem Zusammenhang findet sich 1933 eine Kritik *Freyers* an u. a. O. Spann, wenn er schreibt: »Nicht dadurch wird Volk, daß die einzelnen Volksteile, Stände und Berufsgruppen sich zu einer anderen Struktur zusammenfügen als bisher, daß ein harmonisches Miteinander statt eines feindlichen Gegeneinander zwischen ihnen stattfindet. Diese Umgliederungen der sozialen Struktur im engeren Sinne sind mehr das Symptom als die wirkende Kraft der Volkwerdung. Einige gegenwärtige Systeme der Soziologie haben es sich zu ihrem Hauptproblem gemacht, wie ein Volk (und die Meinung ist: immer und wesensnotwendig) gegliedert sein müsse, aus welchen Ständen es bestehen müsse, und nach welcher Ordnung diese zusammengefügt sein müßten, um wahrhaft Volk zu sein.« (Volkwerdung [Anm. 4], S. 6.)

87 Gegenüber den romantisierenden Soziologen, wie Jerusalem, Boehm oder Rumpf, die eine zirkuläre soziale Evolution unterstellen, Gemeinschaft – Gesellschaft – Gemeinschaft, bzw. Kollektivismus – Individualismus – Kollektivismus, unterscheidet Freyer zwischen Sozialgebilde und Strukturgesetz »Gemeinschaft«. »In der Tat, ein idyllischer, rückwärts gewandter, an primitiven Zuständen abgelesener Begriff der Gemeinsamkeit würde für die Gegenwartsaufgaben der Soziologie keinen Schritt weiterhelfen. Es handelt sich darum, die Kräfte und Gesetze kennenzulernen, die am Werke sind, wenn sich eine moderne Volksgemeinschaft geschichtlich formiert. Keinen Augenblick darf dabei vergessen werden, daß eine solche Volkwerdung kein organischer Wachstumsprozeß, erst recht keine technisch-konstruktive Aufgabe ist, daß Volksgemeinschaft vielmehr aus einer tiefgreifenden Revolution geboren und durch politische Tat errungen werden muß.« *Freyer,* Gegenwartsaufgaben der deutschen Soziologie (Anm. 33), S. 143; siehe aber auch schon *ders.*, Gemeinschaft und Volk (Anm. 43).

88 *Freyer*, Gegenwartsaufgaben der deutschen Soziologie (Anm. 33), S. 143.

89 Ebd.

90 Ebd., S. 139.

91 *Freyer*, Volkswerdung (Anm. 4), S. 8; *ders.*, Gegenwartsaufgaben der deutschen Soziologie (Anm. 33), S. 138f.

92 Vgl. *Klingemann* (Anm. 32), S. 59f. – Von Wiese blieb aber Direktor des Soziologischen Seminars.

93 Für die Funktion, die in der Gründung von wissenschaftlichen Institutionen außerhalb der Universitäten für die Wissenschaft im Sinne des Nationalsozialismus gesehen wurde, vgl. *W. Frank*: Deutsche Wissenschaft und Judenfrage. Rede zur Eröffnung der Forschungsabteilung Judenfrage des Reichsinstituts für Geschichte des neuen Deutschlands, Hamburg 1937, S. 47ff.

94 Vgl. *O. Rammstedt*: Soziale Bewegung, Frankfurt/M. 1978, S. 5ff., bes. S. 21.

95 *Freyer*, Gegenwartsaufgaben der deutschen Soziologie (Anm. 33), S. 139; vgl. die ähnliche Argumentation in *ders.*, Soziologie als Wirklichkeitswissenschaft (Anm. 43), S. 302ff., die wörtliche Übereinstimmung in *ders.*, Einleitung in die Soziologie (Anm. 43), S. 145ff., bes. S. 148.

96 Das Wiederauftreten *Freyers* als Präsident der Deutschen Gesellschaft für Soziologie anläßlich des 80. Geburtstages von Ferdinand Tönnies 1935, seine vorsichtige Rückführung der »deutschen Soziologie« in eine wissenschaftliche Auseinandersetzung in »Ferdinand Tönnies und seine Stellung in der deutschen Soziologie« ([Anm. 33], S. 1f.) und die Aufgabe oder der Verlust der Herausgeberschaft beim »Volksspiegel« 1936, der gleichzeitig von einer »Zeitschrift für deutsche Soziologie und Volkswissenschaft« in Verbindung mit der Deutschen Gesellschaft für Soziologie zur »Zeitschrift für deutsche Volkswissenschaft« wurde, mögen es nahelegen, Freyers Entschluß, ab 1937/38 eine Gastprofessur in Budapest wahrzunehmen und spätestens seit 1940 dort ein deutsches Kulturinstitut zu leiten, als »innere Emigration« zu deuten (vgl. *Schelsky* [Anm. 6], S. 429); aber damit sind nicht die Fragen beantwortbar, ob erstens Freyer seinen soziologischen Ansatz revidierte; dagegen spricht, daß er für das Sommersemester 1945 (nach Rückkehr aus Budapest) in Leipzig u. a. ein Kolloquium mit Gadamer, W. Weber, Wendorf und Wienacker zur Außenpolitik und Staatenkunde ankündigte (vgl. *Linde* [Anm. 80], S. 115); und ob er zweitens der objektiven Wirkung seiner als »deutsche Soziologie« wohl anerkannten Soziologie entgegentrat. Wenn *Schelsky* behauptet ([Anm. 6], S. 431): »Nach meiner persönlichen Kenntnis hat Hans Freyer nur negativ allergisch auf die Bezeichnung ›Deutsche Schule für Soziologie‹ reagiert«, so klingt das unglaubwürdig. Erst eine Kenntnis der Schriften und Veranstaltungen Freyers von 1938 bis 1945 würde hier Klarheit schaffen. – Selbst der entlastend wirken sollende Hinweis, Hans Freyer sei eng mit dem Bankier Wilhelm Ahlmann be-

freundet gewesen, der, im Widerstand verwickelt, 1944 Selbstmord beging (vgl. *Linde* [Anm. 80], S. 117, 128f.), bekommt einen seltsamen Beigeschmack, wenn man erfährt, daß Ahlmann auch eng mit Otto Ohlendorf befreundet war (vgl. *H. Höhne*: Der Orden unter dem Totenkopf. Die Geschichte der SS, Hamburg/Gütersloh 1966, S. 476). Deutet sich hier nicht gerade eine bisher nicht gekannte persönliche Verbindung zwischen Freyer und Ohlendorf an?

97 Vgl. *Heiber* (Anm. 8), S. 649.

98 Hinweise bei *E. Üner*: Jugendbewegung und Soziologie: Wissenschaftssoziologische Skizzen zu Hans Freyers Werk und Wissenschaftsgemeinschaft bis 1933. In: *Lepsius*, 1981, (Anm. 3), S. 131–160.

99 Weder ist bisher geklärt, welche Gründe die NS-Bürokratie bewogen, von Wiese die Teilnahme am Internationalen Soziologenkongreß 1937 in Paris zu untersagen, noch, wer ihn ersetzte (hierzu Hinweise bei *J. Schmidt*: Nazi-Professoren in Paris. Neue Weltbühne [Prag], Nr. 49, Dezember 1937, S. 1546–1548; und *M. Vanikoff*: La politique raciale allemande. L'attitude des professeurs nationaux-socialistes dans les congrès scientifiques internationaux. Races et Racisme, Nr. 2, Paris 1938), noch, in welcher Form der Pariser Kritik begegnet werden sollte, ob also Ipsen »Vorgaben« bekam zur Organisation des Auftritts »deutsche Soziologie« auf dem Internationalen Soziologenkongreß 1939 in Bukarest. Vgl. Arbeiten des XIV. Internationalen Soziologen Kongresses Bucaresti, Bd. B/I und D/I, Bukarest 1940/41.

100 Vgl. die schon angeführten Arbeiten von *Sombart* (Anm. 36), *Maus* (Anm. 36), aber auch *L. von Wiese*: Der gegenwärtige Entwicklungsstand der allgemeinen Soziologie. In: Festschrift Tönnies: Reine und angewandte Soziologie, Leipzig 1936, S. 1–20 (S. 14ff., bes. S. 17f.), und *F. Tönnies*, der sich gegen eine politische Nutzung seines Gegensatzpaares Gemeinschaft–Gesellschaft wehrt; siehe dazu auch *W. Vleugels*: Über Klassik und Romantik. Kleine Festgabe für Herrn Prof. Dr. Leopold von Wiese zu seinem 65. Geburtstag am 2. XII. 1941. In: Jahrbücher für Nationalökonomie und Statistik 155 (1942). – Diese Kritik ist deutlich zu unterscheiden von den Querelen im Vorfeld des Konfliktes zwischen dem Amt Rosenberg und Himmlers »Ahnenerbe«. Da es bisher an jeglicher Forschung zur Verbindung der Soziologie mit diesen Institutionen fehlt, sei auf die dürftigen Hinweise bei *Heiber* (Anm. 8) und *Kater* (Anm. 15) verwiesen.

101 *F. Tönnies*: Vorwort zur achten Auflage (1935) von »Gemeinschaft und Gesellschaft. Grundbegriffe der reinen Soziologie«, Darmstadt 1963, S. LI. – In diesem Zusammenhang sei noch einmal auf *von Wiese* ([Anm. 100], S. 18) verwiesen, der die »Pflege der allgemeinen Soziologie« in Deutschland fordert, um bei der Differenzierung »den systematischen Zusammenhang« zu gewährleisten.

102 Diese Argumentationsfigur ist in der Soziologie äußerst verbreitet, vgl. z. B. *H. Schelsky*: Ortsbestimmung der deutschen Soziologie, Düsseldorf 1959, S. 38.

103 *Freyer*, Volkwerdung (Anm. 4), S. 9.

104 *Freyer*, Gegenwartsaufgaben der deutschen Soziologie (Anm. 33), S. 127.

105 Vgl. z. B. *A. Gehlen*: Der Mensch. Seine Natur und seine Stellung in der Welt, Berlin 1940; *ders.*: Zur Systematik der Anthropologie. In: *N. Hartmann (Hg.)*: Systematische Philosophie, Stuttgart 1942 (abgedruckt in: *Gehlen*: Studien zur Anthropologie und Soziologie. Neuwied-Berlin 1963, S. 11–64); *E. Rothacker*: Probleme der Kulturanthropologie. In: *Hartmann*, 1942 (separat veröffentlicht Bonn 1948); *W. Sombart*: Vom Menschen: Versuch einer geisteswissenschaftlichen Atnhropologie, Berlin 1938; *L. von Wiese*: Homo sum: Gedanken zu einer zusammenfassenden Anthropologie, Jena 1940; *F. Seifert*: Zum Verständnis der anthropologischen Wende in der Philosophie. In: Blätter für deutsche Philosophie 8 (1934/35), S. 393–410; *E. Krieck*: Völkisch-politische Anthropologie, 3 Bde., Leipzig 1936/38; *K. V. Müller*: Stadt und Land – zwei sozialanthropologische Auslesekreise? In: *D. Gusti (Hg.)*: Arbeiten des XIV. Internationalen Soziologen Kongresses Bucaresti. Mitteilungen, Bd. D/I, Bukarest 1941; *ders.*: Gesetzmäßigkeiten bei Wandlungen im sozialanthropologischen Gefüge von rassisch nahestehenden Nachbarvölkern durch Umvolkungsvorgänge. In: Archiv für Rassen- und Gesellschaftsbiologie 31 (1937); *W. Vleugels*: Auf dem Weg zur Lehre vom Menschen als wissenschaftliche Grundlage der Geisteswissenschaften. Zu Werner Sombarts »Versuch einer geisteswissenschaftlichen Anthropologie«. In: Jahrbücher für Nationalökonomie und Statistik 151 (1940).

106 Vgl. z. B. *A. Bäumler*: Rasse und Persönlichkeit, Berlin 1937; *W. Groß*: Der Rassengedanke im neuen Geschichtsbild, Berlin 1936; *ders.*: Rasse, Weltanschauung, Wissenschaft: Zwei Universitätsreden, Berlin 1936; *A. Günther:* Der Rassengedanke in der weltanschaulichen Auseinandersetzung unserer Zeit, Berlin 1940; *H. F. K. Günther:* Rassenkunde des deutschen Volkes, Berlin 1922; *ders.*: Das Bauerntum als Lebens- und Gemeinschaftsform, Leipzig/Berlin 1939; *ders.*: Soziologie und Rassenforschung. Referat auf dem Soziologentreffen 1934 in Jena; *A. Helbok*: Volk als biologische Ganzheit. In: Volk im Werden 5 (1937), S. 196–207; *W. Hellpach*: Volk als Naturtatsache, geistige Gestalt und Willenschöpfung. Vom zentralen Gegenstand der Soziologie. In: Volksspiegel 1 (1934), S. 209–217; *L. Löffler*: Die biologische Krise des deutschen Volkes und erbbiologische Gesetzgebung des nationalsozialistischen Staates. In: Volk im Werden 1 (1933), S. 35–45; *K. V. Müller*: Der Aufstieg des Arbeiters durch Rasse und Meisterschaft, München 1935; *ders.*: Die Bedeutung

des deutschen Blutes im Tschechentum. In: Archiv für Bevölkerungswissenschaft und Bevölkerungspolitik 9 (1939); *F. A. Six*: Germanisches Erbe im deutschen Geist. In: Volk im Werden 5 (1937), S. 493–502.

107 Vgl. z. B. *E. Ansiek*: Volkesgestaltung durch Führertum: Ihre inneren Gesetze. In: Volksspiegel 3 (1936), S. 315–332; *H. F. K. Günther*: Führeradel durch Sippenpflege, München 1936; *E. Krieck*: Führertum und Hochschulreform. In: Volk im Werden 5 (1937), S. 57–63; *H. Krüger*: Der Führergedanke in der Außenpolitik. In: Volk im Werden 2 (1934), S. 4–7; *T. Blahut*: Staat und Führung im Faschismus, Berlin 1940; *K. V. Müller*: Führungsfähigkeit. In: Das junge Deutschland (1941), S. 218–220; *F. A. Six*: Nachwuchs und Auslese auf den deutschen Hochschulen. In: Der deutsche Student (3/1935), S. 186–198.

108 Vgl. z. B. *G. Schmidt-Rohr*: Mutter Sprache: Vom Amt der Sprache bei der Volkwerdung, Jena 1933^2; *ders.*: Sprachenkampf im Völkerleben. In: Volksspiegel 1 (1934), S. 226–237; *ders.*: Das völkische Ziel der Sprachzucht. In: Volksspiegel 3 (1936), S. 333–338; *K. Stegmann von Pritzwald*: Die erzieherisch-politische Position der Sprachwissenschaft. In: Volk im Werden 3 (1936), S. 196–208; *L. Weisgeber*: Sprachgemeinschaft und Volksgemeinschaft und die Bildungsaufgabe unserer Zeit, Frankfurt/M. 1934; *ders.*: Der Beitrag der Sprachforschung zur Volkswissenschaft. In: Volksspiegel 1 (1934), S. 237–244.

109 *Freyer*, Gegenwartsaufgaben der deutschen Soziologie (Anm. 33), S. 129. – Als Beispiele für diesen Bereich vgl. *R. Fritz*: Der Aufbau des Ständestaates. In: Volk im Werden 1 (1933), Heft 6, S. 37–54; *W. Heinrich*: Das Ständewesen, Berlin 1934; *R. Höhn*: Reich–Großraum–Großmacht, Darmstadt 1942; *E. Lehmann*: Vom Gefüge des Volkes. Aufriß einer deutschen Volkssoziologie auf volkskundlicher Grundlage, Reichenberg 1937; *E. Meurer*: Zunft und Handwerker. Ein volkssoziologischer Versuch, Nürnberg 1940; *L. Münz*: Werdende Sozialordnung. In: Volk im Werden 4 (1936), S. 81–88; *K. H. Pfeffer*: Der Bauer, Leipzig o. J. [1939]; *B. Raueker*: Neue Formen der sozialen Gemeinschaft. In: Volk im Werden 3 (1935), S. 282–289; *Stapel* (Anm. 40); *Schnell* (Anm. 40); *E. Schultze*: Das unerforschte Bauerntum. Betrachtungen zur Soziologie des Bauernstandes. In: Volksspiegel 1 (1934), S. 178–184; *K. Stavenhagen*: Das Wesen der Nation, Berlin 1934; *H. Stegemann*: Der Kampf um die Zukunft und Deutschlands Gestaltwandel, Stuttgart/Berlin 1934; *A. Walther*: Die wahre Volksgliederung. In: Volksspiegel 2 (1935), S. 1–9; *G. Weippert*: Umriß der neuen Volksordnung (Anm. 4); *ders.*: Der soziologische Aufbau der Volksgemeinschaft. In: Volksspiegel 1 (1934), S. 62–67; *ders.*: Der Stand und sein Gefüge. In: Volksspiegel 1 (1934), S. 266–271.

110 Im offiziellen Organ der »deutschen Soziologie«, dem »Volksspiegel«, finden sich bei der Gründung als Stab der Herausgeber (Max Hildebert Boehm, Hans Freyer, Max Rumpf) folgende Wissenschaftler: Gustav Bebermeyer, Richard Czaki, Hans Eibl, Carl August Emge, Hans Fehr, Eugen Fischer, Hans Hahne, Erich Jaensch, Gunther Ipsen, Otto Koellreutter, Otto von Kursell, Joseph Müller-Blattau, Joseph Nadler, Hans Naumann, Wilhelm Pinder, Erich Rothacker, Franz Steinbach, Andreas Walther, also Germanist neben Musikwissenschaftler, Staatsrechtler neben Frühhistoriker, Rassenanthropologe neben Philosoph und ab und an ein Soziologe und ein Volkskundler. – Ähnlich suspekt die Zusammensetzung der Herausgeber der soziologischen Teile der »Neuen deutschen Forschungen« (Walther, Boehm, Freyer, Nadler, Rothacker und Rumpf) oder die schon berühmte Auflistung der »Soziologen« bei *K. H. Pfeffer* (Die Soziologie in Deutschland. In: Archiv für Bevölkerungswissenschaft [Volkskunde] und Bevölkerungspolitik 9 (1939), S. 419–428. Abgedruckt in: *W. Bergmann u. a.*: Soziologie im Faschismus 1933–1945, Köln 1981, S. 111–124 [S. 123]): »Krieck und Bäumler, Freyer und Ipsen, Walther und von Wiese, Boehm und Rumpf, Hellpach und Thurnwald, Niehaus und Günther, K. V. Müller und Burgdörfer, Harmjanz und Gesemann, Lück und Kühn, Pleyer und Meynen«. Vgl. dazu auch *H. Maus*: Bericht über die deutsche Soziologie 1933 bis 1945. In: Kölner Zeitschrift für Soziologie und Sozialpsychologie 11 (1959), S. 72–99 (S. 90, Anm. 37).

111 »Das Paradepferd der deutschen Soziologie des letzten Jahrzehnts vor dem Umbruch, das ›gescheite‹ Theoretisieren, ist mit vielem Entarteten sonst in der nationalsozialistischen Revolution versunken, aber nicht vergessen«, so *A. Walther*, Die neuen Aufgaben der Sozialwissenschaften (Anm. 52), S. 34. – Wenn Karl Heinz Pfeffer u. a. »die unwesentliche Geistreichelei« für den Niedergang der alten Soziologie verantwortlich macht, klingt das dagegen fast zurückhaltend; vgl. *K. H. Pfeffer*: Die deutsche Schule der Soziologie, Leipzig 1939, S. 3.

112 *Pfeffer* (Anm. 111), S. 3.

113 *Walther*, Die neuen Aufgaben der Sozialwissenschaften (Anm. 52), S. 37. – Walther (Jg. 1879) war einer der wenigen, der 1933 wie 1935/36 überdauerte und stets im Rampenlicht blieb.

114 Wenn man von Thurnwald (Jg. 1869), Walther (Jg. 1879) und A. Günther (Jg. 1881) absieht, sind die übrigen Vertreter der »deutschen Soziologie«, die nach 1936 in den Vordergrund rücken, zwischen 1896 und 1912 geboren.

115 *Pfeffer* (Anm. 111), S. 3.

116 Vgl. *A. Pfenning*: Vom Nachteil und Nutzen der Soziologie für die Politik. In: Volk im Werden 7 (1939), S. 126.

117 Pfeffer (Anm. 111), S. 3.

118 Vgl. z. B. *Pfenning* (Anm. 116), S. 120ff.; *Pfeffer* (Anm. 111), S. 3f., 125ff.; *ders.*, Die Soziologie in Deutschland (Anm. 110), S. 111f.; *A. Walther*: Soziologie: Gegenwartslage, Wesen und Aufgaben, 1944, S. 1 (Herrn Dr. Werner Prahl sei an dieser Stelle gedankt, daß er mir den Sonderdruck dieser Arbeit Walthers zugänglich machte; der Erscheinungsort ist bisher nicht geklärt).

119 »Die Soziologie nach westlichem Muster ist in Deutschland endgültig zu Ende. Die deutsche Soziologie steht an einem Anfang, der sich durch eine Fülle von Aufgaben auszeichnet. Sie arbeitet an der Erfüllung dieser Aufgaben und damit an ihrer eigenen Neubegründung als wissenschaftliches Bewußtsein der völkischen Lage.« So *Pfeffer* (Anm. 110), S. 123.

120 *Gehlen*, Der Mensch (Anm. 150), S. 450.

121 *Pfeffer* (Anm. 111), S. 9.

122 Ebd.

123 Ebd., S. 9f.; fast identisch bei *Pfenning* (Anm. 116), S. 126. Weiter heißt es bei Pfeffer dann: »Sie wird müßiges Gedankenspiel, wenn sie sich vom Boden des völkischen Seins löst und aus Wißbegier und Redebegier unverantwortliche Aussagen über die möglichen Formen des menschlichen Zusammenlebens, über die vermeintlichen Gesetze im Lebenslauf der Völker überhaupt oder über die beste Ordnung des völkischen Lebens macht, so wie eine vergleichende Religionswissenschaft, die nicht mehr notwendige Verkündung eines bestimmten Glaubens ist, sich von der kämpfenden Theologie unterscheidet. Die echte Volkslehre kann nur ein Teil des Volkslebens sein.«

124 *Freyer*, Volkwerdung (Anm. 4), S. 8.

125 Vgl. *Pfeffer* (Anm. 111), S. 9, 12, 17 u. ö.

126 *Freyer*, Volkwerdung (Anm. 4), S. 9.

127 Vgl. *Pfeffer* (Anm. 111). – Wenn *E. Üner* während ihrer Arbeit über Hans Freyer (die Dissertation soll im Sommer 1984 abgeschlossen sein) Erstaunen darüber äußert, welch »geringer Bezug – kaum Zitationen –« sich zwischen Pfeffers Buch und Freyer nachweisen ließen, so muß ein mangelhafter Textvergleich unterstellt werden. Die Gleichheit in der Argumentation, im theoretischen Konstrukt, in der Vorgabe soziologischer als NS-ideologisch adäquater Schlagwörter in der Interpretation und der Auswahl der soziologischen Vorläufer läßt zum Problem werden, weshalb *nicht* zitiert wird, ein Phänomen, das bei allen Arbeiten der »deutschen Soziologie« feststellbar ist. – Wenn *Helmut Schelsky* jedoch dieses brieflich geäußerte Erstaunen der Doktorandin als Beleg dafür anführt, daß kein Bezug bestanden habe, ja, daß man »damals in Leipzig« Pfeffers Buch »als peinlichen politischen Opportunismus« betrachtet habe, so erstaunt dies; vgl. *Schelsky* (Anm. 6), S. 430f. Daß Pfeffer Freyers Ansatz radikalisierte und sich gezielt abhob von der frühen »deutschen Soziologie«, indem er

Freyers Vision für sich als Realität erklärte, enthebt Freyer weder der Verantwortung für die »deutsche Soziologie«, noch hebt das die (ideologisch-)wissenschaftliche Verpflichtung auf, in der Pfeffer zu Freyer stand. Und das mußte Schelsky doch wissen, der beide »seit damals in Leipzig« kannte.

128 *Freyer*, Volkwerdung (Anm. 4), S. 8.

129 *Pfenning* (Anm. 116), S. 126–128.

130 Im gleichen Sinne betont Jahre später Rothacker: »Die Philosophie ist genauso kriegswichtig wie die Technik«: *E. Rothacker*: Die Kriegswichtigkeit der Philosophie, Bonn 1944, S. 16 (»Kriegsvorträge der Rheinischen Friedrich-Wilhelms-Universität Bonn, Reihe: »Wissenschaft im Kampf für Deutschland«, Heft 37).

131 Die oben fehlende Passage bei Pfenning lautet: »2. Die neue Gesamtlebensform, die wir (mit Mühlmann) als ›rassenhygienische Gesellschaft‹ bezeichnen, bedarf wie keine andere einer biologischen Soziologie. Die gesamte Bevölkerungspolitik in quantitativer wie qualitativer Hinsicht ist ja bereits praktische biologische Soziologie. Aber auch die neuesten Probleme der Wirtschafts- und Sozialpolitik haben einen sozialbiologischen Untergrund und können der biologisch-soziologischen Betrachtung nicht entraten. Besonders die Agrarpolitik ist ja programmatisch in dieser Hinsicht festgelegt, und es scheint mir nichts so vordringlich zu sein als eine moderne biologisch eingestellte Agrarsoziologie. Die Probleme der Landflucht etwa sind ohne Soziologie überhaupt nicht zu verstehen und zu lösen. Auf diesem Gebiete können wir von den Amerikanern erhebliche Anregungen empfangen, die eine ausgedehnte Literatur über ›Rural Sociology‹ aufzuweisen haben.« – Ergänzend zum Problemkreis Wehrwissenschaft vgl. auch *R. Höhn*: Das Heer als Bildungsanstalt. In: Volk im Werden 6 (1938), S. 419–427; *P. Schmitthenner*: Die Wehrkunde und ihr Lehrgebäude. In: Volk im Werden 1 (1933), Heft 3, S. 34–36; *ders.*: Volk und Wehrhaftigkeit. In: Volksspiegel 1 (1934), S. 191–199; *ders.*: Volk und Wehrpflicht. In: Volksspiegel 2 (1935), S. 109; *ders.*: Politik und Kriegführung in der neueren Geschichte, Hamburg 1937.

132 Erste Hinweise bei *Klingemann* (Anm. 22).

133 Vgl. z.B. *H. J. Beyer*: Zur Lage in der auslandsdeutschen Volksforschung. In: Volk im Werden 5 (1937), S. 404–410; *R. Craemer*: Deutschtum im Völkerraum, 1938; *H. Harmjanz*: Polnische Volkskunde. In: Zeitschrift für Volkskunde 47, N.F. 9 (1938), S. 19–33; *G. Ipsen*: Gedanken zur soziologischen Erforschung des Deutschtums in Ostmitteleuropa. In: Archiv für Bevölkerungswissenschaft (Volkskunde) und Bevölkerungspolitik 4 (1934), Heft 2/3. – In Franks Reichsinstitut für Geschichte arbeiteten in diesem Zusammenhang Andreas Hohlfeld und Kleo Pleyer, der auch den volkswissenschaftlichen Arbeitskreis des »Volksbundes für das Deutschtum im

Ausland« (VDA) leitete.

134 Vgl. z.B. *W. Classen*: Politische Auslandskunde. In: Volk im Werden 4 (1936), S. 134–139; *ders.*: Das Ausland und die nationalsozialistische Wissenschaft. In: Volk im Werden 5 (1937), S. 113–121; *J. Geiger*: Die rassischen Kräfte im staatlichen und politischen Werdegang des Russentums. In: Volk im Werden 4 (1936), S. 296–306; *J. F. Gellert*: Gegenwartsaufgaben der deutschen Kolonialwissenschaft. In: Volk im Werden 5 (1937), S. 595–609. – Zum institutionellen Rahmen der Auslandswissenschaften vgl. Hinweise in *E. Ritter*: Das Deutsche Auslands-Institut in Stuttgart 1917–1945, Wiesbaden 1976.

135 Vgl. z.B. *E. Murr*: Sippenkunde: Gedanken und Lehren zum Aufbau einer Wissenschaft von der Blutsgemeinschaft, Jena 1936.

136 Neben den Schriften von *R. W. Darré* und *H. F. K. Günther* sei vor allem auf die Publikationen in der Reihe »Deutsche Rassenkunde«, hg. von *E. Fischer*, verwiesen.

137 *Pfenning* (Anm. 116), S. 126. – Die Differenz zwischen der »alten« und der »neuen« »deutschen Soziologie« schlägt sich hier in der überraschenden Forderung nach einer »Ganzheitssoziologie« nieder.

138 *Pfeffer* (Anm. 111), S. 119.

139 Ebd., S. 134.

140 Ebd. – Pfeffer erscheint das für die »deutsche Soziologie« als »nicht so sehr wesentlich«, ja, er begrüßt es, daß sie nicht mehr »die spinnende Aufgabe der Methodologie« vor sich habe.

141 Aber auch Leipzig ist hier zu nennen, wo Freyers »Institut für Soziologie« teilweise ersetzt wurde durch das »Institut für Kultur und Geschichte Südosteuropas«, dem korrespondierend zur Seite stehen das »Institut für Mittel- und Südost-Europäische Wirtschaftsforschung« (seit 1939 unter Leitung von Hans-Jürgen Seraphim), das »Kolonialgeographische Institut«, das »Institut für landwirtschaftliche Betriebslehre« u. a.

142 Etatmäßig waren dementsprechend diese Institute nur gering ausgestattet. Das erhöhte die Abhängigkeit von den Auftraggebern, für die Forschung betrieben wurde, sollte das jeweilige Institut mehr als eine Adresse bleiben. – Neben einer Auflistung dieser zumeist Mitte der dreißiger Jahre gegründeten Institute steht ergänzend aus, Art, Umfang und Finanzierung der Forschung in den Instituten zu ermitteln, um über die Bedeutung dieses Aspekts der Umstrukturierung der Soziologie Aussagen machen zu können.

143 Vgl. *E. Noelle*: Amerikanische Massenbefragungen über Politik und Presse, Frankfurt/M. 1940, S. 132ff.

144 Siehe z.B. Hinweise auf amerikanische empirische Forschungen in *L. H. A. Geck*: Soziale Betriebsführung, München/Berlin 1938; *W. Moede*: Arbeitstechnik, Stuttgart 1935; *K. Peppler (Hg.)*: Die deutsche Arbeitskunde, Leipzig 1940.

145 *Walther*, Soziologie: Gegenwartslage, Wesen und Aufgaben (Anm. 118), S. 1; vgl. *ders.*, Die neuen Aufgaben der Sozialwissenschaften (Anm. 42), S. 44ff.

146 *Pfeffer*, Die Soziologie in Deutschland (Anm. 110), S. 122; *ders.*, Die deutsche Schule der Soziologie (Anm. 111), S. 133f. Pfeffer sieht es hier als Pflicht der »deutschen Soziologie« an, »Auge und Ohr des Volkes nach außen zu sein, eine unbestechliche Auslandskunde einzubringen, die auch durch eigene Lieblingsfragestellungen und -kategorien nicht die Sicht auf eine fremde Wirklichkeit trüben läßt. Sie berichtet nüchtern über die fremde Welt, gegen die oder mit der sich ihr eigenes Volk durchsetzen muß. Sie erläutert die im fremden Volke herrschenden Gedanken aus seiner eigenen Wirklichkeit und erkennt die Überlagerung des fremden Volkes durch Gedanken dritter Mächte. Sie zeigt die deutschen Aufbaukräfte im fremden Land und prüft die Fremde, ob sie für deutsche Werte ansprechbar ist«; siehe aber auch *ders.*, Begriff und Methode der Auslandswissenschaften (Anm. 22); *ders.*: Studenten der 8. Fakultät. Das Studium der Auslandswissenschaften. In: Kulturpolitische Beiträge B/2 vom 11. 1. 1943.

147 Vgl. *H. Buchheim*: Die SS – das Herrschaftsinstrument. In: *ders.*, *M. Broszat, H. A. Jacobsen, H. Krausnick*: Anatomie des SS-Staates, Bd. 1, München 1967, S. 67.

148 Vgl. *Walther*, Soziologie: Gegenwartsanalyse, Wesen und Aufgaben (Anm. 118), S. 1, der zu diesem Vorgang der Renaissance der Soziologie meinte: Die NSDAP »wollte zunächst sehr berechtigterweise sowohl den Ausbau der Weltanschauung als auch den praktischen sozialen Neubau einheitlich in der Hand behalten. Die großen Organisatoren, Deutsche Arbeitsfront, Reichsnährstand usw., gliederten sich selbst Forschungsstellen an. Diese Zwischenperiode geht also deutlich ihrem Ende zu . . . Auch die erwähnten Forschungsstellen suchen die akademische Mitarbeit (sc. der Soziologen).« Und Walther verweist dann noch auf die Situationsänderung in den statistischen Ämtern. – Siehe auch allgemein *Heiber* (Anm. 8); *Kater* (Anm. 15) und *R. Bollmus*: Das Amt Rosenberg und seine Gegner. Studien zum Machtkampf im nationalsozialistischen Herrschaftssystem, Stuttgart 1970.

149 Zu Reinhard Höhns Karriere vgl. *Heiber* (Anm. 8), S. 880ff.; zu Franz Alfred Six vgl. *R. Seeliger (Hg.)*: Braune Universität. Deutsche Hochschullehrer gestern und heute, H. 6, München 1968, S. 63ff.

150 Zu Heinrich Harmjanz' Karriere und Fall vgl. *Heiber* (Anm. 8), S. 648ff.

151 Vgl. *Heiber* (Anm. 8), S. 891ff. – Heibers Beurteilung, Höhn habe nach seiner Verbannung nicht mehr mit dem SD zusammengearbeitet (S. 936), bedarf einer Korrektur, wenn die Dokumente aus dem Archiv der Humboldt-Universität über die Aktivitäten des »Instituts

für Staatsforschung« echt sind, die ansatzweise veröffentlicht wurden in: Braunbuch: Kriegs- und Naziverbrecher in der Bundesrepublik, Berlin 1965², S. 343f.

152 Vgl. Trials of War Criminals before the Nuernberg Military Tribunals under Control Council Law No. 10. Nürnberg 1946/49, Vol. IV, S. 224ff., 510, 521. – Allgemein vgl. hierzu *H. Krausnick, H.-H. Wilhelm*: Die Truppe des Weltanschauungskriegs. Die Einsatzgruppen der Sicherheitspolizei und des SD, Stuttgart 1980.

153 Vgl. *Heiber* (Anm. 8), S. 580ff.

154 Hitlers Erlaß vom Oktober 1939 ist hier anzuführen, mit dem er den Reichsführer SS, Himmler, beauftragt »mit der Zurückführung der dafür in Betracht kommenden Reichs- und Volksdeutschen aus dem Ausland, mit der Ausschaltung des schädigenden Einflusses von volksfremden Bevölkerungsteilen, die eine Gefahr für das Reich und die deutsche Volksgemeinschaft bedeuten, und mit der Gestaltung neuer Siedlungsgebiete durch Umsiedlung.« Zitiert nach *Buchheim* (Anm. 147), S. 206.

155 So fand z.B. im Sommer 1943 solch ein internationaler Soziologenkongreß auf Einladung des Arbeitswissenschaftlichen Instituts der Deutschen Arbeitsfront in Bad Salzbrunn statt. Thematisiert wurde die zukünftige »Gestaltung des sozialen Lebens der Völker« mit der Zielsetzung der Beseitigung des »Proletariertums«. Vgl. *W. Kahl*: Europa ohne Proletarier. In: Das neue Europa 3 (1943), Nr. 17, S. 5–7.

156 Vgl. die einschlägigen Beiträge in der 1941 von Höhn gegründeten Zeitschrift »Reich, Volksordnung, Lebensraum«.

157 *Pfeffer* (Anm. 111), S. 132f.

158 Außer einem dürftigen Beleg im Bundesarchiv Koblenz, daß die »Hauptstelle Soziologie« Material angefordert hatte, ist bisher über sie nichts bekannt. Vgl. auch *Klingemann* (Anm. 22), S. 61.

159 Vgl. *H. Boberach*: Meldungen aus dem Reich. Auswahl aus den geheimen Lageberichten des Sicherheitsdienstes der SS 1939–1944, Neuwied/Berlin 1965, S. XIII; *Höhne* (Anm. 96), S. 217ff.; *Kater* (Anm. 15), S. 345.

160 Vgl. *Pfenning* (Anm. 116), S. 128: Die Soziologie »hat für die Politik eine eminent praktische Bedeutung, und es wäre zu überlegen, ob es nicht zweckmäßig sein würde, von Staats wegen eine Art soziologischer Observatorien einzurichten, wie das in anderen Zusammenhängen früher schon einmal von einem Soziologen vorgeschlagen worden ist«. – Wahrscheinlich bezieht sich Pfenning hier auf Tönnies: vgl. *Klingemann* (Anm. 22), S. 66, der als Vorläufer noch Max Weber und Rudolf Heberle nennt. Ergänzend muß auf *Walther* (Anm. 52) verwiesen werden.

161 *Golopentia* (Anm. 40), S. 65.

162 So Otto Ohlendorf nach *Höhne* (Anm. 96), S. 476.

163 Vgl. *Höhne* (Anm. 96), S. 220.
164 »... nur unter diesem Gesichtspunkt ist über kulturelle, materielle oder das Gemeinschaftsleben betreffende Dinge zu berichten«, heißt es weiter im Erlaß Heydrichs vom 4. 9. 1937; zitiert nach *Boberach* (Anm. 159), S. XIV.
165 Vgl. Beispiele bei *Höhne* (Anm. 96), S. 392ff.
166 Vgl. *Boberach* (Anm. 159), S. XXVI.
167 Vgl. *Höhne* (Anm. 96), S. 393.
168 Gemeint ist Richard Korherr, der in ein ähnliches Dilemma wie Ohlendorf geriet; vgl. *Höhne* (Anm. 96), S. 401ff.
169 Vgl. *Noelle* (Anm. 143), bes. S. 28ff., 132ff.
170 Vgl. *Buchheim* (Anm. 147), S. 210ff.; *Höhne* (Anm. 96), S. 210ff.
171 Vgl. Hinweise bei *T. Wroblewska*: Die Rolle und Aufgaben einer nationalsozialistischen Universität in den sogenannten östlichen Reichsgebieten am Beispiel der Reichsuniversität Posen 1941–1945. In: Informationen zur erziehungs- und bildungshistorischen Forschung, Heft 14 (1980), bes. S. 233, 229f.; *Kater* (Anm. 15), S. 205ff.
172 Vgl. Ebd.
173 Organisation und Aufbau der Verwaltung der UdSSR wurden mehrmals für SS, SD und Außenministerium in Reinhard Höhns »Institut für Staatsforschung« seit 1939 untersucht; vgl. Archivmaterial in: Braunbuch (Anm. 151), S. 343f.
174 Vgl. Hinweise bei *L. Kettenacker*: Nationalsozialistische Volkstumspolitik im Elsaß, Stuttgart 1973.
175 Vgl. *Krausnick, Wilhelm* (Anm. 152).
176 *Pfeffer* (Anm. 111), S. 129; ähnlich *ders.* (Anm. 110), S. 123.
177 Vgl. die kurzen Ausführungen zu Reinhard Höhns »Internationaler Akademie für Staats- und Verwaltungswissenschaften« und dem Münchner »Institut für die Technik des Staates« bei *Klingemann* (Anm. 22), S. 50f.
178 Vgl. *Gehlen* (Anm. 105); *K. V. Müller*: Führungsfähigkeit. In: Das neue Deutschland (1941), S. 218–220; und proklamatisch *Pfeffer* (Anm. 110), S. 121f.; *ders.* (Anm. 111), S. 131f.
179 »Die tatsächlich in Angriff genommene Arbeit verteilt sich auf eine breite Front von Politikern, Gelehrten, Beamten, Soldaten, auf eine Front, die durch die Namen der Einzelwissenschaften hindurchschneidet und sich nur selten ausdrücklich als ... ›Soziologie‹ erkennt«, heißt es sogar bei *Pfeffer* (Anm. 111), S. 134.
180 Vgl. *Pfeffer* (Anm. 111), S. 119.
181 *Walther* (Anm. 118), S. 2.
182 *L. von Wiese*: Eröffnungsansprache. In: Verhandlungen des Neunten Deutschen Soziologentages vom 9. bis 12. August 1948 in Worms, Tübingen 1949, S. 26f.

Peter Weingart
Eugenik – Eine angewandte Wissenschaft Utopien der Menschenzüchtung zwischen Wissenschaftsentwicklung und Politik*

Verwissenschaftlichung als Delegitimierung von Werten am Beispiel von Rassentheorien und Eugenik

Im Jahre 1776 fanden erstmals in der Geschichte der Menschheit jene Werte Eingang in eine politische Verfassung, die seither als moralisch-sittlicher Maßstab allen, insbesondere des politischen Handelns gelten, so sehr sie auch verletzt und mißachtet werden. In der »Bill of Rights« des Staates Virginia heißt es in Art. 1:

»Alle Menschen sind von Natur gleichermaßen frei und unabhängig und besitzen angeborene Rechte, deren sie ihre Nachkommenschaft bei der Begründung einer politischen Gemeinschaft durch keinerlei Abmachung berauben oder zwingen können, sich ihrer zu begeben: nämlich das Recht auf Leben und Freiheit und dazu die Möglichkeit, Eigentum zu erwerben und zu behalten und Glück und Sicherheit zu erstreben und zu erlangen.«

In moderne Form gekleidet finden sich diese Werte in der Menschenrechtserklärung der Vereinten Nationen, die die Freiheit und Gleichheit an Würde und Rechten als allen Menschen angeboren versichern, »ohne irgendeine Unterscheidung, wie etwa nach Rasse, Farbe, Geschlecht, Sprache, Religion, politischer oder sonstiger Überzeugung, nationaler oder sozialer Herkunft, nach Eigentum, Geburt oder sonstigen Umständen«. Zu diesen Rechten zählt im übrigen (nach Art. 16) auch das auf Eheschließung und Familiengründung »ohne Beschränkung durch Rasse, Staatsbürgerschaft oder Religion«, eine Spezifizierung, deren Notwendigkeit, wie darzustellen sein wird, sich zwischen 1776 und 1948 sinnfällig herausgestellt hat.

Im Verlauf der 200 Jahre seit der Institutionalisierung dieser Werte sind sie immer wieder von Regierungen verletzt worden, deren Handeln sie binden sollten, so daß diese als ihre größte Bedrohung angesehen werden. Eine mindestens ebenso große, wahrscheinlich aber viel weiterreichende Bedrohung ist ihnen jedoch seit ihrer Verkündung aus der Wissenschaft erwachsen. Weiterreichend deshalb, weil die Politik diese Werte als moralische Instanz zwar mit physischen Machtmitteln zeitweilig außer Kraft setzen, sie aber nicht wie die Wissenschaft mit dem Mittel der intellektuellen Begründung, dem (vermeintlichen) Beweis und damit der Berufung auf menschliche Vernunft grundsätzlich und damit dauerhaft in Frage stellen kann. Dies gilt um so mehr, als sich die Menschenrechte selbst der Aufklärung, dem Postulat des Primats menschlicher Vernunft verdankten. Die prinzipielle Offenheit gegenüber wissenschaftlichen Begründungen – je nach dem Stand von Erkenntnis und Forschung – ist gleichsam die Sollbruchstelle aller Werteordnungen, seitdem die neuzeitlichen Gesellschaftsordnungen durch den Prozeß der Rationalisierung sich kennzeichnen lassen. Wenn das als Wissenschaft bezeichnete Unternehmen sich anschickt, die genannten Grundwerte qua »gesicherter Erkenntnis« anzuzweifeln, werden diese, wie vordem die Religion, als gesellschaftlicher Steuerungsmechanismus unwirksam. Wenn Politik verwissenschaftlicht, d. h. rationalisiert wird in dem Sinne, daß die wissenschaftlichen Theorien und Erkenntnisse anstelle der Werte zur Orientierungsinstanz politischen (und individuellen!) Handelns werden und damit ihren sozialen Agenten erhalten, entsteht eine brisante Situation. Die Wissenschaft wird unweigerlich politisch, und sie kann ihre politische Wirkung selbst nicht mehr kontrollieren, weil sie die ethischen Bezüge selbst aufgelöst hat und zugleich apolitisch aus Prinzip ist.

Das Verhältnis von Wissenschaft und Politik ist also grundsätzlich prekär. Aber nur wenn wir es mit einer die zentralen Werte delegitimierenden, »expansionistischen« (Graham) Wissenschaft zu tun haben und mit einer Politik, für die sie, aus welchen besonderen Umständen und auf welche vulgarisierte Weise auch immer, zum Orientierungswissen und zur Handlungslegitimation wird, kommt es mit hoher Wahrscheinlichkeit zur Katastrophe. Genau diese Situation ist im nationalsozialistischen Deutschland eingetreten.

Ich habe die Menschenrechte als Bezugspunkt gewählt, nicht nur weil sie als grundlegende Werte moderner Gesellschaften institutionalisiert sind, sondern weil sie implizit und explizit schon seit Anfang des 19. Jahrhunderts zum Ziel des Angriffs der Wissenschaft geworden sind. Der Angriff kam bzw. kommt aus dem Bereich, der heute als Biologie bezeichnet wird; die jeweils zeitgenössischen Spielarten reichen von der Craniometrie, physischen

Anthropologie und dem Darwinismus über die Eugenik und Rassenkunde bis zur modernen Genetik, wobei der Soziologie im geringeren und der Intelligenzpsychologie im größeren Maße Nebenrollen zufallen. Gemeinsamer Nenner dieser wissenschaftlichen Entwicklungslinie ist die Vorstellung des biologischen Determinismus, wonach »gemeinsame Verhaltensnormen und die sozialen und ökonomischen Unterschiede zwischen menschlichen Gruppen – vor allem Rassen, Klassen und Geschlechter – aus ererbten angeborenen Unterscheidungen entstehen und die Gesellschaft in diesem Sinn ein genaues Spiegelbild der Biologie ist«.[1]

Die erste wissenschaftliche taxonomische Definition menschlicher Rassen stammt von Linnäus, der den »homo sapiens afer« und den »homo sapiens europaeus« unterschied.[2] Das war 1758. Ebenfalls noch vor Darwin war die Debatte um die Monogenie oder Polygenie der menschlichen Art ausgebrochen, die Frage, ob die menschlichen Rassen alle einen gemeinsamen Ursprung, nämlich Adam und Eva, haben und nur ein Produkt der Degeneration sind oder aber unterschiedliche biologische Spezies. Beide Positionen dienten der Begründung der Rangordnung unter den Rassen. Der Unterschied zwischen ihnen war nur, daß die Anhänger der Monogenie noch der Bibel verpflichtet blieben und damit die einmütig als geringerwertig eingestuften Rassen – vor allem die Schwarzen – als Menschen ansahen. Die bloße *Unterscheidung* von Rassen war der Wissenschaft von jeher eine unnatürliche Beschränkung. Louis Agassiz, der berühmte amerikanische Naturforscher schweizerischer Abstammung und Verfechter der auch als »amerikanischen Schule« bezeichneten polygenischen Position, schrieb 1850: »There are upon earth different races of men, inhabiting different parts of its surface, which have different physical characters; and this fact *presses upon us the obligation to settle the relative rank among these races,* the relative value of the characters to each, in a scientific point of view . . .«[3] Während Agassiz die wissenschaftliche Begründung der Rangordnung der Rassen nur impressionistisch vornahm – der »mutige, stolze Indianer« wird dem »unterwürfigen, imitierenden Neger« und dem »falschen, ängstlichen Mongolen« gegenübergestellt –, wird die statistisch-empirische Evidenz von den Craniometrikern beigebracht. Über die Analyse der Schädelformen, allen voran die Messungen des Volumens und damit der Gehirngröße, ließen sich, so die einfache Annahme, die Unterschiede zwischen den Rassen numerisch »beweisen«. Mit dem französischen Chirurgen Paul Broca (1824–1880), dem Gründer der Anthropologischen Gesellschaft von Paris (1859), erhielt die Craniometrie in der Nach-Darwinschen Zeit den Status einer exakten Wissenschaft. Broca und seine Schule begründeten, auf der Basis zeitgenössischer Standards von Wissenschaftlichkeit, jenen gedanklichen Zirkel, wonach das vorgängig gefaßte Urteil, daß menschliche Rassen sich auf einer »linearen Skala geistigen Wertes« in eine Rangordnung bringen lassen, durch eine entsprechende Auswahl und Manipulation an sich exakter Daten bestätigt wurde. Zu dieser Zeit gingen Evolutionstheorie und Quantifizierung eine in den Worten Goulds »unheilige Allianz« ein und bildeten die »erste mächtige Theorie wissenschaftlichen Rassismus«.[4]

Die Konsequenzen dieser Forschungen sind offensichtlich und wurden nicht nur von der Öffentlichkeit gezogen, in der die wissenschaftlichen Rassentheorien der Anthropologen eine enorme Popularität erlangten, sondern auch von ihren Urhebern selbst sowie von den großen Popularisierern proklamiert. Wo Angehörige der schwarzen Rasse in eine größere Nähe zum Affen als zur weißen Rasse gestellt wurden, konnte ihnen zwar aus allgemein humanitären Gründen rechtliche Gleichheit gewährt werden, die soziale Gleichheit hingegen galt es ihnen unter allen Umständen vorzuenthalten.[5] Wo aufgrund von Schädelmessungen beweisbar schien, daß auch Frauen eine inferiore Intelligenz besitzen, galt es, ihnen ihre traditionellen Funktionen »Kinder aufzuziehen, zu lieben und passiv zu sein« zuzuweisen.[6] Wo aufgrund der Errechnung des sog. Kopf-Index zwischen Langschädeln (dolichozephalen) und Kurzschädeln (brachyzephalen) unterschieden wurde und diese sich, wenngleich unter allerlei Widersprüchen, mit arischen und nichtarischen Rassen identifizieren ließen, war auch dem Bedürfnis der Rangordnung zwischen den Nationen und ihren Völkern, vor allem zwischen der überlegenen nordischen teutonischen und den ostischen und anderen Rassen Rechnung getragen.[7]

Der Rassenbegriff und die sich auf ihn gründenden Theorien stellten – und stellen in veränderter Form bis heute – den »wissenschaftlich« fundierten Angriff auf den naturrechtlichen Grundwert der Gleichheit dar. Zugleich war der Rassenbegriff – in seiner evolutionstheoretischen Deutung – der zentrale Bezugspunkt für das Infragestellen eines weiteren Grundwertes durch die gegen Ende des 19. Jahrhunderts entstandene Wissenschaft der Eugenik. Auf der Grundlage von Darwins Evolutionstheorie – oder besser: ihres sozialdarwinistischen Mißverständnisses – wurde explizit die Umwertung der moralischen Kategorien im Sinne einer Entwicklungsethik gefordert. Ich verzichte in diesem Zusammenhang auf die Darstellung der allgemein bekannten Entwicklungsstufen des Sozialdarwinismus.[8] An dieser Stelle ist bedeutsam, daß die Eugeniker unter Berufung auf die Darwinsche Evolutionstheorie und im Unterschied zu den frühen Sozialdarwinisten, die es wie Spencer noch mit der Übertragung eines wertneutralen Selektionsprozesses auf die Gesellschaft bewenden ließen, die biologische Evolution der menschlichen Spezies in eine Wechselbeziehung zu gesellschaftlichen Bedingungen setzten. Das Vertrauen in die Funktionsweise der natürlichen Auslese war der Angst vor Entartung und der Beschwörung der für sie verantwortlichen Gefahren der modernen Zivilisation gewichen. Die Eugenik wird von ihrem Begründer Francis Galton als die »Wissenschaft von der Verbesserung des Erbguts, nicht nur durch umsichtige Paarung«, sondern auch durch die Erforschung und Beeinflussung all der Einflüsse, die den geeigneteren Linien eine bessere Chance geben, definiert.[9] Galton machte klar, daß eben diese Wissenschaft sich nicht mit dem bloßen Feststellen von Fakten begnügen sollte. Vielmehr habe sie »tatsächlich einen starken Anspruch darauf, einmal ein orthodoxer religiöser Glaubenssatz der Zukunft zu werden, denn die Eugenik arbeitet mit dem Wirken der Natur zusammen, indem sie sicherstellt, daß die Menschheit durch die tüchtigsten Rassen vertreten wird«.[10]

In Deutschland wird die Forderung nach einer Entwicklungsethik zuerst von dem Philologen und autodidaktischen Sozialdarwinisten Alexander Tille (1866–1912) erhoben, einem besonders radikalen Kritiker der christlich-humanitären Ethik (Zmarzlik): ». . . wie Humanität und Sozialismus versucht haben, aus der Gleichberechtigung der Menschen Normen für das individuelle Handeln abzuleiten, so wird eine Ethik, die völlig auf dem Boden der Entwicklungslehre steht, das gleiche mit ihrem Ideal der Rassenzukunft zu tun versuchen«. Normative Orientierung dieser Ethik und Ziel der Entwicklung waren Tille zufolge »die Hebung und Herrlichergestaltung der menschlichen Rasse«.[11] Sein »Apostel« war Nietzsche, seine Verkündung eine naturwissenschaftliche Ethik, und deren Implikation war die Auflösung jeglicher Individualethik, die Aufgabe der Interessen gegenwärtiger zugunsten derer zukünftiger Generationen. Auf Tille folgte Wilhelm Schallmayer (1857–1919), der eher sozialistisch gesonnene Arzt und Eugeniker, Autor des »klassischen Meisterwerks der deutschen Rassenhygiene« (Lenz): *Vererbung und Auslese im Lebenslauf der Völker* (1903), das im berühmten Kruppschen Preisausschreiben von 1900 preisgekrönt wurde. Schallmayer war gemäßigter als Tille, wenn er von einer »generativen Ethik« sprach und darunter »die wissenschaftliche und erzieherische Weiterbildung der herrschenden Ethik durch Aufnahme von Pflichten zugunsten der Rasse (d. h. hier zugunsten der Erbqualitäten späterer Generationen unseres gesellschaftlichen Gemeinwesens)« verstand.[12] Aber selbst der moderate Schallmayer beließ es nicht bei der bloßen Ergänzung der herkömmlichen Ethik um biologische Regulative. Die »generative Gedeihlichkeit«, von der die »Dauerhaftigkeit der Gesellschaft« abhänge, sollte oberstes Kriterium der Bewertung »bestehender oder beabsichtigter Regelungen des Gemeinschaftslebens und insbesondere des Sexuallebens« sein, erst in zweiter Linie deren »sozial dienstlicher Nutzen für die Gegenwart und die nächste Zukunft« und ganz zuletzt ihre Anpassung an das »individualistische Verlangen nach Vermeidung von Unlustgefühlen und Bewirkung von Lustgefühlen«.[13]

Die generative bzw. Entwicklungsethik erhält, wie der Begründer der deutschen Rassenhygiene Alfred Ploetz (1860–1940) es formulierte, ihren Sinn »von der Rasse als der Erhaltungs- und Entwicklungs-Einheit des dauernden Lebens . . .«.[14] Genau darin wird, was allen hier genannten biologischen Begründungen der Ethik gemeinsam ist, die Unterordnung des einzelnen in seiner individuellen Würde und seinem unveräußerlichen Recht auf die »pursuit of happiness« unter das Schicksal der Gattung postuliert und vermeintlich naturwissenschaftlich begründet. Zmarzlik spricht hier von einem »Prozeß des Maßstabverlustes«, einem »Ausschnitt aus dem säkularen Zersetzungsprozeß, in dem die gesellschaftsbestimmende Macht der klassischen, christlichen und aufklärerisch-humanitären Sozialethik abgebaut wird . . .«, ein Prozeß, der, soweit er die Wissenschaft als Agenten hat, bis in unsere Tage fortdauert und als Rationalisierung im Sinne der Verwissenschaftlichung verstanden werden muß.[15] Die Vererbungsbiologen standen an der wissenschaftlichen Front, und die Eugenik wurde nicht zufällig von den progressiven politischen Kräften aufgenommen und propagiert. Das Bewußtsein, aufgrund der Fortschritte der Wissenschaft in der Lage zu sein, nunmehr auch in die eigene (d. h. des Menschen) Entwicklung steuernd einzugreifen, ist zugleich die Faszination wissenschaftlicher Rationalisierung schlechthin, denn die Erschaffung bzw. Formung des Menschen nach einem Ebenbild ist die nicht überschreitbare Grenze. Hier, zugespitzt in den Züchtungsutopien, von denen noch die Rede sein wird, erreicht die Wissenschaft jenen Punkt, an dem der Mensch zugleich Subjekt *und* Objekt wird, und zwar Objekt nicht in seiner subjektiven, individuellen Würde, sondern als Exemplar seiner Spezies, zuweilen auch als Prachtexemplar, aber immer als »Material«. Und Subjekt kann er, nachdem er sich zum Material degradiert hat, nur noch in dem eingeschränkten Sinn sein, daß es wenige Wissende und Mächtige sind, die das Ziel der Evolution setzen, die gesteuert werden soll.[16]

Paradoxerweise lagen die Wertbezüge dieser Rationalisierungsperspektive, vor allem bei den deutschen Eugenikern, in der Vergangenheit, bei den durch den Rassenbegriff und seine nordische Deutung belebten Idealen einer mystifizierten agrarischen Lebensweise. Darin unterschieden sich die deutschen Eugeniker von denen anderer Länder, die den zu erzielenden Fortschritt in Werten wie Brüderlichkeit des Zusammenlebens, Gesundheit und Intelligenz sahen.[17] Die wissenschaftliche Theorie und die Methoden ihrer Implementierung waren jedoch modern, und der Adressat war der Staat.

Die eugenischen Utopien der Menschenzüchtung

Die Dynamik der eugenischen Utopien

Es gilt, den Rationalisierungsanspruch der Eugenik als Wissenschaft genauer herauszuarbeiten, denn, so meine These, er ist sowohl ihr Entwicklungsregulativ als auch ihr politisches Programm. Die Eugenik versteht sich von Anbeginn als »angewandte« Wissenschaft. (Das Makabre des Wortsinns sollte sich freilich erst im Nationalsozialismus vollends erschließen.) Ihre politischen Zielsetzungen zeigen sich dort am deutlichsten, wo sie in Form von Utopien dargestellt werden, die im Bewußtsein von den Grenzen der Realisierung der wissenschaftlichen Ideen formuliert werden.

Galton selbst sah den zentralen Eingriffspunkt in der Regulierung und Kontrolle des generativen Verhaltens, d. h. der »Einschränkung der Fortpflanzung« von Verbrechern und Geisteskranken, der Verhinderung unpassender Ehen und der Förderung passender. Das Ziel einer Gesellschaft von Edelmenschen ist in einer Utopie »kantsaywhere« entfaltet. Da Galton realistisch sah, daß die Wertvorstellungen seiner Zeit und Gesellschaft die Implementierung seines eugenischen Programms nicht zulassen würden, setzte er auf Aufklärung in drei Stufen: Propagierung der Eugenik als akademische Fragestellung; ihre Anerkennung als praktische Aufgabe; und ihre Einführung als neue Religion in das nationale Gewissen.[18] Die der Eugenik von ihrem Begründer damit zugedachte inhärent politische Funktion und deren Bedeutung wird noch erläutert.

Galton hatte bereits angesprochen, was Hauptsorge und zentrales Anliegen der Eugeniker war: das Außerkraftsetzen der natürlichen Auslese durch die »Kulturverhältnisse« mit der Folge der Degeneration bzw. »Entartung«. Schallmayer machte in seiner preisgekrönten Schrift diverse Faktoren wie die Besitzverhältnisse, Ehelosigkeit und spätes Heiratsalter sowie die Geburtenkontrolle, die Medizin, Prostitution und Geschlechtskrankheiten sowie schließlich »die individualistische Richtung unserer Humanität« für die »Verschlechterung« der Auslese verantwortlich.[19] Während Galton hauptsächlich die Gefahr einer unzureichenden Fortpflanzung der Höherbegabten beschwor, ging es Schallmayer vor allem um die körperliche Degeneration, und die körperlichen Merkmale werden in der Folge auch zum Kriterium erfolgreicher Auslese und aktiver Züchtung. Schallmayers eugenisches Programm im eigentlichen Sinn ist jedoch moderat: Förderung des Kinderreichtums bei Berücksichtigung der Qualität des Nachwuchses; »Versagung der Ehe durch Sitte und Gesetz« für solche »Individuen«, »welche den für die Auslese jeweilig maßgebenden Anforderungen nicht genügen«.[20] (In der 3. Auflage seines Buches erklärt Schallmayer, daß das Geschlechtsleben nicht als Privatsache betrachtet werden könne, sondern als Heiligtum gelten müsse, das zu Höherem geweiht sei.) Auch Schallmayer schätzte sorgfältig und realistisch die Grenzen ein, die solchen Maßnahmen durch die herrschenden Werte gezogen waren.

Alfred Ploetz führte den Begriff der Rassenhygiene (anstelle von Eugenik) ein, der damit die deutsche Sonderentwicklung auch begrifflich markiert. Außerdem traf er die Unterscheidung zwischen dem anthropologischen Rassenbegriff, der sog. »Systemrasse«, und dem Speziesbegriff, der sog. »Vitalrasse«. Für Ploetz selbst war diese Unterscheidung noch ohne Konsequenzen, da er die Mehrheit der menschlichen Gattung mit der arischen Rasse, der »Kulturrasse par excellence«, identifizierte. Die Ausnahmen waren einige kleinere Rassen, wie die jüdische und natürlich die Neger, die in der Entwicklungsreihe zwischen dem Gorilla und dem Weißen standen.[21] Obgleich Ploetz sich explizit gegen den Antisemitismus wendet, tut er dies mit dem Hinweis, die Juden seien »fast ganz arisch«, erhebt somit das »Arische« zum Maßstab der Wertungen von Entartung und Höherzüchtung, ein Maßstab, der, wie Conrad-Martius sagt, »die ganze unheilvolle Perspektive bis zum Nationalsozialismus in sich« beinhaltet.[22]

Ploetz stellt nun neben das Problem der Entartung aufgrund der von ihm so genannten »Contraselection« durch Verstädterung und die aus ihr resultierenden Bedingungen (Geburtenbeschränkung, Alkoholismus, Krankheiten etc.) das der Beherrschung der menschlichen Variabilität, oder genauer: das der Höherzüchtung der Menschen. Dieses Ziel stand eindeutig unter dem Zeichen der Rationalisierung durch Verwissenschaftlichung, insofern Ploetz in der Erforschung der Gesetze der Variabilität die Gewährleistung des Fortschritts sah, weil damit der Kampf ums Dasein »überflüssig zur Erhaltung und Vervollkommnung der Kraft und Schönheit unserer Art« würde.[23] Auch Ploetz kleidet sein eugenisches Programm in eine Utopie, in die Darstellung eines »idealen Rassenprozesses«, vor dessen grausamem Äußeren der Leser nicht erschrekken sollte, da, so Ploetz, diese Utopie »nur den Conflict der bis in ihre Consequenzen verfolgten Anschauungen gewisser darwinistischer Kreise mit unseren Culturidealen deutlich hervortreten lassen soll«.[24] Ploetz beschreibt das Verhalten eines Ehepaares, dem aufgrund seiner rassischen Qualität die Fortpflanzung erlaubt ist, für das die Zeugung nicht dem Zufall überlassen bleibt, sondern »geregelt nach den Grundsätzen, die die Wissenschaft für Zeit und sonstige Bedingungen aufgestellt hat« geplant wird. Für den Fall, daß es dennoch zur Geburt eines schwächlichen oder mißgestalteten Kindes kommt, wird ihm von einem Ärzte-Kollegium »ein sanfter Tod bereitet, sagen wir durch eine kleine Dose Morphium«. Dasselbe Schicksal würde prinzipiell auch Zwillingen, Kindern nach der sechsten Geburt und nach dem 45. Lebensjahr der Mutter und dem 50. des Vaters auf der Grundlage eines gesetzlichen Verbots bereitet werden. Nach einer Erziehung der Kinder mit dem Ziel, den Sinn für das Rassenwohl zu wecken, würde ihnen aufgrund einer Prüfung eine Zensur erteilt und die Zahl der erlaubten Kinder festgelegt. Bei Ploetz findet sich auch ein sehr moderner Gedanke, der in der Konsequenz aller eugenischen Utopien und der gleichzeitigen Einschätzung ethischer Hindernisse lag. Mit ihm wird die Kontinuität und fortdauernde Aktualität eugenischen Denkens begründet. Ploetz hoffte nämlich so sehr auf den Fortschritt der Naturwissenschaften, daß die Beherrschung der Gesetze der Variabilität den Menschen letztlich dahin bringen müßte, die »Ausjäte« unter den menschlichen Keimzellen schon *vor* deren Vereinigung vorzunehmen. Der Ausleseprozeß würde damit »von den Menschen auf die Zellen« vorverlegt, und die grausamen Folgen des Ausleseprozesses zwischen Menschen könnten vermieden werden.[25]

Ploetz' und Schallmayers Utopien waren konsequente Extrapolationen ihrer eugenischen bzw. rassenhygienischen Vorstellungen, Entwürfe der gesellschaftlichen bzw. politischen Implementierung wissenschaftlicher Rationalität. Bei Schallmayer hat der Rassenbegriff noch keine, bei Ploetz zumindest eine nach dem Stand der Wissenschaft seiner Zeit mit Einschränkungen vertretbare Bedeutung. Um die Jahrhundertwende wird jedoch der biologische Rassenbegriff, wie ihn Ploetz definiert hatte, zunehmend durch die Typisierung aufgelöst und mit Wertungen versetzt, die unter dem Einfluß Gobineaus und Chamberlains von den Rassenanthropologen zu ihrem Höhepunkt entwickelt werden sollten.[26] Die darauf zurückgehende Höherbewertung der nordischen Rasse wird von den Rassenhygienikern in unterschiedlichem Umfang übernommen. In diesem Kontext sind die Utopien von Ehrenfels, Hentschel und schließlich Darré zu sehen.

Christian von Ehrenfels (geb. 1859) war Philosoph in Prag und widmete sich später hauptsächlich Fragen der Sexualethik. In Anlehnung an die Tierzucht machte er den Vorschlag, den sog. »virilen Auslesefaktor«, d. h. die Zeugungsauslese unter den männlichen Individuen, für die Züchtung auszunutzen. Da das größte Hindernis dagegen die monogame Sexualordnung sei, d. h. die Dauerehe, die den Entartungsprozeß der abendländischen Kulturvölker mitverursache, plädierte er für deren Überwindung in Form einer Polygamie. So könnten Frauenverbände organisiert werden, in denen die Männer nur so lange als Gäste weilten, wie es den Paaren beliebe. Allerdings hielt Ehrenfels einen solchen Plan »ohne

Eingreifen einer Herrenmoral« nicht für durchführbar. Eine alternative Möglichkeit sah er deshalb ganz in der Art des »technological fix«, wie wir ihn auch schon bei Ploetz angetroffen haben: Bei der Zeugung durch künstliche Insemination könnten der virile Faktor voll ausgenutzt werden und zugleich das sexuelle Genußleben »seine eigenen Pfade« gehen.[27] Ehrenfels' Vorstellungen wurden immerhin von Schallmayer als »große Reformideen« auf eugenischem Gebiet gepriesen und im *Archiv* veröffentlicht.[28]

Auffallend ähnlich, aber eindeutig dem nordischen Gedanken verpflichtet, war Willibald Hentschels Vorstellung eines »Mittgart Bundes«, dessen Programm 1904 veröffentlicht und der 1906 gegründet wurde. (Er war nur eine von mehreren Vereinigungen unter dem Einfluß des nordischen Gedankens, zu denen auch die 1907 von Ploetz gegründete Geheimorganisation »Ring der Norda« gehörte). »Mittgart« bedeutet Menschengarten und sollte eine ländliche Siedlung von etwa 1000 Frauen und 100 Männern sein, die alle von Sachverständigen als rassisch überdurchschnittlich und eugenisch einwandfrei ausgewählt sein sollten. Die Männer gingen nur vorübergehend geschlossene Ehen ein, die nach einer eingetretenen Schwangerschaft der Frau wieder gelöst würden. Die Paarungen unterlagen ausschließlich Züchtungsgesichtspunkten. Die Erziehung der Kinder sollte ausgewählten Personen vorbehalten sein, die die Jungen nur mit dem notwendigen Grundwissen versehen und ansonsten zu Bauern und Handwerkern ausbilden würden, die Mädchen hätten nur das Wissen für ihre Rolle als Hausfrau und Mutter zu lernen.[29] Hentschels Programm zur Aufnordung blieb nicht nur Utopie. Er zog bereits vor dem Ersten Weltkrieg nach Westerwanna in Niedersachsen und gründete seine Zuchtkolonie, die freilich den Krieg nicht überdauerte.[30]

Hentschels Einfluß auf die Eugeniker blieb unbedeutend, die Verbindungslinien waren komplizierter. Den Höhepunkt der utopischen Vorstellungen ländlicher Züchtungskolonien bildeten Darrés Hegehöfe. Walther Darré, Diplomlandwirt und unter Hitler »Reichsbauernführer«, »Reichsernährungsminister« und Senator der KWG sowie Chef des »SS-Rasse- und Siedlungshauptamtes«, hatte in seinem 1930 veröffentlichten Band *Neuadel aus Blut und Boden* die Idee der Hegehöfe entwickelt. Darré hielt zwar an der Einehe fest – wegen deren Aufgabe war Hentschel unnordischer Gedanken geziehen worden –, stellte aber eine Vier-Klassen-Einteilung des weiblichen Nachwuchses als Filter der Partnerwahl unter rassischen Gesichtspunkten voran.[31]

In den Utopien von Ehrenfels, Hentschel und Darré stand der Zuchtgedanke im Vordergund, der zwar an die im wissenschaftlichen Sinne eugenischen Vorstellungen anschloß, aber, vorwiegend unter dem Einfluß des wertenden Rassenbegriffs und des mit ihm verknüpften nordischen Gedankens, über sie hinausführte. Wie bereits dargestellt, bildet jedoch der biologische Rassenbegriff der Eugeniker jene Perspektive, an die die mit dem wertenden anthropologischen Rassenbegriff verbundenen Vorstellungen, wie der Kult um die nordische bzw. arische Rasse, anknüpften. Eugeniker und Anhänger des nordischen Gedankens trafen sich überdies noch in einem anderen Punkt, auf einer niedrigeren Ebene der Konkretion: Die Perhorreszierung des Stadtlebens durch die Eugenik wegen dessen angeblich negativer Auswirkungen auf den natürlichen Ausleseprozeß traf sich mit der Mystifizierung des Landlebens durch die nordisch Gesinnten. Es ist deshalb kein Zufall, daß Darré mit seinen Hegehöfen auch die Verwirklichung des Lenzschen Vorschlags zur Einrichtung von »bäuerlichen Lehen« gegeben sah, in denen dieser wiederum – um »die städtischen Familien auf die Dauer vor der Entartung und dem Aussterben zu bewahren« – »den Kern aller Rassenhygiene« überhaupt sah. Lenz seinerseits begrüßte die »Zustimmung der führenden Rassenhygieniker Deutschlands« (Ploetz, Schallmayer, Gruber, Siemens, Muckermann) und insbesondere diejenige Darrés als Landwirt.[32]

Die Utopien von der politischen Umsetzung eugenischer Maßnahmen und Züchtungsvorstellungen machen deutlich, daß die Grenzen zwischen Wissenschaft auf der einen und Ideologie und Politik auf der anderen Seite von der Eugenik nicht klar gezogen worden sind und daß dies auch nicht möglich war. Die Eugenik war eine politisierbare und politisierte Wissenschaft »par excellence«. Rationalisierungsanspruch und Politisierung gingen in ihr eine unauflösliche Verbindung ein. Es gab deshalb auch weder eine scharfe Trennungslinie zwischen wissenschaftlichen und nichtwissenschaftlichen Ideen, noch zwischen Wissenschaftlern und – aus der Sicht des Faches – Laien als ihren Urhebern.

Die Institutionalisierung des eugenischen Programms

Bisher sind nur die eugenischen Ideen und ihre Entwicklung dargestellt worden. Über ihre gesellschaftliche und politische Wirkung, ihre Funktion als Orientierungswissen ist damit nichts ausgesagt, solange nicht die Rezeption dieser Ideen in Öffentlichkeit und Politik und die aktiven Bemühungen der Wissenschaft um die Verbreitung der Ideen und die Einflußnahme auf die Politik nachgewiesen werden können. Eine entsprechende systematische Analyse existiert nicht, einzelne Hinweise finden sich verstreut in unterschiedlichen Zusammenhängen.[33] Ich beschränke mich hier auf wenige formale Aspekte, vor allem auf die Organisation der Eugenik als wissenschaftliche Disziplin und als sozialpolitisches Programm.[34]

Im Januar 1904 erschien die erste Ausgabe des von Ploetz in Verbindung mit dem Soziologen A. Nordenholz und dem Zoologen L. Plate herausgegebenen *Archivs für Rassen- und Gesellschaftsbiologie, einschließlich Rassen- und Gesellschaftshygiene.* Ab 1913 trat Fritz Lenz in die Redaktion ein. Das Programm der Zeitschrift war weitgespannt: »Die Gesellschaftsbiologie« und ihre Zweige umfaßten dem Anspruch nach »nicht nur die allgemeine Soziologie, sondern auch die Nationalökonomie, die Politik, die Ethik, die Rechtswissenschaft, die Geschichte usw«.[35] Im Juni 1905 folgte die Gründung der »Gesellschaft für Rassenhygiene« in Berlin durch Ploetz unter Mitwirkung von Rüdin, Thurwald und Nordenholz, die erste eugenische Gesellschaft der Welt, die 1907 in »Internationale Gesellschaft für Rassenhygiene« umbenannt wurde. In ihrer Satzung setzte sich die Gesellschaft zum Ziel, »Theorie und Praxis der Rassenhygiene unter den weißen Völkern« zu fördern, »sich von politischen und konfessionellen Bestrebungen« fernzuhalten und der Förderung der wissenschaftlichen Rassen- und Gesellschaftsbiologie u. a. durch »Verbreiten der gewonnenen Erkenntnisse, sowie sich daraus ergebender praktischer Leitgedanken unter den Mitgliedern und in der Bevölkerung« zu dienen.[36] In den folgenden Jahren entstanden Ortsgruppen in verschiedenen Städten des Reiches, so in München, Freiburg (unter Fischer und Lenz), Stuttgart, und nach dem Ersten Weltkrieg u. a. in Dresden, Kiel und Bremen.

Etwa gleichzeitig hatte sich 1910 die erste Ländergruppe in Schweden gebildet, unabhängig davon 1908 in England die »Eugenics Education Society« (mit Galton als Ehrenpräsident). In den USA wurden die »Eugenics Research Association« sowie die »Galton Society« als wissenschaftliche Gesellschaften gegründet, des weiteren die »American Genetic Association« (die aus der »American Breeders Association« hervorgegangen war) und die »American Eugenics Society«, die vor allem aufklärerische Ziele verfolgten. 1911 sollte in London ein Zusammenschluß aller nationalen Gesellschaften erfolgen, der jedoch erst nach dem Ersten Weltkrieg stattfand, und zwar in der »International Federation of Eugenic Organizations«.

In einer sehr kurzen Zeitspanne hatte sich die Eugenik etabliert, und von Anfang an waren ihre Gesellschaften mehr als nur Foren wissenschaftlicher Diskussionen. 1915 nahm die aus dem Zusammenschluß der Ortsgruppen gebildete »Deutsche Gesellschaft für Rassenhygiene« die Gelegenheit wahr, um das durch den Krieg geweckte Interesse für Bevölkerungspolitik nach Möglichkeit für rassenhygienische Propaganda auszunutzen.[37] In einer Satzungsänderung von 1916, mit der die Internationale Gesellschaft in eine »Deutsche Gesellschaft für Rassenhygiene e. V.« umgewandelt wurde, zählte zu den Zielen nun schon die Anregung und Unterstützung öffentlicher und praktischer »Maßnahmen zur Volksvermehrung und Hebung der Rasse ... z. B. durch Eingaben an Behörden und gesetzgebende Körperschaften, Vermittlung sachverständiger Untersuchung auf Ehetauglichkeit usw.«.[38] Der politische (nicht der parteipolitische) Anspruch der Gesellschaft wird darin ebenso deutlich wie in der föderativen Struktur, die auf die flächendeckende Organisation von Ortsgruppen angelegt war, für deren Mitglieder es im übrigen keinerlei wissenschaftliche Qualifikationsvoraussetzungen gab. Die Eugenik organisierte sich als praktische Wissenschaft und als wissenschaftliche Praxis, wie immer man will.

Schon vor dem Ersten Weltkrieg hatte die Eugenik eine erhebliche Popularität, die zu diesem Zeitpunkt überdies das gesamte politische Spektrum abdeckte. Es dauerte bis 1922, bevor sich die Gesellschaft nach Kriegsende wieder etablieren konnte, nunmehr mit 41 neuen Leitsätzen versehen, die den Geist der Zeit deutlicher widerspiegelten. Die Entartung, d. h. die Verarmung an wertvollen Rassenelementen, galt jetzt als Hauptgefahr, verursacht durch ungünstige Auslese und Schädigung der Erbmasse. Die »ungenügende Fortpflanzung der ihrer Veranlagung nach zur Führung geeigneten Volksgenossen« wurde als verhängnisvoll für die Zukunft der Rasse betrachtet. Um dieser Entwicklung entgegenzuwirken, wurde eine Reihe von Maßnahmen vorgeschlagen; für Eheverbote und zwangsmäßige Sterilisierung »geistig Minderwertiger und sonst Entarteter« scheine die Zeit allerdings »noch nicht gekommen«, an den Schulen und Hochschulen müßte der rassenhygienische Unterricht eingerichtet, und zu seiner Förderung sowie zur Forschungsförderung sollten staatliche Institute nach dem Vorbild Schwedens errichtet werden. Wie schon Galton, sahen die Eugeniker jedoch »die Erneuerung der Weltanschauung« als von entscheidender Bedeutung an.[39]

Diese Forderungen hatten bald Erfolg. 1923 wurde eine a.o. Professur für Rassenhygiene für Fritz Lenz an der Universität München eingerichtet. Ebenfalls spätestens ab 1923 wurden im Reichsgesundheitsamt Pläne zur Errichtung einer »Reichsanstalt für menschliche Vererbungslehre und Bevölkerungskunde« erörtert, die 1927 zur Gründung des »Kaiser-Wilhelm-Instituts für Anthropologie, menschliche Erblehre und Eugenik« führten. Die Eugenik war eine ernst zu nehmende Wissenschaft, das KWI sollte ihre Wissenschaftlichkeit gegenüber dem öffentlichen Dilettantismus sichern.[40]

1925 wurde in Berlin der »Deutsche Bund für Volksaufartung und Erbkunde« gegründet, der sich auf die 7000 Mittglieder des »Reichsbundes der Standesbeamten Deutschlands« stützte, parteipolitisch über seinen zweiten Vorsitzenden Ostermann und den namhaften Eugeniker Muckermann dem Zentrum nahestand und sich ansonsten als Ergänzung der »Deutschen Gesellschaft« durch die Verbreitung des Volksaufartungsgedankens verstand.[41] Der Bund stellte zu der eher national-konservativ ausgerichteten »Deutschen Gesellschaft« ein politisches Gegengewicht dar, dessen Einfluß 1929 in der Umbildung des Vorstandes der »Deutschen Gesellschaft« zum Ausdruck kam. Eugen Fischer wurde erster und Ostermann zweiter Vorsitzender, Muckermann und v. Verschuer (von dem wir noch hören werden) Schriftführer. Durch Muckermanns Aktivitäten gelang der Gesellschaft nun auch die Verbreitung in kleineren Provinzstädten, die Gesamtmitgliederzahl lag jetzt bei ca. 1300, der größte Teil von ihnen Akademiker.[42] 1931 schließlich wurde die »Annäherung zwischen ›Eugenikern‹ und Rassenhygienikern« (Kröner) durch eine neue Satzung und einen neuen Namen der Gesellschaft dokumentiert, die sich jetzt »Deutsche Gesellschaft für Rassenhygiene (Eugenik)« nannte. Damit sollte die identische Wortbedeutung des Begriffs »Rassenhygiene«, der oft auf Mißverständnisse und Ablehnung gestoßen war, mit dem der »Eugenik« unterstrichen werden. Auch die Satzung selbst wurde in diesem Sinn »bereinigt«, um nicht zu sagen verwissenschaftlicht: Statt von »Rassenhygiene« und »Rassen- und Gesellschaftsbiologie« war nun von »Erblehre« und »Eugenik« die Rede. Das Wort »Rasse« war gestrichen. Damit war auch der Verschmelzung der »Gesellschaft« mit dem »Bund für Volksaufartung« der Weg geebnet. Die gleiche moderate Tendenz schlug sich in einer von Muckermann verfaßten Denkschrift nieder, in der er vor allem das Problem des mangelnden Nachwuchses behandelt und Vorschläge zur eugenischen Erziehung sowie zur Familienförderung macht, Forderungen, die im *Archiv* an das »offene Ohr« des Zentrums, das doch den Reichskanzler Brüning gestellt habe, gerichtet wurden.[43] Auch die neuen Leitsätze von 1931 beschränkten sich fast ausschließlich auf Prinzipien der quantitativen positiven Eugenik.[44]

Über die wahren Hintergründe dieses »Siegs« der gemäßigten Kräfte in der Eugenik läßt sich wenig aussagen, ebensowenig wie über das Ausmaß des Gesinnungswandels oder darüber, wie lange vorher er sich schon angekündigt hatte. Die wenigen Hinweise, die das Umfeld beschreiben helfen, deuten jedoch darauf hin, daß von einer grundlegenden Wende in der Rassenhygiene keine Rede sein konnte, eher von der vorübergehenden Führungsrolle der gemäßigten Fraktion der »Berliner Eugeniker«. Auch sie blieb, wie sich zeigen sollte, den rassenhygienischen Denkmustern verpflichtet, und auch sie unterlag den politischen Zwängen und Versuchungen, die die Unterstützung und die Implementierung ihrer Ideen durch die Nationalsozialisten wichtiger erscheinen ließen als die Zweifel gegenüber ihrer rassenhygienischen Politik und die wissenschaftlich begründeten Einwände gegen sie. Der Jesuitenpater Muckermann sollte das einzige prominente Opfer der Machtergreifung unter den Eugenikern werden.

Daß selbst die »Internationale Vereinigung für Eugenik« kaum eine ernsthafte wissenschaftliche Kontrollinstanz war, auf die sich die »Progressiven« berufen konnten, zeigt die anläßlich ihrer Tagung 1929 in Rom an Mussolini gerichtete Grußadresse, die von Eugen Fischer verlesen wurde und in der der »große Führer Mussolini« für seine Maßnahmen der quantitativen Eugenik gepriesen, zugleich aber zu ähnlich beherzten qualitativen Maßnahmen aufgefordert wurde.[45]

1931, im selben Jahr also, in dem die Eugeniker die gemäßigte Linie durchsetzten, entdeckten die forscheren Rassenhygieniker unter ihnen auch den Nationalsozialismus als kommenden Bündnispartner. Fritz Lenz widmete unter Hinweis darauf, daß die NSDAP die erste politische Partei überhaupt sei, »welche die Rassenhygiene als eine zentrale Forderung ihres Programms vertritt«, Hitlers *Mein Kampf* eine Besprechung, in der er dessen rassenideologische und rassenhygienische Thesen völlig ernst nimmt. Seine Vorbehalte, aber auch seine Bewunderung entsprechen der konservativ-bürgerlichen Reaktion der Zeit. Daß die Juden für alle Zersetzungserscheinungen der Gegenwart verantwortlich gemacht wurden, hält er für ebenso »einseitig und übertrieben« wie Hitlers These von der »Vernegerung« Frankreichs. Jedenfalls habe Hitler, im Gegensatz zu den »meisten akademischen Autoritäten«, »die wesentlichen Gedanken der Rassenhygiene und ihre Bedeutung mit großer geistiger Empfänglichkeit und Energie sich zu eigen gemacht«. Als »Arzt und Biologe« sah Lenz zwar die Gefahr, daß »in allen extremen Bewegungen Psychopathen eine große und meist verderbliche Rolle spielen«. Die Hoffnung galt aber dem Umstand, daß Hitler »der erste Politiker von wirklich großem Einfluß [sei], der die Rassenhygiene als eine zentrale Aufgabe erkannt hat und der sich tatkräftig dafür einsetzen will«.[46]

Zwei Jahre später, 1933, wird die »Deutsche Gesellschaft« gleichgeschaltet, d. h. der Einfluß der Rassenhygiene wiederhergestellt. Mit der 1934 oktroyierten Satzung wird zudem jener Zustand geschaffen, den sich die Wissenschaftler zuvor immer erwünscht hatten: Der Verein wird Mitglied des »Reichsausschusses für Volksgesundheit beim Reichsministerium des Innern« (§ 1), außerdem wird er satzungsmäßig zur »Unterstützung der Regierung in der Verwirklichung rassenhygienischer Bestrebungen« verpflichtet (§ 2), und schließlich behielt sich der Reichsminister des Innern die Aufhebung von Beschlüssen bzw. die Aussetzung ihrer Durchführung vor (§ 9). Von nun an sollten die Rassenhygieniker die Rolle spielen, die ihnen im völkischen Staat zugedacht war. Dieser Staat hatte nach Hitler »die Rasse in den Mittelpunkt des Lebens zu setzen« und bei den auf dieses Ziel gerichteten Maßnahmen »ohne Rücksicht auf Verständnis oder Unverständnis, Billigung oder Mißbilligung« zu handeln.[47] Die sittlich-moralischen, rechtlichen und politischen Schranken, derentwillen die Eugeniker ihre wissenschaftlichen Visionen der Rationalisierung menschlicher Evolution in die Form von Utopien gekleidet hatten, wurden nun vom neuen deutschen Staat selbst beseitigt. Die Eugenik konnte jetzt zur wahrhaft angewandten Wissenschaft werden, in einem Staat, dessen Weltanschauung, wie Lenz schon 1931 schrieb, »angewandte Wissenschaft« und in erster Linie »angewandte Biologie, angewandte Rassenkunde sein« wolle.[48]

Die Realisierung der eugenischen Utopien im Dritten Reich

Der Breslauer Pathologe Martin Staemmler hatte in seinem 1933 erschienenen Band *Rassenpflege im völkischen Staat* den Unterschied zwischen Eugenik und Rassenpflege präzise benannt und zugleich sein Bedauern zum kurzfristigen Übergewicht der Eugeniker vor der Machtergreifung zum Ausdruck gebracht:

»Die Eugenik fragt . . . lediglich danach, ob ein Mensch, eine Familie, ein Volk erblich gesund . . . ist, sie kümmert sich aber nicht um die rassische Zusammensetzung. Die Rassenpflege in schärfer gefaßtem Sinn des Wortes . . . soll auch der Zusammensetzung des Volkes aus den verschiedenen Einzelrassen ihre Aufmerksamkeit schenken und, wo es nötig ist, versuchen, diese Zusammensetzung zu beeinflussen. Eugenik ist Rassenpflege der bastardierten Völker. Reine Eugenik wird nur der treiben, der von der angeblichen Gleichheit der Rassen, von deren gleichmäßigem Wert überzeugt ist. Wer das nicht ist, muß sich folgerichtig zur Rassenpflege bekennen.«[49]

Um zu beurteilen, inwieweit die Rassenhygiene (bzw. -pflege) im nationalsozialistischen Staat angewandt, d. h. zur politikorientierten Handlungswissenschaft wurde, verfolge ich zwei Arten von Evidenzen: erstens die politischen Maßnahmen, die als Realisierung eugenischer bzw. rassenhygienischer Utopien gesehen werden müssen, womit allerdings die ursächliche Wirkung eines komplexeren Geflechts politischer Motivationen im Einzelfall nicht ausgeschlossen sein soll. Meine These ist, daß die Erklärung der staatlichen Maßnahmen von den Rassengesetzen bis zur Judenvernichtung sowie vor allem auch die durch sie erlaubten bestialischen Handlungen einzelner zwar nicht auf die Rassenhygiene reduziert werden können, daß diese aber aufgrund ihrer delegitimierenden Wirkung die ethischen Werte außer Kraft setzen konnte, die diesen Handlungen hätten entgegenstehen können. Im gleichen Maße, wie damit die Sanktionswirkung der geltenden Werte zumindest partiell neutralisiert war, fiel zusätzlich auch die politische Kontrolle fort, da die Rassenhygiene zugleich wichtiges Element der Legitimationsbasis nationalsozialistischer Politik war. Die Rassenhygiene ist damit *eine notwendige* Voraussetzung der zu beschreibenden politischen Akte. Zweitens soll die direkte Teilnahme von Rassenhygienikern an diesen Handlungen aufgezeigt werden, so unvollständig unser Wissen darüber zur Zeit auch noch ist. Daten dieser Art können die zuvor genannten Einschränkungen nicht überwinden, sie nehmen jedoch die aufgewiesenen Zusammenhänge aus der ideengeschichtlichen Unverbindlichkeit heraus und zeigen, daß die Wissenschaft *auch* politischer Akteur war und nicht, wie bis heute suggeriert wird, Instrument und Opfer politischer Machthaber.

Die eugenische Gesetzgebung

Am 2. 6. 1933 wurde vom Reichsinnenminister der Sachverständigen-Beirat für Bevölkerungs- und Rassenpolitik einberufen.[50] In diesem Beirat waren neben dem berühmten Hans F. K. Günther (»Rassengünther«), von den Rassenhygienikern außer Ploetz noch Ernst Rüdin, der von den Nationalsozialisten neue eingesetzte Reichskommissar der »Deutschen Gesellschaft für Rassenhygiene«, und später Fritz Lenz vertreten, der jetzt die Abteilungsleiterposition des entlassenen Paters Muckermann im »Kaiser-Wilhelm-Institut für Anthropologie, menschliche Erblehre und Eugenik« einnahm. Die erste Aufgabe des Beirats war die Begutachtung des neu formulierten Entwurfs des »Gesetzes zur Verhütung erbkranken Nachwuchses«, das am 14. 7. 1933 verkündet wurde.

Das Gesetz war bereits in der Weimarer Republik u. a. unter Mithilfe von Eugen Fischer, Ernst Rüdin und des 1936 abgesetzten Direktors des »Kaiser-Wilhelm-Instituts für Biologie« Goldschmidt als Entwurf fertiggestellt worden. Es sah die Sterilisation bei »angeborenem Schwachsinn, Schizophrenie, zirkulärem Irresein, erblicher Fallsucht, erblichem Veitstanz, erblicher Blindheit, erblicher Taubheit und schwerer erblicher körperlicher Mißbildung sowie bei schwerem Alkoholismus« vor. Gegenüber dem Entwurf wies das NS-Gesetz eine entscheidende Veränderung auf: Die Sterilisation konnte auch von einem Arzt oder einem Anstaltsleiter beantragt und gegen den Willen des Betroffenen durchgeführt werden (§§ 3 und 12). In dem 1936 von Gütt, Rüdin und Falk herausgegebenen Kommentar zum Gesetz konnten die Autoren auf eine breite Sterilisationsgesetzgebung im Ausland, vor allem in den USA und in Skandinavien ebenso verweisen wie auf die Unterstützung durch den Züricher Kongreß der »International Federation of

Eugenical Organizations« (1934) oder den Internationalen Kongreß für Bevölkerungswissenschaft (1935). Die erheblich ältere amerikanische Gesetzgebung habe durch das deutsche Beispiel einen starken Antrieb dahingehend erfahren, daß die bislang nur wenig angewandten Gesetze »nun wirklich mehr und mehr ihrem eigentlichen Sinn und Zweck entsprechend durchgeführt werden«. Tatsächlich war die Zahl der Sterilisationen in den USA von durchschnittlich 500 im Jahr zwischen 1909 und 1930 auf 3000 jährlich bis 1936 angestiegen (23092 insgesamt).[51]

Bis 1939, als die Zwangssterilisationen in Deutschland aufgrund der ständig wachsenden Unruhe in der Bevölkerung eingestellt wurden, sind nach Schätzungen 350000 bis 400000 Menschen Opfer dieses Gesetzes geworden. Die Rassenhygieniker waren in die notwendige Begutachtungsarbeit eingeschaltet. Die Professoren Fischer, Rüdin und v. Verschuer erhielten fünf Assistentenstellen von der »Notgemeinschaft der Deutschen Wissenschaft«. Lenz sah als Endziel, daß über jeden Einwohner des Reiches eine erbbiologische Akte geführt werden sollte. Ab 1937 wurden auch farbige Kinder zwangssterilisiert; zu den Gutachtern gehörten in diesem Verfahren u. a. die Professoren Fischer und Abel und der Assistent von v. Verschuer, Dr. Schade. Sie nutzten diese Tätigkeit auch für wissenschaftliche Studien.[52]

Die Rassengesetze

Die erste im weiteren Sinne rassenhygienisch *begründete,* nicht unbedingt *motivierte,* gesetzgeberische Maßnahme der neuen Reichsregierung war die Verkündung des »Gesetzes zur Wiederherstellung des Berufsbeamtentums« am 7. 4. 1933 mit dem berühmten Arierparagraphen. Danach waren Beamte nichtarischer Abstammung in den Ruhestand zu versetzen. Ploetz machte im *Archiv* darauf aufmerksam, daß dieses Gesetz ohne seine Mitwirkung erlassen worden sei, und bezog sich dabei auf seine Mitgliedschaft im Sachverständigenbeirat.

Ein weiterer Schritt wurde mit dem »Gesetz zum Schutz der Erbgesundheit des Deutschen Volkes« getan, das entsprechend den langanstehenden Forderungen der Rassenhygieniker das Gesundheitszeugnis zur Voraussetzung der Genehmigung der Eheschließung machte. Das demgegenüber rassistische »Gesetz zum Schutze des deutschen Blutes und der deutschen Ehre« vom September 1935, das die Eheschließung und den außerehelichen Verkehr zwischen Juden und Staatsangehörigen deutschen oder artverwandten Bluts unter Strafe stellte, reagierte auf die Sorge juristischer und rassenhygienischer Wissenschaftler um den »Rassenschutz«, und Eugen Fischer bedankte sich vor der Berliner theologischen Fakultät beim Führer, »der es durch die Nürnberger Gesetze den Erbforschern ermöglicht habe, ihre Forschungsergebnisse dem Volksganzen praktisch dienstbar zu machen«.[53] Zur Durchführung dieses Gesetzes mußten ebenfalls Gutachten erstellt werden, und zwar darüber, wer Jude sei und wer nicht. Das zum Innenministerium gehörende »Reichssippenamt« forderte diese von ausgesuchten Instituten und Forschern an. Eugen Fischers »Kaiser-Wilhelm-Institut« erhielt in diesem Zusammenhang die Aufgabe, Amts- und SS-Ärzte in Anthropologie und Genetik auszubilden. Prof. v. Verschuer verfaßte 1937 eine Denkschrift *Vorschläge zur praktischen Erfassung von Juden und Judenmischlingen*, deren zentraler Gesichtspunkt darin bestand, die militärischen Musterungsuntersuchungen bei Mischlingen und Juden um eine anthropologische Erhebung zu ergänzen. In einem Brief an Fischer betonte er, daß es wichtig sei, »daß unsere Rassenpolitik auch in der Judenfrage objektiv wissenschaftlichen Hintergrund bekommt, der von weiten Kreisen anerkannt wird«.[54] Dies war eine löbliche, wenngleich unerfüllbare Absicht, wenn man bedenkt, daß das Urteil »jüdisch/nichtjüdisch« ab 1941 gleichbedeutend mit einem Todesurteil sein konnte.[55]

Die Rassenpolitik der SS: Heiratsbefehl, »Ahnenerbe« und »Lebensborn«

Zum Komplex der rassenhygienischen Politik, die sich auf die Kontrolle und Steuerung des generativen Verhaltens richtete, zählen in besonderer Weise die Maßnahmen, die sich auf die SS bezogen. Ich konzentriere mich auf einige wenige Elemente der Rassenpolitik *in* der SS.[56]

Bereits im Dezember 1931 hatte der Reichsführer SS Heinrich Himmler den SS Befehl – A Nr. 65 erlassen, in dem die »Pflichten des SS-Mannes bei Verlobung und Heirat« geregelt wurden. Er führte für alle unverheirateten Angehörigen der SS die »Heiratsgenehmigung« ein »in der Erkenntnis, daß die Zukunft unseres Volkes in der Auslese und Erhaltung des rassisch und erbgesundheitlich guten Blutes beruht . . .«. Die Genehmigungen wurden vom Reichsführer »allein nach rassischen und erbgesundheitlichen Gesichtspunkten« und aufgrund der »sachgemäßen Bearbeitung« der Gesuche durch das Rasseamt erteilt oder abgelehnt. Das Ziel war die »erbgesundheitlich wertvolle Sippe deutscher nordischbestimmter Art«. Die SS fühlte sich in der eugenischen Pionierrolle. Sie sei sich darüber klar, heißt es im letzten Satz, mit dem Befehl einen Schritt von großer Bedeutung getan zu haben. »Spott, Hohn und Mißverstehen berühren uns nicht, die Zukunft gehört uns!«[57]

Das 1931 gegründete »Rasseamt«, später »Rasse- und Siedlungshauptamt« (RuSHA) der SS wurde auf Betreiben Himmlers von Walther Darré geleitet und sollte zur rassepolitischen Schaltzentrale der SS werden. Ab 1935 erhielt es zusätzliche Bedeutung durch den starken Einfluß auf die im selben Jahr gebildete »Studiengesellschaft für Geistesgeschichte, Deutsches Ahnenerbe«, einer SS-eigenen Forschungsförderungsgesellschaft. Schon ab 1936 begann sich jedoch das Verhältnis zwischen Darré und Himmler abzukühlen, und das »Ahnenerbe« löste sich ab 1937 auf Kosten des RuSHA von dessen Einfluß. Damit verlor das RuSHA seine kulturpolitischen Funktionen, behielt jedoch die der politischen Rassenkunde, d. h. insbesondere der Rassenprüfung – z. B. bei der Beurteilung der Eindeutschungsfähigkeit von Umsiedlern – bis in den Krieg hinein. Demgegenüber mißlangen Versuche, das »Ahnenerbe« mehr rassenkundlich auszurichten, wegen Personalmangel.[58] Eine Annäherung des »Ahnenerbe« an Rüdins »Institut für Genealogie und Demographie« der Deutschen Forschungsanstalt für Psychiatrie in München mit dem Ziel, die Kontinuität der biologisch-anthropologischen Forschung zu sichern, scheiterte schließlich daran, daß Heydrich Rüdin für nicht geeignet hielt, in die SS übernommen zu werden.

Eine weitere Aktivität der SS, die sich in das Programm dieses Ordens »deutscher nordisch-bestimmter Männer« einfügt, läßt unschwer die zumindest entfernte Verwandtschaft zu den Utopien von Hentschel und Darré erkennen. Gemeint ist die Gründung des Vereins »Lebensborn e. V.«. Unter Bezug auf den Verlobungs- und Heiratsbefehl gründete Himmler im September 1936 »Lebensborn« als Teil des RuSHA und unter seiner persönlichen Führung. In dem entsprechenden Befehl wurde die Zeugung von vier Kindern als Mindestzahl gesetzt und die Erwartung insbesondere an das SS-Führerkorps gerichtet, beispielgebend voranzugehen. »Für die Auslese und Zuweisung geeigneter Kinder [nämlich zur Adoption für kinderlose Ehen von SS-Führern] steht den SS-Führern der Verein ›Lebensborn e. V.‹ zur Verfügung. ...« Dessen Aufgabe sollte sein, »rassisch und erbbiologisch wertvolle kinderreiche Familien zu unterstützen«, in diesem Sinne »wertvolle werdende Mütter unterzubringen und zu betreuen« und für Mütter und Kinder zu sorgen.[59] »Lebensborn« war als eine Wohlfahrtseinrichtung im Sinne positiver, quantiativer und qualitativer Eugenik konzipiert.

In der geheimnisumwitterten Geschichte des »Lebensborn« müssen Mythen und Tatsachen unterschieden werden. Das gilt vor allem für die weitverbreitete Ansicht, daß es sich bei dem Verein um eine Zuchtanstalt der SS gehandelt habe, die jedoch bei den Nürnberger Prozessen nicht nachgewiesen werden konnte. Derartigen Gerüchten hat Himmler freilich selbst Vorschub geleistet. Schon der Umstand, daß ledigen Schwangeren geholfen werden sollte, deutete auf einen Gedanken, den Himmler von den Eugenikern übernommen und zumindest für die SS in Politik umgesetzt hat: die Kritik an der vor allem in den bürgerlichen Schichten geübten Geburtenkontrolle sowie an der Sexualmoral, die sich beide nachteilig auf die Geburtenziffern auswirkten. Tatsächlich dienten die Entbindungsheime des »Lebensborn« ledigen Schwangeren dazu, ihre Kinder in Abgeschiedenheit von ihrer sozialen Umwelt und ohne deren Sanktionen zur Welt zu bringen. Einem Tätigkeitsbericht des »Lebensborn« von 1939 zufolge sollen sich 832 wertvolle Frauen entschlossen haben, »trotz schwerster Opfer der Nation ein Kind zu schenken und nicht den Weg der Abtreibung zu gehen ...«.[60] Die SS-Statistiken sprechen nur von 200 unehelichen Kindern, deren Väter SS-Angehörige waren.[61] Hirsch zufolge wurde beim BDM und im weiblichen Arbeitsdienst für den »Lebensborn« unter der Losung »dem Führer ein Kind schenken« geworben.[62] Vorschläge, die in die Richtung selektiver Züchtung wiesen und die Himmler während des Krieges, u. a. vom Reichsgesundheitsführer Dr. Conti unterbreitet wurden, hat er zurückgewiesen aus Furcht, daß damit die Institutionen der Mutterschaft und der deutschen Familie unterminiert würden.[63]

Mit Kriegsbeginn erschien Himmler die Rücksichtnahme auf bürgerliche Moralvorstellungen zugunsten des Patriotismus allerdings noch eher verzichtbar als zuvor, und er appellierte an die

»rassisch wertvollen« Frauen, wenn nötig auch uneheliche Kinder zu haben, die SS würde sich um die Kinder kümmern, ebenso wie um die Familien, deren Männer im Krieg gefallen seien. Im Befehl vom 28. 10. 39 für die gesamte SS und Polizei hieß es u. a.: »Über die Grenzen vielleicht sonst notwendiger bürgerlicher Gesetze und Gewohnheiten hinaus wird es auch außerhalb der Ehe für deutsche Frauen und Mädel guten Blutes eine hohe Aufgabe sein können . . ., Mütter der Kinder ihrer ins Feld ziehenden Soldaten zu werden.«[64] Die kontroverse öffentliche Reaktion – nicht zuletzt aus Kreisen der Wehrmacht – auf diese amtliche Aufforderung zum Ehebruch und zur Libertinage zwang Himmler zur Klärung, aber eine klare Verurteilung der Unehelichkeit hat er dennoch nicht gegeben.[65] Es ist in dem Zusammenhang bezeichnend, daß Himmler für die Zeit nach dem Krieg eine Gesetzesinitiative vorgesehen haben soll, mit der die Doppel-(Zwei-Frauen-)Ehe eingeführt werden sollte, um die Kriegsverluste möglichst schnell wettzumachen.[66] (Noch vor Kriegsbeginn, im Jahr 1938, wurde immerhin eine eugenisch motivierte Änderung der Ehegesetzgebung realisiert: ein neues Scheidungsrecht, nach dem aufgrund der vom Mann behaupteten Sterilität der Frau die Ehe geschieden werden konnte.) Mit Beginn des Krieges sollte der »Lebensborn« von einer radikaleren rassenpolitischen Maßnahme der SS »profitieren«: der sog. »Wiedereindeutschung« von Kindern in den besetzten Gebieten im Osten und Südosten Europas, hauptsächlich in Polen. Unter der Verwaltung des »Reichskommissariats für die Festigung deutschen Volkstums« (RKFDV) wurden die von SS-Rasseprüfern als von ethnisch deutscher Abstammung befundenen Kinder – zumeist zwei- bis sechsjährige – entweder ihren Müttern unter Gewaltandrohung entrissen oder – sofern es sich um Kriegswaisen handelte – aufgelesen und dem »Lebensborn« zugeführt. In den »Lebensborn«-Heimen wurden die Kinder aufgezogen – und, wenn für notwendig gehalten, umerzogen –, um später geeigneten Familien im Reich zur Adoption übergeben zu werden. Angehörige des »Lebensborn« gaben die Zahl der von ihnen auf diese Weise erhaltenen Kinder mit 300 bis 500 an, unabhängige Schätzungen setzen die Ziffer auf mehrere Tausend.[67]

In der eugenischen Diskussion und ganz besonders in ihrer deutschen rassenhygienischen Spielart hat die negative Eugenik immer eine Rolle gespielt, d. h. also der Gedanke der »Ausmerzung unwerten Lebens«. Ich erinnere dabei an die Ploetzsche Utopie, in der die erbbiologisch unwerten Neugeborenen eingeschläfert werden sollen. Bereits 1920 hatten der Jurist Karl Binding und der Arzt Alfred Hoche ihre Schrift *Die Freigabe der Vernichtung lebensunwerten Lebens* veröffentlicht, auf die in späteren Erörterungen immer wieder Bezug genommen wurde.[68] Diese Schrift enthält jedoch keinerlei eugenische bzw. rassenhygienische Argumentation, wohl aber jenes utilitaristische Kalkül, dessen Affinität zu Konzeptionen negativer Eugenik von Anfang an beide miteinander in Verbindung bringt und diesen als zusätzliche Begründung dient.

Nach diesem Kalkül werden die gesellschaftlichen Kosten der Pflege von Geisteskranken in Anstalten erstellt und deren mögliche Ersparnis suggeriert. Dabei liefert die Einordnung der Geisteskranken als »lebensunwertes Leben« die zentrale Begründung, und Hoches Sprache im medizinischen Teil der Schrift ist denn auch entsprechend eindeutig gehalten. Er spricht von »leeren Menschenhülsen«, »Ballastexistenzen«, »Defektmenschen« und »völlig wertlosen Toten«.[69] Nahezu dieselben Begriffe und exakt dasselbe Kalkül finden sich z. B. im Geleitwort Ostermanns (eines gemäßigten Eugenikers also!) zur umbenannten Zeitschrift *Eugenik, Erblehre, Erbpflege* 1930:

»Die Zivilisation hat die natürliche Auslese ausgeschaltet. Öffentliche Wohlfahrtspflege und Fürsorge tragen . . . dazu bei, Erbkranke zu erhalten und zur weiteren Fortpflanzung zu bringen. Ein erdrückender und ständig wachsender Ballast von untauglichen lebensunwerten Menschen wird unterhalten und in Anstalten verpflegt – auf Kosten der Gesunden, von denen heute Hunderttausende ohne eigene Wohnung sind und Millionen ohne Arbeit darben. Mahnt die Not unserer Zeit nicht laut genug, ›Planwirtschaft‹, d. h. Eugenik auch in der Gesundheitspolitik zu treiben?«[70]

Während Ostermann vor allem an die eugenische Erziehung der Jugend dachte, wurde der vielsagende Begriff der »Planwirtschaft« nun in den Jahren 1938/39 offensichtlich eindeutig auslegbar. Spätestens 1939 arbeitete eine Expertenkommission, der hauptsächlich Psychiater, als namhafter Rassenhygieniker aber auch Fritz Lenz angehörten, an einem Gesetzentwurf »über die Gewährung ärztlicher Sterbehilfe«. Einigkeit bestand unter den Experten darüber, daß ein die Tötung von Patienten ermöglichendes Gesetz notwendig war. Hitler hat aus unbekannten Gründen auf die formale Verkündung eines Gesetzes verzichtet und Ende Oktober 1939 mit einem auf den 1. 9. 39 rückdatierten Erlaß die Euthanasie-Aktion in die Wege geleitet.[71] Damit war die moralisch-sittliche Barriere zum Töten gefallen, was schon immer in der Konsequenz der negativen Eugenik gelegen hatte. Diese Grenze war aber von den Theoretikern auch respektiert worden und hatte sie veranlaßt, den Gedanken ihrer Überschreitung in das Reich der Utopie zu verlagern.

Mit der Durchführung der Euthanasie war eine politische, die sogenannte »T4«-Organisation befaßt, und die Mitwirkung der Wissenschaft beschränkte sich auf politisch »bewährte« Psychiater; außerhalb dieses Kreises wurden jedoch die Begutachtungen vor allem von Medizinern durchgeführt. Aufgrund von öffentlichen Protesten aus juristischen und kirchlichen Kreisen, z. B. durch den Erzbischof von Münster, Graf von Galen, wurden die Aktionen im August 1941 eingestellt. Auch danach wurden die Patienten in staatlichen Heilanstalten durch unzureichende Ernährung und ärztliche Versorgung weiter ermordet. Nach Schätzungen fielen der »Ausmerze« bzw. dem Gnadentod zwischen 50000 und 90000 Menschen zum Opfer.[72] Der Nürnberger Gerichtshof hat es als erwiesen angesehen, daß die »T4«-Aktion auch zur Tötung von Nichtdeutschen gedient hat, und verurteilte den verantwortlichen Arzt Dr. Karl Brandt aufgrund dessen zum Tode.

Mit der Euthanasie war der erste Schritt der »Ausmerze« lebensunwerten Lebens getan worden. Die Vernichtung der Juden hatte viele Ursachen und Motive, aber sie war *auch* die letzte Konsequenz des Denkens, das sich durch die Verbindung von Eugenik, Rassenanthropologie und Biologie zu einer brisanten szientistischen Mischung entwickelt hatte. Sie wurde von Hitler im Januar 1939 als »Vernichtung der jüdischen Rasse« angekündigt, von Goebbels im November 1941 als »biologische Ausmerzung des gesamten Judentums in Europa« begründet, von Eugen Fischer vor französischen Intellektuellen gerechtfertigt mit den Worten: ». . . die Wurzel und Tätigkeit der bolschewistischen Juden zeugt von einer solchen ungeheuerlichen Mentalität, daß man nur noch von Minderwertigkeit und von Wesen einer anderen Gattung sprechen kann«.[73]

Wissenschaftliche Argumente und wissenschaftliches Vokabular, deren Genese bis weit vor den Beginn der nationalsozialistischen Machtergreifung zurückreicht, blieben bis in die letzten Konsequenzen zentraler Bestandteil der politischen Argumentationsmuster der Nationalsozialisten und – wie man annehmen muß – ihres Denkens und Handelns. Umgekehrt blieben auch die Wissenschaftler dieser mörderischen Kontinuität verhaftet und wurden damit sowohl zu politischen Gehilfen als auch zu wissenschaftlichen Benefizienten des politischen Handelns. Wie in den eugenischen Utopien, so war auch in deren Realisierung im Dritten Reich die Wissenschaft als Sachwalterin ihrer Ideen, als forschende, begutachtende und die Ausführung bzw. Umsetzung der Erkenntnisse überwachende Instanz Bestandteil des Systems.[74]

Die hier dargestellte Kontinuität eugenischer bzw. rassenhygienischer Denkfiguren, die durch die politische Realisierung wissenschaftlich informierter Utopien begründet wird, behauptet *nicht*, daß sich die Erklärung der nationalsozialistischen Greuel auf die wissenschaftlichen Theorien reduzieren läßt. Die geistesgeschichtlichen und wissenschaftlichen Strömungen – die völkische Ideologie, der Monismus, die nordische Bewegung[75] – ebenso wie die politischen Bewegungen und Bedingungen – die Jugendbewegung, die Isolierung Deutschlands nach dem Ersten Weltkrieg, der Antisemitismus usw. – müssen selbstverständlich in eine derartige Erklärung einbezogen werden. Aber die weitergehenden und immer wieder vorgebrachten Argumente, daß es nicht die Wissenschaft, sondern nur Pseudowissenschaft gewesen sei, die in den dargestellten Zusammenhang verwickelt war, und/oder daß die »richtige« Wissenschaft »politisch mißbraucht« worden sei, oder schließlich, daß es sich bei der Rassenhygiene vor und im Dritten Reich aus heutiger Sicht der Evolutionstheorie und Genetik um z. T. falsche, z. T. unrealistische Theorien und Programme gehandelt hat, sind unzulässig oder widerlegbar.[76] Ich habe – wenngleich noch unvollständig – zu zeigen versucht, daß die institutionalisierte Wissenschaft selbst und nicht nur marginale oder Pseudowissenschaft die rassenhygienische Politik des NS-Regimes mitgetragen, teils gar initiiert hat. Darüber hinaus ließen sich jedoch noch mindestens drei weitere Komplexe von Evidenzen erschließen, um die Apologien der Wissenschaft zu widerlegen.

Erstens: es ist zu zeigen, wann sich in Deutschland die Genetik als unabhängige Subdisziplin herausbildet und ob sie aufgrund wissenschaftlicher Erkenntnisse in Gegensatz zur Eugenik bzw. Rassenhygiene tritt. Die dazu erforderlichen Forschungen müssen noch durchgeführt werden.

Zweitens: es ist zu klären, wie die deutsche Rassenhygiene von der eugenischen Wissenschaftsgemeinde im Ausland rezipiert wurde und ob sich an der Form der Rezeption die Rückständigkeit bzw. Pseudowissenschaftlichkeit der deutschen Rassenhygiene aufweisen läßt. (Aufgrund der spätestens ab 1939 eintretenden Isolation der deutschen Wissenschaft muß allerdings der Möglichkeit einer deutschen Sonderentwicklung Rechnung getragen werden, die das Selbstverständnis der deutschen Wissenschaft als Institution nicht berühren würde.) Auch dieser Komplex bedarf einer systematischen Erforschung.[77]

Drittens: ein zusätzlicher Nachweis für die »Normalität« der Rassenhygiene wäre es, wenn gezeigt werden kann, daß es eine Kontinuität der Eugenik als wissenschaftliches Programm auch über den Zusammenbruch des Hitlerregimes hinaus gibt. Auch zu diesem Komplex gibt es keine systematischen Untersuchungen. Da es sich bei diesem letzten Komplex um den im Rahmen meines Themas wichtigsten handelt, werde ich im folgenden zumindest einige vorläufige Hinweise geben.

Kontinuität des eugenischen Denkens

Der Kontinuität des eugenischen Denkens gilt deshalb das besondere Interesse, weil sich die eingangs aufgestellte These, daß die Eugenik Bestandteil eines umfassenden Rationalisierungsprozesses der reflexiven Steuerung menschlicher Evolution ist, nur dann aufrechterhalten läßt und ihre Brisanz erhält, wenn eine derartige Kontinuität nachweisbar ist. Das könnte nämlich bedeuten, daß die rassenhygienische und speziell die rassenanthropologische Spielart der Eugenik und ihre politische Implementierung im Dritten Reich tatsächlich eine deutsche Sonderentwicklung darstellt, die im Zusammenhang mit anderen Aspekten der kulturellen und wissenschaftlichen Entwicklung gesehen und durch ihre Orientierungsfunktion für den NS-Staat sowie dessen spezifische Handlungsspielräume erklärt werden muß. Fallen diese Bedingungen fort und schließt die rekonstituierte deutsche Wissenschaft wieder an den universalistischen Diskurs an, nimmt sie auch wieder an dem allgemeinen Rationalisierungsprozeß teil, der sich nun freilich mit den neuen Mitteln der inzwischen zur modernen Genetik weiterentwickelten Wissenschaft fortsetzt.

Aus der Sicht des heutigen Erkenntnisstandes läßt sich tatsächlich feststellen, daß die Rassenhygieniker »mit zu wenig Wissen zu viel erreichen« wollten.[78] Nur insofern ist auch die Rassenhygiene ein historisches Phänomen. Es gibt aber keinen Grund zu der Annahme, daß die Rationalisierungsdynamik auf der Basis des inzwischen verfügbaren und – angelegt in den Forschungsprogrammen der modernen Genforschung – des zukünftig zu erwartenden Wissens nicht fortschreitet. Dies gilt um so weniger, als eine wichtige Erfolgsvoraussetzung der Rationalisierungsstrategien durch den Wissenschaftsfortschritt erfüllt ist, die im übrigen in Ploetz' eugenischer Utopie schon anklingt: Gemeint ist die Verlagerung der Implikate eugenischer Programmatik von der Sozialtechnologie auf die naturwissenschaftliche Technologie. Solange nämlich – das hatten die frühen Eugeniker deutlich gesehen – Eugenik auf die geschlechtliche Auslese gemäß den Gesetzen der Züchtung verwiesen war, stand dieser Zielsetzung die tradierte Werteordnung entgegen. Nunmehr, da die Züchtung im Prinzip den direkten Weg über den Eingriff in das Genmaterial gehen kann, sieht diese Werteordnung ihrer Erodierung durch ein technologisches Potential entgegen, das sie nicht mehr mit ihrer pejorativen Gegenwelt konfrontiert wie die geschlechtliche Züchtung, sondern als Versprechen einer effektuierten, humanen Zukunft unterläuft. Die Technologie macht den ersten Schritt, und die notwendigen sozialen Veränderungen werden im nachhinein erzwungen: diese allen modernen Gesellschaften bekannte Konstellation ist auch für die Steuerung menschlicher Evolution zumindest nicht auszuschließen.

Die Kontinuität des eugenischen Denkens wäre auf zwei Ebenen zu illustrieren: erstens auf der der personellen Kontinuität der deutschen Eugenik nach Kriegsende, die nicht nur die Kontinuität des Denkens, sondern auch die »Normalität« der Wissenschaft während des Dritten Reiches beweisen könnte, also gleichsam ein rückblickender Beleg wäre; und zweitens auf der der thematischen und programmatischen Kontinuität der Eugenik mit dem Ziel, die strukturelle Identität der frühen Züchtungsutopien und der modernen gentechnologischen Utopien aufzuweisen, ggf. auch die Differenzen. Diese Beweisführung kann hier nicht geleistet werden, eine systematische Analyse muß der zukünftigen Forschung vorbehalten bleiben. Die Entwicklung weist jedoch in Richtung einer zumindest vorläufigen Entdifferenzierung von Wissenschaft und Politik, ablesbar an der Zurücknahme der politischen Ansprüche der Eugenik, ihrer politischen »Neutralisierung«.

Exemplarisch dafür mag die Akzentverschiebung sein, die sich in einer Äußerung Otmar von Verschuers niederschlägt (der zwischen 1942 und 1945 die Nachfolge Fischers als Direktor des Berliner »Kaiser-Wilhelm-Instituts« angetreten hatte und 1951 als Ordinarius für Humangenetik nach Münster berufen wurde.) v. Verschuer schreibt 1966:

»In unserer jüngsten Vergangenheit ist es zu einer Entartung der Ehe gekommen; eugenische Gesichtspunkte und Beachtung der familiären Herkunft wurden im Sinne einer bewußten ›Züchtung‹ überbewertet. Die Ablehnung dieses Mißbrauchs hat vielfach zu einer Ablehnung der Eugenik geführt. Es ist zu bedauern, daß damit die recht verstandene Eugenik zunächst keine Beachtung mehr . . . erfuhr. In den letzten beiden Jahrzehnten jedoch hat die Humangenetik als grundlegende Wissenschaft der Eugenik sich entwickelt und ihren wissenschaftlichen Erfahrungsbereich derart erweitert, daß es nunmehr an der Zeit ist, die eugenischen Gesichtspunkte bei einer Eheschließung – also auch im Rahmen der Eheberatung – sachlich zu berücksichtigen.«[79]

v. Verschuer erklärt jetzt, daß Eheverbote (außer zwischen nächsten Blutsverwandten) sich »nicht bewährt« und die erzwungene Sterilisierung sich als »verhängnisvoll« erwiesen hätten. Damit befindet er sich auf der moderaten Linie der sog. »neuen Eugenik«, der genetischen Eheberatung.[80]

Die »Wissenschaftlichkeit« heutiger Erörterungen zum Thema Eugenik kann zu der voreiligen Schlußfolgerung führen, als habe das Gebiet sich von den »Fesseln sachfremder Ideologien ohne wissenschaftliche Grundlage«[81] befreit und allen Ansprüchen auf seine Funktion als Orientierungswissen für die Rationalisierung der menschlichen Evolution entsagt. Mit der darin unterstellten Trennbarkeit zwischen der wertfreien Wissenschaft und den wertbeladenen Ideologien macht es sich die Wissenschaft ein weiteres Mal zu leicht, verzichtet sie darauf, aus der Ambivalenz der historischen Situation zu lernen. Für jeden stellt sich die Frage, worauf sich unsere Gewißheit stützen sollte, die wir doch wiederum diese

Wissenschaft als Zeitgenossen wahrnehmen, daß sie sich unabhängig von den politischen Vorurteilen entwickelt, denen auch wir anhängen? Eine Möglichkeit ist, die Skepsis gegenüber den wissenschaftlichen Utopien und den disziplinären Ansprüchen auf Weltdeutung und Handlungsorientierung zu bewahren, deren Adressaten wir als urteilskompetente politische Bürger unveräußerlich bleiben. Diese Utopien und Ansprüche bestehen nämlich in mehr oder weniger veränderter Form weiter. Julian Huxley steht für viele: »In stammesgeschichtlicher Sicht wird die Eugenik – d. h. die genetische Verbesserung des Menschen – unweigerlich eines der Hauptziele des evolierenden Menschen werden.« Und: »Die Eugenik enthüllt sich dann als eine der grundlegenden menschlichen Wissenschaften.« [82]

Anmerkungen

* Nach der Fertigstellung des Manuskripts im Sommer 1983 sind zwei Titel erschienen, auf die gesondert hingewiesen werden soll: a) Die ausführlichste Darstellung der Geschichte der Eugenik bis 1933 ist derzeit: *J. Kroll,* Zur Entstehung und Institutionalisierung einer naturwissenschaftlichen und sozialpolitischen Bewegung: Die Entwicklung der Eugenik/Rassenhygiene bis zum Jahre 1933, Diss., Tübingen 1983 (vgl. Anm. 34); b) das seinerzeit unveröffentlichte Manuskript Müller-Hills (vgl. Anm. 52) ist inzwischen in veränderter und stark erweiterter Form als Buch erschienen: *B. Müller-Hill,* Tödliche Wissenschaft, Reinbek 1984.
Die am Schluß des Vortrags aufgeführten Fragen sind Gegenstand eines größeren Forschungsprojekts, dessen Ergebnisse in absehbarer Zeit veröffentlicht werden.

1 *S. J. Gould*: The Mismeasure of Man, New York/London 1981, S. 20.
2 Ebd., S. 35. – Gould gibt einen ausgezeichneten Überblick über die deterministischen Theorien und widerlegt sie anhand ihrer eigenen Daten. Für die Darstellung der frühen Theorien stütze ich mich auf ihn.
3 Ebd., S. 46.
4 Ebd., S. 74; vgl. Kapitel 3 bei Gould zu dem gesamten Komplex.
5 So z. B. Agassiz, vgl. ebd., S. 48.
6 So Brocas Schüler Topinard, ebd., S. 104.
7 Vgl. für viele andere, insbesondere auch zu den vielfältigen Widersprüchen in der Klassifizierung, *M. Grant*: Der Untergang der großen Ras-

se, München 1925, S. 24ff. – G. v. d. Lapouge deutete die Brachyzephalie als Zeichen der Entartung – wie schon vor ihm Gobineau –, was Broca im Hinblick auf diese in Frankreich vorherrschende Kopfform mit verzwickten evolutionstheoretischen Argumenten zu kaschieren verstanden hatte.

8 Eine gute Kurzdarstellung gibt *H. G. Zmarzlik*: Der Sozialdarwinismus in Deutschland als geschichtliches Problem. In: *Ders.*: Wieviel Zukunft hat unsere Vergangenheit? München 1970, S. 56–85.

9 *F. Galton*: Inquiries into Human Faculty and its Development, London 1883, S. 25.

10 *Ders.*: Eugenics. Its Definition, Scope and Aims. In: Sociological Papers 1 (1905), übersetzt von *H. P. Kröner*: Die Eugenik in Deutschland von 1891–1934, unveröff. Diss., Münster 1970, S. 24.

11 *A. Tille*: Von Darwin bis Nietzsche. Ein Buch Entwicklungsethik, Leipzig 1895, S. 177.

12 *W. Schallmayer*: Generative Ethik. In: Archiv für Rassen- und Gesellschaftsbiologie einschließlich Rassen- und Gesellschaftshygiene [Zit. als »Archiv«] 6 (1909), S. 214.

13 Ebd., S. 215.

14 *A. Ploetz*: Ableitung einer Gesellschaftshygiene und ihrer Beziehungen zur Ethik. In: Archiv 3 (1906).

15 *Zmarzlik* (Anm. 8), S. 82.

16 Vgl. zu diesem Widerspruch *H. Conrad-Martius*: Utopien der Menschenzüchtung, München 1955, S. 70ff.

17 Vgl. The Genetics' Manifesto. In: *H. J. Muller*: Studies in Genetics. The selected papers of H. J. Muller, Bloomington 1962, S. 545–548.

17 *Galton* (Anm. 9), S. 47ff.

19 *W. Schallmayer*: Vererbung und Auslese im Lebenslauf der Völker, Jena 1903, S. 111ff.

20 Ebd., S. 337.

21 *A. Ploetz*: Die Tüchtigkeit unserer Rasse und der Schutz der Schwachen, Berlin 1895, S. 2, 91ff.

22 *Conrad-Martius* (Anm. 16), S. 134.

23 *Ploetz* (Anm. 14), S. 225.

24 Ebd., S. 143f.

25 Ebd., S. 144f., 231ff.

26 Vgl. *G. Altner*: Weltanschauliche Hintergründe der Rassenlehre des Dritten Reiches. Theologische Studien, Heft 92, Zürich 1968, 24ff.

27 *C. Ehrenfels*: Die konstitutive Verderblichkeit der Monogamie. In: Archiv für Rassen- und Gesellschaftsbiologie, 1907, Heft 5 und 6, u. a. S. 813, 817.

28 Vgl. *Schallmayer* (Anm. 19), 3. Aufl., S. 429.

29 Vgl. *W. Hentschel*: Mittgart. Ein Weg zur Erneuerung der germanischen Rasse, Leipzig 1904; vgl. *Conrad-Martius* (Anm. 16), S. 99f.

30 *H. J. Lutzhöft*: Der nordische Gedanke in Deutschland 1920–1940, Stuttgart 1971, S. 134.
31 Vgl. *W. Darré*: Neuadel aus Blut und Boden, München 1930.
32 Ebd., S. 105; *F. Lenz*: Menschliche Auslese und Rassenhygiene (Eugenik), München 1932^4, S. 382.
33 *Zmarzlik* (Anm. 8), gibt einige Daten zur Rezeption der Rassentheorien und des Sozialdarwinismus; *Lutzhöft* (Anm. 30) beschreibt auch die Organisation des nordischen Gedankens.
34 Bei der Darstellung der Organisation der Eugenik und der Zitierung der Programme folge ich *Kröner* (Anm. 10), der die bislang ausführlichste Darstellung gibt, wenngleich auch sie fast ausschließlich deskriptiv bleibt.
35 Archiv 1 (1904), S. 23, zit. in *Kröner* (Anm. 10), S. 73.
36 Zit. in *Kröner* (Anm. 10), S. 74.
37 Archiv 11 (1914/15), S. 561, zit. in *Kröner* (Anm. 10), S. 76.
38 Archiv 12 (1916/18), S. 405 ff., zit. in *Kröner* (Anm. 10), S. 78.
39 Archiv 14 (1922/23), S. 372, zit. in *Kröner* (Anm. 10), S. 185 ff.
40 Auf der Hauptversammlung 1924 war die Reichsregierung aufgefordert worden, ein oder mehrere Forschungsinstitute für Rassenbiologie (und Rassenhygiene) zu gründen: Archiv 16 (1924/25), S. 460.
41 Vgl. *F. Lenz*: Ein deutscher Bund für Volksaufartung und Erbkunde. In: Archiv 17 (1925/26), S. 349 f.
42 *E. Fischer* in: Archiv 24 (1930), S. 4, zit. in *Kröner* (Anm. 10), S. 87.
43 Die Denkschrift Muckermanns in Eugenik 2 (1932), S. 86–91. Zur Unterstützung im Archiv 26 (1932), S. 232.
44 Abgedruckt in *Kröner* (Anm. 10), S. 190 ff.
45 Archiv 22 (1930), S. 133–135. Ironischerweise war Mussolinis Reaktion negativ.
46 *F. Lenz*: Die Stellung des Nationalsozialismus zur Rassenhygiene. In: Archiv 25 (1931), S. 300–308.
47 *A. Hitler*: Mein Kampf, München 1933^{23}, S. 447 f.
48 *Lenz* (Anm. 32), S. 417.
49 *M. Staemmler*: Rassenpflege im völkischen Staat, München/Berlin 1939, S. 49.
50 Zum Sachverständigenbeirat vgl. Archiv 27 (1933), S. 415 ff.; ferner Fricks Eröffnungsrede vom 28. 6. 1933. In: Dokumente der Deutschen Politik, Berlin 1937^2, Bd. I, S. 169 ff.
51 *A. Gütt, E. Rüdin, F. Ruttke*: Gesetz zur Verhütung erbkranken Nachwuchses, München 1936, S. 67; vgl. auch *F. Ruttke*: Erb- und Rassenpflege in Gesetz und Rechtsprechung des Dritten Reiches. In: Juristische Wochenschrift 64, Nr. 19 (Mai 1935), S. 1369–1376.
52 Vgl. *B. Müller-Hill*: Geheimnis und Vernichtung. Bemerkungen zur deutschen Anthropologie und Psychiatrie, unveröff. Ms. o. J., S. 8 f.
53 Allg. Zeitung Nr. 211 (6. 5. 1936), zit. in *Müller-Hill* (Anm. 52), S. 14.
54 Ebd., S. 16 f.

55 v. Verschuers Bemühungen um eine Verwissenschaftlichung der Judenfrage kamen im übrigen auch dem Reichsinstitut für Geschichte des neuen Deutschlands zugute, in dessen Beirat v. Verschuer 1937 berufen worden war, um anthropologische Gutachten in Abstammungsfragen zu erstatten. Ein oberflächlicher Blick in die Abhandlungen, wie z. B. »Rassenbiologie der Juden«, läßt erkennen, wie weit Wissenschaft schon zu politischer Scharlatanerie geworden war. Vgl. *H. Heiber*: Walter Frank und sein Reichsinstitut für Geschichte des neuen Deutschlands, Stuttgart 1966, S. 606; vgl. auch *K. Saller*: Die Rassenlehre des Nationalsozialismus in Wissenschaft und Propaganda, Darmstadt 1961, S. 65 ff., mit Textstellen im Auszug.

56 *H. Höhne*: Der Orden unter dem Totenkopf – Die Geschichte der SS, Frankfurt/M. 1969.

57 Die Ordensgesetze der SS, SS Oberabschnitt West, Düsseldorf 1938.

58 Zur Geschichte des ›Ahnenerbe‹ vgl. *M. H. Kater*: Das Ahnenerbe der SS 1935–1945, Stuttgart 1974, hier bes. S. 205–211, 338–352.

59 Abgedruckt in: Die Ordensgesetze der SS (Anm. 57).

60 Zit. in *K. Saller* (Anm. 55), S. 155.

61 Vgl. *L. V. Thompson*: ›Lebensborn‹ and the Eugenic Policy of the Reichsführer-SS. In: Central European History IV, No. 1 (1971), S. 66.

62 *K. Hirsch*: SS – Gestern, heute und . . ., Darmstadt 1960, zit. in *Saller* (Anm. 55), S. 154.

63 Vgl. *Thompson* (Anm. 61), S. 71. Ironischerweise blieb die SS u. a. aufgrund der relativ großen Zahl von Unverheirateten und des hohen Heiratsalters weit hinter den Erwartungen an ihre Fruchbarkeit zurück. Außerdem befand sich der Lebensborn in dem Dilemma, nicht im großen Stil für sich werben zu können, da er auf diese Weise seine durch die Vertraulichkeit gegenüber den unehelichen Müttern bedingte Attraktivität verlieren mußte.

64 Zit. in *Conrad-Martius* (Anm. 16), S. 102.

65 Ebd., S. 61.

66 Vgl. *Saller* (Anm. 55), S. 155; ferner *M. Hillel, C. Henry*: Lebensborn e. V., Wien, Hamburg 1975, S. 47 f. Das Buch enthält die ausführlichste Darstellung des »Lebensborn«, ist allerdings populär und nicht immer »sachlich« geschrieben.

67 Vgl. *Thompson* (Anm. 61), S. 73. Zur Geschichte des RKFDV und zur Rolle von ›Lebensborn‹ im Zusammenhang mit den Kindesentführungen vgl. *R. L. Koehl*: RKFDV: German Resettlement and Population Policy, 1939–1945, Cambridge 1957. Zum genannten Komplex und zu Einzelschicksalen vgl. *Hillel/Henry* (Anm. 66).

68 *K. Binding, A. Hoche*: Die Freigabe der Vernichtung lebensunwerten Lebens, Leipzig 1920.

69 Ebd., S. 54 ff.

70 In: Eugenik 1 (1930), S. 1.

71 Zu der Expertenkommission vgl. *Müller-Hill* (Anm. 52), S. 20f. Zum Erlaß Hitlers vgl. *A. Mitscherlich, F. Mielke*: Medizin ohne Menschlichkeit, Neuausg. Frankfurt/M. 1978, S. 184.

72 Zu einzelnen Dokumenten vgl. *Mitscherlich/Mielke* (Anm. 71), S. 183ff.

73 Alle Zitate in *Müller-Hill* (Anm. 52), S. 29f.

74 Zwei Beispiele dafür, daß die Wissenschaft auch dann noch als Benefizient erscheint, als die Pervertierung in der Umsetzung ihrer Erkenntnisse offenkundig war, sind: erstens die Forschungsprojekte »Spezifische Eiweißkörper und Augenfarbe« von Prof. v. Verschuer, bewilligt vom Reichsforschungsrat und durchgeführt von seinem Assistenten Dr. Mengele in Auschwitz. Sie involvierten die Tötung von Zwillingen. Vgl. *Müller-Hill* (Anm. 52), S. 55ff. Von Weinreich wird überliefert, daß ankommende Häftlinge von an der Rampe anwesenden Gefangenen auf Mengeles rassenbiologische Untersuchungen hingewiesen wurden und daß diese auch nicht verwandte Kinder zu Zwillingen erklärten, um sie so zu retten. Falls dies stimmt, muß man ein besonders tragisches Mißverständnis konstatieren. Vgl. *M. Weinreich*: Hitler's Professors, New York 1946, S. 198; vgl. *H. Langbein*: Menschen in Auschwitz, Wien 1972, S. 382ff., zur Beschreibung der Tätigkeit von Mengele aus der Sicht der Häftlinge und zur Reaktion v. Verschuers nach dem Krieg. – Zweitens die Anlage einer jüdischen Schädelsammlung an der »Reichsuniversität Straßburg« durch Bruno Breger und dem Anatom Prof. August Hirt. Kater vermutet in Breger den Autor der Denkschrift. Kaul sieht Hirt als Urheber. Vgl. *F. K. Kaul*: Das Ahnenerbe und die ›jüdische Schädelsammlung‹ an der ehemaligen Reichsuniversität Straßburg. In: Zeitschrift für Geschichtswissenschaft XIV, 11 (1968), S. 1460ff. Zu den Einzelheiten der gesamten Aktion und zur Klärung der Hintergründe vgl. *Kater* (Anm. 58), S. 245–255.

75 Außer *Lutzhöft* (Anm. 30) vgl. *D. Gasman*: The Scientific Origins of National Socialism, London/New York 1971.

76 Zmarzlik spricht im Titel von Mißbrauch, argumentiert aber viel differenzierter; vgl. *H. G. Zmarzlik*: Der Sozialdarwinismus in Deutschland – ein Beispiel für den gesellschaftspolitischen Mißbrauch naturwissenschaftlicher Erkenntnisse. In: *G. Altner (Hg.)*: Kreatur Mensch. Moderne Wissenschaft auf der Suche nach dem Humanum, München 1973.

77 Ein einzelner und sicher nicht repräsentativer Hinweis, beide Aspekte betreffend, mag H. J. Mullers Rezension der 1931 erschienenen amerikanischen Ausgabe von *E. Baur, E. Fischer, F. Lenz* (Menschliche Erblehre und Rassenhygiene, München 1931^{3}) sein. Darin wendet er sich, nach einer allgemeinen Einschätzung als der »besten Arbeit über das Gebiet der menschlichen Vererbung«, gegen die »weniger wissen-

schaftlichen« Teile, u. a. die nordisch beeinflußten rassentheoretischen Äußerungen, kritisiert aber zugleich die Auffassung der Autoren, daß die Degeneration das zentrale Problem der Rassenhygiene sei, als »weakkneed, negative and uninspiring« Ideal der Eugenik und impliziert die Überlegenheit seiner eigenen Züchtungsvorstellungen. Vgl. *H. J. Muller*: ›Human Heredity‹, reviewed by H. J. Muller. Abgedr. in: *Ders.* (Anm. 17), S. 541–544.

78 *Zmarzlik* (Anm. 8), S. 308.

79 *O. Frhr. v. Verschuer*: Eugenik, Witten 1966, S. 41.

80 Vgl. zu dieser moderaten Programmatik *H. Baitsch*: Das eugenische Konzept und die genetische Zukunft des Menschen. In: *H. Autrum, U. Wolf (Hg.)*: Humanbiologie, Berlin, Heidelberg, New York 1973, S. 182–192.

81 So die Herausgeber des Bandes (Anm. 80) im Vorwort.

82 *J. Huxley*: Ich sehe den künftigen Menschen, München 1965, S. 279f.

Christoph Kleßmann
Osteuropaforschung und Lebensraumpolitik im Dritten Reich

Es gibt keine klare Bestimmung der Begriffe und der Disziplin Osteuropaforschung, Ostforschung, osteuropäische Geschichte. Was diese Begriffe meinen, war und ist, von der Himmelsrichtung abgesehen, umstritten.[1] Zudem hat der Terminus »Ostforschung« eine gewisse pejorative Färbung durch die recht plakative Verwendung in der DDR erhalten. Aufsatztitel wie *Die »Ostforschung« – ein Stoßtrupp des Imperialismus* oder *Ostforscher, Ostfälscher, Ostfahrer* belegen das.[2] Dennoch besteht der Begriff »Ostforschung« für eine bestimmte Teildisziplin oder auch die Summe mehrerer Teildisziplinen als Selbstbezeichnung noch heute. Auch wenn es keine scharfen Abgrenzungen gibt, lassen sich wissenschaftsgeschichtlich deutlich zwei unterschiedliche Traditionen und methodische Ansätze identifizieren, die für die inhaltliche Ausrichtung und die politische Stellung der Fächer von beträchtlicher Bedeutung waren. Neben dem jungen Fach »Osteuropäische Geschichte« entwickelte sich nämlich nach dem Ersten Weltkrieg eine primär deutschtumszentrierte, volkstumsgeschichtlich ausgerichtete Ostforschung, die ihren politischen Impuls vor allem aus der Frontstellung gegen das Versailler System bezog.[3] Sie eignete sich in besonderem Maße zur historischen Legitimation politischer Ansprüche und war daher auch im Dritten Reich eine hochpolitische Wissenschaft. Nach 1945 ist dieser Dualismus von osteuropäischer Geschichte und Ostforschung partiell erhalten geblieben. Weder institutionell noch personell noch vom Gegenstandsbereich her läßt sich diese Trennung jedoch präzise vornehmen und konsequent durchhalten. Ich subsumiere daher beide Stränge unter den Begriff »Osteuropaforschung« und werde versuchen, jeweils die Spezifika und Unterschiede so deutlich wie möglich herauszuarbeiten.

Es gibt zum Thema »Osteuropaforschung im Dritten Reich« in der westdeutschen Historiographie nicht mehr als einen einzigen einschlägigen Aufsatz: den des Rußland-Historikers Werner Philipp, 1966 an der FU in Berlin im Rahmen einer Ringvorlesung über *Nationalsozialismus und die deutsche Universität* gehalten.[4] Das ist ein Indiz dafür, wie belastet und brisant dieses Thema war und ist. Es mag zudem den fragmentarischen Charakter dieses Versuchs und die Tatsache entschuldigen, daß viele Fragen offenbleiben müssen. Ist die westdeutsche Historiographie somit bis heute kaum über erste Anfänge der Untersuchung dieses heiklen Themas hinausgekommen, so haben sich andererseits Historiker der DDR um so intensiver dieser Thematik angenommen.[5] Die Art und Weise, wie das geschieht, kann freilich in keiner Weise befriedigen. Dennoch ist das offengelegte Material wichtig und für ein differenzierteres Bild nutzbar zu machen. Eine weitere Einschränkung ergibt sich aus diesen allgemeinen Bemerkungen: Als Zeithistoriker, der nicht zur engeren Zunft der Osteuropahistoriker gehört, möchte ich mich entgegen der weiterreichenden Themenformulierung primär auf den Teil der Osteuropaforschung beschränken, der sich auf Polen bezieht. Dies läßt sich nicht nur arbeitsökonomisch begründen. Zwar wird mit dem Begriff »Lebensraum« die eigentliche Stoßrichtung der außenpolitischen Dynamik des Nationalsozialismus umschrieben: die Sowjetunion. Polen war demgegenüber nur östliches Vorfeld, das für die hypertrophen Dimensionen nationalsozialistischer Raumplanung eher marginal erscheint. Es war jedoch das Territorium, auf dem mit der rücksichtslosesten Konsequenz volkstums- und rassepolitische Planungen entwickelt und teilweise realisiert wurden. Es war – um die Interpretation eines polnischen Historikers aufzunehmen – so etwas wie ein »Laboratorium« künftiger Lebensraumpolitik.[6] Diese These mag daher die zunächst problematisch erscheinende Eingrenzung des Themas legitimieren.

Lebensraumvorstellungen waren keine deutsche Erfindung. Neben Friedrich Ratzel, Professor für politische Geographie in der zweiten Hälfte des vorigen Jahrhunderts, entwickelten der schwedische Politologe Rudolph Kjellen und der englische Geograph Mac Kinder ähnliche Gedankengänge.[7] In Deutschland fand der Begriff erst durch Karl Haushofer, Professor in München und Lehrer von Rudolf Hess, breitere Resonanz. Jedoch lassen sich Haushofers Thesen nicht ohne weiteres mit Hitlers zentraler politischer Maxime in *Mein Kampf* in Einklang bringen. Zudem bezogen sich die in Deutschland populären Vorstellungen vom Kampf um Lebensraum zunächst eher auf den Erwerb von Kolonien, so in Hans Grimms 1926 erschienenem auflagestarken *Volk ohne*

Raum.[8] Charakteristisch für Deutschland war jedoch, daß liberale und aufklärerische Kräfte gegen solche Konzepte in einer »verspäteten Nation« im Vergleich zu westeuropäischen Ländern schwach waren. Angesichts der deutschen Mittellage und der traditionellen Expansion in Richtung Osten konnten hier daher Ost- und Lebensraumvorstellungen besondere Durchschlagskraft entwickeln und waren insofern Bestandteil des »deutschen Sonderweges«. Die Osteuropaforschung hat hierzu einen nicht unwesentlichen, wenn auch schwer exakt zu bestimmenden Beitrag geleistet.

Der im Thema formulierte Zusammenhang nimmt die Frage nach der praktischen Relevanz und nach der Indienstnahme der Osteuropaforschung für die nationalsozialistische Politik in den dreißiger Jahren und insbesondere im Zweiten Weltkrieg auf. Meine These ist, daß die Osteuropaforschung seit ihren Anfängen recht unmittelbar und viel direkter als die allgemeine Geschichtswissenschaft mit der Politik verflochten war, von ihr Impulse erhielt und sich teilweise auch sehr bereitwillig für politische Zwecke einspannen ließ. Die konservativ-nationale und nationalliberale politische Tradition, in der die deutsche Osteuropaforschung ebenso wie die gesamte Geschichtswissenschaft stand, ließ das Jahr 1933 inhaltlich kaum als Bruch erscheinen, weil NS-Ostpolitik als Revisionspolitik verstanden wurde und weil in einem solchen Rahmen insbesondere die deutschtumszentrierte Ostforschung seit jeher eine fast selbstverständliche Hilfs- und Legitimationsfunktion hatte. Mit dieser Beurteilung unterlagen die meisten Historiker freilich einem schwerwiegenden Irrtum: Sie verkannten oder wollten nicht erkennen, daß nationalsozialistische Ostpolitik gegenüber traditioneller Revision etwas qualitativ Neues darstellte. Gerade hier aber liegt das für die Geschichte der (Sub)Disziplin entscheidende und interessante Problem: Wie verhielten sich die führenden Osteuropaforscher gegenüber dem naheliegenden Versuch nationalsozialistischer Politik, einen traditionsorientierten, nationalkonservativen Wissenschaftszweig für ihre viel weitergehenden politischen Ziele zu funktionalisieren? Wieweit wurde Osteuropaforschung essentieller Bestandteil praktischer Lebensraumpolitik, nämlich als Legitimationsfaktor und Mobilisierungsinstrument gegenüber der eigenen Bevölkerung und dem Heer von Soldaten, Verwaltungs- und Wirtschaftsfachleuten sowie SS- und Polizeiverbänden, die diese neue Politik konkret umzusetzen hatten? Wie groß war der ideologische Tribut der Wissenschaft an politische

Vorgaben, welche Zwänge und welche Verhaltensspielräume gab es hier?

Man tut sicher gut daran, wie Rudolf Vierhaus festgestellt hat, zu bedenken,

»daß es kein Verdienst ist, dreißig Jahre später promoviert worden zu sein, zu forschen und zu lehren als andere. . . . Es gibt wenig Grund anzunehmen, daß sie, die Jüngeren, damals nicht auch überstark emotional engagiert gewesen wären, nicht auch die Revision von Versailles gefordert, das Großdeutsche Reich als Erfüllung der deutschen Geschichte angesehen, . . . Lebensraumvorstellungen und der politischen Romantik einer Neuordnung Europas durch Deutschland angehangen hätten.«[9]

Ich möchte daher auch der Versuchung widerstehen, die Geschichte der deutschen Osteuropaforschung als eine Art Gruselkabinett nationalistisch-hybrider oder heute vielfach schon kurios anmutender Zitate zu präsentieren. Dennoch ist die dreifache Kontinuität über die politischen Zäsuren von 1933, 1939 und 1945 hinweg so gravierend, daß es nicht bei dem Hinweis auf die Zeitgebundenheit historischen Denkens bleiben kann. Ich werde bei diesem Thema daher auch die Zeit nach 1945 ansprechen, weil gerade in der Kontinuität über 1945 hinaus angesichts dessen, was in Osteuropa im Zweiten Weltkrieg geschehen ist, das eigentlich Skandalöse in der Geschichte der (west)deutschen Ostforschung liegt.

Methodisch scheint es beim gegenwärtigen Forschungsstand unvermeidlich, institutionelle und – exemplarisch – personelle Aspekte in den Vordergrund der Untersuchung zu stellen. Am ehesten ist so erfaßbar, inwieweit die dominierende nationalrestaurative inhaltliche Tradition der deutschen Historiographie gewissermaßen völkisch und rassenideologisch beeinflußt und infiltriert wurde und damit zumindest antizipatorisch zentrale Elemente eines spezifisch nationalsozialistischen Paradigmas von Geschichte erkennbar werden. Daran schließt sich allerdings eine weitere und wissenschaftsgeschichtlich außerordentlich interessante Frage an, die hier aber weitgehend offenbleiben muß: ob in den für Osteuropa politisch besonders »aktuellen« und daher intensiv betriebenen volks- und deutschtumshistorischen Fragestellungen sozialgeschichtliche Ansätze erkennbar werden, die – pointiert formuliert – politisch reaktionär, aber methodologisch progressiv und zukunftweisend waren.[10]

Die osteuropäische Geschichte als Teildisziplin der Geschichtswissenschaft entstand – überspitzt formuliert – im Vorfeld eines politischen Skandals. Er ist mit dem Namen des baltendeutschen Historikers Theodor Schiemann verbunden.[11] Schiemann war nach seiner Promotion in Göttingen Direktor des Stadtarchivs in Reval und Redakteur der *Revaler Zeitung*. Angesichts der immer schärfer werdenden Russifizierungsbestrebungen sah er sich zur Übersiedlung ins Deutsche Reich veranlaßt und habilitierte sich 1887 mit Unterstützung Heinrich von Treitschkes für mittlere und neuere Geschichte an der Universität in Berlin (mit einer 1886 erschienenen Arbeit *Geschichte Rußlands, Polens und Livlands bis zum 17. Jahrhundert*). Das studentische Interesse an seinen hauptsächlich osteuropäischen Themen gewidmeten Vorlesungen war zunächst mäßig. Für einen Privatdozenten bedeutete das u. a. materielle Einbußen, nämlich geringe Hörergelder. Um sein Gehalt aufzubessern, bemühte er sich – mit Bismarcks Unterstützung – erfolgreich um eine Stelle als Archivrat 1. Klasse am Staatsarchiv Hannover. Daneben betätigte er sich als Korrespondent verschiedener Zeitungen, u. a. der *Neuen Preußischen (Kreuz-)Zeitung*. Um auch seine gesellschaftliche Position zu verbessern, strebte Schiemann ein Extraordinariat in Berlin an. Dem kam entgegen, daß sich die Universität um einen zweiten Lehrstuhl für neuere Geschichte bemühte und das Auswärtige Amt Interesse daran hatte, angesichts sich verschlechternder Beziehungen zu Rußland Schiemann als Ostexperten in Berlin zu halten.

Aus dieser dreifachen Interessenkonstellation ging 1892 das erste Extraordinariat für osteuropäische Geschichte in Deutschland hervor. Zehn Jahre später entstand daraus – nach einer verwickelten Geschichte persönlicher, universitärer und staatlicher Interessen und Intrigen – das erste Seminar für osteuropäische Geschichten. Im Vorfeld dieser Gründung, und um die Entscheidung für ein solches Seminar zu beschleunigen, hielt Schiemann im WS 1901/02 vor 324 Hörern eine öffentliche Vorlesung über *Die polnische Frage im 19. Jahrhundert*, in der er massiv für die deutschen Germanisierungsbestrebungen eintrat. Während ihn die deutschen Studenten begeistert feierten, quittierten zahlreiche polnische Hörer seine antipolnischen Ausfälle mit Zischen und Trampeln. Es kam fast zur Prügelei im Hörsaal. Als Folge wurden etliche polnische Studenten von der Universität relegiert und aus Preußen ausgewiesen.

Ob Schiemann sich mit seinen Äußerungen als »aufrechter Deutscher« profilieren wollte oder nicht – in jedem Falle bewilligten der preußische Finanzminister und der Landtag umgehend die Mittel für die Errichtung des Seminars für osteuropäische Geschichte. 1913 wurde ein weiterer Lehrstuhl, ein Extraordinariat für osteuropäische Geschichte eingerichtet und mit Otto Hoetzsch aus Posen besetzt, nachdem zuvor die personelle und materielle Ausstattung des Seminars ausgebaut worden war. Hoetzsch trat nach dem Ersten Weltkrieg Schiemanns Nachfolge an und darf wohl als der wichtigste Osteuropahistoriker der Weimarer Republik gelten. Auf seine politische Biographie ist daher noch einzugehen.

Ich habe die Entstehungsgeschichte der Teildisziplin »osteuropäische Geschichte« an dieser Stelle ausführlich geschildert, weil bereits die Entstehungskonstellation konstitutive Faktoren für die weitere wissenschaftsgeschichtliche Entwicklung erkennen läßt:
erstens den deutlichen politischen Bezug und die enge Verbindung von Außenpolitik und Wissenschaft; dabei gehörte das öffentliche Interesse an Rußland und Polen zu den »uneingestandenen ostpolitischen Hypotheken der preußischen Deutschlandlösung« [12];
zweitens den Vorbildcharakter des Berliner Seminars für weitere Gründungen;
drittens die inhaltliche Ausrichtung, in der Polen- und Rußlandforschung in einem funktionalen Zusammenhang standen; besonders in den politischen Anschauungen von Hoetzsch wird das sehr deutlich.

In der Zeit der Weimarer Republik blieb die osteuropäische Geschichte als historische Subdisziplin im Rahmen der Universitätsgeschichte ein Stiefkind der Wissenschaft. An den meisten der 23 existierenden Universitäten war ein Studium Osteuropas nicht möglich. Osteuropäische Geschichte war als Fach nur an den vier Universitäten Berlin (Karl Stählin, Otto Hoetzsch), Bonn (Leopold Karl Goetz, bis 1931), Hamburg (Richard Salomon) und Leipzig (Friedrich Braun) vertreten.[13] Ostforschung als mit starkem Deutschtumsbezug versehene Osteuropaforschung vollzog sich jedoch in Anlehnung an die Universitäten an zahlreichen selbständigen Instituten. Selbst wenn man der DDR-Interpretation nicht folgt, der Staatsapparat und »zahlreiche Organisationen der Bourgeoisie« hätten einen hohen Informationsbedarf gehabt und daher diese Institute ins Leben gerufen und unterstützt[14], ist ein Zusammenhang zwischen politischen Revisionsinteressen, Wirtschaft und Wissenschaft unübersehbar. Allein die Gründungsdaten und Namen legen das nahe: Das »Osteuropa-Institut« in Breslau wurde 1918 gegründet, das »Russische Wissenschaftliche Institut« in Berlin 1923, die »Stiftung für deutsche Volks- und Kulturbodenforschung« in Leipzig 1926, das »Institut für Grenz- und Auslandsstudien« in Berlin im gleichen Jahr, das »Ostland-Institut« in Danzig 1927, die »Stiftung für mittel- und südosteuropäische Wirtschaftsforschung« in Leipzig 1928, das »Süd-Ost-Institut« in München 1930 und die Publikationsstelle in Berlin-Dahlem 1932. Hinzu kamen verschiedene historische Gesellschaften und Vereinigungen mit ähnlicher Zielsetzung. Revisionsinteressen und der Förderung der deutschen Minderheiten dienten auch viele der in der Weimarer Zeit neu geschaffenen Zeitschriften mit klingenden Titeln wie *Ostland* (1920), *Deutsche Blätter in Polen* (1924), *Heilige Ostmark* (1925).[15]

Eine zentrale theoretische Prämisse dieser Ostforschung war die These vom deutschen Kultur- und Volksboden. »Volksboden«, schrieb der Leipziger Volkskundler und Historiker Wilhelm Volz 1926[16],

»ist der Boden, den ein Volk einnimmt, der ihm eignet und zukommt, auf dem es erwachsen und mit dem es verwachsen ist. Es ist der Boden, den es der Natur abgerungen hat und dem es den Stempel seiner Kultur in zäher Arbeit aufgeprägt hat. So ist er sein eigen, und politisches Schicksal tastet ihn nicht an, solange das Volk, die Volkheit lebendig ist.«

Dann folgt jedoch eine charakteristische Wendung, die den Unterschied zu spezifisch nationalsozialistischem Verständnis deutlich macht:

»Nicht die Rasse entscheidet über das Volkstum – unterscheidet sich denn überhaupt der Wende körperlich vom Sachsen? der wasserpolnisch sprechende Oberschlesier vom deutsch sprechenden? –, sondern der Wille und das Volksbewußtsein. So sind die Probleme im Osten ganz anders geartet als im Westen: Sprachgrenze ist nicht Volksgrenze! Der ostdeutsche Volksboden umfaßt die randlichen Mischvölker deutschen Volkstums.«

Daß von dieser Volksbodentheorie trotz ihrer Anklänge an westeuropäische Nationsvorstellungen und ihrer Distanz zum nationalsozialistischen Konzept der Rassentrennung eine direkte ideologische Brücke zum Ausbau einer deutschen Hegemonialstellung in Mitteleuropa und zum Ausgriff nach Osten führte, ist unübersehbar. Max Hildebert Böhm, seit 1933 einflußreicher Professor für Volkstheorie in Jena, formulierte diesen Zusammenhang 1925 so:

»Das Deutschtum in Ostmitteleuropa, Erbe einer ruhmwürdigen Überlieferung, ist unter dem geradezu beleidigenden Stichwort ›nationaler Minderheiten‹ dem Schutze des Völkerbundes überantwortet worden. ... Solange nicht jede Form der Elbgrenzenfrage versunken, ehe nicht der Zusammenhang zwischen Rhein-, Donau- und Weichselwacht in den Mittelpunkt unseres Denkens gestellt sein wird, ist die Neuerschließung des Ostens für eine künftige deutsche Machtstellung ein schöner Traum. Die geistige Erfassung dieser Zusammenhänge bereits bedeutet den ersten Schritt von der Utopie zur Verwirklichung.« [17]

Hier manifestierte sich eine Art von Mobilisierungsideologie: Das Bild einer in ihren Außenposten bedrohten Gemeinschaft konnte zum ersten Schritt der Vorbereitung territorialer Expansion unter der Parole »Ein Volk, ein Reich, ein Führer« werden.

Konkreter und unmittelbarer auf die politische Lage bezogen waren Forschungen, die sich mit Polen befaßten. Das außenpolitisch sehr gespannte Verhältnis des Weimarer Staates zu Polen, das seinerseits wesentlich ein Produkt der preußisch-deutschen »Ostmarkenpolitik« war, spiegelt sich unmittelbar in der Ostforschung. Eine starke deutsch-nationale und revisionistische Tradition kennzeichnete zwar – von wenigen Ausnahmen abgesehen – generell die deutsche Historiographie [18], für die Osteuropahistoriker und Ostforscher aber wurde sie zur Selbstverständlichkeit. An Sowjetrußland schieden sich die Geister, an Polen nie. Gab es gegenüber Sowjetrußland sozusagen eine gespaltene politische Tradition auch in der Forschung, so wurde Revision gegenüber Polen unisono verfochten. Von der alten liberalen Polenfreundschaft war schon seit 1848 nicht mehr viel übriggeblieben. Nach Versailles ist im Hinblick auf Revisionsforderungen vollends ein breiter politischer und historiographischer Konsens von rechts bis links festzustellen, und die von konservativen Gruppierungen (wie etwa der Reichswehrführung) geforderte enge Zusammenarbeit mit Sowjetrußland fand hier durchaus ihre partielle funktionale Entsprechung. Am Beispiel der Biographie und der wissenschaftlichen Tätigkeit von Otto Hoetzsch möchte ich dieses Problem exemplarisch verdeutlichen und damit zugleich zur Analyse der Rolle der Osteuropaforschung im Dritten Reich überleiten.

Hoetzsch hatte bei Karl Lamprecht promoviert, war stark von den Kathedersozialisten Gustav Schmoller und Adolf Wagner beeinflußt, habilitierte sich bei Otto Hintze mit einer ständehistorischen Arbeit und widmete sich erst später der osteuropäischen Geschichte – vermittelt über Schiemann, von dem er sich in seiner politischen Konzeption jedoch radikal unterschied. Daß ihm in seiner wissenschaftlichen Arbeit die Historiker Lamprecht, Schmoller und Hintze als methodische Vorbilder dienten, in seinem Verhältnis zum Osten aber eher Gustav Freytag und Heinrich von Treitschke [19], kennzeichnet treffend die Ambivalenz von Hoetzschs wissenschaftlichem und politischem Profil. [20]

Als Geschichtsprofessor an der Akademie in Posen und in Berlin beschäftigte er sich einerseits mit Problemen der russischen Geschichte; daneben ist ein dezidiertes politisches Engagement für eine alldeutsche und aggressive Polenpolitik charakteristisch. Er gehörte zum völkisch und antisemitisch geprägten »Kyffhäuserverband der Vereine deutscher Studenten«, war Mitglied des »Alldeutschen Verbandes«, des »Ostmarkenvereins« und arbeitete publizistisch für deren Ziele. Seine prorussische Einstellung führte ihn andererseits in scharfe Kontroversen mit Schiemann und auch mit dem ebenfalls baltendeutschen Johannes Haller. In seiner Weltkriegspublizistik wurde besonders deutlich, wie eng aus seiner Sicht deutsche Weltpolitik, das Verhältnis zu Rußland und die Polenfrage miteinander verflochten waren. 1919 wurde Hoetzsch Mitglied der DNVP und kam ein Jahr später als Abgeordneter in den Reichstag. Er bewunderte die britische Tory-Demokratie und strebte einen modernen Konservativismus auf der Basis einer demokratischen Massenpartei an. In Fortsetzung der Bismarckschen Sozialpolitik wünschte er die Integration der Sozialdemokratie im Rahmen der Vorstellung eines »sozialen Volkskaisertums«.

In der DNVP-Fraktion betätigte er sich vor allem als außenpolitischer Spezialist. Deutsche Außenpolitik war für ihn bestimmt von »politischer Machtorganisation Deutschlands in Mitteleuropa« [21] und von der sozialdarwinistischen Vorstellung des machtpolitischen Kampfes der Staaten ums Dasein. Die »östliche Orientierung« blieb – nach anfänglichem Zögern – gegenüber Sowjetrußland für ihn eine Konstante. Demgemäß trat er auch als erbitterter Gegner des in Versailles geschaffenen Polen auf, und im Reichstag fiel 1920 das böse Wort von der »Todfeindschaft« zwischen Polen und Deutschland, solange nicht »die ethnographische Basis dieses Polentums wieder erreicht ist« [22], d. h. der Zustand vor Versailles wiederhergestellt war. Seit 1928 geriet Hoetzsch jedoch in zunehmenden Gegensatz zu seiner Partei unter ihrem Führer Hugenberg und trat 1929 aus der Partei aus. Mit dem Nationalsozialismus versuchte er sich 1933 zunächst zu arrangieren, wobei der »Tag von Potsdam« am 21. März eine Brücke zu sein schien. Mit einem peinlich pathetischen Artikel über die »deutsche nationale Revolution« stellte er sich 1933 auf die Seite der neuen Machthaber.[23] Das schützte ihn jedoch keineswegs vor dem Vorwurf, ein »Salon- und Kulturbolschewist« [24] zu sein. Mit seiner prorussischen Option stand er im Widerspruch zu den politischen Zielen des Nationalsozialismus. Insofern war es konsequent, daß er 1935 seinen Lehrstuhl verlor und zwangspensioniert wurde.[25] Der Österreicher Hans Uebersberger, der sich rühmte, als erster nationalsozialistischer Rektor in Wien Opfer des fehlgeschlagenen Putsches in Österreich geworden zu sein, wurde sein Nachfolger.[26] Es gab viele Berührungspunkte des national-konservativen Politikers Hoetzsch mit den Nationalsozialisten; Rassismus und Lebensraumpolitik trennten ihn jedoch von ihnen. Zudem mußte die zeitweilige Kooperation Hitlers mit Polen für einen dezidierten Verfechter der Rapallo-Politik schwer akzeptabel sein.

Als interessanter Epilog sei hier angeführt, daß Hoetzsch im Sommer 1945 seinen Lehrstuhl in Berlin zurückerhielt und sich bis zu seinem Tode 1946 für den Wiederaufbau und die Integration der osteuropäischen Geschichte in die Allgemeine Geschichte einsetzte. In einem programmatischen Aufsatz von 1946 findet sich der bemerkenswerte Satz:

»Rußland (ist) integrierender Teil Europas, aber heute eines Europas, dessen Stellung, innere Bedeutung, Begriff, nachdem der des europäisch-christlichen Abendlandes sich aufgelöst hat, auch an Gehalt und Bedeutung verloren hat. Daran ist es selbst schuld geworden. Aus dem führenden Erdteil der Welt ist es durch den ersten und vor allem durch den zweiten Weltkrieg zu einem Bettlerkontinent geworden, der die anderen Erdteile um Hilfe angehen muß und sie braucht.«[27]

Daß Hoetzsch dabei die universalhistorische Bedeutung Lenins und der bolschewistischen Revolution offen ansprach, verschaffte ihm nicht nur das Wohlwollen der damaligen Verwaltung in der sowjetischen Zone, sondern verhalf ihm auch zu einer dezidiert positiven Beurteilung der heutigen DDR-Historiographie.[28] Klaus Mehnert hat die nun schon fast tragische Position von Hoetzsch im Jahre 1945 so beschrieben:

»Die einmarschierenden Russen erinnerten sich seiner und gaben ihm – durch die von ihnen eingesetzte Kulturverwaltung in Berlin – den Auftrag, eine Geschichte Rußlands zu schreiben. Noch einmal, wie elf Jahre zuvor, versuchte der nun fast Siebzigjährige, sich auf eine neue Epoche einzustellen und diesmal sich des Moskauer Vokabulars zu bedienen, so etwa, wenn er die These von Marx über die Entwicklung der Menschheit übernahm: Urgemeinschaft, Sklaverei, Feudalzeitalter, Kapitalismus bis zum Sieg des Sozialismus. Es klingt wie das verzweifelte Bestreben, nicht wieder gänzlich überrollt zu werden. Aber wieder war es umsonst. Das Buch erhielt in der Sowjetzone keine Druckerlaubnis und erschien unter dem Titel Grundzüge zur Geschichte Rußlands erst 1949 in Westdeutschland.«[29]

Ein wichtiger Teil der Geschichte der Osteuropaforschung und zugleich der Biographie Hoetzschs ist die von der »Deutschen Gesellschaft für Osteuropakunde« von 1925 bis 1939 herausgegebene Zeitschrift *Osteuropa.*[30] Diese maßgeblich von Hoetzsch gestaltete Zeitschrift definierte ihre Aufgabe so: »auf der Grundlage wissenschaftlich-exakter Arbeit ein Bild des gegenwärtigen Standes im europäischen Osten zu geben, unabhängig von jedem politischen oder gar parteipolitischen Standpunkt, von jedem wirtschaftlichen oder wirtschaftspolitischen Interesse«.[31] Diesem Ziel diente vor allem die umfassende, aktuelle Information über politische, wirtschaftliche und kulturelle Probleme Sowjetrußlands. In der westlichen Welt gab es damals kein Pendant zu *Osteuropa.*[32]

Konzentrierten sich Aufsätze und Berichterstattung zunächst ganz überwiegend auf sowjetische Themen, wobei auch sowjetische Autoren häufig zu Worte kamen, so trat hier mit dem Jahr 1933 eine deutliche Wandlung ein. Polen und andere osteuropäische Staaten erlangten jetzt erheblich größeres Gewicht. Trotz eines deutlichen politischen Kotaus vor dem »mächtigen Schwung, der jetzt durch Deutschland braust« – so Hoetzsch im Novemberheft 1933[33] – war von Gleichschaltung der Zeitschrift zunächst keine Rede. Noch im Frühjahr 1934 konnte eine brisante Artikelserie über die Ergebnisse des ersten sowjetischen 5-Jahres-Plans erscheinen. Hoetzsch zog sich jedoch zunehmend – ebenso wie Klaus Mehnert (von 1931 bis 1934 in der Redaktion) – aus der Redaktionsarbeit zurück, die an Werner Markert, der Mitglied der NSDAP war, überging.[34] Markert schloß 1934 einen programmatischen Artikel folgendermaßen: »Der Weg nach Osten heißt auch in der Wissenschaft Kampf. Kampf auf Vorposten im Neuland. Wir (Ostforscher) haben die Kleinarbeit zu leisten für den Ausbau des Weges, den der Führer uns vorgezeichnet hat. Das ist heute die wissenschaftliche und die politische Aufgabe des Osteuropastudiums.«[35] Diese Sätze wird man kaum noch, wie es Mehnert in seinen Erinnerungen tut[36], als notwendige Pflichtübung ansehen können.

Das Ende der Mitarbeit Hoetzschs an der Zeitschrift fiel zusammen mit seiner Entlassung aus der Berliner Universität, die ihm 1935 überraschend mitgeteilt wurde.[37] Als Vorwand diente dabei u. a. die Tatsache, daß Hoetzsch eine Dissertation eines jüdischen Studenten über das Schicksal der Juden in der Sowjetunion befürwortet hatte. Der Konflikt war jedoch prinzipiellerer Natur und wirft ein bezeichnendes Schlaglicht auf das Verhältnis des Nationalsozialismus zu einem Zweig der Osteuropaforschung. Hermann Greife, Dozent an der »Hochschule für Politik« in Berlin, Mitarbeiter von Eberhard Taubert, dem Ostexperten im Goebbels-Ministerium und Drehbuchverfasser des Films *Der ewige Jude*, griff Hoetzsch politisch scharf an und brandmarkte die von ihm geleitete »Deutsche Gesellschaft zum Studium Osteuropas« als »Hort und Sammelbecken aller jüdisch-freimaurisch-liberalistischen Sowjetfreunde und Salonbolschewisten«.[38]

Mit Hoetzschs Entlassung 1935 wurde auch das Erscheinen der *Zeitschrift für osteuropäische Geschichte* eingestellt. Sie hatte ihre inhaltlichen Schwerpunkte in der polnischen und russischen Geschichte vom 16. bis 19. Jahrhundert und wurde seit 1931 von Hoetzsch in Verbindung mit den führenden Vertretern der osteuropäischen Geschichte Karl Stählin, Richard Salomon und Leopold Karl Goetz in Fortführung der Tradition der gleichnamigen Zeitschrift vor dem Ersten Weltkrieg herausgegeben. Daß 1934 bereits mehrere Ost- und Volkstumsforscher in das Herausgeberkollegium kamen, beleuchtet die eingangs angesprochene Verschiebung der Perspektive innerhalb der Osteuropaforschung.[39] Daß dies freilich keineswegs eine zwingende Notwendigkeit war, belegen die noch bis 1941 erschienenen *Jahrbücher für Geschichte Osteuropas*, die ihr wissenschaftliches Niveau auch unter ihrem nationalsozialistischen Herausgeber Uebersberger beibehalten konnten und in deren Spalten politische Kampfartikel die absolute Ausnahme bildeten.[40]

Bleibt Hoetzsch auch bei differenzierter und wohlwollender Betrachtung in seiner politischen Haltung letztlich eine schillernde Figur, so wurde ein anderer, kaum bekannter und in seinen politischen und methodologischen Prinzipien gänzlich untypischer Osteuropahistoriker ein direktes Opfer des nationalsozialistischen Terrors, freilich auch erst nach einigen, für die zeitweilig mangelnde Konsequenz nationalsozialistischer Wissenschaftspolitik aufschlußreichen Stationen: Georg Sacke.[41] Sacke hatte bis 1932 an dem von Karl Lamprecht in Leipzig gegründeten »Institut für Kultur- und Universalgeschichte« gearbeitet und sich dort habilitiert. Wegen seiner »marxistischen Auffassung historischer Probleme« und seiner »positiven Einstellung zur Sowjetunion« wurde er 1933 entlassen und kam 1934 ins KZ Sachsenhausen. Nach einjähriger Haft in einem Prozeß wegen Mangels an Beweisen freigesprochen, konnte er danach privat seinen wissenschaftlichen Interessen weiter nachgehen. Seine Habilitationsschrift über Katharina die Große erschien neben anderen kleineren Arbeiten während der Zeit des Hitler-Stalin-Paktes. Der Herausgeber der Reihe, Hoetzschs Nachfolger Uebersberger, hatte offenbar den marxistischen Charakter der Arbeit übersehen.[42] 1940 fand Sacke wieder eine Stelle am »Hamburgischen Welt-Wirtschafts-Institut« als Osteuropa-Referent. Die »Sammelstelle für baltisches Kulturgut« veröffentlichte 1944 seinen letzten Aufsatz. Im gleichen Jahr wurde er verhaftet, ins Lager Neuengamme eingeliefert und dort im Frühjahr 1945 ermordet.

Neben dem Nationalkonservativen Hoetzsch und dem Marxisten Sacke wurden auch die übrigen, im liberalen politischen Spektrum einzuordnenden Osteuropahistoriker Opfer der nationalsozialistischen Wissenschaftspolitik. Richard Salomon, Hamburg, wurde die Lehre wegen seiner jüdischen Herkunft untersagt, 1937 emigrierte er in die Vereinigten Staaten. Karl Stählin, Berlin, wurde ebenso wie Friedrich Braun in Leipzig vorzeitig pensioniert.[43] Für das Fach osteuropäische Geschichte wurde das Jahr 1933 somit zu einer deutlichen Zäsur.

Dieses zunächst frappierende Ergebnis läßt verschiedene Erklärungen zu. Zum einen hatte die weitgehende Eliminierung der osteuropäischen Geschichte mit der politischen Einstellung oder Herkunft ihrer Fachvertreter zu tun. Darüber hinaus aber fand darin eben jene wissenschaftsparadigmatische Verschiebung ihren konkreten Ausdruck, von der bereits die Rede war. Es spricht einiges für die Hypothese, daß die professionellen Osteuropahistoriker selbst national-konservativer Provenienz wie Hoetzsch nicht ohne weiteres auf eine ganz und gar deutschtumsorientierte, volksgeschichtliche Sicht der Geschichte Osteuropas festzulegen waren. Vielmehr ging ihre wissenschaftliche Analyse von der Geschichte der jeweiligen osteuropäischen Völker als einem gewissermaßen autonomen Gegenstand aus, selbst wo ein solcher Ansatz von opportunen politischen Erklärungen (wie bei Hoetzsch und Markert) konterkariert wurde. Aus diesem Grund kam nun vor allem jener andere Zweig der Osteuropaforschung zum Zuge, der sich viel leichter politisch funktionalisieren ließ.

Denn ein Großteil – und wie sich zeigen wird, der eigentlich brisante Teil – der Osteuropaforschung vollzog sich in Spezialinstituten außerhalb oder in Verbindung mit den Universitäten. Von ihnen führt z. T. ein direkter Weg in die nationalsozialistische Besatzungspolitik in Osteuropa. Die genannten Institute der Osteuropaforschung wurden von den Nationalsozialisten gleichgeschaltet und in der 1933 gegründeten »Nord- und Ostdeutschen Forschungsgemeinschaft« unter Leitung Albert Brackmanns und seines Stellvertreters Hermann Aubin zusammengefaßt.[44]

Die politische Funktion dieser Ostforschung erhielt jedoch durch den Nichtangriffspakt mit Polen von 1934 zunächst eine besondere Note. Auf einer Tagung der »Nord- und Ostdeutschen Forschungsgemeinschaft« im Sommer 1934, an der nahezu alle namhaften Ostforscher teilnahmen, erörterte man ausgiebig die möglichen Konsequenzen dieses Vertrages für die Wissenschaft. Obwohl zugestanden wurde, es müsse nun eine »Grenzlandarbeit« in neuer Form geben, in der »Polemiken und Revisionsforderungen« wegfallen müßten, dominierte die Warnung vor voreiligen Konsequenzen. »Wir dürfen unser Geschichtsbild«, hieß es im Protokoll[45], »nicht zertrümmern aus irgendwelchen politischen Rücksichten«, und die Gegnerschaft gegenüber Polen gelte nach wie vor. Denn wenn zehn Jahre »das Wort Korridor nicht mehr gebraucht würde, sei es schwer, nachher wieder mit der Propaganda zu beginnen . . . Wir müßten so arbeiten, daß wir nach 10 Jahren [d. h. nach Ablauf des Vertrages] alles das bereit hätten, was wir im gegebenen Falle brauchen können.« Dies war ein klares Bekenntnis zur Fortsetzung traditioneller revisionspolitischer Arbeit.

Es dauerte keine zehn Jahre, bis die Konstellation eintrat, von der auf der Tagung die Rede gewesen war. Mit dem Überfall auf Polen

1939 und der Errichtung einer Besatzungsherrschaft, die nicht mehr einem traditionellen Modell militärischer Okkupation folgte, sondern auf nahezu allen Gebieten ein Experimentierfeld nationalsozialistischer Rassen- und Lebensraumideologie darstellte, bekam auch jede Art von Osteuropaforschung eine neue Qualität. Mag die Zäsur von 1933 für die nationalistisch-konservative und primär außenpolitisch orientierte Einstellung vieler Ostforscher nicht unbedingt erkennbar gewesen sein, weil sie gewissermaßen in revisionspolitischer Verpackung auftrat und weil zudem die politische Verständigung Hitlers mit Polen 1934 eine Verkehrung der tradierten Fronten schuf, so konnte einem halbwegs kritischen Beobachter schwerlich völlig verborgen bleiben, was sich seit 1939 veränderte. Aus dieser Sicht wird man daher auch andere Maßstäbe an wissenschaftliche Arbeiten von Ostforschern während des Krieges anlegen müssen. Ich möchte dieses Problem an drei Beispielen verdeutlichen: dem »Institut für Deutsche Ostarbeit in Krakau« (IDO), der »Reichsuniversität Posen« und der Person Hermann Aubins.

Der Aufbau des IDO stellte 1940 für das Generalgouvernement den Beginn einer Reihe von wissenschaftlichen oder pseudowissenschaftlichen Neugründungen in den besetzten Gebieten Osteuropas dar. Ich beschränke mich hier auf das IDO, zumal über die anderen Institutionen bislang wenig bekannt ist.[46] Um den makabren politischen Hintergrund der Gründung und Existenz des IDO zu verdeutlichen, ist ein knapper Hinweis auf die nationalsozialistische Universitäts- und Wissenschaftspolitik in Polen unerläßlich.[47] In der Universität Krakau, der zweitältesten Universität Osteuropas, manifestierte sich diese Politik in der Verhaftung des gesamten Lehrkörpers der Jagiellonischen Universität anläßlich der zunächst von der Militärverwaltung in Aussicht gestellten Wiedereröffnung im November 1939. Bis auf wenige Ausnahmen wurden die polnischen Wissenschaftler ins KZ Sachsenhausen deportiert. Im Frühjahr 1940 wurde ein Teil von ihnen auf ausländische und auch deutsche Intervention hin entlassen, ein anderer Teil nach Dachau gebracht. Natürlich blieb dies strikt geheim, aber daß es keine polnischen Universitäten mehr gab, konnte dem kaum verborgen bleiben, der es wissen wollte. Die polnischen Institute wurden geschlossen oder für deutsche Zwecke umfunktioniert, die große Jagiellonische Bibliothek zur »Deutschen Staatsbibliothek« erklärt und für polnische Wissenschaftler offiziell gesperrt.

Im gotischen Festsaal eben dieser Bibliothek fand im April 1940 die Gründungsversammlung des IDO statt. Dessen Aufgabenstellung umriß sein Gründer und politischer Promotor, der Generalgouverneur und ehemalige Starjurist der Partei Hans Frank, mit dem lapidaren Satz, im IDO sollte »eine Ostkunde als Elementarlehre des imperialen Nationalismus« aufgebaut werden.[48] Diesem Ziel wurde die Organisationsform des Instituts durch eine enge Verflechtung mit der Verwaltung des Generalgouvernements (GG) angepaßt. Das Institut besaß sieben geisteswissenschaftliche und vier naturwissenschaftliche Sektionen, z. T. mit mehreren Referaten, sowie Zweigstellen in Warschau und (seit 1941) in Lemberg. Die Kriegslage erzwang 1943 eine weitgehende Reduzierung oder Stillegung der geisteswissenschaftlichen Sektionen, so daß sich eine Analyse der Arbeit dieses Instituts primär auf einige programmatische Erklärungen, Ansätze ihrer Realisierung und bestimmte personelle Konstellationen konzentrieren muß. Die Aufgabenstellung einiger weniger Sektionen soll hier verdeutlichen, welche Funktion der Ostforschung in der Umsetzung von Lebensraumpolitik – zunächst im kleinen Maßstab in Polen – zugedacht war.

Die Sektion Vorgeschichte unter der Leitung von Prof. Werner Radig, zugleich als Beauftragter in Rosenbergs »Amt für Vorgeschichte« tätig, heute Mitglied der Akademie der Wissenschaften in Ost-Berlin, hatte die »geistige und volkspolitische Untermauerung des siegreichen Volkstumskampfes« zur Aufgabe. »Es ist in der Tat auch nicht schwer«, lautete Radigs Selbstcharakteristik seiner Arbeit, »den deutschen Führungsanspruch im Vorfeld des deutschen Volks- und Kulturbodens aus den Urtiefen des geschichtlichen Lebens zu erweisen und sichtbar zu machen: wir stehen auf altgermanischem Volksboden. So ist auch die Vorgeschichte nichts anderes als Volkstumsgeschichte.« Prinzipiell ähnlich sah die Zielsetzung der Abteilung Geschichte aus. Deutlicher praxisbezogene Vorarbeiten für die nationalsozialistische Rassenpolitik hatte die Sektion für Rasse- und Volkstumsforschung zu leisten, deren Leiter, Dr. habil. Erhard Riemann, zugleich Mitarbeiter der zum Organisationsbereich der SS gehörigen »Volksdeutschen Mittelstelle« in Krakau war. Die Sektion Recht sollte unter »dem leitenden Gedanken der machtmäßigen Durchdringung des nationalsozialistischen Rechtsdenkens im Ostraum« stehen. Konkret beinhaltete das u. a. die Ausarbeitung eines neuen »Bauern-

und Bodenrechts« sowie eines neuen, am »Großraumdenken ausgerichteten Wirtschaftsrechts«. Lediglich der Kuriosität halber sei hier noch die Sektion Gartenbau erwähnt, die dafür sorgen sollte, daß »die Öde der osteuropäischen Tieflandsmonotonie in das schwellende Grün der vom deutschen Baum überwölbten deutschen Landschaft gebettet wird und das urzeithafte, in der Landschaft hockende, baumlose, allslawische Dorf so schnell wie möglich verschwindet«.

Schon angesichts dieser fragmentarischen Selbstcharakterisierungen drängt sich natürlich die Frage auf, wieweit sich in diesem Institut »die Ostforschung« repräsentiert fand. Das Personal gehörte zweifellos nicht zur »Creme« der Osteuropaforschung. Die wissenschaftliche Produktion war gering, und auch intern wurde von deutschen Wissenschaftlern Kritik am mediokren Niveau der Arbeit geäußert. Dennoch bestanden etliche Querverbindungen zu renommierten Vertretern des Faches. In den Publikationsorganen des IDO *Die Burg* (eine Anspielung auf den Wawel in Krakau) und *Deutsche Forschung im Osten* veröffentlichten auch im Reich ansässige Wissenschaftler, ebenso nahmen sie an den vom Institut veranstalteten Arbeitstagungen teil. Auf der ersten dieser Art hielt Hermann Aubin ein Referat über *Das Reich und die Völker des Ostens.*[49] Peter Heinz Seraphim, seit 1930 Mitarbeiter des Königsberger »Instituts für Osteuropäische Wirtschaft« und Verfasser einer 700 Seiten starken Monographie über *Das Judentum im osteuropäischen Raum* (1938), publizierte im Generalgouvernement mehrfach über dieses Thema.[50] Er war Mitarbeiter des »Instituts zur Erforschung der Judenfrage« in Frankfurt und Hauptschriftleiter der von Alfred Rosenberg herausgegebenen antisemitischen Zeitschrift *Weltkampf.*[51]

Was im IDO betrieben wurde, war in jedem Fall ein Stück praktischer Antizipation künftiger Ostforschung, wie sie die Nationalsozialisten wünschten und für ihre Lebensraumpolitik auch benötigten. Selbst wo Forschungen oder Vorträge in Inhalt oder Diktion nicht über den Rahmen des in der damaligen Zeit »Üblichen« deutlich hinausgingen, können sie nicht von den politischen Rahmenbedingungen losgelöst beurteilt werden, in die sie verflochten waren und die auch niemandem verborgen sein konnten. Jeder Autor kannte sie und mußte sich klar sein, was er tat.[52] Herbert Ludats und Manfred Lauberts in der Schriftenreihe des IDO erschienene Arbeiten über die *Anfänge des polnischen Staates* und die *Preußische Polenpolitik* ließen sich als weitere konkrete Beispiele nennen.[53] Genau hier scheint mir das eigentliche Problem des Umschlagens von zeitgebundener Wissenschaft in Ideologie zu liegen. Der Schritt von der bis zu einem gewissen Grade unvermeidlichen Anpassung an vorgegebene Sprachregelungen des Regimes zu offenen politisch-ideologischen Prostitution der Wissenschaft war unter solchen Bedingungen sehr klein.

Die »Reichsuniversität Posen« mag dieses Problem als weiteres Beispiel ebenso verdeutlichen wie die Person eines der führenden Köpfe der deutschen Ostforschung, Hermann Aubin. Anstelle der 1939 zerschlagenen polnischen Universität in Posen wurde am 20. April (Hitlers Geburtstag) 1941 der feierliche und von allen deutschen Sendern übertragene Gründungsakt der »Reichsuniversität Posen« vollzogen.[54] Der Reichsstatthalter und Gauleiter des »Warthelandes«, Arthur Greiser, bezeichnete die auf Hitlers Anregung zurückgehende Gründung als einen »epochemachenden Markstein in der Weiterentwicklung der kulturellen Eroberung und Durchdringung dieses alten deutschen Lebensraums«.[55] In mehrfacher Hinsicht hatte diese Universität der Lebensraumpolitik im Osten zu dienen. Zum einen sollte sie Unterlagen für die als »Bereinigung völkischer Mischzonen« verstandene Volkstums- und Umsiedlungspolitik liefern, zum andern die wirtschaftlichen Entwicklungsmöglichkeiten der ins Reich eingegliederten polnischen Westgebiete erkunden, und schließlich war ihr die Rolle einer »Führerschule des deutschen Ostens« (so die offizielle Gründungsbroschüre) zugedacht. Konkret bedeutete dies, wie der Germanist Professor L. Mackensen 1942 erläuterte, daß »Studium und Unterweisung in Posen einen Auslesevorgang einleiten ..., der unter Studenten und Professoren einen neuen Typ des Wissenschaftlers heranbildet; denn in den Instituten und Hörsälen werden in Forschung und Lehre die Menschen gebildet, die ... des gesamten Ostens Bedeutsamkeit für Deutschland und Europa erweisen und nutzbar machen werden«.[56]

In der Tat wurden die Studenten einem strengen politischen Aufnahmeverfahren unterworfen, bei dem besonders das Kriterium des aktiven Volkstumskampfes vor 1939 wichtig war. Die größte Gruppe stammte aus der Mitgliedschaft des ehemaligen »Vereins deutscher Hochschüler in Polen«. Aus der explizit politischen Zielsetzung der Reichsuniversität erklärt sich wohl auch die für die Kriegsjahre exzeptionelle Tatsache, daß die Zahl der Studenten und Lehrenden bis 1944 ständig anstieg: Von 49 Lehrkräften im Wintersemester 1941 mit 191 Studenten auf 118 Hochschullehrer und 886 Studenten im Wintersemester 1943/44. Im Sommersemester 1944 wuchs die Studentenzahl sogar auf ca. 1200 an.

In enger Verbindung mit der Universität stand die im Frühjahr 1941 unter der Schirmherrschaft Görings geschaffene »Reichsstiftung für deutsche Ostforschung«. Sie basierte auf beschlagnahmtem polnischen Besitz, vergab Forschungsaufträge und verlieh (insgesamt viermal) einen mit 10000 RM dotierten Clausewitz-Preis für Wissenschaftler, »die durch kämpferischen Einsatz oder durch ihr beispielhaftes Wirken entscheidend zur Wiedergewinnung des deutschen Ostens beigetragen haben«. Unter den Preisträgern befanden sich der Berliner Polenspezialist Manfred Laubert und – posthum – der Posener Volkstumsforscher Kurt Lück.[57]

Auch wenn nicht alle geplanten Lehrstühle an der »Reichsuniversität« besetzt werden konnten (so interessanterweise ausgerechnet die für die Rassenkunde, Geschichte und Sprache des Judentums, politische Auslandskunde), war der enge Praxisbezug des Lehrbetriebs unübersehbar. So fand beispielsweise an der Rechts-, Staats- und Wirtschaftswissenschaftlichen Fakultät ein mehrstündiges Kolleg über das 1941 in den eingegliederten Gebieten erlassene »Polenstrafrecht« statt; die Studenten waren zur Bewußtseinsbildung einem System von »Osteinsätzen« unterworfen, und insbesondere in den Veranstaltungen der philosophischen Fakultät und den Vorlesungen für Hörer aller Fakultäten wurden die alten Thesen von deutscher Leistung im Osten in neuem Gewande präsentiert. Allein im WS 1941/42 fanden in der philosophischen Fakultät folgende historische Vorlesungen statt[58]:

– Einführung in die Vor- und Frühgeschichte des Reichsgaues Wartheland;
– die Völkerwanderungs- und Wikingerzeit im ostelbischen Raum;
– die Gesichtsurnenkultur und die Lausitzer Kultur und deren Träger zum Kampf um den deutschen Osten;
– deutsche Volkskräfte in der Entwicklung Rußlands von Peter I. bis Nikolaus II;
– deutsche Volksgruppen in Südostmitteleuropa;
– Methoden der Volkspolitik in den deutschen Volksgruppen seit Versailles.

Angesichts des hohen Anteils umgesiedelter baltendeutscher Wissenschaftler an der »Reichsuniversität« – 40 von 119 wurden zum Aufbau der Universitätsinstitute herangezogen – dürfte somit das, was der spätere renommierte Osteuropahistoriker Reinhard Wittram 1937 schrieb und bei der Eröffnungsfeier in offenen politischen Beifall münden ließ, nicht bloßes Lippenbekenntnis geblieben sein:

»Wir haben mit eindringender Kraft zu fragen, was für Folgerungen aus der Wendung zur Volksgeschichte zu ziehen sind, und mit unbestechlicher Strenge zu prüfen, wie sich unser Geschichtsbild zu gestalten hat. Wo ein Gefühl für Zucht und Rasse die liberale Auflösung unverbildet überdauert hat oder neu erwacht ist, wird die Wiederbesinnung unseres Volkes auf die rassischen Erbwerte als ein Gesundungsvorgang begriffen werden.« [59]

Bei der Eröffnungsfeier erklärte er:

»Wir [nach Posen umgesiedelten Baltendeutschen] dürfen uns einreihen in die Kameradschaft derer, die auf vorgeschobener Wacht für Großdeutschland stehen, wir dürfen das Feuer hüten helfen, das aus Nacht und Dämmerung in den großen germanischen Morgen brennen soll. Daß wir uns dessen würdig erweisen, sei unser Gelöbnis in dieser feierlichen Stunde. Und so bleibt unser Blick auf den Führer gerichtet, dem wir allezeit verschrieben haben alle Güter unseres Wissens, unseren ganzen Arbeitswillen und unser ganzes Herz.« [60]

Wird man zur Erklärung solcher Äußerungen eine Art »Vorpostenmentalität« der Baltendeutschen anführen müssen, die für chauvinistische und nationalsozialistische Ideologien besonders anfällig machte – ähnlich wie bei den Historikern Theodor Schiemann und Johannes Haller –, so läßt sich dies im Hinblick auf biographischen Hintergrund und politische Sozialisation nicht in gleicher Weise von einem der führenden Ostforscher sagen, der nicht zur engeren Gruppe der Osteuropahistoriker zu rechnen ist, aber das politische Profil der Osteuropaforschung im Dritten Reich stark bestimmte: Hermann Aubin. Obwohl aus Böhmen stammend, hatte er seine wissenschaftliche Karriere in Bonn, Gießen, Breslau und Kairo gemacht und arbeitete von 1933 bis 1945 an der Universität Breslau. Die Liste der allein während der Kriegsjahre veröffentlichten Arbeiten über ostdeutsche und osteuropäische Themen ist beachtlich.[61] In vielen dieser Arbeiten läßt sich exemplarisch die inhaltliche Verkürzung und Verengung eines ganz und gar volksgeschichtlich und deutschtumszentrierten Geschichtsbildes fassen, das in fataler Weise dann auch die Kontinuität nach

1945 mitbegründet hat. Diese mag kennzeichnend für alle Wissenschaftsdisziplinen sein, für die Ostforschung scheint sie mir jedoch noch einen besonderen Aspekt zu besitzen.

Kontinuitäten nach 1945

Daß es eine frappante personelle Kontinuität im Bereich der Ostforschung zwischen Drittem Reich und Bundesrepublik gab, ist ebensowenig verwunderlich wie die Tatsache, daß Gesellschaft und Staat der zweiten deutschen Republik diese hinnahmen und bejahten. Das gründlich gescheiterte Experiment der westalliierten Entnazifizierung, die hautnahen Erfahrungen der Deutschen mit der Roten Armee und dem Stalinismus in der DDR und der Antikommunismus als politischer Basiskonsens der Bundesrepublik erlaubten in Verbindung mit einer nichtexistenten Ostpolitik der Adenauer-Ära, unter veränderten Vorzeichen und mit anderen Akzenten viele der Themen weiterzuverfolgen, die auch vor 1945 auf der Tagesordnung standen. Auch wenn man von diesen gesellschaftlichen und politischen Rahmenbedingungen ausgeht, muß die Kritik dort ansetzen, wo die Ostforschung angesichts der spezifischen Herausforderung, welche die säkulare Katastrophe von 1945 aus deutscher Sicht darstellte, nicht einmal ansatzweise zu einer kritischen Verarbeitung der Ursachen dieser Katastrophe vorstieß, sondern sich in Abendland- und Europa-Ideologien flüchtete und auf diese Weise als Wissenschaft ihre kritisch-rationale Funktion völlig verdrängte. Soweit ich die Entwicklung übersehe, dominierten bis weit in die sechziger Jahre hinein klägliche Apologie und pathetische Abendlandapotheose im Erscheinungsbild der Ostforschung. Nur allmählich löste sich die Osteuropa-Historiographie aus ihrer »deutschtumsgeschichtlichen Selbstisolierung«[62], und erst durch Arbeiten wie Günter Stökls *Osteuropa und die Deutschen* von 1967 ist hier ein deutlicher Wandel markiert. Der Einfluß eines Generationswechsels und veränderter gesellschaftlicher und politischer Rahmenbedingungen wären als Erklärungsmomente heranzuziehen. Eine Vordenker- und Aufklärerfunktion des Wissenschaftlers war in den ersten Jahren nach 1945 im Kreise der Osteuropaforscher zunächst kaum erkennbar. Die verbrecherische Politik des Nationalsozialismus im Osten wurde vom »Institut für Zeitgeschichte« aufgearbeitet, kaum aber von den zahllosen Instituten und Arbeitskreisen, die sich mit Ostmitteleuropa befaßten. Die erste gründliche, auf Akten fußende Untersuchung der nationalsozialistischen Polenpolitik stammte nicht von einem Osteuropahistoriker, sondern von Martin Broszat.[63]

Das von DDR-Historikern und z. T. auch von polnischer Seite entworfene Bild der Ostforschung als »Stoßtrupp des Imperialismus« ist ein Zerrbild. Beschäftigung mit »dem Osten« ist nicht per se Revanchismus, wie hier suggeriert wird.[64] Der ungeheuere historische Kontinuitätsbruch von 1945 und der Verlust eines riesigen deutschen Territoriums kann nicht mit wohlfeilen politischen Proklamationen ad acta gelegt werden. Insofern forderte die Zäsur von 1945 zu intensiver Beschäftigung mit Osteuropa heraus. Das eigentlich Skandalöse ist jedoch die Einäugigkeit und historisch-politische Einseitigkeit in der Beschäftigung der westdeutschen Nachkriegsforschung mit »dem Osten«. Spezialisten waren unter den Bedingungen des Kalten Krieges gefragt, und so konnten die meisten Ostforscher auch aus Institutionen wie dem IDO oder der »Reichsuniversität Posen« wieder aktiv werden. Der »Göttinger Arbeitskreis«, bereits 1946 gegründet und mit einem Auftrag der amerikanischen Militärregierung für ein Gutachten über die Oder-Neiße versehen, spielte in den fünfziger und sechziger Jahren eine unheilvolle Rolle hinsichtlich wissenschaftlich untermauerter antipolnischer Öffentlichkeitsarbeit. Zu den Autoren gehörten auch frühere Mitarbeiter des IDO in Krakau.[65] Unter den Publikationen dieses Arbeitskreises sind wenig veränderte Neuauflagen von Arbeiten aus dem Dritten Reich zu finden, die sich als Fundgrube nationalsozialistischer Propaganda im Krieg bewährt hatten: So Kurt Lücks 1942 in Posen erschienene Arbeit *Deutsche Gestalter und Ordner im Osten*, 1957 von Victor Kauder (ebenfalls volksdeutscher Herkunft) unter dem Titel herausgegeben: *Deutsch-polnische Nachbarschaft. Lebensbilder deutscher Helfer in Polen.* Aus »Gestaltern und Ordnern« waren nun »Helfer« geworden. Auch ein Vergleich der Vorworte spricht für sich.[66] Im übrigen wird in den meisten Publikationen dieses und anderer Arbeitskreise jenes fatale Interpretationskonzept deutlich, das auch in der bundesrepublikanischen Öffentlichkeit anfänglich dominierte: Die historische Ursachenkette wird um unbequeme Erklärungsglieder (wie Ostmarkenkampf, Revisionspropaganda, Vernichtungspolitik) verkürzt, das historische Verhältnis Deutschlands zu Ostmitteleuropa vorwiegend in die Schablone »Leistung und Schicksal« gezwängt.[67]

Diese Feststellung gilt nicht minder für Hermann Aubin. Er hatte sich in seiner Wortwahl in seinen im Dritten Reich geschriebenen Arbeiten nie so exponiert wie etwa Wittram in dem zitierten Artikel. Um so leichter wurde es nun offenbar, das Thema Osten mit gewissen Varianten auf der gleichen Linie weiterzubehandeln. In nachgerade erschreckendem sprachlichen Schwulst wurden »der deutsche Osten« in einem von Aubin herausgegebenen Sammelband sogar zum metaphysischen Problem stilisiert, die Ursachen des Verlusts der deutschen Ostgebiete und der Sowjetisierung Ostmitteleuropas in inhaltsleere gesamteuropäische und abendländische »Nebelschwaden« gehüllt.[68] Daß Aubin, der sich durch seine Mitarbeit am IDO in Krakau ohne Zweifel in den Dienst nationalsozialistischer Politik gestellt hatte, als Vorsitzender des deutschen Historikerverbandes 1958 in Trier der zu dieser Zeit noch an Historikerkongressen teilnehmenden DDR-Delegation vorwarf, sie stehe im Dienste der Politik ihrer Regierung, und sie faktisch zum Verlassen aufforderte, war immerhin nicht ohne Delikatesse.[69] Schwerer wiegt jedoch die Kontinuität inhaltlicher Konzepte in der Interpretation des deutschen Verhältnisses zu Osteuropa.

In seinem 1939 erschienenen Band *Zur Erforschung der deutschen Ostbewegung* entwickelte Aubin programmatisch die These von einem »durchgehenden Zusammenhang« einer »deutschen Ostbewegung« in der Beziehungsgeschichte zwischen Deutschland und Osteuropa seit dem frühen Mittelalter.[70] Ein – so Aubin – »allzugroßer Abstand an Menschen und Kultur an der deutschen Ostgrenze bestand, der nach Ausgleich drängte«. Die »Ganzheit der Betrachtung in der Dreiheit von Raum, Zeit und Inhalt« war sein methodisches Postulat für die Erforschung der Ostbewegung. Volksgeschichte sollte die Staatengeschichte teils ergänzen, teils erneuern, teils ersetzen. Aubin bezog sich dabei auf die vor ihm entwickelten Begriffe von deutschem Kultur- und Volksboden und verwies auch auf Ratzels geopolitischen Ansatz. »Nach dem Zusammenbruch von 1918 war die Besinnung auf den eigenen Besitz und Sammlung der Trümmer die dringlichste Aufgabe. ... Unabhängig von aller staatlicher Abmarkung erschien da vor allem in dem zerspaltenen Osten das Gesamtbild deutschen Lebensraums.«[71]

Diese Volksgeschichte als »Ganzheitsforschung«, inhaltlich auf Schlagworten und Konzepten von Ost-West-Gefälle, von der deutschen Kulturträgerrolle, vom deutschen Volks- und Kulturboden in Ostmitteleuropa fußend, sollte die verschiedensten Wissenschaftsdisziplinen wie Bevölkerungsgeschichte, Rassenkunde, Kulturbiologie, Siedlungsforschung, Rechtsgeschichte, Kulturgeographie, Wirtschaftsgeschichte, politische und Geistesgeschichte integrieren und damit das Postulat der Einheit von Raum, Zeit und Inhalt der deutschen Ostbewegung einlösen. In seiner einseitigen, ja chauvinistischen Deutschtumsorientierung verfestigten solche Konzepte, für die hier der Name Aubin nur exemplarisch steht, bei den betroffenen Völkern das Gegenstereotyp vom »deutschen Drang nach Osten« als einer ebenfalls durchgehenden Triebkraft und Bewegung in der Geschichte Deutschlands und Osteuropas. Ein sachgerechter Zugang zu einem komplexen historischen Zusammenhang wurde auf diese Weise von zwei Seiten erschwert.[72]

Wenn Karl Ferdinand Werner für die deutsche Geschichtswissenschaft festgestellt hat, daß das Prinzip »Rasse« die Praxis von Studium und Forschung nur in geringem Maße geprägt habe[73], so gilt das auch für große Teile der Osteuropaforschung, vor allem für die osteuropäische Geschichte im engeren Sinne. Aber der Weg von volksgeschichtlichen Ansätzen zu rassischen Maximen war nicht weit. So schrieb denn auch Aubin 1940, »die Annäherung im Kulturniveau zwischen Deutschland und den osteuropäischen Nachbarvölkern« sei »nicht allein eine Frage von Kulturübertragung, sondern auch von Blutsaustausch« gewesen.

»Ja, man darf wohl behaupten, daß dieser Blutsaustausch in erheblichem Maße eine Voraussetzung für die Wirkung der Kulturübertragung gewesen ist. Denn wenn wir schon bei manchen äußeren Gütern beobachten, daß sie in den Händen der Ostvölker verkümmern, so darf man von den inneren annehmen, daß sie sich noch weniger unversehrt erhalten hätten, wenn nicht in Teilen der Ostvölker eine seelische Disposition vorhanden gewesen wäre, für welche deutscher Blutseinfluß ohne Zwecke einen Teil der Erklärung bildet.«[74]

Aubin hat die ideologische Funktion dieser Ostforschung nach 1945 offenbar nie als Problem empfunden und auch keine Veranlassung gesehen – wie etwa Wittram –, sich von seinen früheren völkischen Auffassungen zu distanzieren. Sein Vorwort *An einem neuen Anfang der Ostforschung* zum ersten Heft der 1952 gegründeten *Zeitschrift für Ostforschung*, deren Mitherausgeber er als zeitweiliger Präsident des Herder-Forschungsrats war, liest sich eher als Bekenntnis zur Kontinuität unter einer völlig veränderten Konstellation, läßt jede kritische Bemerkung zur problematischen Vergangenheit der Ostforschung vermissen und verkennt total die auf Lebensraumgewinnung gerichtete Zielsetzung des Nationalsozialismus.[75] Noch 1961 hielt Aubin an seinem Konzept einer klassen- und epochentranszendenten »deutschen Ostbewegung« als »Grundstrom abendländischen Lebens, wenn auch in wechselnder Stärke durch alle Jahrhunderte« fest.[76]

Man mag solche Vorstellungen als subtilen Revanchismus oder als ressentimentgeladene Gedankenlosigkeit verstehen, sie machten in jedem Falle das immer wieder proklamierte Ziel einer deutsch-polnischen Nachbarschaft zur Phrase und zeigen, wie wenig eine historische Teildisziplin, die dazu in besonderem Maße aufgerufen gewesen wäre, das Dritte Reich und das Epochenjahr 1945 verarbeitet hat. »Ressentiments verletzen den Respekt vor der Trauer um das Verlorene«, sagte Willy Brandt in seiner Rede in Warschau anläßlich der Unterzeichnung des deutsch-polnischen Vertrages 1970. »Ein klares Geschichtsbewußtsein duldet keine unerfüllbaren Ansprüche.«[77] Ein großer und besonders öffentlichkeitswirksamer Teil der deutschen Ostforschung hat zu dieser Erkenntnis wenig oder erst spät beigetragen.

Anmerkungen

1 Vgl. zur Diskussion um die wissenschaftliche Ortsbestimmung des Faches vor 1933 die Beiträge von *O. Hoetzsch, O. Halecki, D. Dorošenko* in: Zeitschrift für osteuropäische Geschichte 4 (1934) und 5 (1935). Für den gegenwärtigen Stand ist vor allem zu verweisen auf *K. Zernack*: Osteuropa. Eine Einführung in seine Geschichte, München 1977; *ders.*: Bemerkungen zur Geschichte und gegenwärtigen Lage der Osteuropahistorie in Deutschland. In: *K. D. Grothusen, K. Zernack (Hg.)*: Europa Slavica – Europa Orientalis. Festschr. f. H. Ludat, Berlin 1980, S. 542–559. Zur stärker gegenwartsbezogenen interdisziplinären Osteuropaforschung vgl. den Beitrag von *O. Anweiler*: 25 Jahre Osteuropaforschung – Wissenschaft und Zeitgeschichte. In: Osteuropa 27 (1977), S. 183–191.

2 *F. H. Gentzen, J. Kalisch, G. Voigt, E. Wolfgramm*: Die »Ostforschung« – ein Stoßtrupp des Imperialismus. In: Zeitschrift für Ge-

schichtswissenschaft (= ZfG) 6 (1958), S. 1181–1220. *B. Spiru*: Ostforscher, Ostfälscher, Ostfahrer. In: Jahrbuch für Geschichte der UdSSR und der volksdemokratischen Länder Europas 3 (1959), S. 34–79.

3 *Zernack*, 1977 (Anm. 1), S. 15 ff.

4 *W. Philipp*: Nationalsozialismus und Ostwissenschaften. In: Nationalsozialismus und die deutsche Universität, Berlin 1966, S. 43–62, wiederabgedruckt in: Forschungen zur osteuropäischen Geschichte 33 (1983), S. 286–302.

5 Vgl. neben den in Anm. 2 genannten Titeln die materialreiche Bestandsaufnahme von *M. Hellmann (Hg.)*: Osteuropa in der historischen Forschung der DDR, 2 Bde., Düsseldorf 1972.

6 *Cz. Madajczyk (Hg.)*: Zamojszczyzna – Sonderlaboratorium SS, 2 Bde., Warszawa 1977. Vgl. auch *Ch. Kleßmann*: Die Selbstbehauptung einer Nation. NS-Kulturpolitik und polnische Widerstandsbewegung im Generalgouvernement 1939–1945, Düsseldorf 1971, S. 12.

7 *I. Kamenetsky*: Secret Nazi Plans for Eastern Europe. A Study of Lebensraum Policies, New York 1961, Kap. I; *K. G. Faber*: Zur Vorgeschichte der Geopolitik. Staat, Nation und Lebensraum im Denken deutscher Geographen vor 1914. In: *H. Dollinger u. a. (Hg.)*: Weltpolitik, Europagedanke, Regionalismus. Festschr. f. H. Gollwitzer, Münster 1982, S. 389–406; *K. Lange*: Der Terminus »Lebensraum« in Hitlers »Mein Kampf«. In: Vierteljahreshefte f. Zeitgesch. 13 (1965), S. 426–437.

8 *H. A. Jacobsen*: Kampf um Lebensraum. Karl Haushofers »Geopolitik« und der Nationalsozialismus. In: Aus Politik und Zeitgeschichte B 34/35 (1979), S. 17–29; *P. Zimmermann*: Kampf um Lebensraum. Ein Mythos der Kolonial- und der Blut- und Boden-Literatur. In: *H. Denkler und K. Prümm (Hg.)*: Die deutsche Literatur im Dritten Reich, Stuttgart 1976, S. 171.

9 *R. Vierhaus*: Walter Frank und die Geschichtswissenschaft im nationalsozialistischen Deutschland. In: HZ 207 (1968), S. 617.

10 Ohne diesen prinzipiellen Zusammenhang zu verfolgen sei hier lediglich auf den begriffsgeschichtlichen Aspekt hingewiesen, wie er sich etwa bei *Otto Brunner*, von dem wesentliche Anstöße für die moderne Sozialgeschichte ausgegangen sind, zeigt: In der ersten Auflage seiner Arbeit »Land und Herrschaft« (Baden b. Wien 1939, S. 193 f.) wird gefordert: »Volksgeschichte heißt das Gebot der Stunde«. In der 4. Aufl. ist der Begriff durch »Strukturgeschichte« ersetzt (4. veränderte Aufl. Wien 1959, S. 163 f.).

11 Ausführlich zum folgenden *H. Giertz*: Das Berliner Seminar für Osteuropäische Geschichte und Landeskunde (bis 1920). In: Jahrbuch für Geschichte der UdSSR und der volksdemokratischen Länder Europas 10 (1967), S. 183–217; ferner *K. Meyer*: Theodor Schiemann als politischer Publizist, Frankfurt/M. 1956, S. 44 ff.

12 *Zernack*, 1977 (Anm. 1), S. 13.
13 Dazu *G. Voigt*: Aufgaben und Funktion der Osteuropa-Studien in der Weimarer Republik. In: *J. Streisand (Hg.)*: Studien über die deutsche Geschichtswissenschaft, Bd. 2, Berlin 1965, S. 369–399. Vgl. auch *Zernack*, 1977 (Anm. 1), S. 86, Anm. 9 und 10. Zu den genannten Osteuropa-Historikern siehe unter Anm. 43.
14 *Voigt* (Anm. 13), S. 372.
15 *Gentzen u.a.* (Anm. 2), S. 1192.
16 Zit. b. *Voigt* (Anm. 13), S. 389f.
17 *M. H. Boehm*: Mitteleuropa und der Osten. In: Volk und Reich 1 (1925), S. 71f. Vgl. auch *ders.*: Die Krise der Volkskunde. In: Deutsches Archiv für Landes- und Volksforschung 1 (1937), S. 907–932. In martialisch anmutendem Jargon war hier vom »kulturellen Dauernahkampf« die Rede, in dem das deutsche Volk mindestens 15 Völkern in Mitteleuropa gegenüberstehe (S. 931).
18 Vgl. *G. Iggers*: Deutsche Geschichtswissenschaft, München 1971, Kap. 8.
19 So *K. Epstein*: Otto Hoetzsch. In: Neue Deutsche Biographie, Berlin 1972, S. 371f. Im Vorwort seiner Aufsatzsammlung »Osteuropa und Deutscher Osten«, Königsberg 1934, bezog sich *Hoetzsch* ausdrücklich auf Treitschke und Freytag.
20 Zu Hoetzsch liegt jetzt eine ausführliche Biographie des DDR-Autors *G. Voigt* vor: Otto Hoetzsch 1876–1946. Wissenschaft und Politik im Leben eines deutschen Historikers, Berlin (O) 1978 (Dissertation von 1967). Eine informative kritische Studie, die das Werk von Voigt bereits einbezieht, bietet *F. Kuebart*: Otto Hoetzsch – Historiker, Publizist, Politiker. In: Osteuropa 25 (1975), S. 603–621.
21 *O. Hoetzsch*: Deutschlands Weltlage, Berlin 1921, S. 4f., zit. b. *Kuebart* (Anm. 20), S. 618.
22 Zit. b. *G. Wagner*: Deutschland und der polnisch-sowjetische Krieg, Wiesbaden 1979, S. 225.
23 *O. Hoetzsch*: Die deutsche nationale Revolution. In: Vergangenheit und Gegenwart 23 (1933), S. 353–373. Ähnlich in Stil und Inhalt *ders.*: Der Deutsche Osten in Geschichte und Gegenwart. In: Osteuropa und Deutscher Osten (Anm. 19), S. 394f., 426ff.
24 Vgl. S. 361 und Anm. 38.
25 Vgl. S. 361 und Anm. 37.
26 *Philipp* (Anm. 4), S. 46. Vgl. zu Uebersberger – sehr unkritisch – *H. Neubauer*: Hans Uebersberger. In: Jahrbücher für Geschichte Osteuropas (= JbbGO) 11 (1963), S. 156ff. Uebersberger war »Führer der Hochschullehrer im NS-Lehrerbund« in Wien und wurde 1934 nach Breslau berufen; *Voigt* (Anm. 20), S. 269f. In seinem Artikel »Der Kampf des Sudetendeutschtums«, in: Osteuropa 12 (1936/37), S. 87–96, zeichnete er in stellenweise übler Polemik ein historisches

Zerrbild der Situation der Sudetendeutschen.

27 *O. Hoetzsch*: Die Eingliederung der osteuropäischen Geschichte in die Gesamtgeschichte nach Konzeption, Forschung und Lehre. In: Pädagogik 1 (1946), H. 1, S. 36.

28 Ausführlich dazu *Voigt* (Anm. 20) Kap. XII: »Am demokratischen Neubeginn«. *W. Berthold*: Die Erkenntnis der weltgeschichtlichen Bedeutung der großen sozialistischen Oktoberrevolution und der Sowjetunion durch Otto Hoetzsch unter dem Eindruck des Jahres 1945. In: Jahrbuch für Geschichte der UdSSR und der volksdemokratischen Länder Europas 11 (1967), S. 189ff., 440ff.

29 *K. Mehnert*: Als Deutscher in der Welt. Erinnerungen 1906–1981, Stuttgart, S. 189. Eine etwas andere Version zur Veröffentlichung dieser Arbeit gibt *Voigt* (Anm. 20), S. 282, Anm. 27.

30 Ein interessantes Porträt bietet *J. Unser*: Osteuropa – Biographie einer Zeitschrift. In: Osteuropa 25 (1975), S. 555–602. Vgl. ferner *F. T. Epstein*: Otto Hoetzsch und sein »Osteuropa« 1915–1930. In: ebd., S. 541–554; *Voigt* (Anm. 20), S. 184ff.

31 Zit. b. *Epstein* (Anm. 30), S. 542.

32 So das Urteil *Voigts* (Anm. 20), S. 187.

33 *O. Hoetzsch*: Die Lage in Polen und den Randstaaten. In: Osteuropa 9 (1933/34), S. 70.

34 Zu Markerts schwer genau zu beurteilender Position in der Osteuropaforschung des Dritten Reiches vgl. *D. Geyer*: Werner Markert zum Gedächtnis. In: JbbGO 13 (1967), S. 481–486. Geyer betont, daß Markert nach anfänglichen Illusionen nach Kräften die Einflüsse der Partei auf die Zeitschrift abzuwehren versucht und Kontakte zu polnischen Wissenschaftlern gepflegt habe, die die Kriegszeit überdauerten und an die er nach 1956 wieder anknüpfen konnte. *Hans Rothfels* bescheinigte ihm im Vorwort zur Sammlung seiner Aufsätze, er habe als Generalsekretär der Gesellschaft und Redakteur der Zeitschrift 1934–1939 »das Seinige zum Sauberhalten sachlicher Erkenntnis beigetragen«. *W. Markert*: Osteuropa und die abendländische Welt. Aufsätze und Vorträge, Göttingen 1966, S. 7. Zur Rolle Markerts als Abwehr-Offizier im Krieg vgl. die Bemerkung von *A. Dallin*: Deutsche Herrschaft in Rußland 1941–1945, Düsseldorf 1958, S. 534.

35 *W. Markert*: Das Studium Osteuropas als wissenschaftliche und politische Aufgabe. In: Osteuropa 9 (1933/34), S. 395–401.

36 *Mehnert* (Anm. 29), S. 187.

37 Vgl. zu den Vorgängen um die Entlassung: *Unser* (Anm. 30), S. 590f.; *Voigt* (Anm. 20), S. 262ff.

38 *H. Greife*: Sowjetforschung. Versuch einer nationalsozialistischen Grundlegung der Erforschung des Marxismus und der Sowjetunion, Berlin 1936, S. 62. Vgl. dazu auch *Mehnert* (Anm. 29), S. 187.

39 Die ersten vier Jahrgänge der Zeitschrift sind zwischen 1910 und 1914

erschienen und neben Hoetzsch von Th. Schiemann, L. K. Goetz und H. Uebersberger herausgegeben worden. Hoetzsch schrieb im Vorspann zur Neuen Folge 1931, die Zeitschrift hätte schon früher als »ein Organ zur Geschichte des deutschen Ostens« wieder herausgebracht werden können. Eben dies wünschte er jedoch nicht. Vielmehr wollte er nicht auf die Gesamtgeschichte Osteuropas verzichten. Zu Recht bemerkt *Voigt* (Anm. 20), S. 234, daß Hoetzsch in dieser Frage trotz seines national-konservativen Engagements Politik und Wissenschaft trennte. 1934 mußte Richard Salomon ausscheiden (Goetz war schon 1931 gestorben), es kamen als Mitherausgeber hinzu, die alle dem Nationalsozialismus mehr oder minder nahestanden und eben jenen deutschtumsgeschichtlichen Ansatz vertraten: J. Leers (Berlin), F. Lüdtke (Berlin), Th. Oberländer (Königsberg), W. Recke (Danzig), B. Frhr. v. Richthofen (Königsberg), E. O. Thiele (Berlin). Als für diesen Ansatz programmatisch wäre auch die 1937 gegründete Zeitschrift »Jomsburg. Völker und Staaten im Osten und Norden Europas« zu nennen, hg. v. J. Papritz u. W. Koppe in Verbindung mit H. Aubin, A. Brackmann, Th. Oberländer, W. Recke, F. Rörig, O. Scheel, H. Uebersberger (I 1937 bis VI 1942).

40 Die »Jahrbücher für Geschichte und Kultur der Slawen« (seit 1924 hg. v. E. Hanisch) erschienen ab 1936 bis 1941 unter *Uebersberger* als Herausgeber mit dem neuen Namen »Jahrbücher für Geschichte Osteuropas«. Bei Durchsicht der Beiträge fällt als politischer Beitrag lediglich eine ausführliche Rezension auf, die der Herausgeber über »Das deutsche Weißbuch über Polen 1939« verfaßt hatte (Jg. 4/1939, S. 283–321).

41 Das folgende nach *D. Geyer*: Georg Sacke. In: *H.-U. Wehler (Hg.)*: Deutsche Historiker V, Göttingen 1972, S. 117–129.

42 *Philipp* (Anm. 4), S. 45 f.

43 *F. T. Epstein*: Hamburg und Osteuropa. Zum Gedächtnis von Professor Richard Salomon (1884–1966). In: JbbGO 15 (1967), S. 59–97. Zu Stählin vgl. *Voigt* (Anm. 20), S. 163 f. Zu seiner wissenschaftlichen Entwicklung *W. Andreas*: Karl Stählin zum Gedächtnis. In: HZ 163 (1941), S. 82–99. Friedrich Braun siedelte 1922 von Petersburg nach Leipzig über und hatte dort seit 1926 den Lehrstuhl für osteuropäische Geschichte innerhalb des Instituts für Kultur- und Universalgeschichte. Archiv für Kulturgeschichte 23 (1932/33), S. 137 ff. Zu nennen ist ferner Max Winkler, ein Schüler Stählins, der als Leiter der historischen Abteilung des Rußland-Instituts in Königsberg 1934 entlassen wurde, im gleichen Jahr als Ordinarius für osteuropäische Geschichte nach Wien berufen und 1939 zwangsweise beurlaubt und in den Ruhestand versetzt wurde. JbbGO 11 (1963), S. 638 f.

44 Näher geht auf Entstehung, Tätigkeit und Personal ein: *R. Goguel*: Die Nord- und Ostdeutsche Forschungsgemeinschaft im Dienste faschisti-

scher Aggressionspolitik gegen Polen (1933 bis 1945). In: Wissenschaftliche Zeitschrift der Humboldt-Universität zu Berlin, Gesellsch.- u. sprachwiss. Reihe 15 (1966), S. 663–674. Einer Selbstcharakterisierung von 1936 zufolge war ihre Aufgabe, »die Fragen, die der Volkstumskampf in den deutschen Grenzen aufwirft, wissenschaftlich zu erforschen. Ihre Tätigkeit ist ein Stück Abwehr fremder Angriffe auf den deutschen Volksboden, und ihre Ergebnisse haben nicht nur der Wissenschaft, sondern auch dem völkischen Leben und den Erfordernissen des Grenzkampfes zu dienen ... Der Arbeitsbereich der Nord- und Ostdeutschen Forschungsgemeinschaft erstreckt sich auf die Balkanländer, Polen und die Tschechoslowakei (nördliches Sudetendeutschtum), Dänemark und die reichsdeutschen Grenzgebiete gegen diese Staaten.« Text b. *G. Voigt*: Methoden der »Ostforschung«. In: ZfG 7 (1959), S. 1781–1803, hier S. 1801. Das schwierige Problem einer vorurteilsfreien deutsch-polnischen Beziehungsgeschichte zeigte sich bereits in dem programmatisch auf Verständigung gestimmten Buch: Deutschland und Polen. Beiträge zu ihren geschichtlichen Beziehungen, hg. v. *A. Brackmann*, München 1933. Polnische Historiker antworteten darauf in ausführlichen Rezensionen der Einzelbeiträge in: Kwartalnik Historyczny 48 (1934), S. 776–886.

45 Zit. b. *M. Broszat*: Zweihundert Jahre deutsche Polenpolitik, Frankfurt/M. 1972², S. 245.

46 Zu nennen wären die 1941 gegründete »Reichsstiftung für deutsche Ostforschung« in Posen, die eng mit der dortigen »Reichsuniversität« verbunden war; die »Reinhard-Heydrich-Stiftung, Reichsstiftung für wissenschaftliche Forschung« in Prag (1942); schließlich die kaum über das Planungsstadium hinausgekommene »Reichszentrale für Ostforschung«, die Alfred Rosenberg als Minister für die besetzten Ostgebiete 1942 gründete. *Gentzen u. a.* (Anm. 2), S. 1196f.

47 Dazu *Kleßmann* (Anm. 6), S. 54ff. In deutscher Übersetzung liegt jetzt die polnische Untersuchung über Krakau vor: *St. Gaweda*: Die Jagiellonische Universität in der Zeit der faschistischen Okkupation 1939–1945, Jena 1981.

48 Zum folgenden *Kleßmann* (Anm. 6), S. 61–70, dort auch die einzelnen Zitatnachweise.

49 Abgedruckt in: Die Burg 1 (1940), S. 7–20.

50 *P. H. Seraphim*: Das Judentum im osteuropäischen Raum, Essen 1938. Bei der Eröffnung der Außenstelle der nationalsozialistischen »Hohen Schule« am 26. 3. 1941 in Frankfurt/M. hielt Seraphim einen Vortrag über »Die bevölkerungs- und wirtschaftspolitischen Probleme einer europäischen Gesamtlösung der Judenfrage«. *L. Poliakov, J. Wulf*: Das Dritte Reich und seine Denker, Berlin 1959, S. 140f.

51 *R. Goguel*: Über Ziele und Methoden der Ostforschung. In: Ostforschung und Slawistik, Berlin (O), 1960, S. 33.

52 Vgl. zu diesem grundsätzlichen Problem *H. Heiber*: Walter Frank und sein Reichsinstitut für Geschichte des neuen Deutschlands, Stuttgart 1968, S. 478.

53 *H. Ludat*: Die Anfänge des polnischen Staates. Schriftenreihe des Instituts für Deutsche Ostarbeit, Sektion Geschichte, Bd. 3, Krakau 1942. Ludat war Dozent an der Reichsuniversität Posen. *M. Laubert*: Die preußische Polenpolitik von 1772 bis 1914, ebd., Bd. 1, Krakau 1944^3.

54 Zur Zerstörung der polnischen Universität *Cz. Luczak*: Die Universität Poznań in den Jahren der Nazi-Okkupation. In: Die Universität Poznań 1919–1969, Poznań 1971, S. 195–242. Zur Reichsuniversität bringt wichtige Informationen der Aufsatz *J. Kalisch, G. Voigt*: »Reichsuniversität Posen«. Zur Rolle der faschistischen deutschen Ostforschung im Zweiten Weltkrieg. In: *A. Anderle (Hg.)*: Juni 1941, Berlin (O) 1961, S. 183–204. Ferner *F. Paprocki, K. M. Pospieszalski*: Reichsuniversität Posen«. In: Przeglåd Zachodni 12 II (1956), S. 275–299. Weitere Einzelheiten, aber wenig grundsätzlich Neues bietet *T. Wróblewska*: Die Rolle und Aufgabe einer nationalsozialistischen Universität in den sogenannten östlichen Reichsgebieten am Beispiel der Reichsuniversität Posen 1941–1945. In: Pädagogische Rundschau 32 (1978), S. 173–189. Vgl. zur politischen Funktion der Reichsuniversitäten Straßburg und Posen als »geistigen Bastionen des Deutschtums nach Westen und Osten« *M. H. Kater*: Das »Ahnenerbe« der SS 1935–1945, Stuttgart 1974, S. 285.

55 Zit b. *Kalisch/Voigt* (Anm. 54), S. 188.

56 Zit. ebd., S. 189.

57 Ebd., S. 199f. Zu Lück s. u. Anm. 66.

58 Zit. ebd., S. 195.

59 *R. Wittram*: Geschichtsauffassung und Außendeutschtum. In: *A. Schürmann (Hg.)*: Volk und Hochschule im Umbruch, Oldenburg 1937, S. 107.

60 Zit. b. *Kalisch/Voigt* (Anm. 54), S. 188, Anm. 4. Vgl. auch das Vorwort (Dezember 1941) der Aufsatzsammlung *R. Wittram*: Rückkehr ins Reich. Vorträge und Aufsätze aus den Jahren 1939/1940, Posen 1942.

61 Die biographischen Angaben finden sich in *W. Holtzmann, G. Ritter (Hg.)*: Die deutsche Geschichtswissenschaft im Zweiten Weltkrieg. Bibliographie des historischen Schrifttums deutscher Autoren 1939–1945, 2 Bde., Stuttgart 1951.

62 *Zernack*, 1977 (Anm. 1), S. 18.

63 *M. Broszat*: Nationalsozialistische Polenpolitik 1939–1945, Stuttgart 1963. Hinzuweisen ist freilich auch auf die Darstellungen von *H. Roos*, Polen, im Osteuropa-Handbuch, hg. v. *W. Markert*, Köln 1959, und in seiner Geschichte der polnischen Nation 1916–1960, Stuttgart 1961.

64 Wie dabei groteske Verbindungslinien zwischen historiographischer Interpretation und aktueller Politik konstruiert werden, zeigen Auf-

sätze wie *I. Hagemann*: Die mittelalterliche Ostexpansion und die Adenauersche Außenpolitik. In: ZfG 6 (1958), S. 797–816. Die Politisierung der Osteuropaforschung im Zeichen des Kalten Krieges produzierte auf beiden Seiten des »Eisernen Vorhangs« eine Vielzahl von Pamphleten. Neben den bereits genannten aus der DDR wäre als Beispiel aus Polen zu nennen *J. Szlapczyński, T. Walichnowski*: Ostforschung. The Role of West German Political Science, Warsaw (Interpress) 1970. Trotz eines riesigen Anmerkungsapparates und sehr nützlicher Einzelinformationen fehlt es auch einer (nur für den Dienstgebrauch bestimmten) polnischen Publikation an Zuverlässigkeit der Daten und einer differenzierten Analyse, zudem fehlen erstaunlicherweise markante Namen in der biographischen Zusammenstellung (z. B. Aubin): *R. Fuks (Hg.)*: Przedstawiciele »Ostforschung« w Niemieckiej Republice Federalnej, Warszawa 1973. Als neuster seriöser Versuch einer Gesamtdarstellung der deutschen Geschichtswissenschaft vom Kaiserreich bis zur Bundesrepublik ist zu nennen *H. Olszewski*: Nauka historii w upadku. Studium o historiografii i ideologii historycznej w imperialistycznych Niemczech, Warszawa 1982. Dort finden sich auch einige Passagen über die Ostforschung.

65 Zum Göttinger Arbeitskreis vgl. *J. Frhr. v. Braun*: Über den Göttinger Arbeitskreis. In: Jb. d. Albertus-Universität zu Königsberg 1 (1951), S. 160ff. *Ders.*: Fünf Jahre Arbeit für den deutschen Osten. Der Göttinger Arbeitskreis. In: Ebd. 2 (1952), S. 208–251. Im einzelnen können personelle und inhaltliche Kontinuitäten hier nicht untersucht werden. Auch lassen sich unter den Publikationen erhebliche Qualitätsunterschiede feststellen. Als ein fatales Beispiel unter vielen sei hier genannt: Dr. habil. Erhard Riemann, ehemaliger Leiter der mit 32 Mitarbeitern stärksten Sektion »Rasse- und Volkstumsforschung« des IDO, 1955 Dozent und seit 1963 Professor in Kiel, publizierte in der Schriftenreihe des Göttinger Arbeitskreises Nr. 19 seine »Volkskunde des Preußenlandes«, Kitzingen 1952. Die Reihe wurde redigiert von H. Wolfrum, ehemals SS-Obersturmbannführer und Leiter der Zweigstelle Warschau des IDO. *Fuks* (Anm. 64), S. 111.

66 Deutsche Gestalter und Ordner im Osten. Forschungen zur deutsch-polnischen Nachbarschaft im ostmitteleuropäischen Raum, in Verbindung mit dem Institut für Deutsche Ostarbeit, Krakau, unter Mitwirkung von zahlreichen Mitarbeitern hg. v. *K. Lück*, 2. erw. Aufl., Leipzig 1942 (Ostdeutsche Forschungen, hg. v. *V. Kauder*). Deutsch-polnische Nachbarschaft. Lebensbilder deutscher Helfer in Polen, unter Mitwirkung zahlreicher Mitarbeiter hg. v. *K. Lück* (†), 3. veränderte u. ergänzte Aufl., hg. v. *V. Kauder*, Würzburg 1957 (Göttinger Arbeitskreis, Veröffentlichung Nr. 178). In der Grundlinie der Interpretation ähnlich war Lücks umfangreiches Werk: Deutsche Aufbaukräfte in der Entwicklung Polens. Forschungen zur deutsch-polnischen Nachbar-

schaft im ostmitteleuropäischen Raum, Plauen 1934. Lück war Leiter der Volksdeutschen Bücherei in Posen. Er fiel 1942 als Sonderführer der SS in der Sowjetunion. *G. Voigt*: Das Institut für deutsche Ostarbeit in Krakau. In: *B. Spiru (Hg.)*: September 1939, Berlin (O) 1959, S. 111.

67 So der bezeichnende Titel einer Ausstellung und einer gleichnamigen Publikation: Leistung und Schicksal. Abhandlungen und Berichte über die Deutschen im Osten, hg. v. *E. G. Schulz,* Köln 1967. In dieses Konzept lassen sich auch zwei Publikationen des Göttinger Arbeitskreises einordnen: Das östliche Deutschland. Ein Handbuch, hg. v. Göttinger Arbeitskreis, Würzburg 1959. Deutschlands Ostproblem. Eine Untersuchung der Beziehungen des deutschen Volkes zu seinen östlichen Nachbarn, hg. v. Göttinger Arbeitskreis, Würzburg 1957.

68 *H. Aubin (Hg.)*: Der deutsche Osten und das Abendland. Eine Aufsatzsammlung, München 1953.

69 Vgl. zu dem Vorfall auf dem Historiker-Tag HZ 186 (1958), S. 728 ff.; ZfG 6 (1958), S. 1134 ff.

70 *H. Aubin*: Zur Erforschung der deutschen Ostbewegung, Leipzig 1939.

71 Ebd., S. 6–10. Zu Recht hat R. Goguel die Frage gestellt, warum sich die geforderte »Ganzheitsforschung« nur auf östliche Länder erstreckte und warum es keine vergleichbare »Westforschung« oder »Nordforschung« gegeben habe. *Goguel* (Anm. 51), S. 14.

72 Zu diesem komplexen Problem ausführlich *W. Wippermann*: Der »deutsche Drang nach Osten«. Ideologie und Wirklichkeit eines politischen Schlagwortes, Darmstadt 1981, bes. S. 104 ff., wo auf die partiell rassistische Einfärbung der Vorstellungen vom »Drang nach Osten« verwiesen wird.

73 *K. F. Werner*: Das NS-Geschichtsbild und die deutsche Geschichtswissenschaft, Stuttgart 1967, S. 49, 67.

74 *H. Aubin*: Das deutsche Reich und die Völker des Ostens. In: Die Burg 1 (1940), S. 13.

75 Zu den Herausgebern der Zeitschrift gehörte auch Erich Keyser, der in unverblümter Offenheit die nationalsozialistischen Umsiedlungsaktionen zum Gegenstand historisch-wissenschaftlicher Beobachtung zu machen forderte. *E. Keyser*: Die Erforschung der Bevölkerungsgeschichte des deutschen Ostens. In: *H. Aubin u. a. (Hg.)*: Deutsche Ostforschung, Bd. 1, Leipzig 1942, S. 90–104. Dort hieß es u. a.: »Denn die große Neuordnung, die der Osten in den kommenden Jahren erfahren soll, wird mehr eine völkische als eine kulturelle Umgestaltung sein. Es gilt daher, nicht so sehr die Leistungen der Deutschen im Osten zu ergründen, als die biologischen Grundlagen ihres Daseins zu ermitteln. Die deutsche Ostforschung wird in Zukunft nicht mehr vorwiegend . . . Kulturforschung, sondern fast ausschließlich Volksforschung sein müssen.« (S. 93) »Die Aussiedlung von Polen aus den

östlichen Reichsgauen und die Ansiedlung der deutschen Rückwanderer aus den entfernteren Ostgebieten muß laufend beobachtet und überliefert werden ... Es handelt sich heute um einen Massenaustausch von Volksgruppen, wie ihn der deutsche Osten zuvor noch nicht gesehen hat. Es werden die Grundlagen für eine Neubildung des ostdeutschen Volkstums geschaffen, die sich für Jahrhunderte wirksam erweisen werden.« (S. 103)

76 Zit. b. *Wippermann* (Anm. 72), S. 127.

77 Text in Keesings Archiv der Gegenwart, 1970 (8. Dezember), S. 15913.

Über die Autoren

Dieter Grimm, geb. 1937; studierte Rechtswissenschaft und Politikwissenschaft an den Universitäten Frankfurt, Freiburg, Berlin, Paris und Harvard; seit 1979 Professor für Öffentliches Recht an der Universität Bielefeld. Veröffentlichungen zu Verfassungsrecht und -theorie, Regierungslehre sowie zum Verhältnis von Rechtswissenschaft und Sozialwissenschaften.

Norbert Hopster, geb. 1936; Studium der Germanistik, Theologie, Philosophie und Pädagogik an der Universität Bonn; seit 1974 Lehrstuhl für Didaktik der Deutschen Sprache und Literatur an der PH-Westfalen-Lippe, Abt. Bielefeld, der jetzigen Fakultät für Linguistik und Literaturwissenschaft an der Universität Bielefeld. Veröffentlichungen zur Hochschule, Hochschuldidaktik und Geschichte des Deutschunterrichts.

Christoph Kleßmann, geb. 1938; Studium der Geschichte, klass. Philologie, osteuropäische Geschichte und Politik; seit 1976 Professor für Zeitgeschichte an der Universität Bielefeld. Veröffentlichungen zur deutschen und polnischen Geschichte des 19. und 20. Jahrhunderts.

Peter Lundgreen, geb. 1936; Studium der Geschichte und Germanistik; seit 1980 Professor für Wissenschaftsgeschichte an der Fakultät für Geschichtswissenschaft und Philosophie der Universität Bielefeld. Veröffentlichungen zur Bildungs-, Wissenschafts- und Technikgeschichte.

Wolfgang Prinz, geb. 1942; Studium der Psychologie in Münster; seit 1976 Professor für Allgemeine Experimentelle Psychologie an der Universität Bielefeld. Veröffentlichungen zur Wahrnehmungs- und Tätigkeitssteuerung und zur Geschichte der Psychologie.

Otthein Rammstedt, geb. 1938; Studium der Soziologie, Philosophie, Psychologie und Geschichtswissenschaft in Frankfurt und Münster; seit 1980 Professor für Soziologie an der Universität Bielefeld. Veröffentlichungen zur Geschichte der Soziologie, Sozialphilosophie und politischen Psychologie.

Klaus Schreiner, geb. 1931; Studium der Geschichte, der Theologie und Philosophie, der klassischen und mittelalterlichen Philologie; seit 1976 Professor für Geschichte des Mittelalters an der Universität Bielefeld. Veröffentlichungen zur Mentalität, Sozial- und Verfassungsgeschichte des mittelalterlichen Mönchtums, zur Geschichte der Frömmigkeit, Bildung und Universität im Mittelalter und in der frühen Neuzeit, außerdem wirkungs- und rezeptionsgeschichtliche Studien zur Gegenwärtigkeit des Mittelalters in der modernen Welt.

Wilhelm Voßkamp, geb. 1936; Professor für Literaturwissenschaft an der Universität Bielefeld. Veröffentlichungen zur Literatur des 16. bis 18. Jahrhundert, zur Gattungstheorie, Romansoziologie, Gegenwartsliteratur und Utopieforschung.

Peter Weingart, geb. 1941; Studium der Soziologie und Ökonomie in Freiburg, Berlin und Princeton; seit 1973 Professor an der Fakultät für Soziologie der Universität Bielefeld. Veröffentlichungen zur Wissenschaftssoziologie und -politik.

Herbert Wilmsmeyer, geb. 1934; Kunststudium in Berlin und Düsseldorf; Maler; seit 1975 Professor für Kunst und ihre Didaktik an der pädagogischen Hochschule Westfalen-Lippe, der jetzigen Fakultät für Theologie, Geographie, Kunst und Musik der Universität Bielefeld. Veröffentlichungen zur Kunstpädagogik und -didaktik.

Abbildungsnachweise

S. 87 aus: H. F. Geist: Die Wiedergeburt des Künstlerischen aus dem Volk, Leipzig 1934, S. 46
S. 89 aus: H. F. Geist: Die Wiedergeburt des Künstlerischen aus dem Volk, Leipzig 1934, S. 19
S. 92 © 1985 Copyright by Cosmopress, Genf
S. 94 National-Galerie Berlin
S. 105 aus: Die Gestalt 2/1969

edition suhrkamp. Neue Folge

129 Blick übers Meer. Hg. v. Helmut Martin, Charlotte Dunsing, Wolf Baus
130 Wie die Wahrheit zur Fabel wurde. Nietzsches Umwertung von Kultur und Subjekt. Hg. v. Philipp Rippel
131 Josef Esser, Gewerkschaften in der Krise
132 Die Wiederkehr des Körpers. Hg. v. Dietmar Kamper u. Christoph Wulf
133 Richard Saage, Rückkehr zum starken Staat?
134 Dieter Senghaas, Von Europa lernen
135 Peter Weiss, Notizbücher 1960–1971. Zwei Bände
136 Marin Sorescu, Abendrot Nr. 15
137 Joachim Veil, Die Wiederkehr des Bumerangs
138 Chinua Achebe, Okonkwo oder das Alte stürzt
139 Robert Pinget, Apokryph
140 Julio Cortázar, Letzte Runde
141 Faszination der Gewalt. Politische Strategie und Alltagserfahrung. Red.: Reiner Steinweg
142 Manfred Frank, Der kommende Gott
143 Die neue Friedensbewegung. Red.: Reiner Steinweg
144 Mythos und Moderne. Hg. v. Karl Heinz Bohrer
145 Mongo Beti, Remember Ruben
146 Franz Böni, Alvier
147 Der religiöse Faktor
148 Michael Buselmeier, Radfahrt gegen Ende des Winters
149 Karl Held/Theo Ebel, Krieg und Frieden
150 Jean-Pierre Vernant, Die Entstehung des griechischen Denkens
151 Literatur und Politik in der VR China. Hg. v. Rudolf G. Wagner
152 Hans-Ulrich Wehler, Preußen ist wieder chic ...
153 Der Mensch als Risiko. Hg. v. Manfred M. Wambach
154 Nicolas Bornhorn, Der Film der Wirklichkeit
156 Die armen Frauen. Hg. v. Ilona Kickbusch u. Barbara Riedmüller
157 Zum Funktionswandel der Literatur. Hg. v. Peter Bürger
158 Ulrike Heider, Schülerprotest in der Bundesrepublik Deutschland
159 Eva-Maria Alves, Maanja
160 Franz Koppe, Grundbegriffe der Ästhetik

161 Jürg Laederach, In extremis
162 Eike Hennig, Der normale Extremismus
163 Walther Abish, Quer durch das große Nichts
164 Peter Schwacke, Carte blanche
165 Tove Ditlevsen, Gesichter
166 Medienmacht im Nord-Süd-Konflikt. Red.: Reiner Steinweg
167 Ernst Bloch, Kampf – nicht Krieg. Hg. v. Martin Korol
168 Peter Handke, Phantasien der Wiederholung
169 Volker Braun, Berichte von Hinze und Kunze
170 Edward P. Thompson, Die Entstehung der englischen Arbeiterklasse
171 Roland Barthes, Elemente der Semiologie
172 Franz Xaver Kroetz, Frühe Prosa/Frühe Stücke
173 Werner Koch, Intensivstation
174 Literatur der DDR in den siebziger Jahren. Hg. v. Peter Uwe Hohendahl u. Patricia Herminghouse
175 Lloyd de Mause, Grundlagen der Psychohistorie
176 Josef Esser/Wolfgang Fach/Werner Väth, Krisenregulierung
177 Josef Winkler, Die Verschleppung
178 Uwe Kolbe, Abschiede und andere Liebesgedichte
179 J. M. A. Biesheuvel, Der Schrei aus dem Souterrain
180 Jochen Hörisch, Gott, Geld und Glück – Zur Logik der Liebe
181 Georg Vobruba, Politik mit dem Wohlfahrtsstaat
182 Walter Vogl, Hassler
183 João Ubaldo Ribeiro, Sargento Getúlio
184 Francis F. Piven/Richard C. Cloward, Aufstand der Armen
185 Abschied vom Recht? Hg. v. Rüdiger Voigt
186 Celso Furtado, Brasilien nach dem Wirtschaftswunder
187 Martin Roda Becher, Der rauschende Garten
188 Das Schwinden der Sinne. Hg. v. Dietmar Kamper u. Christoph Wulf
189 Rüdiger Lautmann, Der Zwang zur Tugend
190 Vom Krieg der Erwachsenen gegen die Kinder. Red.: Reiner Steinweg
191 Brecht-Journal. Hg. v. Jan Knopf
192 Feminismus. Inspektion der Herrenkultur. Ein Handbuch. Hg. v. Luise F. Pusch
193 Alexander Kluge, Schlachtbeschreibung
194 Andrea Lee, Russisches Tagebuch

195 Taktische Kernwaffen. Die fragmentierte Abschreckung. Hg. v. Ph. Blanchard, R. Koselleck, L. Streit
196 Rüstung und soziale Sicherheit. Red.: Reiner Steinweg
197 Andreas Buro/Karl Grobe, Vietnam! Vietnam?
198 Franz Böni, Der Johanniterlauf
199 Ngũgĩ wa Thiong'o, Der gekreuzigte Teufel
200 Walter Benjamin, Das Passagen-Werk. Hg. v. Rolf Tiedemann. Zwei Bände
201 Jugend und Kriminalität. Hg. v. Horst Schüler-Springorum
202 Friederike Mayröcker, Magische Blätter
203 Manfred Frank, Was ist Neostrukturalismus?
204 Chie Nakane, Die Struktur der japanischen Gesellschaft
205 Marguerite Duras, Sommer 1980
206 Roland Barthes, Michelet
207 Julius Posener, Geschichte der Architektur im 20. Jahrhundert
208 Grace Paley, Veränderungen in letzter Minute
209 Kindheit in Europa. Hg. v. Heinz Hengst
210 Stanley J. Stein/Barbara H. Stein, Das koloniale Erbe Lateinamerikas
211 Naturplan und Verfallskritik. Zu Begriff und Geschichte der Kultur. Hg. v. Helmut Brackert u. Fritz Wefelmeyer
212 Arbeitslosigkeit in der Arbeitsgesellschaft. Hg. v. Wolfgang Bonß u. Rolf G. Heinze
213 Tzvetan Todorov, Die Eroberung Amerikas
214 Ziviler Ungehorsam im Rechtsstaat. Hg. v. Peter Glotz
215 Peter Weiss, Der neue Prozeß
216 Ein Jahrhundert geht zu Ende. Hg. v. Karl Dedecius
217 Luise F. Pusch, Das Deutsche als Männersprache
218 Alfred Sohn-Rethel, Soziologische Theorie der Erkenntnis
219 Randzonen. Interviews – Kurzgeschichten. Hg. von Judith Ammann
220 Claude Lévi-Strauss / Jean-Pierre Vernant u. a., Mythos ohne Illusion
221 Christiaan L. Hart Nibbrig, Der Aufstand der Sinne im Käfig des Textes
222 V-Leute – Die Falle im Rechtsstaat. Hg. v. Klaus Lüderssen
223 Tilman Moser, Eine fast normale Familie
224 Juan Goytisolo, Dissidenten
225 Alice Schwarzer, Lohn: Liebe. Zum Wert der Frauenarbeit
226 Paul Veyne, Glaubten die Griechen an ihre Mythen?
227 Thank you good night. Hg. v. Bodo Morshäuser

228 »Hauptsache, ich habe meine Arbeit«. Hg. v. Rainer Zoll
229 »Mit uns zieht die neue Zeit«. Hg. v. Thomas Koebner
230 Gregorio Condori Mamani, »Sie wollen nur, daß man ihnen dient ...«
231 Paul Feyerabend, Wissenschaft als Kunst
232 Meret Oppenheim, Husch, husch der schönste Vokal entleert sich. Hg. v. Christiane Meyer-Thoss
233 Politik der Armut. Hg. von Stephan Leibfried u. Florian Tennstedt
234 Die Ökologie des Körpers. Hg. v. R. Erben, P. Franzkowiak, E. Wenzel
235 Die wilde Seele. Hg. von Hans Peter Duerr
236 Ignácio de Loyola Brandão, Kein Land wie dieses
237 Gerold Foidl, Scheinbare Nähe
238 Kriegsursachen. Red. Reiner Steinweg
239 Reform und Resignation. Gespräche über Franz L. Neumann. Hg. v. Rainer Erd
240 Tim Guldimann, Moral und Herrschaft in der Sowjetunion
241 Werner Abelshauser, Wirtschaftsgeschichte der Bundesrepublik Deutschland 1945–1980
242 Dirk Blasius, Geschichte der politischen Kriminalität in Deutschland 1800–1980
243 Kurt Kluxen, Geschichte und Problematik des Parlamentarismus
244 Peter Marschalck, Bevölkerungsgeschichte Deutschlands im 19. und 20. Jahrhundert
245 Wolfgang Wippermann, Europäischer Faschismus im Vergleich 1922–1982
246 Michael Geyer, Deutsche Rüstungspolitik 1860–1980
247 Volker Hentschel, Geschichte der deutschen Sozialpolitik 1880–1980
248 Detlef Lehnert, Sozialdemokratie zwischen Protestbewegung und Regierungspartei 1848–1983
249 Jürgen Reulecke, Geschichte der Urbanisierung in Deutschland
250 Peter Alter, Nationalismus
251 Margret Kraul, Das deutsche Gymnasium 1780–1980
252 Manfred Botzenhart, Reform, Restauration, Krise. Deutschland 1789–1848
253 Jens Flemming, Deutscher Konservatismus 1780–1980
254 Hans-Ulrich Wehler, Grundzüge der amerikanischen Außenpolitik 1750–1900

255 Heide Wunder, Bäuerliche Gesellschaft in Deutschland 1524–1789
256 Albert Wirz, Sklaverei und kapitalistisches Weltsystem
257 Helmut Berding, Antisemitismus in Deutschland 1870–1980
258 Konrad H. Jarausch, Deutsche Studenten 1800–1970
259 Josef Mooser, Arbeiterleben in Deutschland 1900–1970
260 Dietrich Staritz, Geschichte der DDR 1949–1984
261 Gilbert Ziebura, Weltwirtschaft und Weltpolitik 1922/24–1931
262 Ulrich Kluge, Die Deutsche Revolution 1918/1919
263 Horst Dippel, Die Amerikanische Revolution 1763–1787
264 Karl-Egon Lönne, Politischer Katholizismus
265 Volker R. Berghahn, Unternehmer und Politik in der Bundesrepublik
266 Wolfram Siemann, Die Revolution 1848/49 in Deutschland
267 Dietrich Thränhardt, Geschichte der Bundesrepublik 1949–1984
268 Peter Christian Witt, Die deutsche Inflation 1914–1924
269 Horst Möller, Deutsche Aufklärung 1740–1815
270 Gotthard Jasper, Von der Auflösung der Weimarer Republik zum NS-Regime
271 Klaus J. Bade, Europäischer Imperialismus im Vergleich
272 Dieter Grimm, Deutsche Verfassungsgeschichte 1803–1980
273 Hanna Schissler, Geschichte des preußischen Junkertums
274 Jürgen von Kruedener, Deutsche Finanzpolitik 1871–1980
275 Rüdiger vom Bruch, Deutsche Universitäten 1734–1980
276 Reinhard Sieder, Geschichte der Familie
277 Heinz-Günther Reif, Sozialgeschichte des deutschen Adels
278 Michael Mitterauer, Sozialgeschichte der Jugend
279 Hans-Christoph Schröder, Die Englische Revolution 1640–1688
280 Ernst Hinrichs, Die Französische Revolution 1789
281 Bernd Wunder, Geschichte der deutschen Bürokratie
282 Wolfgang Hardtwig, Vereinswesen in Deutschland 1780–1980
283 Hans-Peter Ullmann, Wirtschaftliche und politische Interessenverbände in Deutschland 1870–1980
284 Ute Frevert, Geschichte der deutschen Frauenbewegung
285 Hartmut Kaelble, Europäische Sozialgeschichte 1880–1980
286 Dieter Langewiesche, Deutscher Liberalismus
287 Klaus Schönhoven, Deutsche Gewerkschaften 1860–1980
288 Martin Greschat, Politischer Protestantismus

290 Octavio Paz, Zwiesprache
291 Franz Xaver Kroetz, Furcht und Hoffnung der BRD
292 Wolfgang Hildesheimer, The Jewishness of Mr. Bloom/ Das Jüdische an Mr. Bloom. Engl./Dt.
293 György Konrád, Antipolitik
294 Alexander Kluge, Neue Geschichten
295 Reto Hänny, Ruch
296 Atomkriegsfolgen. Der Bericht des »Office of Technology Assessment«
297 Peter Sloterdijks »Kritik der zynischen Vernunft«
298 Die Selbstbehauptung Europas. Hg. von Willy Brandt
299 Konrad Wünsche, Der Volksschullehrer Ludwig Wittgenstein
300 edition suhrkamp. Ein Lesebuch

edition suhrkamp. Neue Folge

Abelshauser, Wirtschaftsgeschichte der Bundesrepublik Deutschland 1945–1980 241
Abish, Quer durch das große Nichts 163
Achebe, Ein Mann des Volkes 84
Achebe, Okonkwo oder das Alte stürzt 138
Afonin, Im Moor 96
Alter, Nationalismus 250
Alves, Neigung zum Fluß 83
Alves, Maanja 159
Ammann (Hg.), Randzonen 219
Antes, Poggibonsi 1979–1980 35
Arlati, Auf der Reise nach Rom 53
Aron/Kempf, Der sittliche Verfall 116
Backhaus, Marx und die marxistische Orthodoxie 43
Bade, Europäischer Imperialismus im Vergleich 271
Badura (Hg.), Soziale Unterstützung und chronische Krankheit 63
Barthes, Leçon/Lektion 30
Barthes, Das Reich der Zeichen 77
Barthes, Die Rauheit der Stimme 126
Barthes, Elemente der Semiologie 171
Barthes, Michelet 206
Bayrle, Rasterfahndung 69
Becher, Der rauschende Garten 187
Beckett, Flötentöne 98
Beckett, Mal vu mal dit/Schlecht gesehen schlecht gesagt 119
Benjamin, Moskauer Tagebuch 20
Benjamin, Das Passagen-Werk 200
Berding, Antisemitismus in Deutschland 1870–1980 257
Berghahn, Unternehmer und Politik in der Bundesrepublik 265
Bernhard, Die Billigesser 6
Beti, Remember Ruben 145
Biesheuvel, Der Schrei aus dem Souterrain 179
Blanchard/Koselleck/Streit, Taktische Kernwaffen 195
Blankenburg (Hg.), Politik der inneren Sicherheit 16
Blasius, Geschichte der politischen Kriminalität in Deutschland 1800–1980 242
Bloch, Abschied von der Utopie? 46
Bloch, Kampf – nicht Krieg 167
Blok, Die Mafia in einem sizilianischen Dorf 1860–1960 82
Böhmler, Drehbuch 91
Böni, Hospiz 4
Böni, Alvier 146
Böni, Der Johanniterlauf 198
Bohrer, Plötzlichkeit. Zum Augenblick des ästhetischen Scheins 58
Bohrer (Hg.), Mythos und Moderne 144